에듀윌과 함께 시작하면,
당신도 합격할 수 있습니다!

대학 진학 후 진로를 고민하다 1년 만에
서울시 행정직 9급, 7급에 모두 합격한 대학생

다니던 직장을 그만두고
어릴 적 꿈이었던 경찰공무원에 합격한 30세 퇴직자

용기를 내 계리직공무원에 도전해
4개월 만에 합격한 40대 주부

직장생활과 병행하며 7개월간 공부해
국가공무원 세무직에 당당히 합격한 51세 직장인까지

누구나 합격할 수 있습니다.
시작하겠다는 '다짐' 하나면 충분합니다.

마지막 페이지를 덮으면,

에듀윌과 함께
공무원 합격이 시작됩니다.

누적판매량 246만 부 돌파!
54개월 베스트셀러 1위 공무원 교재

7·9급공무원 교재

기본서
(국어/영어/한국사)

기본서
(행정학/행정법총론/운전직 사회)

단원별 기출&예상 문제집
(국어/영어/한국사)

단원별 기출&예상 문제집
(행정학/행정법총론/운전직 사회)

기출문제집
(국어/영어/한국사)

기출문제집
(행정학/행정법총론/운전직 사회
/사회복지학개론)

9급공무원 교재

기출 오답률 TOP 100
(국어+영어+한국사 300제)

기출PACK
공통과목(국어+영어+한국사)
/전문과목(행정법총론+행정학)

실전동형 모의고사
(국어/영어/한국사)

실전동형 모의고사
(행정학/행정법총론)

봉투모의고사
(일반행정직 대비 필수과목
/국가직·지방직 대비 공통과목 1, 2)

지방직 합격면접

7급공무원 교재

PSAT 기본서
(언어논리/상황판단/자료해석)

PSAT 기출문제집

민경채 PSAT 기출문제집

기출문제집
(행정학/행정법/헌법)

군무원 교재

기출문제집
(국어/행정법/행정학)

파이널 적중 모의고사
(국어+행정법+행정학)

경찰공무원 교재

기본서
(경찰학)

기본서
(형사법)

기본서
(헌법)

기출문제집
(경찰학/형사법/헌법)

실전동형 모의고사
2차 시험 대비
(경찰학/형사법/헌법)

합격 경찰면접

계리직공무원 교재

베스트셀러 1위
기본서
(한국사)

베스트셀러 1위
기본서
(우편상식_우편일반)

베스트셀러 1위
기본서
(금융상식_예금일반+보험일반)

베스트셀러 1위
기본서
(컴퓨터일반)

베스트셀러 1위
단원별 문제집
(한국사/금융상식_예금일반+보험일반
/우편상식_우편일반/컴퓨터일반)

베스트셀러 1위
기출문제집
(한국사+우편·금융상식+컴퓨터일반)

소방공무원 교재

NEW
기본서
(소방학개론/소방관계법규
/행정법총론)

NEW
단원별 기출문제집
(소방학개론/소방관계법규
/행정법총론)

NEW
기출PACK
(소방학개론/소방관계법규
+행정법총론)

NEW
(ebook)파이널 적중 모의고사
(소방학개론/소방관계법규
/행정법총론)

국어 집중 교재

베스트셀러 1위
매일 기출한자(빈출순)

베스트셀러 1위
매일 푸는 비문학(4주 완성)

영어 집중 교재

빈출 VOCA

NEW
매일 3문 독해(4주 완성)

빈출 문법(4주 완성)

기출판례집(빈출순) 교재

행정법

헌법

형사법

단권화 요약노트 교재

베스트셀러 1위
국어 문법 단권화 요약노트

영어 단기 공략
(핵심 요약집)

한국사 흐름노트

행정학 단권화 요약노트

행정법 단권화 요약노트

더 많은
공무원 교재

1초 합격예측
모바일 성적분석표

1초 안에 '클릭' 한 번으로 성적을 확인하실 수 있습니다!

활용 GUIDE

실시간 성적분석 방법!

STEP 1
QR 코드 스캔

STEP 2
모바일 OMR 입력

STEP 3
자동채점 & 성적분석표 확인

STEP 1

QR 코드 스캔

- 교재의 QR 코드를 모바일로 스캔 후 에듀윌 회원 로그인
- QR 코드 하단의 바로가기 주소로도 접속 가능

STEP 2

모바일 OMR 입력

- 회차 확인 후 '응시하기' 클릭
- 모바일 OMR에 답안 입력
- 문제풀이 시간까지 측정 가능

STEP 3

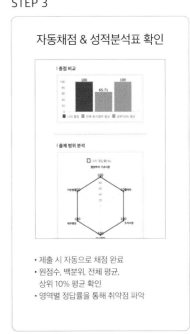

자동채점 & 성적분석표 확인

- 제출 시 자동으로 채점 완료
- 원점수, 백분위, 전체 평균, 상위 10% 평균 확인
- 영역별 정답률을 통해 취약점 파악

※ 본 서비스는 에듀윌 공무원 교재(연도별, 회차별 문항이 수록된 교재)를 구입하는 분에게 제공됨.

공무원,
에듀윌을 선택해야 하는 이유

합격자 수 수직 상승
2,100%

명품 강의 만족도
99%

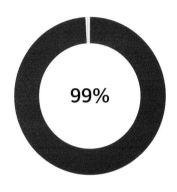

공무원

베스트셀러 1위
54개월(4년 6개월)

5년 연속 공무원 교육
1위

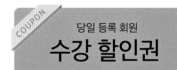

4주 완성 스터디 플래너

학습 완료 후 맞은 문항은 ○, 애매한 문항은 △, 틀린 문항은 ×로 표시 후 복습하세요!

Basic | 1~3주차

DAY	구분	학습일	학습 결과
DAY 01	Warm Up 기출문제	_월_일	○ △ ×
	1번		○ △ ×
	2번		○ △ ×
	3번		○ △ ×
DAY 02	Warm Up 기출문제	_월_일	○ △ ×
	1번		○ △ ×
	2번		○ △ ×
	3번		○ △ ×
DAY 03	Warm Up 기출문제	_월_일	○ △ ×
	1번		○ △ ×
	2번		○ △ ×
	3번		○ △ ×
DAY 04	Warm Up 기출문제	_월_일	○ △ ×
	1번		○ △ ×
	2번		○ △ ×
	3번		○ △ ×
DAY 05	Warm Up 기출문제	_월_일	○ △ ×
	1번		○ △ ×
	2번		○ △ ×
	3번		○ △ ×
DAY 06	Warm Up 기출문제	_월_일	○ △ ×
	1번		○ △ ×
	2번		○ △ ×
	3번		○ △ ×
DAY 07	Warm Up 기출문제	_월_일	○ △ ×
	1번		○ △ ×
	2번		○ △ ×
	3번		○ △ ×
Weekly 모의고사		_월_일	_개 / 10개

DAY	구분	학습일	학습 결과
DAY 08	Warm Up 기출문제	_월_일	○ △ ×
	1번		○ △ ×
	2번		○ △ ×
	3번		○ △ ×
DAY 09	Warm Up 기출문제	_월_일	○ △ ×
	1번		○ △ ×
	2번		○ △ ×
	3번		○ △ ×
DAY 10	Warm Up 기출문제	_월_일	○ △ ×
	1번		○ △ ×
	2번		○ △ ×
	3번		○ △ ×
DAY 11	Warm Up 기출문제	_월_일	○ △ ×
	1번		○ △ ×
	2번		○ △ ×
	3번		○ △ ×
DAY 12	Warm Up 기출문제	_월_일	○ △ ×
	1번		○ △ ×
	2번		○ △ ×
	3번		○ △ ×
DAY 13	Warm Up 기출문제	_월_일	○ △ ×
	1번		○ △ ×
	2번		○ △ ×
	3번		○ △ ×
DAY 14	Warm Up 기출문제	_월_일	○ △ ×
	1번		○ △ ×
	2번		○ △ ×
	3번		○ △ ×
Weekly 모의고사		_월_일	_개 / 10개

DAY	구분	학습일	학습 결과
DAY 15	Warm Up 기출문제	_월_일	○ △ ×
	1번		○ △ ×
	2번		○ △ ×
	3번		○ △ ×
DAY 16	Warm Up 기출문제	_월_일	○ △ ×
	1번		○ △ ×
	2번		○ △ ×
	3번		○ △ ×
DAY 17	Warm Up 기출문제	_월_일	○ △ ×
	1번		○ △ ×
	2번		○ △ ×
	3번		○ △ ×
DAY 18	Warm Up 기출문제	_월_일	○ △ ×
	1번		○ △ ×
	2번		○ △ ×
	3번		○ △ ×
DAY 19	Warm Up 기출문제	_월_일	○ △ ×
	1번		○ △ ×
	2번		○ △ ×
	3번		○ △ ×
DAY 20	Warm Up 기출문제	_월_일	○ △ ×
	1번		○ △ ×
	2번		○ △ ×
	3번		○ △ ×
DAY 21	Warm Up 기출문제	_월_일	○ △ ×
	1번		○ △ ×
	2번		○ △ ×
	3번		○ △ ×
	Weekly 모의고사	_월_일	_개 / 10개

DAY	구분	학습일	학습 결과
DAY 22	Warm Up 기출문제	_월_일	○ △ ×
	1번		○ △ ×
	2번		○ △ ×
	3번		○ △ ×
DAY 23	Warm Up 기출문제	_월_일	○ △ ×
	1번		○ △ ×
	2번		○ △ ×
	3번		○ △ ×
DAY 24	Warm Up 기출문제	_월_일	○ △ ×
	1번		○ △ ×
	2번		○ △ ×
	3번		○ △ ×
DAY 25	Warm Up 기출문제	_월_일	○ △ ×
	1번		○ △ ×
	2번		○ △ ×
	3번		○ △ ×
DAY 26	Warm Up 기출문제	_월_일	○ △ ×
	1번		○ △ ×
	2번		○ △ ×
	3번		○ △ ×
DAY 27	Warm Up 기출문제	_월_일	○ △ ×
	1번		○ △ ×
	2번		○ △ ×
	3번		○ △ ×
DAY 28	Warm Up 기출문제	_월_일	○ △ ×
	1번		○ △ ×
	2번		○ △ ×
	3번		○ △ ×
DAY 29	Warm Up 기출문제	_월_일	○ △ ×
	1번		○ △ ×
	2번		○ △ ×
	3번		○ △ ×
DAY 30	Warm Up 기출문제	_월_일	○ △ ×
	1번		○ △ ×
	2번		○ △ ×
	3번		○ △ ×
	Weekly 모의고사	_월_일	_개 / 10개

에듀윌이
너를
지지할게
ENERGY

시작하라.

그 자체가 천재성이고,
힘이며, 마력이다.

– 요한 볼프강 폰 괴테(Johann Wolfgang von Goethe)

에듀윌 공무원 영어

매일 3문 독해

4주 완성

머리말

습관을 이길 수 있는 것은 없습니다.

〈매일 3문 독해〉는 매일의 습관을 만들어냅니다. 독해의 가장 큰 관건은 '꾸준함'입니다. 많은 수험생들은 생각합니다. 독해하는 방법을 몰라서 틀리거나 스킬만 알면, 또는 시간만 넉넉하다면 다 맞힐 수 있다고 말입니다. 그러나 비법과 시간이 주어져도 독해는 잡힐 듯 손에 잡히지 않는 영역입니다. 비법을 배운 후 반드시 그것을 자신의 것으로 만드는 과정이 필요합니다. 〈매일 3문 독해〉의 엄선된 3문항이 이 과정에서 가장 중요한 역할을 하게 될 것입니다. 여러분은 꾸준히, 매일 3문제씩 풀어보며 독해의 습관을 만들 수 있습니다. 그리고 무의식적으로 각인된 이 독해 습관이 여러분을 정답으로 이끌 것입니다.

공무원 영어의 시작은 기출이고, 끝은 매일 3문 독해 입니다.

독해 문제로 5점을 얻는 과정을 4단계로 분석할 수 있습니다. 첫 번째는 어휘력, 두 번째는 긴 문장에 대한 구문 분석 능력입니다. 세 번째는 지문의 다양한 소재에 대한 대응력이며, 마지막 단계는 정답에 대한 논리력입니다. 〈매일 3문 독해〉는 철저한 기출분석을 기반으로 제작된 교재입니다. 기출문제를 분석하여 소재를 발굴하고, 기출 지문과 글자 수, 출제 유형, 정답 논리까지 그대로 반영하여 설계한 문항을 수록하였습니다. 이러한 철저한 분석 과정을 통해 공시 영어의 시작이 기출이라면, 그 끝은 바로 〈매일 3문 독해〉라고 할 수 있는 것입니다. 여러 단계를 거쳐 설계된 문항을 통해 수험생 여러분은 시험장에서 확신을 가지고 문제를 맞힐 수 있습니다.

지문분석과 소재 및 유형에 대한 반복학습이 가능합니다.

독해는 흔히 문제를 풀고 정답을 채점하는 것이 끝이라고 생각하는 경우가 있습니다. 그러나 〈매일 3문 독해〉에서는 문제풀이 후 완전한 분석이 가능하도록 하였습니다. 먼저 수록된 문항 바로 옆에 제시되는 지문 구조분석을 통해 직독직해뿐만 아니라, 생략된 문장의 요소, 주의해야 할 구문 요소 등 문장에 대한 구조분석이 가능합니다. 또한 지문 옆에 배치된 어휘를 통해 뜻 암기뿐만 아니라 문장 내에서의 쓰임도 함께 학습할 수 있습니다. 마지막으로, Day별로 핵심적인 소재와 유사 유형을 반복적으로 배치하여 해당 소재와 유형에 대한 완전한 이해와 연습이 가능하도록 하였습니다.

시험장에서 가장 빛나는 당신을 만듭니다.

매해 시험 당일, 고사장을 나온 학생들의 표정이 밝았습니다. "생각보다 어렵지 않았어요." "〈매일 3문 독해〉에서 풀어본 소재가 나와서 떨지 않고 바로 풀 수 있었어요." "독해를 풀고도 시험 시간이 남았어요." 시험을 끝낸 수험생 분들의 실제 체감 난이도와 다양한 의견을 통해 교재와 얼마나 유사하게 출제되었는지 검증합니다. 이는 〈매일 3문 독해〉가 지금까지 많은 합격생 분들에게 회자되며, 추천되는 이유이기도 합니다. 우리는 이를 위해 콘텐츠 준비 과정에 강도를 높이고, 더 힘을 들이게 됩니다. 이러한 과정이 시험장에서 가장 빛날 여러분을 만들기 때문입니다.

수험 기간 동안 누구보다 치열하고 진지할 여러분께 경의를 표합니다. 그리고, 매해 보이지 않는 곳에서 까다로운 분석 작업에 시간과 노력을 아끼지 않는 연구원 분들에게도 진심으로 감사의 마음을 전합니다.

저자. 성정혜

1 필수 기출문제로 워밍업!

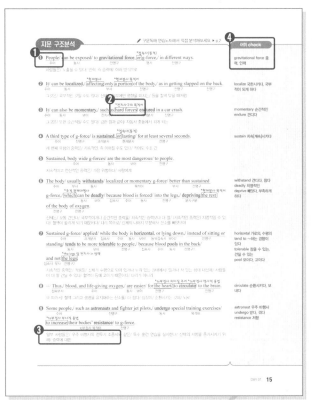

Warm Up 기출문제 & 지문 구조분석

필수 기출문제만 엄선하여 수록!

반드시 풀어봐야 하는 기출문제만을 선별하여 수록하였습니다. 본격 문제풀이 전 기출문제를 통해 워밍업 학습을 할 수 있습니다.

문장 구조분석부터 필수암기 어휘까지!

❶ 상세 분석을 통해 문장의 구조 파악 및 구조분석
❷ 구조분석에 필요한 문법 포인트 및 숙어 표현 별도 정리
❸ 끊어읽기 해석으로 직독직해 연습
❹ 문장 위치에 맞는 어휘 수록으로 문장 내에서의 쓰임 학습 가능

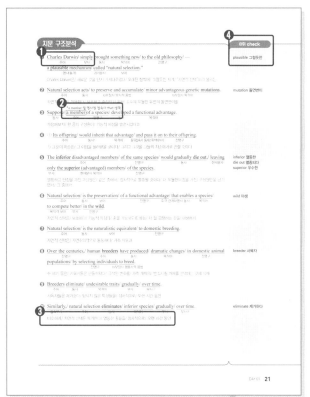

실전문제 3문항 & 지문 구조분석

매일 3문제씩 꾸준한 독해 학습!

기출문제로 워밍업 후 다양한 유형의 실전문제를 제한 시간에 맞춰 골고루 풀어보며 실전 감각을 키울 수 있습니다.

문장 구조분석부터 필수암기 어휘까지!

❶ 상세 분석을 통해 문장의 구조 파악 및 구조분석
❷ 구조분석에 필요한 문법 포인트 및 숙어 표현 별도 정리
❸ 끊어읽기 해석으로 직독직해 연습
❹ 문장 위치에 맞는 어휘 수록으로 문장 내에서의 쓰임 학습 가능

이 책의 구성

3

매주 하프 모의고사로
실력 점검!

Weekly 모의고사 & 정답과 해설

Daily 학습 후 Weekly 학습까지!

한 주 학습이 끝나면 Weekly 모의고사를 통해 실력을 점검할 수 있습니다. 실전처럼 시간을 맞춰 매주 꾸준히 모의고사를 풀다보면 점차적으로 독해 실력이 향상될 것입니다.

Weekly 모의고사도 상세한 해설 수록!

출제 유형, 전 문항 끊어읽기 해석, 정답 및 오답해설, 필수 어휘까지 모두 수록하여 독학으로도 충분히 학습할 수 있습니다.

무료 합격팩

구문독해 연습노트

스스로 연습하는 구문독해!

Warm Up 기출문제 지문을 통해 직접 구문독해를 연습해볼 수 있습니다. 문장 구조분석 및 끊어읽기 해석을 적어보며 한 번 더 복습해보세요.

4주 완성 스터디 플래너

계획적인 학습이 가능한 플래너!

매일 학습 완료 후 꾸준히 기록하세요. 스스로 학습 계획을 세울 수 있으며 4주 동안 체계적으로 학습할 수 있습니다.

매일 영단어 PDF

필수암기 어휘 수록 및 셀프 정리 가능!

모든 문항의 어휘를 수록하였으며, 몰랐던 어휘는 빈칸에 스스로 정리하여 암기할 수 있습니다.

※ QR코드를 통해 접속하거나, 에듀윌 도서몰 (book.eduwill.net) 〉 도서자료실 〉 부가학습자료에서 '매일 3문 독해' 검색 후 다운로드하세요.

▲ 바로가기

차례

Basic 1~3주차 ~ Level Up 4주차

Level Up
고난도 문제로 확실하게 실력 Up!

Week
4

정답과 해설

Plus 무료 합격팩

구문독해 연습노트
4주 완성 스터디 플래너
매일 영단어 PDF

Basic

Week 1	DAY 01 ~ DAY 07
	Weekly 모의고사

Week 2	DAY 08 ~ DAY 14
	Weekly 모의고사

Week 3	DAY 15 ~ DAY 21
	Weekly 모의고사

DAY 01

학습한 날   월   일

Warm Up 기출문제

주어진 문장이 들어갈 위치로 가장 적절한 곳은? 2022 국가직 9급   🕐 1분 45초

> Thus, blood, and life-giving oxygen, are easier for the heart to circulate to the brain.

People can be exposed to gravitational force, or g-force, in different ways. It can be localized, affecting only a portion of the body, as in getting slapped on the back. It can also be momentary, such as hard forces endured in a car crash. A third type of g-force is sustained, or lasting for at least several seconds. ① Sustained, body wide g-forces are the most dangerous to people. ② The body usually withstands localized or momentary g-force better than sustained g-force, which can be deadly because blood is forced into the legs, depriving the rest of the body of oxygen. ③ Sustained g-force applied while the body is horizontal, or lying down, instead of sitting or standing tends to be more tolerable to people, because blood pools in the back and not the legs. ④ Some people, such as astronauts and fighter jet pilots, undergo special training exercises to increase their bodies' resistance to g-force.

| 해석 | 사람들은 여러 방식으로 인력, 즉 중력에 노출될 수 있다. 그것은 등을 찰싹 맞을 때처럼 신체의 일부에만 영향을 미치는 국부적인 것일 수도 있다. 또한 그것은 자동차 충돌에서 겪게 되는 강한 힘과 같이 순간적일 수도 있다. 세 번째 유형의 중력은 지속적인, 즉 적어도 수초 간 이어질 수도 있다. 지속적이고 전신적인 중력은 사람에게 가장 위험하다. 신체는 보통 지속적인 중력보다 국부적이거나 순간적인 중력을 더 잘 견디는데, 혈액이 다리 쪽으로 쏠리게 되어, 신체의 나머지 부분에서 산소를 빼앗기 때문에 지속적인 중력은 치명적일 수 있다. 신체가 앉거나 서 있는 상태 대신에 수평으로 되어 있거나 누워 있는 상태에서 작용된 지속적인 중력은 사람들이 더 잘 견딜 수 있는데, 이는 혈액이 다리가 아니라 등에 고이기 때문이다. ④ 따라서, 심장이 혈액, 그리고 생명을 유지해주는 산소를 뇌로 순환시키는 것이 더 쉽다. 우주 비행사와 전투기 조종사와 같은 일부 사람들은 중력에 대한 신체의 저항을 증가시키기 위해 특수 훈련 연습을 실시한다.

| 해설 | ④ 주어진 문장에서는 혈액과 산소가 뇌로 더 쉽게 공급될 수 있는 상황에 대해 설명하고 있는데 ③ 이전 문장에서 혈액이 다리 쪽으로 가면 나머지 신체는 산소가 부족하다고 언급하고, ③ 이후 문장에서 누워 있을 때는 혈액이 등 쪽에 고여 있어 중력을 더 잘 견딜 수 있다고 설명한다. 이러한 상황에서 혈액이 뇌 쪽으로 더 잘 순환될 수 있다는 내용이 이어지는 것이 자연스러우므로 ④의 위치에 주어진 문장이 오는 것이 가장 적절하다.

정답 ④

14 공무원 영어 매일 3문 독해 4주 완성

✏️ 구문독해 연습노트에서 직접 분석해보세요. ▶ p.2

❶ People/ can be exposed/ to gravitational force,/ *접속사(동격) or g-force,/ in different ways.
　주어　　　동사　　　　전명구　　　　　　명사　　　　　전명구

사람들은/ 노출될 수 있다/ 인력, 즉 중력에/ 여러 방식으로

gravitational force 중력, 인력

❷ It/ can be localized,/ *현재분사 affecting only *현재분사 목적어 a portion of the body,/ as in getting slapped on the back.
주어　　　동사　　　　　　부사　　　　전명구　　　　　전명구　　　　　전명구

그것은/ 국부적인 것일 수도 있다/ 신체의 일부에만 영향을 미치는/ 등을 찰싹 맞을 때처럼

localize 국한시키다, 국부적이 되게 하다

❸ It/ can also be momentary,/ such as *전치사구의 목적어 hard forces/ endured in a car crash.
주어　　동사　　　　보어　　　전치사구　　　　　　　과거분사　　전명구

그것은/ 또한 순간적일 수도 있다/ 강한 힘과 같이/ 자동차 충돌에서 겪게 되는

momentary 순간적인
endure 견디다

❹ A third type of g-force/ is sustained,/ *접속사(동격) or lasting/ for at least several seconds.
　　주어　　　　전명구　　　과거분사　　현재분사　　　　전명구

세 번째 유형의 중력은/ 지속적인, 즉 이어질 수도 있다/ 적어도 수초 간

sustain 지속[계속]시키다

❺ Sustained, body wide g-forces/ are the most dangerous/ to people.
　　　　　　주어　　　　　　　　동사　　　보어　　　　전명구

지속적이고 전신적인 중력은/ 가장 위험하다/ 사람에게

❻ The body/ usually withstands/ localized or momentary g-force/ better than sustained
　주어　　　부사　　　동사　　　　　　목적어　　　　　　　부사　　　전명구

*주격 관계대명사 g-force,/ which can be deadly/ because blood is forced/ into the legs,/ depriving *현재분사 목적어 the rest
　　　　　　　　동사　보어　　접속사　주어　　동사　　　전명구　　　분사구문

of the body of oxygen.
　전명구　　　전명구

신체는/ 보통 견딘다/ 국부적이거나 순간적인 중력을/ 지속적인 중력보다 더 잘/ (지속적인 중력은) 치명적일 수 있다/ 혈액이 쏠리게 되기 때문이다/ 다리 쪽으로/ 신체의 나머지 부분에서 산소를 빼앗으며

withstand 견디다, 참다
deadly 치명적인
deprive 빼앗다, 부족하게 하다

❼ Sustained g-force/ applied/ while the body is horizontal, or lying down,/ instead of sitting or
　　주어　　　　　과거분사　접속사　주어　　동사　　보어1　등위접속사　보어2　　　전명구

standing/ tends to be more tolerable to people,/ because blood pools in the back/
　동사　　　　　　　　　　전명구　　　접속사　주어　　동사　　　전명구1

and not *the legs 앞 전치사 in 생략 the legs.
접속사 부사　전명구2

지속적인 중력은/ 작용된/ 신체가 수평으로 되어 있거나 누워 있는 상태에서/ 앉거나 서 있는 상태 대신에/ 사람들이 더 잘 견딜 수 있다/ 혈액이 등에 고이기 때문이다/ 다리가 아니라

horizontal 가로의, 수평의
tend to ~하는 경향이 있다
tolerable 참을 수 있는, 견딜 수 있는
pool 모이다, 고이다

❽ ④ Thus,/ blood, and life-giving oxygen,/ are easier/ for *to부정사 의미상 주어 the heart/ *to부정사 명사적 용법 to circulate/ to the brain.
접속부사　　　　주어　　　　　　　동사　보어　　전명구　　　　　　　　　　전명구

④ 따라서/ 혈액 그리고 생명을 유지해주는 산소를/ 더 쉽다/ 심장이/ 순환시키는 것이/ 뇌로

circulate 순환시키다, 보내다

❾ Some people,/ such as astronauts and fighter jet pilots,/ undergo special training exercises/
　　주어　　　　　　　　　　전명구　　　　　　　　　　동사　　　　목적어

*to부정사 부사적 용법 to increase their bodies' resistance/ to g-force.
　　　　　　　　to부정사 목적어　　　　전명구

일부 사람들은/ 우주 비행사와 전투기 조종사와 같은/ 특수 훈련 연습을 실시한다/ 신체의 저항을 증가시키기 위해/ 중력에 대한

astronaut 우주 비행사
undergo 받다, 겪다
resistance 저항

다음 글의 제목으로 가장 적절한 것은?　　　　　　　　🕐 1분 45초

　　Even though you or your children do not smoke, your health may be endangered if you spend time with people who do. Smokers may choose to gamble with their health; passive smokers are involuntarily put at risk through environmental tobacco smoke that comes from the end of a burning cigarette or from smoke exhaled by a smoker. Active cigarette smoking is the most important cause of preventible death in the U.S. Despite the downward trend in the number of smokers, recent government statistics show that 25.7 percent of adult Americans still smoke, placing young children around them in danger. Youngsters exposed to environmental smoke miss more days in school, spend more time in emergency rooms in hospitals and run up bigger health-care bills than children living in smoke-free environments.

① The Reasons to Stop Smoking
② The Hazards of Secondary Smoke
③ The Ways to Stop Smoking Easily
④ The Danger of Youngsters' Smoking

| 해석 | 당신 또는 당신의 자녀들이 담배를 피우지 않을지라도, 만약 당신이 흡연자들과 시간을 보낸다면 당신의 건강은 위험해질 수도 있다. 흡연자들은 그들의 건강에 대해 내기를 걸어도 되겠지만 간접 흡연자들은 한 흡연자의 타들어가는 담배의 끝 혹은 내뱉어지는 연기로부터 나오는 환경적인 담배 연기를 통해 본의 아니게 위험에 놓이게 된다. 직접적인 흡연은 미국에서 예방 가능한 사망의 가장 중요한 원인이다. 흡연자 수의 감소 추세에도 불구하고, 최근의 정부 통계는 미국인 성인 중 25.7퍼센트가 그들 주변의 어린 아이들을 위험 속에 방치해둔 채 여전히 흡연한다는 것을 보여준다. 환경적인 담배 연기에 노출된 청소년들은 학교에서 보내는 시간을 더 잃게 되고, 병원 응급실에서 더 많은 시간을 보내며, 담배 연기가 없는 환경에서 생활하는 아이들보다 더 많은 건강관리 비용을 지출한다.
　　① 금연하는 이유들
　　② 간접 흡연의 위험성들
　　③ 쉽게 금연하는 방법들
　　④ 청소년들의 흡연의 위험

| 해설 | ② 도입부에서 간접 흡연의 위험성에 대해 언급하며 글을 전개해 나가고 있다. 이어서 중반부 이후에 간접 흡연을 겪는 아이들의 고통에 대한 내용으로 글을 마무리하고 있으므로 글의 제목으로 가장 적절한 것은 ②이다.

정답 ②

❶ Even though you or your children do not smoke,/ your health may be endangered/ if you
　　접속사　　　　주어　　　　　　　　　동사　　　　　　주어　　　　　동사　　　　접속사 주어
spend time/ with people/ who do.
동사　목적어　전명구　　주격 관계대명사 동사

당신 또는 당신의 자녀들이 담배를 피우지 않을지라도/ 당신의 건강은 위험해질 수도 있다/ 만약 당신이 시간을 보
낸다면/ 사람들과/ 그러는(흡연을 하는)

endanger 위험에 빠뜨
리다

❷ Smokers/ may choose to gamble/ with their health;/ passive smokers/ are involuntarily put
　주어　　　　동사　　　목적어　　　　전명구　　　　　　주어　　　　　　　동사
at risk/ through environmental tobacco smoke/ that comes/ from the end of a burning
전명구　　　　　　　전명구　　　　　　　　　주격 관계대명사 동사　　전명구　　　　전명구
cigarette/ or from smoke/ exhaled/ by a smoker.
등위접속사 전명구　　과거분사　전명구

흡연자들은/ 내기를 걸어도 되겠지만/ 그들의 건강에 대해/ 간접 흡연자들은/ 본의 아니게 위험에 놓이게 된다/ 환
경적인 담배 연기를 통해/ 나오는/ 타들어가는 담배의 끝에서/ 또는 연기로부터/ 내뱉어지는/ 흡연자에 의해

involuntarily 본의 아니게

❸ Active cigarette smoking/ is the most important cause/ of preventible death/ in the U.S.
　　주어　　　　　　　　동사　　　　　보어　　　　　　　　전명구　　　　　전명구

직접 흡연은/ 가장 중요한 원인이다/ 예방 가능한 사망의/ 미국에서

preventible 예방할 수
있는

❹ Despite the downward trend/ in the number of smokers,/ recent government statistics show/
　　　　전명구　　　　　　　　　　전명구　　　　　　전명구　　　　　　　주어　　　　　　동사
that 25.7 percent of adult Americans/ still smoke,/ placing young children around them/
접속사　주어　　　　전명구　　　　　부사　동사　　분사구문　현재분사　목적어　　　전명구
in danger.
전명구

감소 추세에도 불구하고/ 흡연자의 수의/ 최근의 정부 통계는 보여준다/ 미국인 성인 중 25.7퍼센트가/ 여전히 흡
연한다는 것을/ 그들 주변의 어린 아이들을 방치해둔 채/ 위험 속에

❺ Youngsters/ exposed to environmental smoke/ miss more days in school,/ spend more time/
　주어　　　과거분사　　　　　전명구　　　　　　동사1　목적어　　　전명구　　동사2　목적어
in emergency rooms/ in hospitals/ and run up bigger health-care bills/ than children/ living
　　전명구　　　　　전명구　　등위접속사 동사3　　　목적어　　　　전명구　　현재분사
in smoke-free environments.
　　전명구

청소년들은/ 환경적인 담배 연기에 노출된/ 학교에서 보내는 시간을 더 잃게 된다/ 더 많은 시간을 보낸다/ 병원 응
급실에서/ 그리고 더 많은 건강관리 비용을 지출한다/ 아이들보다/ 담배 연기가 없는 환경에서 생활하는

youngster 청소년, 아이
run up (빚 등을) 늘리다

다음 글의 내용과 일치하는 것은? ⏱ 2분

To build more aerodynamic machines, researchers are drawing inspiration from an unlikely source: the ocean. A team of evolutionary biologists and engineers have shed light on a decades-old mystery about sharkskin and, in the process, demonstrated a new, bioinspired structure that could improve the aerodynamic performance of planes, wind turbines, drones and cars. Sharks and airplanes aren't actually all that different. Both are designed to efficiently move through fluid (water and air), using the shape of their bodies to generate lift and decrease drag. The difference is, sharks have about a 400 million-year head start on the design process. "The skin of sharks is covered by thousands and thousands of small scales, or denticles, which vary in shape and size around the body," said George Lauder. "We know a lot about the structure of these denticles — which are very similar to human teeth — but the function has been debated." Most research has focused on the drag-reducing properties of denticles but Lauder and his team wondered if there was more to the story. "We asked, what if instead of mainly reducing drag, these particular shapes were actually better suited for increasing lift," said Mehdi Saadat.

① Denticles with a certain size and shape cover around the sharkskin.
② Human teeth and shark scales are composed of the same ingredient.
③ Most researchers have studied how to increase lift using the shape of the shark.
④ The aerodynamic performance could be ameliorated through the research of sharkskin.

| 해석 | 더 공기 역학적인 기계를 만들기 위해, 연구자들은 바다와 같은 예상 밖의 원천으로부터 영감을 끌어내고 있다. 진화 생물학자와 엔지니어 팀은 상어 가죽에 대한 수십 년의 미스터리를 밝혀냈고 그 과정에서 비행기, 풍력 터빈, 무인 항공기 및 자동차의 공기 역학적 성능을 향상시킬 수 있는 새로우면서도 자연에서 영감을 얻은 구조를 시연했다. 상어와 비행기는 실제로 그렇게 다른 것은 아니다. 둘 다 몸체의 모양을 사용하여 양력을 발생시키고 항력을 감소시키기 위해 유체(물과 공기)를 효율적으로 통과하도록 설계되었다. 차이점은, 상어는 설계 과정에 있어서 약 4억 년 앞섰다는 것이다. "상어의 피부는 수천만 개의 다양한 모양과 사이즈의 작은 비늘이나 이 모양의 돌기로 덮여 있다."라고 George Lauder는 말했다. "우리는 이러한 이 모양 돌기의 구조에 대해 많이 알고 있는데, 이것들은 인간의 치아와 매우 유사하나 그 기능은 논쟁이 되고 있다." 대부분의 연구는 항력을 감소시키는 돌기의 특성에 초점을 맞추어 왔지만 Lauder와 그의 팀은 더 많은 이야기가 있는지 궁금해했다. "주로 항력을 줄이는 대신 이러한 특정 모양이 양력을 증가시키는 데 실은 더 적합했다면 어떨까?라고 우리는 물었다."라고 Mehdi Saadat는 말했다.
　① 일정한 크기와 모양으로 된 이 모양의 돌기들은 상어 가죽을 덮고 있다.
　② 인간의 치아와 상어 비늘은 같은 성분으로 구성되어 있다.
　③ 대부분의 연구원들은 상어의 모양을 활용하여 양력을 증가시키는 방법을 연구해왔다.
　④ 공기 역학적 성능은 상어의 피부를 통한 연구로 개선될 수 있다.

| 해설 | ④ 진화 생물학자와 엔지니어 팀이 상어 가죽에 대한 미스터리를 밝혀냈고 그 과정에서 비행기 등의 공기 역학적 성능을 향상시킬 수 있는 구조를 시연했다고 했다. 따라서 ④가 글의 내용과 일치한다.

정답 ④

❶ *to부정사 부사적 용법

To build more aerodynamic machines,/ researchers are drawing inspiration/
(to부정사 목적어) (주어) (동사) (목적어)
from an unlikely source:/ the ocean.
(전명구) (명사(동격))

더 공기 역학적인 기계를 만들기 위해/ 연구자들은 영감을 끌어내고 있다/ 예상 밖의 원천으로부터/ 바다와 같은

aerodynamic 공기 역학의
inspiration 영감
unlikely 예상 밖의

❷ A team of evolutionary biologists and engineers/ have shed light/ on a decades-old mystery/
(주어) (전명구) (동사1) (목적어) (전명구)
about sharkskin/ and, in the process,/ demonstrated/ a new, bioinspired structure/ that
(전명구) (등위접속사) (전명구) (동사2) (목적어) (주격 관계대명사)
could improve the aerodynamic performance/ of planes, wind turbines, drones and cars.
(동사) (목적어) (전명구)

진화 생물학자와 엔지니어 팀이/ 밝혀냈다/ 수십 년의 미스터리를/ 상어 가죽에 대한/ 그리고 그 과정에서/ 시연했다/ 새로
우면서도 자연에서 영감을 얻은 구조를/ 공기 역학적 성능을 향상시킬 수 있는/ 비행기, 풍력 터빈, 무인 항공기 및 자동차의

evolutionary biologist
진화 생물학자
shed light on ~을 밝히
다, 해결의 빛을 던지다
bioinspired 자연에서 영
감을 얻은

❸ Sharks and airplanes/ aren't actually all that different.
(주어) (동사) (부사) (부사구) (보어)
*to부정사 부사적 용법
Both are designed/ to efficiently move through fluid (water and air),/ using the shape of their
(주어) (동사) (전명구) (명사(동격)) (현재분사 현재분사 목적어 전명구)
*decrease 앞 to 생략
bodies/ to generate lift and decrease drag.
(to부정사1 목적어 등위접속사 to부정사2 목적어)

상어와 비행기는/ 실제로 그렇게 다른 것은 아니다// 둘 다 설계되었다/ 유체(물과 공기)를 효율적으로 통과하도록/
그들의 몸체의 모양을 사용하여/ 양력을 발생시키고 항력을 감소시키기 위해

fluid 유체
lift 양력
drag 항력

❹ *sharks 앞 명사절 접속사 that 생략
The difference is,/ sharks have about a 400 million-year head start/ on the design process.
(주어) (동사) (주어) (동사) (목적어) (전명구)

차이점은 ~이다/ 상어는 약 4억 년 앞섰다/ 설계 과정에 있어서

head start 유리함, 유리
한 출발

❺ "The skin of sharks is covered/ by thousands and thousands of small scales, or denticles,/
(주어) (전명구) (동사) (전명구) (전명구)
*직접 인용문 도치
which vary in shape and size around the body,"/ said George Lauder.
(주·관·대 동사) (전명구) (전명구) (주어)

"상어의 피부는 덮여 있다/ 수천만 개의 작은 비늘이나 이 모양의 돌기로/ 몸에서 모양과 크기가 다양한"/ George Lauder는 말했다

❻ "We know a lot/ about the structure of these denticles/ — which are very similar/ to human
(주어) (동사) (목적어) (전명구) (전명구) (주격 관계대명사 동사 부사 보어) (전명구)
teeth/ — but the function has been debated."
(등위접속사) (주어) (동사)

"우리는 많이 안다/ 이러한 이 모양 돌기의 구조에 대해/ 이것들은 매우 유사하다/ 인간의 치아와/ 그러나 그 기능
은 논쟁이 되고 있다"

denticle 작은 이, 이 모
양의 돌기

❼ Most research/ has focused/ on the drag-reducing/ properties of denticles/ but
(주어) (동사) (현재분사) (목적어) (전명구) (등위접속사)
*유도부사
Lauder and his team wondered/ if there was more to the story.
(주어) (동사) (명사절접속사 동사 주어 전명구)

대부분의 연구는/ 초점을 맞추어 왔다/ 항력을 감소시키는 돌기의 특성에/ 그러나 Lauder와 그의 팀은 궁금해했다/
그 이야기에 더 많은 것이 있는지

property 속성, 특성

❽ "We asked,/ what if/ instead of mainly reducing drag,/ these particular shapes
(주어) (동사) (접속사) (전명구) (주어)
*직접 인용문 도치
were actually better suited/ for increasing lift,"/ said Mehdi Saadat.
(동사) (전명구) (동사) (주어)

"우리는 물었다/ 만약 ~라면/ 주로 항력을 줄이는 대신/ 이러한 특정 모양이 실은 더 적합했다면/ 양력을 증가시키
는 데"/ Mehdi Saadat는 말했다

주어진 문장이 들어갈 알맞은 곳은? ⏱ 3분

Its offspring would inherit that advantage and pass it on to their offspring.

Charles Darwin simply brought something new to the old philosophy — a plausible mechanism called "natural selection." Natural selection acts to preserve and accumulate minor advantageous genetic mutations. Suppose a member of a species developed a functional advantage. ① The inferior disadvantaged members of the same species would gradually die out, leaving only the superior (advantaged) members of the species. ② Natural selection is the preservation of a functional advantage that enables a species to compete better in the wild. Natural selection is the naturalistic equivalent to domestic breeding. ③ Over the centuries, human breeders have produced dramatic changes in domestic animal populations by selecting individuals to breed. ④ Breeders eliminate undesirable traits gradually over time. Similarly, natural selection eliminates inferior species gradually over time.

| 해석 | Charles Darwin은 오래된 철학에 새로운 것인 "자연적 선택"이라 불리는 그럴듯한 체계를 단지 가져다주었다. 자연적 선택은 소수의 우월한 유전의 돌연변이를 보호하고 축적하기 위해 작용한다. 한 종의 구성원들이 기능적 이점을 발전시켰다고 가정해보자. ① 그것의 자손은 그 이점을 물려받을 것이고 그것을 그들의 자손에게로 전할 것이다. 같은 종에서 열등하고 단점을 가진 구성원은 점차 멸종되어 종에서 더 우월한(이익을 가진) 구성원만을 남겨놓을 것이다. 자연적 선택은 종이 야생에서 더 잘 경쟁할 수 있도록 하는 기능적 이점을 보호하는 것이다. 자연적 선택은 가축 사육과 자연주의적으로 동등하다. 수 세기 동안, 사육자들은 번식시킬 개체를 선택하면서 가축 개체의 극적인 변화를 만들어왔다. 사육자들은 오랜 시간 동안 점차적으로 탐탁지 않은 특성들을 제거한다. 비슷하게, 자연적 선택은 오랜 시간 동안 점차적으로 열등한 종들을 제거한다.

| 해설 | ① 뒤의 'The inferior disadvantaged members'로 보아 열등한 단점을 가진 구성원들에 대한 이야기가 시작되나, 직전의 문장 'Suppose a member of a species developed a functional advantage.'에서 '한 종의 구성원이 기능적 이점을 발달시켰다고 가정해보자.'라고 언급하고 있다. 이는 ① 뒤의 문장으로의 연결을 단절하고 있다. 즉, 기능적 이점을 발달시킨 구성원을 가정한 결과가 빠져 있는데, 그 결과가 바로 주어진 문장(그들의 자손이 그 이점을 물려받을 것이다)이므로 ①의 위치가 정답이 된다. ① 앞의 'a functional advantage'를 주어진 문장에서 'that advantage'로 받고 있는 것도 힌트가 된다. 보통 삽입 문제라고 하면 정답이 초반에 나오지 않는다고 단정하기 쉽지만 이처럼 그렇지 않은 경우도 있다.

정답 ①

❶ Charles Darwin/ simply brought something new/ to the old philosophy/ —
주어　　　　부사　　동사　　목적어　　　　　전명구
a plausible mechanism/ called "natural selection."
명사(동격)　　　　　과거분사　　　보어

Charles Darwin은/ 새로운 것을 단지 가져다주었다/ 오래된 철학에/ 그럴듯한 체계/ "자연적 선택"이라 불리는

plausible 그럴듯한

❷ Natural selection acts/ to preserve and accumulate/ minor advantageous genetic mutations.
주어　　　　동사　　to부정사 부사적 용법　　　　　to부정사 목적어

자연적 선택은 작용한다/ 보호하고 축적하기 위해/ 소수의 우월한 유전의 돌연변이를

mutation 돌연변이

*a member 앞 명사절 접속사 that 생략
❸ Suppose/ a member of a species/ developed a functional advantage.
동사　　주어　　전명구　　　동사　　　목적어

가정해보자/ 한 종의 구성원이/ 기능적 이점을 발전시켰다고

❹ ① Its offspring/ would inherit that advantage/ and pass it on to their offspring.
주어　　　　　동사1　　　목적어　　등위접속사 동사2 목적어부사　　전명구

① 그것의 자손은/ 그 이점을 물려받을 것이다/ 그리고 그것을 그들의 자손에게로 전할 것이다

❺ The inferior disadvantaged members/ of the same species/ would gradually die out,/ leaving
주어　　　　　　　　　전명구　　　　　　동사　　　현재분사
only the superior (advantaged) members/ of the species.
부사　　　　현재분사 목적어　　　　　　전명구

열등하고 단점을 가진 구성원은/ 같은 종에서/ 점차적으로 멸종될 것이다/ 더 우월한(이점을 가진) 구성원만을 남기면서/ 그 중에서

inferior 열등한
die out 멸종되다
superior 우수한

❻ Natural selection/ is the preservation/ of a functional advantage/ that enables a species/
주어　　　　동사　　　보어　　　　전명구　　　주격 관계대명사 동사　목적어
to compete better/ in the wild.
목적격 보어　　부사　　전명구

자연적 선택은/ 보호이다/ 기능적 이점의/ 종을 가능하도록 하는/ 더 잘 경쟁하는 것을/ 야생에서

wild 야생

❼ Natural selection/ is the naturalistic equivalent/ to domestic breeding.
주어　　　　동사　　　보어　　　　　　전명구

자연적 선택은/ 자연주의적으로 동등하다/ 가축 사육과

❽ Over the centuries,/ human breeders have produced/ dramatic changes/ in domestic animal
전명구　　　　　　주어　　　동사　　　　목적어　　　전명구
populations/ by selecting individuals to breed.
전명구　　　　　to부정사 형용사적 용법

수 세기 동안/ 사육사들은 만들어왔다/ 극적인 변화를/ 가축 개체의/ 번식시킬 개체를 선택하는 것에 의해

breeder 사육자

❾ Breeders eliminate/ undesirable traits/ gradually/ over time.
주어　　　동사　　　목적어　　　부사　　　부사구

사육자들은 제거한다/ 탐탁지 않은 특성들을/ 점차적으로/ 오랜 시간 동안

❿ Similarly,/ natural selection eliminates/ inferior species/ gradually/ over time.
접속부사　　　주어　　　　동사　　　　목적어　　　부사　　부사구

비슷하게/ 자연적 선택은 제거한다/ 열등한 종들을/ 점차적으로/ 오랜 시간 동안

eliminate 제거하다

DAY 02

Warm Up 기출문제

밑줄 친 부분에 들어갈 말로 가장 적절한 것을 고르시오. 2021 지방직 9급 ⏱ 2분

As more and more leaders work remotely or with teams scattered around the nation or the globe, as well as with consultants and freelancers, you'll have to give them more _____. The more trust you bestow, the more others trust you. I am convinced that there is a direct correlation between job satisfaction and how empowered people are to fully execute their job without someone shadowing them every step of the way. Giving away responsibility to those you trust can not only make your organization run more smoothly but also free up more of your time so you can focus on larger issues.

① work   ② rewards
③ restrictions   ④ autonomy

| 해석 | 점점 더 많은 관리자들이 원격으로 일하거나, 컨설턴트와 프리랜서들과 뿐만 아니라 국가 전역 혹은 전 세계에 흩어져 있는 팀과 함께 일하게 됨에 따라, 당신은 그들에게 더 많은 ④ 자율성을 주어야 할 것이다. 당신이 더 많은 신뢰를 줄수록, 다른 사람들이 당신을 더 많이 신뢰한다. 나는 직업 만족도 그리고 매 순간 그들을 그림자처럼 따라다니는 사람 없이도 그들의 업무를 충분히 수행할 수 있기 위해서 사람들이 얼마나 자율권을 부여받는지 사이에는 직접적인 연관성이 있다고 확신한다. 당신이 신뢰하는 사람들에게 책임을 주는 것은 당신의 조직이 더욱 매끄럽게 운영되도록 할 뿐만 아니니 당신의 시간을 좀 더 자유롭게 해주어서 당신이 더 큰 문제들에 집중할 수 있도록 해줄 수 있다.

① 업무
② 보상
③ 제한
④ 자율성

| 해설 | ④ 본문 초반에서 관리자들이 점점 더 원격으로 일하게 됨을 언급한 후, 빈칸 이후 내용에서 원격으로 함께 일하는 이들에게 더 많은 신뢰를 주고 책임을 부여하라고 제안하고 있다. 또한, 자율권 부여와 직업 만족도의 상관관계를 언급하며, 자율권의 긍정적인 측면을 설명하고 있으므로, 문맥상 빈칸에 가장 적절한 표현은 ④ 'autonomy(자율성)'이다.

정답 ④

❶ As more and more leaders work/ remotely or with teams scattered/ around the nation or the
　　접속사　　　　주어　　　　　　동사　　　부사　　접속사　전명구　　과거분사　　　　　전명구
globe,/ as well as with consultants and freelancers,/ you'll have to give/ them/
　　　　접속사　　　　　　　전명구　　　　　　　　　주어　　　동사　　간접목적어
more ④ autonomy.
　　　직접목적어

점점 더 많은 관리자들이 일하게 됨에 따라/ 원격으로 또는 흩어져 있는 팀과 함께/ 국가 전역 혹은 전 세계에서/
컨설턴트와 프리랜서들과 뿐만 아니라/ 당신은 주어야 할 것이다/ 그들에게/ 더 많은 ④ 자율성을

remotely 원격으로, 멀리 떨어져
scattered 산재한, 흩어진

*The + 비교급 + 주어 + 동사, the + 비교급 + 주어 + 동사: ~할수록 …하다
❷ The more trust you bestow,/ the more others trust you.
　　　　　　　주어　동사　　　　　　　　주어　　동사　목적어

당신이 더 많은 신뢰를 줄수록/ 다른 사람들이 당신을 더 많이 신뢰한다

bestow 주다, 수여하다

❸ I am convinced/ that there is a direct correlation/ between job satisfaction and how
　주어　동사　　　　접속사 유도부사 동사　　　주어　　　　　　　전명구　　　　　　접속사 의문사
empowered people are/ to fully execute their job/ without someone/ shadowing them/
　　보어　　주어　동사　to부정사 부사적용법　to부정사 목적어　　전명구　　　　현재분사　　목적어
every step of the way.
　　　부사

나는 확신한다/ 직접적인 연관성이 있다고/ 직업 만족도와 사람들이 얼마나 자율권을 부여받는지 사이에/ 그들의
업무를 충분히 수행하기 위해서/ 사람 없이도/ 그들을 그림자처럼 따라다니는/ 매 순간

empower 자율권[권한]을 주다
execute 실행하다

*you 앞 목적격 관계대명사 생략　*not only ~ but also …
❹ Giving away responsibility to those/ you trust/ can not only make your organization run/
　　　　주어　　　　　　　　전명구　　주어 동사　조동사　　　동사1　　목적어　　목적격 보어
more smoothly/ but also free up more of your time/ so you can focus/ on larger issues.
　　부사　　　　　　　동사2　목적어　　　전명구　　접속사 주어　동사　　　전명구

사람들에게 책임을 주는 것은/ 당신이 신뢰하는/ 당신의 조직이 운영되도록 할 뿐만 아니라/ 더욱 매끄럽게/ 당신
의 시간을 좀 더 자유롭게 할 수 있다/ 당신이 집중할 수 있도록/ 더 큰 문제들에

다음 글의 요지로 알맞은 것을 고르시오.   ⏱ 1분 45초

Minorities tend not to have much power or status and may even be dismissed as troublemakers, extremists or simply "weirdos" How, then, do they ever have any influence over the majority? The social psychologist Serge Moscovici claims that the answer lies in their behavioral style, i.e. the way the minority gets its point across. The crucial factor in the success of the suffragette movement was that its supporters were consistent in their views, and this created a considerable degree of social influence. Minorities that are active and organised, who support and defend their position consistently, can create social conflict, doubt and uncertainty among members of the majority, and ultimately this may lead to social change. Such change has often occurred because a minority has converted others to its point of view. Without the influence of minorities, we would have no innovation, no social change. Many of what we now regard as "major" social movements were originally due to the influence of an outspoken minority.

① People should listen to a minority group of people.
② A minority should raise the issue in a straight line.
③ A minority group of people brings innovation to society.
④ A minority of people must have the consent of the majority.

| 해석 | 소수자들은 많은 권력이나 지위를 갖지 않는 경향이 있고 심지어 말썽꾸러기, 극단주의자들 혹은 단순하게 '이상한 놈들'로 일축되기도 한다. 그러면 어떻게 그들은 다수에 대해 어떻게 영향력을 가지는가? 사회 심리학자인 Serge Moscovici는 해답은 그들의 행동 스타일에 있다고 주장하는데, 예를 들면, 소수집단이 그들의 요점을 이해시키는 방법이다. 여성 참정권 운동의 성공에서 주요한 요소는 그것의 지지자들이 그들의 관점에 일관적이었다는 것이고, 이는 상당한 정도의 사회적 영향력을 만들어냈다. 자신들의 입장을 지속적으로 지지하고 방어하는 활동적이고 조직되어진 소수집단들은 다수집단의 구성원들 사이에서 사회적 갈등, 의심 그리고 불확실성을 만들어낼 수 있다. 그리고 궁극적으로, 이러한 것은 사회적 변화로 이끌지 모른다. 그러한 변화는 종종 발생해왔다. 왜냐하면 소수집단은 그들의 관점으로 다른 사람들을 변화시켜왔기 때문이다. 소수집단의 영향력이 없다면, 우리에게는 혁신, 사회적 변화도 없을 것이다. 우리가 지금 '주요한' 사회 운동으로 여기고 있는 많은 것들이 원래 자신의 의견을 크게 말하는 소수집단의 영향력에 기인했다.
　① 사람들은 소수집단 사람들의 말을 들어야 한다.
　② 소수집단은 올곧게 이슈를 제기해야 한다.
　③ 소수집단의 사람들은 사회에 혁신을 가져온다.
　④ 소수집단은 다수의 동의를 얻어야 한다.

| 해설 | ③ 본문의 마지막 두 문장인 'Without the influence of minorities, we would have no innovation, no social change. Many of what we now regard as "major" social movements were originally due to the influence of an outspoken minority.'에서 적극적으로 그리고 일관성 있게 자신들의 의견을 피력한 소수집단들이 사회의 변화와 혁신을 가져왔다는 것을 알 수 있으므로 글의 요지는 ③이다.

정답 ③

❶ Minorities tend not to have/ much power or status/ and may even be dismissed/
주어　　동사1　부사 to부정사 보어　　　to부정사 목적어　등위접속사　　　동사2

as troublemakers, extremists or simply "weirdos".
전명구

소수자들은 갖지 않는 경향이 있다/ 많은 권력이나 지위를/ 그리고 심지어 일축되기도 한다/ 말썽꾸러기, 극단주의
자들 혹은 단순하게 '이상한 놈들'로

minority 소수
status 지위
dismiss 일축하다, [제안
·의견 등을] (~이라고)
처리해 버리다
extremist 극단주의자
weirdo 괴짜, 별난 사람

❷ How,/ then,/ do they ever have any influence/ over the majority?
의문사 접속부사 조동사 주어 부사 동사　　목적어　　　　　전명구

어떻게/ 그러면/ 그들은 영향력을 가지는가/ 다수에 대해

majority 다수

❸ The social psychologist Serge Moscovici claims/ that the answer lies/ in their behavioral
　　　　　주어　　　　　　명사(동격)　　　동사 명사절 접속사　주어　　동사　　　전명구

style,/ i.e. the way the minority gets its point across.
전명구　　　전명구　　　主어　　　동사　목적어　부사
*the way 뒤 관계부사 생략

사회 심리학자인 Serge Moscovici는 주장한다/ 해답은 있다고/ 그들의 행동 스타일에/ 예를 들면 방법이다/ 소수집
단이 그들의 요점을 이해시키는

claim 주장하다
behavioral 행동적인
get across ~을 이해시
키다

❹ The crucial factor/ in the success of the suffragette movement/ was that its supporters were
　　주어　　　　　전명구　　　　　　전명구　　　　　동사　주어　　　동사
　　　　　　　　　　　　　　　　　　　　　　　　　　　　*명사절 접속사

consistent/ in their views,/ and this create/ a considerable degree of social influence.
보어　　　전명구　　등위접속사 주어 동사　　　목적어　　　　　전명구

주요한 요소는/ 여성 참정권 운동의 성공에서/ 그것의 지지자들이 일관적이었다는 것이었다/ 그들의 관점에/ 그리
고 이는 만들어냈다/ 상당한 정도의 사회적 영향력을

crucial 중대한, 결정적인
factor 요소
suffragette movement
여성 참정권 운동
considerable 상당한

❺ Minorities/ that are active and organised,/ who support and defend/ their position
　　주어　　　동사　　　보어　　　　　동사　　　　　목적어
　　　　*주격 관계대명사　　　　　*주격 관계대명사

consistently,/ can create social conflict, doubt and uncertainty/ among members
부사　　　동사　　　　목적어　　　　　　　　전명구

of the majority,/ and ultimately this may lead/ to social change.
전명구　등위접속사 부사 주어 동사　　전명구

소수집단들은/ 활동적이고 조직되어진/ 지지하고 방어하는/ 자신들의 입장을 지속적으로/ 사회적 갈등, 의심 그리
고 불확실성을 만들어낼 수 있다/ 다수집단의 구성원들 사이에서/ 그리고 궁극적으로 이러한 것은 이끌지 모른다/
사회적 변화로

conflict 충돌
uncertainty 불확실성
ultimately 궁극적으로

❻ Such change has often occurred/ because a minority has converted others/ to its point
　　주어　　　　동사　　　　接속사　주어　　　동사　　목적어　　전명구

of view.
전명구

그러한 변화는 종종 발생해왔다/ 왜냐하면 소수집단은 다른 사람들을 변화시켜왔기 때문이다/ 그들의 관점으로

convert 전환시키다

❼ Without the influence of minorities,/ we would have no innovation, no social change.
　　　전명구　　　　　전명구　　　주어　　동사　　　　목적어
*without 가정법: Without ~, 주어 + 조동사 과거형 + 동사원형 → 가정법 과거

소수집단의 영향력이 없다면/ 우리에게는 혁신, 사회적 변화도 없을 것이다

❽ Many/ of what we now regard/ as "major" social movements/ were originally due to the
주어　　전명구　주어 부사　동사　　　　전명구　　　　동사　　부사　　　전명구
　　　*선행사 포함 관계사 what + 동사: 명사절(전치사의 목적어 역할)

influence/ of an outspoken minority.
전명구

많은 것들이/ 우리가 지금 여기고 있는 것의/ '주요한' 사회 운동으로/ 원래 영향력에 기인했다/ 자신의 의견을 크게
말하는 소수집단의

outspoken 노골적으로
말하는

밑줄 친 (A), (B)에 들어갈 말로 알맞게 짝지은 것은?　　　⏱ 1분 30초

By most accounts, December's international climate conference in Paris was an unexpected and landmark success. Virtually every nation on the earth now understands what's at stake and all have reached common understanding about what needs to be done to slow the advance of unmitigated planetary warming. _____(A)_____, in spite of overwhelming scientific evidence that dangerous levels of planetary warming and human-induced climate change are real, hard-core resistance to well-established science remains a challenge. Particularly disconcerting is the fact that the ranks of the "climate deniers" include too many influential political and policy leaders. That is not to say that every question about the impact of climate change is scientifically settled. _____(B)_____, how does climate change affect the intensity or frequency of coastal storms? And what is the relationship between climate change and weather patterns?

	(A)	(B)
①	Instead	As a result
②	However	Otherwise
③	Still	For instance
④	Interestingly	However

| 해석 | 대부분의 평가에 의하면, 파리에서 열린 12월의 국제적인 기후 회의는 예상 밖의 주목할 만한 성공을 거두었다. 지구상의 거의 모든 나라가 이제 무엇이 위급한지에 대하여 이해하며 그리고 모두가 완전한 지구 온난화의 진행을 늦추기 위하여 무엇을 해야 하는지에 대한 공통된 이해에 도달했다. (A) 그러나 여전히, 위험한 수준의 지구 온난화와 인간이 유발한 기후 변화가 실제라는 압도적인 과학적 증거에도 불구하고, 잘 정립된 과학에 대한 강경한 저항은 과제로 남아있다. "기후 변화 부정론자"의 구성원은 너무나도 많은 영향력 있는 정치 및 정책 지도자들을 포함하고 있다는 사실은 특히 당혹스럽다. 그것이 기후 변화의 영향에 대한 모든 질문이 과학적으로 정립되어 있다는 것을 말해주는 것은 아니다. (B) 예를 들어, 기후 변화가 어떻게 연안의 폭풍의 강도 또는 빈도에 영향을 미치는가? 그리고 기후 변화와 날씨 패턴 사이의 관계는 무엇인가?

① 대신에 – 그 결과
② 그러나 – 그렇지 않으면
③ 그러나 여전히 – 예를 들어
④ 흥미롭게도 – 그러나

| 해설 | ③ (A) 앞에서는 지구 온난화에 대한 모든 국가의 합일점에 대하여 이야기 하고 있는데, 빈칸 뒤에는 이에 대한 강경한 저항에 대하여 이야기 하고 있다. 따라서 역접의 접속사인 'However'나 'Still'이 들어가야 한다. (B) 뒤에 앞 문장에 제시된 질문의 예가 나오므로 'For instance'가 적절하다.

정답 ③

① By most accounts,/ December's international climate conference in Paris/ was an unexpected
　전명구　　　　　　　　　　　　주어　　　　　　　　　　　　　　　전명구　동사　　보어
and landmark success.

account 평가, 판단

대부분의 평가에 의하면/ 파리에서 열린 12월의 국제적인 기후 회의는/ 예상 밖의 주목할 만한 성공이었다

*선행사 포함 관계사 what + 동사: 명사절(타동사의 목적어 역할)

② Virtually every nation on the earth/ now understands/ what's at stake/ and all have reached
　부사　　　주어　　　전명구　　부사　　동사　　　목적어 동사 전명구 등위접속사 주어　동사

*선행사 포함 관계사 what + 동사: 명사절(전치사의 목적어 역할)

common understanding/ about what needs to be done/ to slow the advance/
　　목적어　　　　　　전명구　　동사　　목적어　to부정사 부사적용법 to부정사 목적어
of unmitigated planetary warming.
　　　전명구

virtually 거의
at stake 위태로운, 위급한
unmitigated 순전한, 완전한

지구상의 거의 모든 나라가/ 이제 이해한다/ 무엇이 위급한지/ 그리고 모두가 공통된 이해에 도달했다/ 무엇을 해야 하는지에 대하여/ 진행을 늦추기 위해/ 완전한 지구 온난화의

③ (A) Still,/ in spite of overwhelming scientific evidence/ that dangerous levels of planetary
　접속부사　　　전명구　　　　　　　　　　　명사절 접속사　주어　　　전명구
warming and human-induced climate change/ are real,/ hard-core resistance/
　　　　　　　　　　　　　　　　　　　　동사 보어　　　주어
to well-established science/ remains a challenge.
　　　전명구　　　　　　동사　　보어

hard-core 강경한
resistance to ~에 대한 저항

(A) 그러나 여전히/ 압도적인 과학적 증거에도 불구하고/ 위험한 수준의 지구 온난화와 인간이 유발한 기후 변화가/ 실제라는/ 강경한 저항은/ 잘 정립된 과학에 대한/ 과제로 남아있다

*문두 보어 도치

④ Particularly disconcerting/ is the fact/ that the ranks of the "climate deniers"/ include
　부사　　　　　보어　　　동사 주어　명사절 접속사　주어　　　전명구　　　　동사
too many influential political and policy leaders.
　　　　　목적어

disconcerting 당혹케 하는
rank 구성원[회원]

특히 당혹스러운 것은/ 사실이다/ "기후 변화 부정론자들"의 구성원은/ 너무나도 많은 영향력 있는 정치 및 정책 지도자들을 포함하고 있다는

*to부정사 목적어

⑤ That is not to say/ that every question/ about the impact of climate change/ is scientifically
주어 동사 부사 to부정사 보어　　　주어　　　　전명구　　　　　　전명구　　　　동사
settled.

그것이 ~라고 말하는 것은 아니다/ 모든 질문이/ 기후 변화의 영향에 대한/ 과학적으로 정립되어 있다

⑥ (B) For instance,/ how does climate change affect/ the intensity or frequency
　접속부사　　　의문사 조동사　　주어　　　동사　　　　목적어
of coastal storms?
　전명구

coastal 연안의

(B) 예를 들어/ 기후 변화가 어떻게 영향을 미치는가/ 연안의 폭풍의 강도 또는 빈도에

⑦ And what is the relationship/ between climate change and weather patterns?
등위접속사 의문사 동사　　주어　　　　　　　　전명구

그리고 관계는 무엇인가/ 기후 변화와 날씨 패턴 사이의

다음 글의 주제로 적절한 것을 고르시오. ⏱ 2분

In the mid-1900s, John Kenneth Galbraith shocked the field of economics when he insisted that consumers do not merely participate in the marketplace, but they are also the product of the systematic deployment of power throughout society. Within this deployment of power, commercial media ensures that consumers adopt values and beliefs that match the general requirements of the economy. The individual's participation in mass behavior patterns is not a spontaneous reaction to random forces. Consumers engage in shared patterns of consumption because they live within an economic system that operates as a belief system. It exercises considerable control over the meaning and value of things. When the economy functions as a belief system, it establishes severe limits on a consumer's free choice. As consumers, our choices are not entirely our own. Our beliefs, values, thoughts, and emotions are highly conditioned to match the needs of the marketplace.

① The consumer behavior patterns in the market economy
② Decline in consumer's role and revitalization of the economic system
③ The differences between the belief system and the consumer economy
④ Meaning of 'consumer' functioning as a belief system within the economy

| 해석 | 1900년대 중반 John Kenneth Galbraith는 소비자들이 시장에 단순히 참여할 뿐만 아니라 사회 전반에 걸쳐 체계적인 힘의 배치의 산물이기도 하다고 주장하면서 경제학 분야에 충격을 주었다. 이러한 힘의 배치 내에서, 상업 매체는 소비자들이 경제의 일반적인 요구 사항에 맞는 가치와 믿음을 채택하도록 보장한다. 집단행동 패턴에의 개인의 참여는 무작위 힘에 대한 자발적인 반응이 아니다. 소비자들은 그들이 신념 체계로 작용하는 경제 체제 안에서 살고 있기 때문에 공통의 소비 패턴에 관여한다. 그것은 사물의 의미와 가치에 대해 상당한 통제를 행사한다. 경제가 신념 체계로서 기능할 때, 그것은 소비자의 자유 선택에 심각한 한계를 설정한다. 소비자로서 우리의 선택은 전적으로 우리만의 것이 아니다. 우리의 믿음, 가치관, 생각, 그리고 간정은 시장의 요구에 부응하도록 고도로 조정되어 있다.
① 시장 경제 내의 소비자 행동 패턴들
② 소비자의 역할의 감소와 경제 체계의 경기 부양화
③ 신념 체계와 소비자 경제 사이의 차이
④ 경제 내의 신념 체계로서 '소비자' 기능의 의미

| 해설 | ④ 본문 전반적으로 소비자의 선택과 믿음 등은 개인의 자유 선택이라기보다는 시장의 요구에 맞춰지고 통제된 것이라는 내용을 담고 있다. 따라서 ④가 글의 주제로 가장 적절하다. ①은 본문에서 소비자의 행동 패턴이 소비자가 경제 시스템 내에서 어떤 기능을 갖고 있는지 설명할 때 사용된 것으로 주제로는 적절하지 않다.

정답 ④

① In the mid-1900s,/ John Kenneth Galbraith shocked/ the field of economics/ when he
　　전명구　　　　　　　　　주어　　　　　동사　　　목적어　　　　전명구　　　접속사 주어
*not merely[only] A but also B: A뿐만 아니라 B도 (they are also 앞 접속사 but 생략)
insisted/ that consumers do not merely participate / in the marketplace,/ but they are also
동사　명사절 접속사 주어　　　동사　　　　　　　　　전명구　　　　　접속사 주어 동사 부사
the product/ of the systematic deployment of power/ throughout society.
　보어　　　　　　　전명구　　　　　　　　　　전명구　　　　　전명구

1900년대 중반에/ John Kenneth Galbraith는 충격을 주었다/ 경제학 분야에/ 그가 주장했을 때/ 소비자들이 단순히
참여할 뿐만 아니라/ 시장에/ 그러나 그들은 산물이기도 하다고/ 체계적인 힘의 배치의/ 사회 전반에 걸쳐

insist 주장하다
merely 그저, 단지
participate in ~에 참가
하다
deployment 전개, 배치

② Within this deployment of power,/ commercial media ensures/ that consumers adopt/
　　　전명구　　　　　　　전명구　　　　　　주어　　　　　동사　명사절 접속사　　주어　　　동사
values and beliefs/ that match the general requirements/ of the economy.
　　목적어　　　　　주·관·대 동사　　　　　목적어　　　　　　　전명구

이러한 힘의 배치 내에서/ 상업 매체는 보장한다/ 소비자들이 채택하도록/ 가치와 믿음을/ 일반적인 요구 사항에
맞는/ 경제의

commercial 상업적인
adopt 채택하다

③ The individual's participation/ in mass behavior patterns/ is not a spontaneous reaction/
　　　　　주어　　　　　　　　　　전명구　　　　　　　동사 부사　　　보어
to random forces.
　전명구

개인의 참여는/ 집단행동 패턴의/ 자발적인 반응이 아니다/ 무작위 힘에 대한

spontaneous 자발적인,
임의의

④ Consumers engage/ in shared patterns of consumption/ because they live/ within an
　　主어　　　동사　　　　전명구　　　　전명구　　　　접속사　주어　동사　　　전명구
economic system/ that operates/ as a belief system.
　　전명구　　　주격 관계대명사 동사　　전명구

소비자들은 관여한다/ 공통의 소비 패턴에/ 왜냐하면 그들이 살고 있다/ 경제 체제 안에서/ 작용하는/ 신념 체계로

consumption 소비
operate 작동하다

⑤ It exercises/ considerable control/ over the meaning and value/ of things.
주어　　동사　　　목적어　　　　　　　전명구　　　　　　　전명구

그것은 행사한다/ 상당한 통제를/ 의미와 가치에 대한/ 사물의

⑥ When the economy functions/ as a belief system,/ it establishes severe limits/
接속사　　주어　　　동사　　　　　전명구　　　　주어　　동사　　　목적어
on a consumer's free choice.
　　전명구

경제가 기능할 때/ 신념 체계로서/ 그것은 심각한 한계를 설정한다/ 소비자의 자유 선택에

severe 혹독한, 심각한

⑦ As consumers,/ our choices/ are not entirely our own.
　　전명구　　　　주어　　　동사 부사　　부사　　　보어

소비자로서/ 우리의 선택은/ 전적으로 우리만의 것이 아니다

⑧ Our beliefs, values, thoughts, and emotions/ are highly conditioned/ to match the needs/
　　　　　　주어　　　　　　　　　　　　　　　　동사　　　to부정사 목적어
　　　　　　　　　　　　　　　　　　　　　　*to부정사 부사적 용법
of the marketplace.
　전명구

우리의 믿음, 가치관, 생각, 그리고 감정은/ 고도로 조정되어 있다/ 요구에 부응하도록/ 시장의

Warm Up 기출문제

밑줄 친 (A), (B)에 들어갈 말로 가장 적절한 것은? 2020 지방직 9급   ⏱ 2분

Assertive behavior involves standing up for your rights and expressing your thoughts and feelings in a direct, appropriate way that does not violate the rights of others. It is a matter of getting the other person to understand your viewpoint. People who exhibit assertive behavior skills are able to handle conflict situations with ease and assurance while maintaining good interpersonal relations. _____(A)_____, aggressive behavior involves expressing your thoughts and feelings and defending your rights in a way that openly violates the rights of others. Those exhibiting aggressive behavior seem to believe that the rights of others must be subservient to theirs. _____(B)_____, they have a difficult time maintaining good interpersonal relations. They are likely to interrupt, talk fast, ignore others, and use sarcasm or other forms of verbal abuse to maintain control.

	(A)	(B)		(A)	(B)
①	In contrast	Thus	②	Similarly	Moreover
③	However	On one hand	④	Accordingly	On the other hand

| 해석 | 확신에 찬 행동은 타인의 권리를 침해하지 않는 직접적이고 적절한 방식으로 당신의 권리를 옹호하고, 당신의 생각과 느낌을 표현하는 것을 포함한다. 그것은 타인이 당신의 관점을 이해하도록 하는 일이다. 확신에 찬 행동 기술을 보여주는 사람들은 좋은 대인관계를 유지하면서 쉽게, 확신을 가진 채로 갈등 상황을 처리할 수 있다. (A) 그에 반해, 공격적인 행동은 타인의 권리를 공공연히 침해하는 방식으로 당신의 생각과 느낌을 표현하고 당신의 권리를 옹호하는 것을 포함한다. 공격적인 행동을 보여주는 사람들은 타인의 권리가 자신들의 것보다 덜 중요함에 틀림없다고 믿는 것 같다. (B) 그러므로, 그들은 좋은 대인관계를 유지하는 데 힘겨운 시간을 갖는다. 그들은 통제권을 유지하기 위해 방해하고, 빨리 말하고, 타인을 무시하고, 비꼬는 것이나 다른 형태의 언어폭력을 사용할 가능성이 높다.
① 그에 반해 – 그러므로   ② 유사하게 – 게다가   ③ 그러나 – 한편으로는   ④ 그에 따라 – 반면에

| 해설 | ① (A) 첫 문장에서 '확신에 찬 행동의 (긍정적인) 특징'에 대해 언급한 후, '확신에 찬 행동을 하는 사람들의 대인관계와 관련된 특성'에 대해 설명하고 있다. 그런데 빈칸 이후에서는 대조적인 '공격적인 행동의 (부정적인) 특징'에 대해 언급하고 있다. 따라서 빈칸에 가장 적절한 표현은 '역접, 대조'를 나타내는 'In contrast(그에 반해)' 또는 'However(그러나)'이다. (B) 빈칸 이전에서 '공격적 행동을 보이는 사람들의 보편적 생각'에 대해 언급한 후, 빈칸 이후에서 그러한 생각으로 인해 야기되는 '결과(좋은 대인관계 유지가 어려움)'를 제시하고 있으므로, '결과'를 나타내는 'Thus'가 알맞다. 따라서 정답은 ① 'In contrast(그에 반해) – Thus(그러므로)'이다.

정답 ①

지문 구조분석

❶ Assertive behavior involves/ standing up for your rights/ and expressing your thoughts and
　　　주어　　　　　　동사　　　　　목적어1　　　　　　접속사　　　　　　목적어2
　　　　　　　　　　　　　　　　　　*주격 관계대명사
feelings/ in a direct, appropriate way/ that does not violate the rights of others.
　　　　　　　전명구　　　　　　　　　　동사　　　　목적어　　　전명구

확신에 찬 행동은 포함한다/ 당신의 권리를 옹호하는 것/ 그리고 당신의 생각과 느낌을 표현하는 것을/ 직접적이고
적절한 방식으로/ 타인의 권리를 침해하지 않는

❷ It is a matter/ of getting the other person to understand your viewpoint.
　주어동사 주격 보어　전명구　　　목적어　　　　목적격 보어　　　목적어

그것은 일이다/ 타인이 당신의 관점을 이해하도록 하는

　　　　　　　*주격 관계대명사
❸ People/ who exhibit assertive behavior skills/ are able to handle conflict situations/
　주어　　동사　　　　목적어　　　　　　　　동사　　　　　목적어
with ease and assurance/ while maintaining good interpersonal relations.
　　　전명구　　　　　접속사　　현재분사　　　　　목적어

사람들은/ 확신에 찬 행동 기술을 보여주는/ 갈등 상황을 처리할 수 있다/ 쉽게, 확신을 가진 채로/ 좋은 대인관계를
유지하면서

❹ (A) In contrast,/ aggressive behavior involves/ expressing your thoughts and feelings/ and
　　　전명구　　　　　주어　　　　동사　　　　　　목적어1　　　　　　접속사
　　　　　　　　*주격 관계대명사
defending your rights/ in a way/ that openly violates the rights of others.
　　목적어2　　　　전명구　　　부사　동사　　목적어　　전명구

(A) 그에 반해/ 공격적인 행동은 포함한다/ 당신의 생각과 느낌을 표현하는 것/ 그리고 당신의 권리를 옹호하는 것
을/ 방식으로/ 타인이 권리를 공공연히 침해하는

　　　　　　　　　　　　　　　　　*명사절 이끄는 접속사
❺ Those/ exhibiting aggressive behavior/ seem to believe/ that the rights of others/ must be
　주어　　현재분사　　　목적어　　　　　동사　주격 보어　　　주어　　　전명구　　　동사
subservient to theirs.
　주격 보어　　전명구

사람들은/ 공격적인 행동을 보여주는/ 믿는 것 같다/ 타인의 권리가/ 자신들의 것보다 덜 중요함에 틀림없다고

　　　　　　　　*maintaining 앞 전치사 in 생략
❻ (B) Thus,/ they have a difficult time/ maintaining good interpersonal relations.
　　　부사　주어　동사　　목적어　　　　　　전치사의 목적어

(B) 그러므로/ 그들은 힘겨운 시간을 갖는다/ 좋은 대인관계를 유지하는 데

❼ They are likely/ to interrupt,/ talk fast,/ ignore others,/ and use sarcasm or other forms
　주어　동사주격 보어　　　　　　to부정사 부사적 용법
of verbal abuse/ to maintain control.
　　전명구　　　to부정사 부사적 용법

그들은 가능성이 높다/ 방해하고/ 빨리 말하고/ 타인을 무시하고/ 비꼬는 것이나 다른 형태의 언어폭력을 사용할/
통제권을 유지하기 위해

글의 내용과 일치하는 것은?　　　　　　　　　　　　　　　　　　🕐 1분 45초

Geography has a major influence on crime. The features and characteristics of cityscapes and rural landscapes can make it easier or more difficult for crime to occur. The placement of alleys, buildings and open spaces, for example, affects the likelihood that a criminal will strike. Combining geographic data with police report data and then displaying the information on a map is an effective way to analyze where, how and why crime occurs. Computerized crime maps became more commonplace with the introduction of desktop computing and software programs called Geographic Information Systems (GIS). Analysts map where crime occurs, combine the resulting visual display with other geographic data (such as location of schools, parks and industrial complexes), analyze and investigate the causes of crime, and develop responses. Recent advances in statistical analysis make it possible to add more geographic and social dimensions to the analysis.

① GIS gives police officers information about criminals.
② Crime maps are for some restricted crimes and regions.
③ Analysts use mapping technology to study crimes.
④ Crowded streets have a higher crime rate than other areas.

| 해석 | 지리는 범죄에 중대한 영향을 미친다. 도시 경관과 지방 경관의 지형과 특징은 범죄가 발생하기 더 쉽거나 더 어렵게 만들 수 있다. 예를 들어 골목, 건물, 그리고 열린 공간의 배치는 범죄자가 공격할 가능성에 영향을 미친다. 지리적 데이터와 경찰 보고서 데이터를 결합하고 나서 지도에 정보를 표시하는 것은 범죄가 어디에서, 어떻게, 왜 발생하는지를 분석하는 효과적인 방법이다. 컴퓨터화된 범죄 지도는 지오그래픽 정보 시스템(GIS)이라 불리는 데스크톱 컴퓨팅과 소프트웨어 프로그램의 도입으로 더욱 보편화되었다. 분석가들은 범죄가 발생하는 지점을 지도화하고, 결과로 얻은 영상 표시를 다른 지리적 데이터(학교, 공원 및 산업 단지의 위치 같은)와 결합하고, 범죄 원인을 분석 및 조사하고 대응책을 개발한다. 최근의 통계 분석의 발전은 분석에 지리적, 사회적 범위를 더 추가하는 것을 가능하게 한다.
① GIS는 경찰들에게 범죄자에 대한 정보를 제공한다.
② 범죄 지도는 일부 제한된 범죄와 지역을 위한 것이다.
③ 분석가들은 지도 기술을 범죄를 연구하기 위해서 사용한다.
④ 붐비는 거리는 다른 지역보다 범죄율이 더 높다.

| 해설 | ③ 지리는 범죄에 중대한 영향을 미치고 있으며, 따라서 분석가들은 범죄가 발생한 지점을 지도화하고, 결과로 얻은 영상 표시를 다른 지리적 데이터와 결합하여 범죄 원인을 분석하면서 대응책을 개발한다고 했으므로 ③이 글의 내용과 일치한다. 컴퓨터화된 범죄 지도는 지오그래픽 정보 시스템(GIS)의 도입으로 더욱 보편화되었다고 했으므로 ②는 글의 내용과 일치하지 않는다.

정답 ③

❶ Geography has a major influence/ on crime.
　　주어　　동사　　　목적어　　　전명구

지리는 중대한 영향을 미친다/ 범죄에

geography 지리, 지형도

❷ The features and characteristics/ of cityscapes and rural landscapes/ can make it easier or
　　　　　　주어　　　　　　　　　　　전명구　　　　　　　　　　　동사 가목적어 목적격 보어

*to부정사 의미상 주어
more difficult/ for crime/ to occur.
전명구　　　진목적어

지형과 특징은/ 도시 경관과 시골 경관의/ 더 쉽거나 더 어렵게 만들 수 있다/ 범죄가/ 발생하는 것을

feature 지세, 지형
characteristic 특징
cityscape 도시 경관
rural landscape 시골 경관

❸ The placement/ of alleys, buildings and open spaces,/ for example,/ affects the likelihood/
　　　주어　　　　　　전명구　　　　　　　　　　접속부사　　　동사　　목적어
that a criminal will strike.
명사절 접속사 주어　　동사

배치는/ 골목, 건물, 그리고 열린 공간의/ 예를 들어/ 가능성에 영향을 미친다/ 범죄자가 공격할

placement 설치, 배치
alley 골목
likelihood 가능성
criminal 범죄자

❹ Combining geographic data/ with police report data/ and then displaying the information/
　　동명사 주어1　　동명사 목적어　　　전명구　　　등위접속사 부사 동명사 주어2　　동명사 목적어

*to부정사 형용사적 용법
on a map/ is an effective way/ to analyze/ where, how and why crime occurs.
전명구　　동사　　　보어　　　　　　　　명사절 접속사　　　주어　　동사

지리적 데이터를 결합하는 것은/ 경찰 보고서 데이터와/ 그리고 나서 정보를 표시하는 것은/ 지도에/ 효과적인 방법이다/ 분석하는/ 범죄가 어디에서, 어떻게, 왜 발생하는지를

❺ Computerized crime maps/ became more commonplace/ with the introduction/
　　　　주어　　　　　　　　동사　　　보어　　　　　전명구
of desktop computing and software programs/ called Geographic Information Systems (GIS).
　　　　　　전명구　　　　　　　　　　　　　　과거분사　　　　　　과거분사 보어

컴퓨터화된 범죄 지도는/ 더욱 보편화되었다/ 도입으로/ 데스크톱 컴퓨팅과 소프트웨어 프로그램의/ 지오그래픽 정보 시스템(GIS)이라 불리는

commonplace 흔한, 보통의

❻ Analysts map/ where crime occurs,/ combine the resulting visual display/ with other
　　주어　　＊동사1　명사절 접속사 주어　동사　＊동사2　　목적어　　　　　전명구
geographic data/ (such as location of schools, parks and industrial complexes),/ analyze and
　전명구　　　　　　　　　　　　　　　　　　　　　　　　　　　　　　　＊동사3
investigate/ the causes of crime,/ and develop responses.
　목적어　　　전명구　　등위접속사　＊동사4　목적어

분석가들은 지도화한다/ 범죄가 발생하는 지점을/ 결과로 얻은 영상 표시를 결합한다/ 다른 지리적 데이터와/ (학교, 공원 및 산업 단지의 위치 같은)/ 분석하고 조사한다/ 범죄 원인을/ 그리고 대응책을 개발한다

visual display 영상 표시

❼ Recent advances in statistical analysis/ make it possible/ to add more geographic and social
　　　주어　　　　　전명구　　　동사 가목적어 목적격 보어 진목적어　　　to부정사 목적어
dimensions/ to the analysis.
전명구

최근의 통계 분석의 발전은/ 가능하게 한다/ 지리적, 사회적 범위를 더 추가하는 것을/ 분석에

dimension 차원, 관점, 범위

다음 글의 흐름상 어색한 것은?   ⏱ 2분

The Solar System formed 4.6 billion years ago from the gravitational collapse of a giant interstellar molecular cloud. ① The vast majority of the system's mass is in the Sun, with most of the remaining mass contained in Jupiter. ② The four smaller inner planets, Mercury, Venus, Earth and Mars, are terrestrial planets, being primarily composed of rock and metal. ③ The four outer planets are giant planets, being substantially more massive than the terrestrials. ④ Astronomers are now hunting for another planet in our solar system, a true fourth planet. All planets have almost circular orbits that lie within a nearly flat disc called the ecliptic.

| 해석 | 태양계는 거대한 성간 분자 구름의 중력의 붕괴로부터 46억 년 전에 형성되었다. 태양계의 질량의 대부분은 태양에 있고, 나머지 질량의 대부분은 목성에 포함되어 있다. 안쪽의 네 개의 더 작은 행성들인 수성, 금성, 지구, 화성은 주로 바위와 금속으로 구성된 지구형 행성이다. 바깥에 있는 네 개의 행성들은 지구형 행성들보다 상당히 더 질량이 있는 거대한 행성이다. ④ 천문학자들은 이제 우리의 태양계 안에서 진짜 네 번째 행성인 또 다른 행성을 찾고 있다. 모든 행성들은 황도(黃道)라 불리는 거의 평평한 디스크 안에 놓인 거의 둥근 궤도들을 가지고 있다.

| 해설 | ④ 태양계를 설명하는 글이다. 태양계의 특징과 안쪽과 바깥쪽의 구성 행성들에 대해 서술하다가 갑자기 ④에서 천문학자들이 진짜 네 번째 행성을 찾고 있다는 흐름은 어색하다.

정답 ④

❶ The Solar System formed/ 4.6 billion years ago/ from the gravitational collapse/
　　　주어　　　　동사　　　　　부사구　　　　　　　　　전명구
of a giant interstellar molecular cloud.
　　　　　전명구

태양계는 형성되었다/ 46억 년 전에/ 중력의 붕괴로부터/ 거대한 성간 분자 구름의

*with 분사구문: with + 목적어 + p.p. (~된 채로)

❷ The vast majority/ of the system's mass/ is in the Sun,/ with most of the remaining mass/
　　　주어　　　　　　전명구　　　　　동사　전명구　　　　　전명구　　　　　전명구

vast 방대한, 거대한

contained in Jupiter.
　과거분사　　전명구

대부분은/ 태양계의 질량의/ 태양에 있다/ 나머지 질량의 대부분은/ 목성에 포함된 채로

❸ The four smaller inner planets,/ Mercury, Venus, Earth and Mars,/ are terrestrial planets,/
　　　　　주어　　　　　　　　　명사(동격)　　　　　　　　　동사　　주격 보어

terrestrial 지구의, 지구
형의

being primarily composed of rock and metal.
　　분사구문　　　　　　전명구

안쪽의 네 개의 더 작은 행성들은/ 수성, 금성, 지구, 그리고 화성/ 지구형 행성이다/ 주로 바위와 금속으로 구성된

❹ The four outer planets/ are giant planets,/ being substantially more massive/ than the
　　　주어　　　　　　동사　주격 보어　　　분사구문　　부사　　　보어　　　　　전명구
terrestrials.

네 개의 바깥에 있는 행성들은/ 거대한 행성이다/ 상당히 더 질량 있는/ 지구형 행성들보다

❺ ④ Astronomers/ are now hunting for another planet/ in our solar system,/ a true fourth
　　　　주어　　　동사　　　　전명구　　　　　　　전명구　　　　　　명사(동격)
planet.

④ 천문학자들은/ 이제 또 다른 행성을 찾고 있다/ 우리의 태양계 안에서/ 진짜 네 번째 행성을

*주격 관계대명사

❻ All planets have almost circular orbits/ that lie/ within a nearly flat disc/ called the ecliptic.
　　주어　　　동사　　부사　　　목적어　　　동사　　　　전명구　　　　과거분사 과거분사 보어

ecliptic 황도(黃道)의

모든 행성들은 거의 둥근 궤도를 가지고 있다/ 놓인/ 거의 평평한 디스크 안에/ 황도(黃道)라 불리는

다음 글의 주제로 가장 적절한 것은? ⏱ 1분 45초

What is newly original in an artist's work is never noticed by the public. Even it frequently is not noticed by the artist himself. What is really new at the time of its first conception is too subjective to be recognized. It is recognized and takes on its full meaning only after it has been repeated a limited number of times. In this case, a repetitive series is set up thereby becoming recognizable as the original. In its raw state, the original either passes unnoticed or is considered to be a mistake. After all, in the arts it is noticed and approved, precisely at that moment when it is on its way to becoming unoriginal. This is the moment when a work becomes art.

① By pursuing originality, artists can be more creative.
② An artist's originality depends on his life as an artist.
③ What is considered original in the arts may not be new at all.
④ There are many things in common between art and artists.

| 해석 | 예술가의 작품에서 새로운 형식의 독창적인 것은 대중에 의해 결코 인정되지 않는다. 심지어 그것은 예술가 자신에 의해서도 빈번하게 인정되지 않는다. 그것의 최초 고안 당시에 정말로 새로운 것은 너무 주관적이기 때문에 인정될 수 없다. 그것은 제한된 횟수로 반복된 후에야 비로소 인정되고 완전한 의미를 갖는다. 이 경우에, 반복적인 시리즈가 만들어지고 그것에 의해 독창적인 것으로 인정받을 수 있게 된다. 날것인 상태에서, 독창적인 것은 알아차려지지 못하고 지나가거나 실수로 여겨지게 된다. 결국, 예술에서는 그것이 독창적이지 않게 되는 길로 들어섰을 때 바로 그 순간에 주목되고 승인된다. 이것이 작품이 예술이 되는 순간이다.
① 독창성을 추구함으로써 예술가는 더 창의적이 될 수 있다.
② 예술가의 독창성은 예술가로서의 그의 인생에 달려있다.
③ 예술에서 독창적이라고 여겨지는 것이 전혀 새로운 것이 아닐 수도 있다.
④ 예술과 예술가 사이에는 많은 공통점이 있다.

| 해설 | ③ '예술의 독창성'에 대한 글로, 우리가 흔히 '독창적인 것은 새로운 것'이라고 생각하는 것이 틀린 개념이라는 것을 설명해주고 있다. 본문 중반에서 'In this case a repetitive series is set up thereby becoming recognizable as the original.'을 통해 '반복이 된 후에 독창적인 것으로 인정받을 수 있게 된다'고 언급하고 있으므로 글의 주제로는 ③이 가장 적절하다.

정답 ③

❶ *what + 불완전한 문장: 명사절*

What is newly original/ in an artist's work/ is never noticed/ by the public.
    주어   전명구   동사   전명구

새로운 형식의 독창적인 것은/ 예술가의 작품에서/ 결코 인정되지 않는다/ 대중에 의해

❷ Even/ it frequently is not noticed/ by the artist himself.
    부사   주어   부사   동사   전명구

심지어/ 그것은 빈번하게 인정되지 않는다/ 예술가 자신에 의해서도

frequently 자주, 빈번히

❸ *what + 불완전한 문장: 명사절*   *too ~ to …: 너무 ~해서 …할 수 없다*

What is really new/ at the time/ of its first conception/ is **too** subjective/ **to** be recognized.
    주어   전명구   전명구   동사 부사   보어   to부정사 부사적 용법

당시에 정말로 새로운 것은/ 그것의 최초 고안의/ 너무 주관적이기 때문에/ 인정될 수 없다

conception 개념, 구상
subjective 주관적인
recognize 인정하다, 알
아차리다

❹ It is recognized/ and takes on its full meaning/ only after it has been repeated/ a limited
  주어   동사1   등위접속사 동사2   목적어   부사 접속사주어   동사   부사구
number of times.

그것은 인정되고/ 완전한 의미를 갖는다/ 그것이 반복된 후에야 비로소/ 제한된 횟수로

repeat 반복하다
limited 제한적인

❺ In this case,/ a repetitive series is set up/ thereby/ becoming recognizable/ as the original.
    전명구   주어   동사   부사   현재분사   현재분사 보어   전명구

이 경우에/ 반복적인 시리즈가 만들어지고/ 그것에 의해/ 인정받을 수 있게 된다/ 독창적인 것으로

thereby 그렇게 함으로써,
그것 때문에
recognizable 인식할 수
있는

❻   *either A or B: A나 B 둘 중 하나*

In its raw state,/ the original/ **either** passes unnoticed/ **or** is considered/ to be a mistake.
    전명구   주어   부사   동사   과거분사 등위접속사   동사   보어 to부정사 보어

날것인 상태에서/ 독창적인 것은/ 알아차려지지 못하고 지나가거나/ 여겨지게 된다/ 실수로

raw 날것의, 가공하지 않
은

❼ After all, in the arts/ it is/ noticed and approved,/ precisely at that moment/ when
       전명구   주어 동사   과거분사구   부사   전명구   접속사
it is on its way/ to becoming unoriginal.
주어 동사 전명구   보어

결국, 예술에서/ 그것이/ 주목되고 승인된다/ 바로 그 순간에/ 그것이 그 길로 들어섰을 때/ 독창적이지 않게 되는

unoriginal 독창적이지
않은

❽ This is/ the moment/ when/ a work/ becomes art.
    주어 동사   보어   관계부사   주어   동사   보어

이것이/ 그 순간이다/ 작품이/ 예술이 되는

DAY 04

Warm Up 기출문제

다음 글의 제목으로 가장 적절한 것은? 2020 지방직 9급   ⏱ 2분

Louis XIV needed a palace worthy of his greatness, so he decided to build a huge new house at Versailles, where a tiny hunting lodge stood. After almost fifty years of labor, this tiny hunting lodge had been transformed into an enormous palace, a quarter of a mile long. Canals were dug to bring water from the river and to drain the marshland. Versailles was full of elaborate rooms like the famous Hall of Mirrors, where seventeen huge mirrors stood across from seventeen large windows, and the Salon of Apollo, where a solid silver throne stood. Hundreds of statues of Greek gods such as Apollo, Jupiter, and Neptune stood in the gardens; each god had Louis's face!

① True Face of Greek Gods
② The Hall of Mirrors vs. the Salon of Apollo
③ Did the Canal Bring More Than Just Water to Versailles?
④ Versailles: From a Humble Lodge to a Great Palace

| 해석 | Louis 14세는 그의 위대함에 걸맞은 궁전이 필요했다. 그래서 그는 베르사유에 웅장한 새로운 집을 짓기로 결심했는데, 그곳에는 사냥용 작은 오두막이 있었다. 거의 50년의 노동 이후, 이 자그마한 사냥용 오두막은 1/4마일 길이의 거대한 궁전으로 탈바꿈되었다. 물을 강에서 끌어오고 습지대의 물을 빼내기 위해서 수로가 파였다. 베르사유는 17개의 커다란 창문 맞은편에 17개의 거대한 거울이 있는 유명한 Hall of Mirrors 그리고 순은 왕좌가 있는 Salon of Apollo와 같은 정교한 방들로 가득했다. Apollo, Jupiter, 그리고 Neptune과 같은 그리스 신들의 조각상 수백 개가 정원에 있었는데, 각각의 신들은 Louis의 얼굴을 가지고 있었다!
① 그리스 신들의 진짜 얼굴
② Hall of Mirrors 대 Salon of Apollo
③ 수로가 단순히 물 이상의 것을 베르사유에 가져왔는가?
④ 베르사유: 소박한 오두막에서 거대한 궁전으로

| 해설 | ④ 첫 문장에서 베르사유는 본래 작은 오두막이었음을 알 수 있으며, 두 번째 문장에서 작은 오두막이 거대한 궁전으로 변모하였음을 알 수 있다. 이후에는 해당 궁전의 모습을 자세히 묘사하는 내용이므로, 글의 제목으로 가장 적절한 것은 ④이다.
① 마지막 문장에서 언급된 '그리스 신들의 얼굴'은 Louis 14세가 소유했던 조각상들의 얼굴이며, '그리스 신들의 진짜 얼굴'과는 관계가 없으며 지엽적 내용일 뿐이다.
② 본문에서 Hall of Mirrors와 Salon of Apollo를 서로 비교하는 내용은 언급되지 않았다.
③ 본문에서 'Canal(수로)'이 언급되기는 하지만, 전체 글을 아우르는 내용은 아니므로 제목이 될 수 없다.

정답 ④

① Louis XIV needed a palace/ worthy of his greatness,/
주어　　　동사　　목적어　　형용사　　　전명구
　　　　　　　　　　　　　　　　　　　　　　　　*관계부사
so he decided/ to build a huge new house/ at Versailles,/ where a tiny hunting lodge stood.
접속사 주어　동사　　　　　목적어　　　　　　　전명구　　　　　　　　　　주어　　　　　동사

Louis 14세는 궁전이 필요했다/ 그의 위대함에 걸맞는/ 그래서 그는 결심했다/ 웅장한 새로운 집을 짓기로/ 베르사유에/ 그곳에는 사냥용 작은 오두막이 있었다

worthy of ~의 가치가 있는, ~할 만한
lodge 오두막

② After almost fifty years of labor,/ this tiny hunting lodge/ had been transformed/
　　　　　전명구　　　　　　전명구　　　　　　주어　　　　　　　　동사
into an enormous palace,/ a quarter of a mile long.
　　　전명구　　　　　　　　　　형용사구

거의 50년의 노동 이후/ 이 자그마한 사냥용 오두막은/ 탈바꿈되었다/ 거대한 궁전으로/ 1/4마일 길이의

transform 변형시키다, (더 좋은 쪽으로) 탈바꿈시키다

③ Canals were dug/ to bring water from the river and to drain the marshland.
　　주어　　동사　　　　　　to부정사 부사적 용법

수로가 파였다/ 물을 강에서 끌어오려고 그리고 습지대의 물을 빼내기 위해

canal 수로, 운하
dig(-dug-dug) 파다
drain 물을 빼내다
marshland 습지대

④ Versailles was full of elaborate rooms/ like the famous Hall of Mirrors,/
　　주어　　동사 주격 보어　　전명구　　　전치사　　　like의 목적어1
*관계부사
where seventeen huge mirrors stood/ across from seventeen large windows,/
　　　　　주어　　　　　동사　　부사　　　　전명구
　　　　　　　*관계부사
and the Salon of Apollo,/ where a solid silver throne stood.
접속사　 like의 목적어2　　　　　주어　　　　동사

베르사유는 정교한 방들로 가득했다/ 유명한 Hall of Mirrors와 같은/ 17개의 거대한 거울이 있는/ 17개의 커다란 창문 맞은편에/ 그리고 Salon of Apollo(와 같은)/ 순은 왕좌가 있는

elaborate 정교한, 공들인
solid 순수한, 다른 물질이 섞이지 않은
throne 왕좌, 옥좌

⑤ Hundreds of statues of Greek gods/ such as Apollo, Jupiter, and Neptune/ stood
　　　　　주어　　　　　전명구　　　　　　　　　전명구　　　　　　　　　동사
in the gardens;/ each god/ had Louis's face!
　　전명구　　　　　주어　　동사　　목적어

그리스 신들의 조각상 수백 개가/ Apollo, Jupiter, 그리고 Neptune과 같은/ 정원에 있었는데/ 각각의 신들은/ Louis의 얼굴을 가지고 있었다!

statue 조각상

주어진 문장이 들어갈 위치로 가장 적절한 곳은?　　　　　　　⏱ 1분 45초

Meantime, in some languages the physical diseases created physical changes to the palate and mouth giving you the accent.

Accents are in general imprinted by your environment. ① If you are young enough, then your friends have a lot to do with this and you are fitting in to the local environment. Hence Indian parents who bring children to the UK speak their national language but the children learn and speak with a British, and often regional, accent. ② Once the basic speech patterns have been established, it takes considerable effort to overcome them. Muscle memory takes over from conscious effort and you have to rethink these established patterns. ③ Thus some people have the ability to mimic any accent quite well, but by no means all can do that. ④ There have been cases of stroke victims taking on a French or Spanish accent as a result of the brain damage caused by the stroke changing the way their muscles operate.

| 해석 | 억양은 일반적으로 당신의 환경에 의해 각인된다. 당신이 충분히 어리다면, 당신의 친구들은 이것과 많은 관련이 있으며 당신은 지역 환경에 직응하게 된다. 따라서 영국에 아이들을 데려오는 인도의 부모들은 자신들의 모국어를 사용하지만 아이들은 영국의 억양, 종종 지역의 억양을 배우고 말한다. 일단 기본 말투가 확립되면 그것을 극복하는 것에는 상당한 노력이 필요하다. 근육 기억이 의식적인 노력을 장악하고 당신은 이러한 확립된 말투에 대해 다시 생각해야만 한다. 따라서 어떤 사람들은 어떤 억양도 아주 잘 모방하는 능력을 가지고 있지만 모든 사람이 결코 그렇게 할 수는 없다. ④ 한편, 어떤 언어에서는 신체적 질병이 당신에게 그 억양을 주면서 구개와 입에 물리적 변화를 만들어냈다. 그들의 근육이 작용하는 방식을 변화시킨 뇌졸중에 의해 야기된 뇌 손상의 결과로 프랑스어 또는 스페인어 억양을 갖게 된 뇌졸중 환자들의 사례가 있어 왔다.

| 해설 | ④ 환경의 영향을 받는 억양에 대한 글로, 주어진 문장은 'physical diseases(신체적 질병)'가 구개와 입에 물리적 변화를 만들어냈다는 내용이다. 따라서 'stroke(뇌졸중)'라는 질병이 언급된 문장 바로 앞의 ④의 위치가 주어진 문장이 들어갈 곳으로 가장 적절하다.

정답 ④

❶ Accents are in general imprinted/ by your environment.
　　주어　　　　　　동사　　　　　　　전명구

억양은 일반적으로 각인된다/ 당신의 환경에 의해

imprint 각인시키다

❷ If you are young enough,/ then your friends have a lot to do with this/ and you are fitting in/
　접속사 주어 동사　　보어　　부사　　　부사　　　주어　　　동사　목적어　　　　전명구　　등위접속사 주어　　동사
*to부정사 형용사적 용법

to the local environment.
　　　전명구

당신이 충분히 어리다면/ 당신의 친구들은 이것과 많은 관련이 있다/ 그리고 당신은 적응하게 된다/ 지역 환경에

have a lot to do with
~와 많은 관계가 있다
fit in ~에 적응하다, 조
화하다

❸ Hence/ Indian parents/ who bring children to the UK/ speak their national language/
접속부사　　주어　　　　동사　　　목적어　　　전명구　　　　동사　　　　목적어
*주격 관계대명사

but the children learn and speak/ with a British, and often regional, accent.
등위접속사　주어　　　　동사　　　　　전명구

따라서/ 인도의 부모들은/ 영국에 아이들을 데려오는/ 자신들의 모국어를 사용한다/ 그러나 아이들은 배우고 말한
다/ 영국의 억양, 종종 지역의 억양을

❹ Once the basic speech patterns have been established,/ it takes considerable effort/
접속사　　　　주어　　　　　　　동사　　　　　가주어 동사　　　목적어

to overcome them.
진주어　　목적어

일단 기본 말투가 확립되면/ 상당한 노력이 필요하다/ 그것을 극복하는 것에는

considerable 상당한,
많은
overcome 극복하다

❺ Muscle memory takes over/ from conscious effort/ and you have to rethink/
　　주어　　　　동사　　　　　전명구　　　등위접속사 주어　　동사

these established patterns.
　　　목적어

근육 기억이 장악한다/ 의식적인 노력을/ 그리고 당신은 다시 생각해야만 한다/ 이러한 확립된 패턴(말투)에 대해

take over 장악하다, 인
수하다, 넘겨받다
conscious 의식적인

❻ Thus/ some people have the ability/ to mimic any accent quite well,/ but by no means/
접속부사　　주어　　동사　　목적어　　　　목적어　　부사　　등위접속사　전명구
*to부정사 형용사적 용법

all can do that.
주어 동사 목적어

따라서/ 어떤 사람들은 능력을 가지고 있다/ 어떤 억양도 아주 잘 모방하는/ 그러나 결코 ~는 아니다/ 모든 사람이
그렇게 할 수 있는

mimic 모방하다
by no means 결코 ~이
아닌

❼ ④ Meantime,/ in some languages/ the physical diseases/ created physical changes/ to the palate
　　　부사　　　　　전명구　　　　　주어　　　　　동사　　　목적어　　　전명구
*현재분사 분사구문

and mouth/ giving you the accent.
현재분사 간접목적어 현재분사 직접목적어

④ 한편/ 어떤 언어에서는/ 육체적 질병이/ 물리적 변화를 만들어냈다/ 구개와 입에/ 당신에게 그 억양을 주면서

palate 구개

❽ There have been cases/ of stroke victims/ taking on a French or Spanish accent/ as a result
유도부사　　동사　　주어　　　전명구　　　현재분사　　　　　전명구　　　　　　전명구
*the way 뒤 관계부사 생략

of the brain damage/ caused by the stroke/ changing the way/ their muscles operate.
　　전명구　　　　과거분사　　전명구　　　현재분사　목적어　　　주어　　　동사

사례가 있어 왔다/ 뇌졸중 환자들의/ 프랑스어 또는 스페인어 억양을 갖게 된/ 뇌 손상의 결과로/ 뇌졸중에 의해 야
기된/ 방식을 변화시킨/ 그들의 근육이 작용하는

stroke 뇌졸중
take on 떠맡다

다음 빈칸에 들어갈 가장 적절한 것은? ⏱ 2분

Denotation is when you mean what you say, literally. Connotation is created when you mean something else, something that might be initially hidden. The connotative meaning of a word is based on implication, or shared emotional association with a word. Greasy is a completely innocent word: Some things, like car engines, need to be greasy. But greasy contains negative associations for most people, whether they are talking about food or about people. Often there are many words that denote approximately the same thing, but their connotations are very different. _____, innocent and genuine both denote an absence of corruption, but the connotations of the two words are different: innocent is often associated with a lack of experience, whereas genuine is not. Connotations are important in poetry because poets use them to further develop or complicate a poem's meaning.

① Instead

② However

③ Therefore

④ For example

| 해석 | 명시적 의미는 말 그대로, 당신이 말하는 것이 당신이 의미하는 것일 때를 말한다. 함축이란 당초에 숨겨졌을 수도 있는 다른 무언가를 당신이 의미할 때 만들어진다. 어떤 단어의 함축적인 의미는 암시, 즉 단어와 공유된 감정적인 조합에 기초한다. '기름진'은 완전히 단순한 단어이다. 차 엔진과 같은 어떤 것들은 '기름질' 필요가 있다. 그러나 음식이나 사람들에 대해서 이야기하는 것을 불문하고 '기름진'은 대부분의 사람들에게 부정적인 조합을 포함한다. 종종 대략적으로 같은 것을 의미하는 많은 단어들이 존재한다. 그러나 그들의 함축들은 매우 다르다. ④ 예를 들면, '순수한'과 '진실된'은 둘 다 부패의 부재를 의미한다. 그러나 두 단어의 함축적 의미들은 다르다. '순수한'은 종종 경험의 부족과 연관되는 반면 '진실된'은 그렇지 않다. 함축들은 시인들이 시의 의미를 더 발전시키거나 복잡하게 하기 위해 사용하기 때문에 시에서 중요하다.

① 대신에

② 그러나

③ 그러므로

④ 예를 들면

| 해설 | ④ 유사한 의미를 지닌 단어 'innocent(순수한)'와 'genuine(진실된)'은 둘 다 부패의 부재를 의미한다는 점에서 빈칸 앞의 '대략 같은 것을 의미하는 단어'의 예를 충족시켜준다. 또한 '순수한'과 '진실된'의 함축적 의미는 서로 다르므로 빈칸 앞의 '함축들은 매우 다르다'를 충족시키는 예가 되므로 빈칸에 들어갈 가장 적절한 연결사는 'For example'이다.

정답 ④

❶ *관계부사의 선행사인 the time 생략 가능 *선행사 포함 관계사 what + 주어 + 동사: 명사절(타동사의 목적어 역할)

Denotation/ is when you mean what you say,/ literally.
　주어　　동사 관계부사 주어　동사 목적어 주어 동사　　부사

명시적 의미는/ 당신이 말하는 것이 당신이 의미하는 것일 때를 말한다/ 말 그대로

❷ Connotation is created/ when you mean something else,/ something that might be initially
　주어　　　　동사　　접속사 주어 동사　　목적어　　　명사(동격) 주격 관계대명사　　동사

hidden.

함축이란 만들어진다/ 당신이 다른 무언가를 의미할 때/ 당초에 숨겨졌을 수도 있는 것

❸ The connotative meaning/ of a word/ is based/ on implication, or shared emotional
　　　주어　　　　　　전명구　　동사　　　　　전명구

association with a word.
　　　　전명구

함축적인 의미는/ 어떤 단어의/ 기초한다/ 암시, 즉 단어와 공유된 감정적인 조합에

implication 함축, 암시

❹ 'Greasy' is a completely innocent word:/ Some things,/ like car engines,/ need to be greasy.
　주어　동사　　　　보어　　　　　주어　　　　전명구　　동사 목적어 to부사구 보어

'기름진'은 완전히 단순한 단어이다/ 어떤 것들은/ 차 엔진과 같은/ 기름져야 할 필요가 있다

greasy 기름진, 기름이 도는

❺ But greasy contains negative associations/ for most people,/ whether they are talking
등위접속사 주어　　동사　　　　목적어　　　　　　　전명구　　　접속사 주어　　동사

about food or about people.
　　　전명구

그러나 '기름진'은 부정적인 조합을 포함한다/ 대부분의 사람들에게는/ 그들이 음식이나 사람들에 대해서 이야기하는 것을 불문하고

❻ Often there are many words/ that denote approximately the same thing,/ but
　부사 유도부사 동사　주어　　주격 관계대명사 동사　　부사　　　목적어　　등위접속사

their connotations are very different.
　　주어　　　　동사 부사　보어

종종 많은 단어들이 존재한다/ 대략적으로 같은 것을 의미하는/ 그러나 그들의 함축들은 매우 다르다

approximately 대략, 약

❼ ④ For example,/ innocent and genuine both denote an absence of corruption,/ but
접속부사　　　　　主어　　　　부사 동사　　목적어　　　　전명구　　등위접속사

the connotations of the two words are different:/ innocent is often associated/ with a lack
　　주어　　　　　전명구　　　동사　보어　　　주어　　동사　　　전명구

of experience,/ whereas genuine is not.
　전명구　　접속사　주어 동사 부사

④ 예를 들면/ '순수한'과 '진실된'은 둘 다 부패의 부재를 의미한다/ 그러나 두 단어의 함축적 의미들은 다르다/ '순수한'은 종종 연관된다/ 경험의 부족과/ 반면 '진실된'은 그렇지 않다

genuine 진실된, 진짜의, 순수한
absence 없음, 부재, 공백, 공석
whereas ~인 반면

❽ Connotations are important in poetry/ because poets use them/ to further develop or
　주어　　동사　보어　　전명구　　접속사 주어 동사 목적어　to부정사 부사적 용법

complicate a poem's meaning.
　to부정사 목적어

함축들은 시에서 중요하다/ 시인들은 그것들을 사용하기 때문이다/ 시의 의미를 더 발전시키거나 복잡하게 하기 위해

다음 글의 내용과 일치하지 <u>않는</u> 것은?

⏱ 1분 45초

Many people have some type of visual problem at some point in their lives. Some can no longer see objects far away. Others have problems reading small print. These types of conditions are often easily treated. But when one or more parts of the eye or brain that are needed to process images become diseased or damaged, severe or total loss of vision can occur. In these cases, unlike in the cases mentioned above, vision cannot be fully restored with medical treatment, surgery, or corrective lenses like eyeglasses or contacts. The American Foundation for the Blind estimates that 10 million people in the United States are visually impaired. Visual impairment is a term experts use to describe people with any kind of vision loss, whether it is someone who cannot see at all or someone who has partial vision loss. Some people are completely blind, but many others have what is called legal blindness. They have not lost their sight completely but have lost enough vision that they would have to stand 20 feet from an object to see it as well as someone with perfect vision could from 200 feet away.

① Not every vision problem takes place because of damage to the eyes.
② Some kinds of visual problems can be corrected with surgery.
③ It is thought that in the US there are 10 million people with absolute blindness.
④ Blindness involves varying levels of vision ability.

| 해석 | 많은 사람들은 삶에서 언젠가 어떤 종류의 시력 문제를 겪는다. 어떤 사람들은 더 이상 멀리 떨어져 있는 물체를 볼 수 없다. 다른 사람들은 작은 글자를 읽는 것에 문제가 있다. 이런 종류의 상태는 종종 쉽게 치료가 된다. 그러나 형상을 처리하는 데 필요한 눈이나 뇌의 하나 또는 그 이상의 부위가 병에 걸리거나 손상되었을 때, 심각한 수준의 또는 완전한 시력 상실이 발생할 수 있다. 이러한 경우에는, 앞서 언급된 경우와는 달리 시력은 의학적 치료, 수술 또는 안경이나 콘택트 렌즈와 같은 교정 렌즈를 통해 완전히 회복될 수 없다. 미국맹인재단은 미국에서 천만 명의 사람들이 시각 장애를 앓고 있다고 추정한다. 시각 장애는 전혀 볼 수 없는 사람인지 부분적인 시력 상실을 가진 사람인지에 관계없이, 모든 종류의 시력 상실을 겪는 사람들을 묘사하기 위해 전문가들이 사용하는 용어이다. 일부 사람들은 완전한 실명 상태이지만, 많은 다른 사람들은 일명 법적 시력상실을 가지고 있다. 그들은 시력을 완전히 잃지는 않았지만 충분히 시력을 상실하여 완벽한 시력을 가진 사람이 200피트 떨어진 곳에서 볼 수 있는 것만큼 그들이 어떤 물체를 보기 위해서는 20피트 떨어진 곳에 서 있어야 한다.

① 모든 시력 문제가 눈의 손상 때문에 발생하는 것은 아니다.　② 어떤 종류의 시력 문제는 수술로 교정이 가능하다.
③ 미국에는 천만 명의 완전히 실명한 사람들이 있다고 생각된다.　④ 실명은 여러 수준의 시각 능력을 포함한다.

| 해설 | ③ 해당 지문은 여러 가지 시력 문제 중 시각 장애에 대해 서술하고 있다. 본문 중반에 미국에서 천만 명의 사람들이 시각 장애를 앓고 있다고 추정된다는 내용이 나오는데, 이때 전혀 볼 수 없는 사람 뿐만 아니라 부분적 시력 상실을 한 사람 모두 시각 장애를 가졌다고 할 수 있다고 했으므로, ③은 글의 내용과 일치하지 않는다.

정답 ③

❶ Many people/ have some type of visual problem/ at some point/ in their lives.
　　　주어　　　　동사　　목적어　　　　전명구　　　　　전명구　　　　　전명구

많은 사람들은/ 어떤 종류의 시력 문제를 겪는다/ 언젠가/ 그들의 삶에서

❷ Some/ can no longer see/ objects far away. Others/ have problems/ reading small print.
　　주어　　　동사　　　목적어　부사구　　주어　　동사　　목적어　　동명사　　목적어

어떤 사람들은/ 더 이상 볼 수 없다/ 멀리 떨어져 있는 물체를// 다른 사람들은/ 문제가 있다/ 작은 글자를 읽는 것에

object 물체, 대상

❸ These types of conditions/ are often easily treated.
　　주어　　　전명구　　　　　동사

이런 종류의 상태는/ 종종 쉽게 치료가 된다

condition 질환, 문제, 상태
treat 치료하다, 처치하다

❹ But/ when/ one or more parts/ of the eye or brain/ that are needed/ *to부정사 부사적 용법* to process images/ become
등위접속사 접속사　　주어　　　　　전명구　　주격 관계대명사 동사　　　　　to process 목적어　　　동사
diseased or damaged,/ severe or total loss of vision/ can occur.
　　보어　　　　　　主어　　　　　　전명구　　　동사

그러나/ ~할 때/ 하나 또는 그 이상의 부위가/ 눈이나 뇌의/ 필요한/ 형상을 처리하는 데/ 병에 걸리거나 손상이 되다/ 심각한 수준의 또는 완전한 시력 상실이/ 발생할 수 있다

process 처리하다
disease 병에 걸리게 하다
occur 발생하다, 생기다

❺ In these cases,/ unlike in the cases/ mentioned above,/ vision cannot be fully restored/
　　전명구　　　　전명구　　　과거분사　　부사　　주어　　　　동사
with medical treatment, surgery, or corrective lenses/ like eyeglasses or contacts.
　　　　　　　전명구　　　　　　　　　전명구

이러한 경우에/ 경우와는 달리/ 앞서 언급된/ 시력은 완전히 회복될 수 없다/ 의학적 치료, 수술 또는 교정 렌즈를 통해/ 안경이나 콘택트 렌즈와 같은

mention 언급하다, 말하다
restore 복구하다, 회복시키다
treatment 치료, 처치
corrective 교정하는, 조정하는

❻ The American Foundation for the Blind estimates/ that 10 million people/ in the United
　　　　　　주어　　　　　　　　동사　명사절 접속사　　주어　　　　　전명구
States/ are visually impaired.
　　　동사

미국맹인재단은 추정한다/ 천만 명의 사람들이/ 미국에서/ 시각 장애를 앓고 있다고

estimate 추정하다
visually impaired 시각장애가 있는

❼ *term 뒤 목적격 관계대명사 생략 *to부정사 부사적 용법* Visual impairment/ is a term experts use/ to describe people/ with any kind of vision loss,/
　　주어　　　　동사 보어　주어 동사　to부정사 목적어　　전명구　　　　　전명구
whether it is someone/ who cannot see at all/ or someone/ who has partial vision loss.
접속사 주어 동사　보어　　　　동사　　전명구 등위접속사 주어　　　동사　　목적어

주격 관계대명사 *주격 관계대명사*

시각 장애는/ 용어이다/ 전문가들이 사용하는/ 사람들을 묘사하려고/ 모든 종류의 시력 상실을 가진/ 사람인지에 관계없이/ 전혀 볼 수 없는/ 또는 사람인지/ 부분적인 시력 상실을 가진

impairment 장애
term 용어
describe 묘사하다
partial 일부분의, 부분적인

❽ Some people/ are completely blind,/ but many others have/ what is called/ legal blindness.
　　주어　　　동사　　부사　　　보어 등위접속사　주어　　동사　　목적어　　　　목적격 보어

일부 사람들은/ 완전한 실명 상태이다/ 그러나 많은 다른 사람들은 가지고 있다/ 일명/ 법적 시력 상실을

what is called 소위, 이른바
legal blindness 법적 시력 상실

❾ They have not lost/ their sight completely/ but have lost enough vision/ that they
　　주어　　동사1　　　목적어　　부사　　등위접속사 동사2　　목적어　　부사절접속사 주어
would have to stand/ 20 feet/ from an object/ to see it/ as well as someone with perfect vision
　　　동사　　　　부사구　　　전명구　　to부정사 목적어 부사구 접속사　주어　　　전명구

*to부정사 부사적 용법 *as ~ as: 원급 비교(…만큼 ~하게)*

could/ from 200 feet away.
　동사　　　전명구

could 뒤 중복 어구 see it 생략

그들은 잃지는 않았다/ 시력을 완전히/ 그러나 충분히 시력을 상실하여/ 그들이 서 있어야 한다/ 20피트/ 물체로부터 떨어진 곳에/ 그것을 보기 위해서는/ 완벽한 시력을 가진 사람이 볼 수 있는 것만큼/ 200피트 떨어진 곳에서

Warm Up 기출문제

다음 글의 흐름상 가장 어색한 문장은? 2021 국가직 9급   ⏱ 1분 30초

The term burnout refers to a "wearing out" from the pressures of work. Burnout is a chronic condition that results as daily work stressors take their toll on employees. ① <u>The most widely adopted conceptualization of burnout has been developed by Maslach and her colleagues in their studies of human service workers.</u> Maslach sees burnout as consisting of three interrelated dimensions. The first dimension — emotional exhaustion — is really the core of the burnout phenomenon. ② <u>Workers suffer from emotional exhaustion when they feel fatigued, frustrated, used up, or unable to face another day on the job.</u> The second dimension of burnout is a lack of personal accomplishment. ③ <u>This aspect of the burnout phenomenon refers to workers who see themselves as failures, incapable of effectively accomplishing job requirements.</u> ④ <u>Emotional labor workers enter their occupation highly motivated although they are physically exhausted.</u> The third dimension of burnout is depersonalization. This dimension is relevant only to workers who must communicate interpersonally with others (e.g. clients, patients, students) as part of the job.

| 해석 | 번아웃이라는 용어는 업무 압박 때문에 "지치는 것"을 일컫는다. 번아웃은 일상의 업무 스트레스 요인이 직원들에게 피해를 입히면서 생기는 만성적 질환이다. 가장 널리 받아들여지는 번아웃에 대한 개념화는 Maslach와 그녀의 동료들에 의해 서비스직에 종사하는 사람들에 대한 연구에서 발전되었다. Maslach는 번아웃을 세 가지 상호 관련된 차원으로 구성되어 있는 것으로 생각한다. 감정적 피로라는 첫 번째 차원은 번아웃 현상의 진정한 핵심이다. 근로자들은 그들이 피로하거나, 낙담하거나, 지치거나 또는 직장에서 다음 날을 맞이할 수 없음을 느낄 때 감정적 피로를 경험한다. 번아웃의 두 번째 차원은 개인적 성취의 부재이다. 번아웃 현상의 이 양상은 자신을 실패자이고 효율적으로 작업 요건을 충족시킬 수 없다고 보는 근로자들을 가리킨다. ④ 감정적인 노동자들은 신체적으로 지쳐있음에도 불구하고 매우 의욕적으로 업무를 시작한다. 번아웃의 세 번째 차원은 비인격화이다. 이 차원은 업무의 일부로 타인과 함께(예를 들어 고객, 환자, 학생) 상호적으로 의사소통을 해야 하는 근로자들하고만 관련이 있다.

| 해설 | ④ 전반적으로 번아웃의 부정적인 측면을 제시하고 있으며, ③은 번아웃의 두 번째 차원에 대한 설명을 하고 있는데, 뒤이어 감정적인 노동자들이 신체적으로 지쳐있지만 매우 의욕적으로 업무를 시작한다는 ④는 이 흐름과 대치된다.

정답 ④

❶ The term burnout refers/ to a "wearing out"/ from the pressures of work.
<small>주어   동사   전명구   전명구</small>

번아웃이라는 용어는 일컫는다/ "지치는 것"을/ 업무의 압박 때문에

refer to ~을 나타내다, ~와 관련 있다

❷ Burnout is a chronic condition/ that results/ as daily work stressors take their toll/
<small>주어   동사   주격 보어   주·관·대 동사   접속사   주어   동사   목적어</small>
on employees.
<small>전명구</small>

번아웃은 만성적 질환이다/ 생기는/ 일상의 업무 스트레스 요인들이 피해를 입히면서/ 직원들에게

chronic 만성적인
stressor 스트레스 요인
take one's toll 피해를 주다

❸ The most widely adopted conceptualization/ of burnout/ has been developed/
<small>주어   전명구   동사</small>
by Maslach and her colleagues/ in their studies/ of human service workers.
<small>전명구   전명구   전명구</small>
Maslach sees burnout/ as consisting of three interrelated dimensions.
<small>주어   동사   목적어   목적격 보어</small>

가장 널리 받아들여지는 개념화는/ 번아웃에 대한/ 발전되어 왔다/ Maslach와 그녀의 동료들에 의해/ 그들의 연구에서/ 서비스직에 종사하는 사람들에 대한// Maslach는 번아웃을 생각한다/ 세 가지 상호 관련된 차원으로 구성되어 있는 것으로

conceptualization 개념화

❹ The first dimension/ — emotional exhaustion —/ is really the core/ of the burnout
<small>주어   명사(동격)   동사   부사   주격 보어   전명구</small>
phenomenon.

첫 번째 차원은/ 감정적 피로라는/ 진정한 핵심이다/ 번아웃 현상의

exhaustion 피로, 지침
phenomenon 현상

❺ Workers suffer/ from emotional exhaustion/ when they feel fatigued, frustrated, used up, or
<small>주어   동사   전명구   접속사   주어   동사   주격 보어</small>
unable to face another day/ on the job.
<small>전명구</small>
The second dimension of burnout/ is a lack/ of personal accomplishment.
<small>주어   전명구   동사 주격 보어   전명구</small>

근로자들은 경험한다/ 감정적 피로를/ 그들이 피로하거나, 낙담하거나, 지치거나 또는 다음 날을 맞이할 수 없다고 느낄 때/ 직장에서// 번아웃의 두 번째 차원은/ 부재이다/ 개인적 성취의

fatigued 피로한
frustrated 낙담한, 좌절한
used up 몹시 지친
accomplishment 성과, 성취

❻ This aspect/ of the burnout phenomenon/ refers to workers/ who see themselves/ as failures,/
<small>주어   전명구   동사   전명구   주·관·대 동사   목적어   목적격 보어</small>
<small>*who are 생략</small>
incapable of effectively accomplishing job requirements.
<small>형용사   전명구</small>

이 양상은/ 번아웃 현상의/ 근로자들을 가리킨다/ 그들 스스로를 보는/ 실패자로/ 작업 요건을 효율적으로 충족시킬 수 없는

❼ ④ Emotional labor workers/ enter their occupation/ highly motivated/ although they are
<small>주어   동사   목적어   부사   과거분사   접속사   주어   동사</small>
physically exhausted.
<small>부사   과거분사</small>

④ 감정적인 노동자들은/ 그들의 업무를 시작한다/ 매우 의욕적으로/ 그들이 신체적으로 지쳐있음에도 불구하고

occupation 직업, 업무
motivated 의욕을 가진, 동기가 부여된

❽ The third dimension of burnout/ is depersonalization.
<small>주어   전명구   동사   주격 보어</small>
This dimension is relevant/ only to workers/ who must communicate interpersonally/
<small>주어   동사 주격 보어   부사   전명구   주·관·대   동사   부사</small>
with others/ (e.g. clients, patients, students)/ as part of the job.
<small>전명구   전명구</small>

번아웃의 세 번째 차원은/ 비인격화이다// 이 차원은 관련이 있다/ 오직 근로자들하고만/ 상호적으로 의사소통 해야 하는/ 타인과 함께/ (예를 들어 고객, 환자, 학생)/ 업무의 일부로

depersonalization 비인격화, 몰인격화

다음 글의 주제로 가장 적절한 것을 고르시오. ⏱ 1분 45초

All communication is a two-way process involving a speaker or writer and listeners or readers (the audience). In written communication, because the audience is not present, the audience is easy to ignore. However, the kind of audience you write for determines what and how you write. In describing the World Series baseball championship to a British reader, you would have to include definitions, explanations, and facts that a reader in the US would not need. Similarly, if you write about cricket (a British sport) for an audience in the US, you would need to include a lot of basic information. If you wrote about the international banking systems for bankers, your language and information would be more technical than in a paper written for readers who don't know much about the subject. A discussion of acid rain written for an audience of environmentalists would be quite different from one written for factory owners.

① It is important to consider your audience when you write.

② American readers need some basic information to understand an article on cricket.

③ Listeners and readers use different receptive processes like speakers and writers do.

④ Communication process is a series of actions and reactions that leads to specific results.

| 해석 | 모든 의사소통은 화자(話者)나 저자, 그리고 청자(聽者)나 독자(관객)을 포함하는 쌍방향 공정이다. 서면상의 의사소통에서는 관객이 실재하지 않기 때문에 이들은 무시하기 쉽다. 그러나 당신이 대상으로 쓰는 관객의 부류는 당신이 무엇을, 그리고 어떻게 쓸 것인지를 결정한다. 영국인 독자에게 월드 시리즈 야구 결승전을 묘사할 때 당신은 미국에 있는 독자에게는 필요 없는 정의, 설명, 사실들을 포함해야 할 것이다. 유사하게 당신이 영국 스포츠의 일종인 크리켓에 대해서 미국에 있는 관객을 대상으로 글을 쓴다면 당신은 많은 기초적인 정보를 포함해야 할 것이다. 당신이 은행 관계자들을 대상으로 국제적인 은행 시스템에 대해서 글을 쓴다면, 그 주제에 대해서 많이 알지 못하는 독자들을 위해 쓰인 글보다는 당신의 언어와 정보가 좀 더 전문적일 것이다. 환경론자 독자들을 대상으로 쓰인 산성비에 대한 논문은 공장주들을 대상으로 쓰인 것과는 꽤 다를 것이다.

① 당신이 글을 쓸 때, 당신의 독자를 고려하는 것은 중요하다.

② 미국 독자들은 크리켓에 대한 기사를 이해하기 위해 몇 가지 기본적인 정보가 필요하다.

③ 청자와 독자는 화자와 작가가 그러는 것처럼 다른 수용 과정들을 사용한다.

④ 의사소통 과정은 특별한 결과들로 이끌어주는 작용과 반작용들의 연속이다.

| 해설 | ① 서면상의 의사소통에서는 관객이 실재하지 않으므로 그 서면을 읽을 사람이 누구인지에 따라 내용을 달리해야 한다는 것이 이 글의 내용이다. 따라서 글의 주제로 적절한 것은 ①이다. ②는 주제를 뒷받침하기 위한 하나의 예로 제시된 내용으로, 주제라 하기에는 지엽적인 내용이다.

정답 ①

❶ All communication/ is a two-way process/ involving a speaker or writer/ and listeners or
　　주어　　　　　　동사　　　　　보어　　　　　현재분사　　　　　목적어1　　　등위접속사　목적어2
readers (the audience).

모든 의사소통은/ 쌍방향 공정이다/ 화자나 저자를 포함하는/ 그리고 청자나 독자(관객)를

audience 청중, 관객

*to부정사 부사적 용법
❷ In written communication,/ because the audience is not present,/ the audience is easy/ to ignore.
　　　　전명구　　　　　접속사　　주어　　　동사　부사　보어　　　　주어　　　동사　보어

서면상의 의사소통에서는/ 관객이 실재하지 않기 때문에/ 관객은 쉽다/ 무시하기

*audience 뒤 목적격 관계대명사 생략
❸ However,/ the kind of audience/ you write for/ determines/ what and how you write.
　접속부사　　주어　　　전명구　　　주어　동사구　　　동사　　　명사절 접속사　주어　동사

그러나/ 관객의 부류가/ 당신이 대상으로 쓰는/ 결정한다/ 당신이 무엇을, 그리고 어떻게 쓸 것인지를

determine 결정하다, 결
심하다

❹ In describing/ the World Series baseball championship/ to a British reader,/ you would have
　　전명구　　　　　　동명사 목적어　　　　　　　　　전명구　　　　　주어　　　동사
　　　　　　　　　　　　　　　　　　　*목적격 관계대명사
to include/ definitions, explanations, and facts/ that a reader in the US/ would not need.
　목적어　　　　　　　　목적어　　　　　　　　　주어　　전명구　　　동사

묘사할 때/ 월드 시리즈 야구 결승전을/ 영국인 독자에게/ 당신은 포함해야 할 것이다/ 정의, 설명, 사실들을/ 미국
에 있는 독자에게는/ 필요 없는

definition 정의

❺ Similarly,/ if you write about cricket (a British sport)/ for an audience in the US,/
　접속부사　접속사 주어 동사　전명구　　　명사(동격)　　　　전명구　　　　전명구
you would need to include/ a lot of basic information.
　주어　　　동사　　목적어　　　　　목적어

유사하게/ 당신이 영국 스포츠의 일종인 크리켓에 대해서 글을 쓴다면/ 미국에 있는 관객을 대상으로/ 당신은 포함
해야 할 것이다/ 많은 기초적인 정보를

similarly 유사하게, 비슷
하게

*가정법 과거: If + 주어 + 동사 과거형 ~, 주어 + 조동사 과거형 + 동사원형 ~
❻ If you wrote/ about the international banking systems/ for bankers,/ your language and
　접속사 주어 동사　　　전명구　　　　　　　　　전명구　　　　　주어
information/ would be more technical/ than in a paper/ written for readers/ who don't know
　　　　　　동사　　　보어　　　전명구　　전명구　　과거분사　　전명구　　주격 관계대명사　동사
much/ about the subject.
목적어　　　전명구

당신이 글을 쓴다면/ 국제적인 은행 시스템에 대해서/ 은행관계자들을 대상으로/ 당신의 언어와 정보가/ 좀 더 전
문적일 것이다/ 글보다는/ 독자들을 위해 쓰인/ 많이 알지 못하는/ 그 주제에 대해서

subject 주제, 당면 과제

❼ A discussion of acid rain/ written for an audience of environmentalists/ would be quite
　　주어　　　전명구　　　　과거분사　　　전명구　　　　　　전명구　　　　　　동사　　부사
different/ from one/ written for factory owners.
　보어　　　전명구　　　과거분사　　　전명구

산성비에 대한 논문은/ 환경론자 독자들을 대상으로 쓰인/ 꽤 다를 것이다/ 것과는/ 공장주들을 대상으로 쓰인

discussion 논고, 토론,
토의
environmentalist 환경
론자

다음 주어진 글에 이어질 순서로 알맞은 것은? ⏱ 2분

According to the Big Bang Theory, the universe began with the production of equal amounts of matter and antimatter. Since matter and antimatter cancel each other out, releasing light as they destroy each other, only a minuscule number of particles (mostly just radiation) should exist in the universe.

(A) The Standard Model of particle physics does account for a small percentage of this asymmetry, but the majority of the matter produced during the Big Bang remains unexplained.

(B) But, clearly, we have more than just a few particles in our universe. So, what is the missing piece? Why is the amount of matter and the amount of antimatter so unbalanced?

(C) Noticing this serious gap in information, scientists theorized that the laws of physics are not the same for matter and antimatter.

① (A) – (B) – (C)
③ (A) – (C) – (B)
② (B) – (A) – (C)
④ (B) – (C) – (A)

| 해석 | 빅뱅 이론에 따르면, 우주는 같은 양의 물질과 반물질의 생성으로 시작되었다. 물질과 반물질이 서로 상쇄되기 때문에, 서로를 파괴하면서 빛을 방출하고, 오직 극소수의 입자들(대부분 방사선)만이 우주에 존재해야 한다.

(B) 그러나, 분명하게도, 우리는 우리 우주에서 단지 몇 개의 입자들 이상의 것을 가지고 있다. 그렇다면 빼먹은 부분은 무엇일까? 왜 물질의 양과 반물질의 양이 이렇게도 불균형한 것일까?

(A) 입자 물리학의 표준 모델은 이러한 비대칭의 적은 일부분을 설명하지만, 빅뱅 시기 동안 생성된 물질의 대부분은 설명되지 않은 채로 남아 있다.

(C) 이러한 심각한 정보의 격차를 알아차리고, 과학자들은 물리학 법칙들이 물질과 반물질에 대하여 동일하지 않다고 이론화했다.

| 해설 | ② 제시된 글에서는 빅뱅 이론상으로는 물질과 반물질의 양이 동일하며, 서로 상쇄된 결과 오직 극소수의 입자들만이 존재해야 한다고 했다. 그 뒤에는 'But'으로 시작하여, 위의 이론에 반대되는 현상을 제시하여 그 원인을 묻는 (B)가 이어져야 한다. (A)의 'this asymmetry(이러한 비대칭)'는 (B)의 'the amount of matter and the amount of antimatter so unbalanced(물질과 반물질의 양이 그렇게 불균형한)'를 뜻하므로 (B) 다음에는 (A)가 오는 것이 적절하다. 마지막으로 이 심각한 정보 격차에 대해 과학자들이 이론을 만들었다는 (C)가 온다. 따라서 '(B)-(A)-(C)'의 순서가 알맞다.

정답 ②

❶ According to the Big Bang Theory,/ the universe began/ with the production/ of equal
　　전명구　　　　　　　　　　　　　　　주어　　동사　　　전명구　　　　　전명구
amounts/ of matter and antimatter.
　　　　　전명구

빅뱅 이론에 따르면/ 우주는 시작되었다/ 생성으로/ 같은 양의/ 물질과 반물질의

antimatter 반물질

❷ Since matter and antimatter cancel each other out,/ *releasing light/ as they destroy each
　접속사　　　　주어　　　　　　동사　　목적어　　부사　　현재분사　목적어 접속사 주어　동사　목적어
other,/ only a minuscule number of particles (mostly just radiation)/ should exist/
　　　부사　　　　　　　주어　　　　　　　　　　명사(부연)　　　　　　동사
in the universe.
　　전명구

*분사구문

물질과 반물질이 서로 상쇄하기 때문에/ 빛을 방출하며/ 서로를 파괴하며/ 오직 극소수의 입자들(대부분 방사선)만
이/ 존재해야 한다/ 우주에

cancel out ~을 상쇄하다
minuscule 극소의
radiation 방사선

❸ (B) But,/ clearly,/ we have/ more than just a few particles/ in our universe.
　　등위접속사 부사　　주어 동사　　목적어　　　　　전명구　　　　　　전명구

(B) 그러나/ 분명하게도/ 우리는 가지고 있다/ 단지 몇 개의 입자들 이상의 것을/ 우리 우주에서

❹ So,/ what is the missing piece?
　접속부사 의문사 동사　　주어

그렇다면/ (우리가) 빼먹은 부분은 무엇일까?

❺ Why is the amount of matter and the amount of antimatter/ so unbalanced?
　의문사 동사　　　　　　　　주어　　　　　　　　　　　　　　부사　　보어

왜 물질의 양과 반물질의 양이 ~인가/ 그렇게도 불균형한

❻ (A) The Standard Model of particle physics/ does account/ for a small percentage
　　　　　주어　　　　　　전명구　　　　　　　　　동사　　　　　전명구
of this asymmetry,/ but the majority of the matter/ produced during the Big Bang/
　　　전명구　　　등위접속사　　주어　　　　전명구　　　과거분사　　　전명구
remains unexplained.
　동사　　　보어

(A) 입자 물리학의 표준 모델은/ 설명한다/ 이러한 비대칭의 적은 일부분을/ 그러나 물질의 대부분은/ 빅뱅 시기 동
안 생성된/ 설명되지 않은 채로 남아 있다

particle physics 입자
물리학
account for ~을 설명하다
asymmetry 불균형, 비
대칭

❼ (C) Noticing this serious gap in information,/ scientists theorized/ that the laws of physics
　　분사구문　　현재분사　목적어　　　전명구　　　주어　　　동사　　명사절접속사 주어　　전명구
are not the same/ for matter and antimatter.
동사 부사　　보어　　　　전명구

(C) 이러한 심각한 정보의 격차를 알아차리고/ 과학자들은 이론화했다/ 물리학 법칙들이 동일하지 않다고/ 물질과
비물질에 대하여

주어진 문장이 들어갈 가장 적절한 곳은? ⏱ 1분 45초

When a formal occasion comes along, however, such as a family wedding or a funeral, they are likely to cave in to norms that they find overwhelming.

Roles are like a fence. ① They allow us a certain amount of freedom, but for most of us that freedom doesn't go very far. ② Suppose that a woman decides that she is not going to wear dresses — or a man that he will not wear suits and ties — regardless of what anyone says. ③ In most situations, they'll stick to their decision. ④ Almost all of us follow the guidelines for what is "appropriate" for our roles. Few of us are bothered by such restrictions, for our socialization is so thorough that we usually want to do what our roles indicate is appropriate.

| 해석 | 역할은 울타리와 같다. 역할은 우리에게 어느 정도의 자유를 부여하지만 우리들 대부분에게 그 자유는 멀리까지 확장되지는 않는다. 가령 어떤 여자가 자신은 드레스를 입지 않을 것이고, 혹은 이떤 남자가 지신은 정장을 차려입지 않을 것이라고 결심한다고 하자. 누가 뭐라고 하든 상관없이 말이다. 대부분의 상황에서, 그들은 자신들의 결정을 고수할 것이다. ④ 하지만 가족 결혼식이나 장례식과 같은 공식적인 행사가 생길 때, 그들은 저항하기 힘들다고 느껴지는 규범에 어쩔 수 없이 따르기 쉽다. 우리들은 거의 모두 우리의 역할에 "적절한" 것이 무엇인가에 대한 지침을 따른다. 우리들 중 그러한 구속을 귀찮아하는 사람은 거의 없는데, 그것은 우리의 사회화가 너무 철저해서 우리는 대개 우리의 역할이 적절하다고 말해 주는 것을 하기 원하기 때문이다.

| 해설 | ④ 주어진 문장의 'however(그러나)'로 보아 앞에는 이와 반대되는 내용이 옴을 알 수 있다. 가족 결혼식이나 장례식 같은 공식적인 행사에는 규범에 따르게 된다는 주어진 문장은, 드레스나 정장을 차려입지 않을 것이라고 결심하고 그 결정을 고수한다는 내용 다음에 오는 것이 적절하다. 따라서 정답은 ④이다.

정답 ④

1 Roles/ are like a fence.
　　주어　　동사　　전명구

역할은/ 울타리와 같다

2 They allow us/ a certain amount of freedom,/ but for most of us/ that freedom/ doesn't go
　　주어　동사　간접목적어　　직접목적어　　　전명구　　등위접속사　　전명구　　　　　주어　　　　동사
very far.
　부사

그것은 우리에게 부여한다/ 어느 정도의 자유를/ 그러나 우리들 대부분에게/ 그 자유는/ 멀리까지 확장되지는 않는다

3 Suppose that/ a woman decides/ that she is not going to wear dresses/ — or
　　동사　명사절 접속사　주어　　　동사　　명사절 접속사 주어　　　동사　　　　목적어　　　등위접속사
*or 뒤 명사절 접속사 that 생략
*a man 뒤 중복 동사 decides 생략
a man/ that he will not wear suits and ties/ — regardless of what anyone says.
주어　명사절접속사주어　동사　　　목적어　　　　　　전명구　　　　　　주어　　동사

가령 ~라고 하자/ 어떤 여자가 결심한다/ 자신은 드레스를 입지 않을 것이라고/ 혹은 어떤 남자가/ 자신은 정장을
차려입지 않을 것이라고 (결심한다고)/ 누가 뭐라고 하든 상관없이

suppose 가정하다
regardless of ~와 관계
없이

4 In most situations,/ they'll stick/ to their decision.
　　　전명구　　　　주어　　동사　　　전명구

대부분의 상황에서/ 그들은 고수할 것이다/ 자신들의 결정을

5 ④ When a formal occasion comes along,/ however,/ such as a family wedding or a funeral,/
　　　접속사　　주어　　　　동사　　부사　　　접속부사　　　　　　　　　전명구
*to부정사 부사적 용법　　*목적격 관계대명사
they are likely/ to cave in to norms/ that they find overwhelming.
주어　동사　보어　　전명구　　　　　목적격 보어

④ 공식적인 행사가 생길 때/ 하지만/ 가족 결혼식이나 장례식과 같은/ 그들은 ~하기 쉽다/ 규범에 어쩔 수 없이
따르기/ 그들이 저항하기 힘들다고 느껴지는

formal 형식적인
occasion 경우, 행사
funeral 장례식
cave in to ~에 굴복[항
복]하다
overwhelming 압도하는

6 Almost all of us/ follow the guidelines/ for what is "appropriate"/ for our roles.
　　　　주어　　　　동사　　　목적어　　　전명구　동사　　보어　　　전명구
*선행사 포함 관계사 what + 동사: 명사절(전치사의 목적어)

우리들은 거의 모두/ 지침을 따른다/ "적절한" 것이 무엇인가에 대한/ 우리의 역할에

7 Few of us are bothered/ by such restrictions,/ for our socialization/ is so thorough/ that
　　주어　　　　동사　　　　　전명구　　　접속사　　　주어　　　동사 부사 형용새보어）接續詞
*so ~ that …: 너무 ~해서 …하다
we usually want to do/ what our roles indicate/ is appropriate.
주어　　부사　　동사　　　삽입절(주어+동사)　동사　　보어
*선행사 포함 관계대명사 what + 동사: 명사절(do의 목적어)

우리들 중 귀찮아하는 사람은 거의 없는데/ 그러한 구속을/ 우리의 사회화가/ 너무 철저해서/ 우리는 대개 하기를
원하기 때문이다/ 우리의 역할이 말해 주는 것을/ 적절하다고

restriction 제한

학습한 날   월   일

Warm Up 기출문제

밑줄 친 부분에 들어갈 말로 가장 적절한 것을 고르시오. 2022 지방직 9급   ⏱ 1분 45초

One of the most frequently used propaganda techniques is to convince the public that the propagandist's views reflect those of the common person and that he or she is working in their best interests. A politician speaking to a blue-collar audience may roll up his sleeves, undo his tie, and attempt to use the specific idioms of the crowd. He may even use language incorrectly on purpose to give the impression that he is "just one of the folks." This technique usually also employs the use of glittering generalities to give the impression that the politician's views are the same as those of the crowd being addressed. Labor leaders, businesspeople, ministers, educators, and advertisers have used this technique to win our confidence by appearing to be _____.

① beyond glittering generalities
② just plain folks like ourselves
③ something different from others
④ better educated than the crowd

| 해석 | 가장 흔히 사용되는 선전 기술 중 하나는 선전자의 견해가 보통 사람의 견해를 반영하고 그 또는 그녀는 그들의 최상의 이익을 위해 일하고 있다고 대중을 설득하는 것이다. 육체 노동자 청중에게 연설하는 정치인은 그의 소매를 걷고, 넥타이를 풀고, 그 무리의 특정한 관용구를 사용하려 시도할 것이다. 그는 심지어 자신이 "그저 그들 중 한 명"이라는 인상을 주기 위한 목적으로 언어를 부정확하게 사용할지도 모른다. 또한 이 기술은 보통 정치인의 견해가 연설을 듣는 군중의 견해와 동일하다는 인상을 주기 위해 화려한 추상어를 사용한다. 노조 지도자들, 사업가들, 각료들, 교육자들, 그리고 광고업자들은 ② 우리처럼 그저 평범한 사람들로 보임으로써 우리의 신뢰를 얻기 위해 이 기법을 사용해 왔다.
① 화려한 추상어를 넘어선
② 우리처럼 그저 평범한 사람들
③ 남들과는 다른 무언가
④ 대중들보다 더 교육받은

| 해설 | ② 선전 기술에 관한 글이다. 선전자는 그들이 대변하고자 하는 이들과 같아 보이고자 하는데, 이것이 가장 보편적인 선전 기술 중 하나라는 내용이다. 즉, 그들이 이러한 기술을 사용하는 목적에 대해 설명하는 말이 빈칸에 들어가야 하므로, ②가 가장 알맞다.

정답 ②

*convince + 목적어 + that절: ~에게 …라는 것을 설득하다[납득시키다]

❶ One/ of the most frequently used propaganda techniques/ is to convince the public/
주어 　　　　　　　　　　전명구　　　　　　　　　　　　동사　보어　to부정사 목적어

that the propagandist's views reflect/ those of the common person/ and/ that he or she
명사절 접속사1　　주어　　　　　　　동사　　　목적어　　　　　전명구　　　　등위접속사 명사절 접속사2　주어

is working/ in their best interests.
동사　　　　　　전명구

하나는/ 가장 흔히 사용되는 선전 기술 중/ 대중을 설득하는 것이다/ 선전자의 견해가 반영한다고/ 보통 사람의 견해를/ 그리고/ 그 또는 그녀는 일하고 있다고/ 그들의 최상의 이익을 위해

propaganda 선전
propagandist 선전자
reflect 반영하다, 반사하다

❷ A politician/ speaking to a blue-collar audience/ may roll up his sleeves,/ undo his tie,/
주어　　　현재분사　　　　전명구　　　　　　　　동사1　　목적어　　동사2　목적어

and attempt to use/ the specific idioms/ of the crowd.
등위접속사 동사3 목적어　　　　목적어　　　　　전명구

정치인은/ 육체 노동자 청중에게 연설하는/ 그의 소매를 걷고/ 넥타이를 풀고/ 사용하려 시도할 것이다/ 특정한 관용구를/ 그 무리의

blue-collar 블루칼라[육체 노동자]의
idiom 관용구

*to부정사 형용사적 용법　　*명사절 접속사(동격)

❸ He/ may even use language incorrectly/ on purpose to give the impression/ that he is "just
주어　　동사　　목적어　　부사　　전명구　　to부정사 목적어　　주어 동사 부사

one of the folks."
보어　　전명구

그는/ 심지어 언어를 부정확하게 사용할지도 모른다/ 인상을 주기 위한 목적으로/ 자신이 "그저 그들 중 한 명"이라는

incorrectly 틀리게, 부정확하게
impression 인상
folk 사람들, 민중

*to부정사 부사적 용법

❹ This technique/ usually also employs/ the use of glittering generalities/ to give the impression/
주어　　　부사　　부사　　동사　　목적어　　　　전명구　　　　　　to부정사 목적어

*명사절 접속사(동격)

that the politician's views are the same/ as those of the crowd/ being addressed.
주어　　　　　　동사　　보어　　전명구　　전명구　　　현재분사구

이 기술은/ 또한 보통 사용한다/ 화려한 추상어의 이용을/ 인상을 주기 위해/ 정치인의 견해가 동일하다는/ 군중의 견해와/ 연설을 듣는

employ 쓰다
glittering generality 화려한 추상어, 미사여구 (어떤 인물, 제품, 주장을 돋보이도록 하기 위해 호의적인 반응을 얻어낼 수 있는 단어들을 사용하는 프로파간다 기법)
minister 각료, 장관, 성직자
confidence 신뢰, 자신
appear ~처럼 보이다

❺ Labor leaders, businesspeople, ministers, educators, and advertisers/ have used this
주어　　　　　　　　　　　　　　　　　　동사　　목적어

*to부정사 부사적 용법

technique/ to win our confidence/ by appearing to be/ ② just plain folks/ like ourselves.
to부정사 목적어　　　　전명구　　동명사 보어　to부정사 보어　　　전명구

노조 지도자들, 사업가들, 각료들, 교육자들, 그리고 광고업자들은/ 이 기법을 사용해 왔다/ 우리의 신뢰를 얻기 위해/ 보임으로써/ ② 그저 평범한 사람들로/ 우리처럼

주어진 문장이 들어갈 위치로 가장 적절한 것은?　　　⏱ 2분 30초

Some people believe that assertiveness is an inborn, unchangeable trait, but this is a myth.

　　You may be surprised to learn that a person's assertiveness is rooted in several biological factors. ① The first of these is the stress response. You've probably heard that our bodies are wired to present a "fight or flight" response during stressful situations. This evolutionary adaptation urges you to ignore or attack threats rather than to deal with them in a calm, relaxed manner. ② Interestingly, since they show an inability to face a threat directly, both extreme aggressiveness and complete avoidance show a lack of assertiveness. ③ This "fight or flight" response is considerably stronger in some people than in others. ④ Almost everyone can learn to become more assertive about their wants and needs, just as everyone can learn to be more considerate of others. Assertiveness is a skill that can be learned, honed, and practiced over time. Think of it as a muscle in your communication workout or an instrument in your emotional toolbox. The more assertive you act, the more assertive you will become.

| 해석 | 한 사람의 단호함이 몇몇 생물학적 요인에 뿌리를 두고 있다는 것을 알게 되면 당신은 놀랄지도 모른다. 이것들 중 첫째는 스트레스 반응이다. 당신은 우리의 신체가 스트레스 상황에서 "투쟁 혹은 도피" 반응을 보이도록 되어있다는 것을 아마 들어본 적이 있을 것이다. 이 진화적인 적응은 당신이 위협들을 침착하고 편안한 방식으로 처리하기보다는 무시하거나 공격하도록 한다. 흥미롭게도, 그것들이 위협에 직접적으로 직면하지 못함을 보여주기 때문에, 극도의 공격성과 완전한 회피는 모두 단호함의 결핍을 보여준다. 이 "투쟁 혹은 회피" 반응은 다른 사람들에서보다 일부 사람들에서 상당히 더 강하다. ④ 몇몇 사람들은 단호함이 선천적인 불변의 특성이라 믿지만, 이는 미신이다. 모든 사람이 타인에 대해 더 배려하는 것을 배울 수 있는 것과 마찬가지로, 거의 모든 사람은 자신들이 원하는 것과 욕구에 대해 더욱 단호하게 되는 것을 배울 수 있다. 단호함은 오랜 시간 동안 학습되고, 연마되고, 연습될 수 있는 기술이다. 그것을 의사소통 운동에서의 근육 또는 당신의 감정 연장통의 도구라고 생각해 보아라. 당신이 더욱 더 단호한 체할수록, 당신은 더욱 더 단호해질 것이다.

| 해설 | ④ 주어진 문장에서 '몇몇 사람들은 단호함이 선천적인 불변의 특성이라 믿지만, 이는 미신이다.'라고 했으므로 단호함은 변화할 수 있는 특성이라는 것을 알 수 있다. 따라서, 주어진 문장 이후에는, 학습을 통해 단호함을 습득할 수 있다는 내용이 등장하는 것이 자연스럽다. ④ 이전은 단호함이 생물학적 요인, 즉 선천적 요인에 의해 결정된다는 내용이지만, ④ 이후에는 학습을 통해 연마될 수 있다는 내용이 나오므로, ④를 기준으로 본문의 전체 내용의 반전이 이루어진다. 따라서, 주어진 문장이 들어갈 가장 적절한 위치는 ④이다.
　　① 첫 번째 문장에서, 'several biological factors'를 언급하였기 때문에, 내용상 주어진 문장의 'an inborn, unchangeable trait'이 첫 번째 문장의 'biological factors'를 지칭할 수도 있다고 착각할 수 있으나, ① 이후의 주어 'The first of these'에서 'these'가 'factors'를 직접적으로 가리키고 있으므로, 첫 번째 두 문장은 바로 이어지는 것이 자연스럽다. 또한, 주어진 문장의 'but(그러나)'으로 보아, 앞서 언급된 내용에 대한 반대 내용이 뒤에 바로 이어지는 것이 자연스러우므로, ①은 오답이다.

정답 ④

❶ You may be surprised/ to learn/ that a person's assertiveness is rooted/ in several biological factors.
*to부정사 부사적 용법
주어　동사　형용사(과거분사)　명사절 접속사　주어　동사　전명구

당신은 놀랄지도 모른다/ 알게 되어/ 한 사람의 단호함이 뿌리를 두고 있다는 것을/ 몇몇 생물학적 요인들에

assertiveness 단호함
be rooted in ~에 뿌리
박고 있다, ~에 원인이
있다
wire 연결하다, 배선하다
present 보여주다
fight or flight response
투쟁 혹은 도피 반응

❷ The first of these/ is the stress response. You've probably heard/ that our bodies/ are wired
주어　전명구　동사　보어　주어　동사　명사절 접속사　주어　동사
*to부정사 부사적 용법
to present/ a "fight or flight" response/ during stressful situations.
to부정사 목적어　전명구

이것들 중 첫째는/ 스트레스 반응이다// 당신은 아마 들어본 적이 있을 것이다/ 우리의 신체가/ 보이도록 되어있다
는 것을/ "투쟁 혹은 도피" 반응을/ 스트레스 상황에서

❸ This evolutionary adaptation/ urges you/ to ignore or attack threats/ rather than to deal
*A rather than B: B라기 보다는 A
주어　동사　목적어　목적격 보어1　to부정사 목적어　접속사　목적격 보어2
with them/ in a calm, relaxed manner.
전명구　전명구

이 진화적인 적응은/ 당신이 하도록 한다/ 위협들을 무시하거나 공격하기를/ 그것들을 처리하기보다는/ 침착하고 편안한 방식으로

evolutionary 진화의
adaptation 적응
urge 재촉하다, 권하다

❹ Interestingly,/ since they show an inability to face a threat directly,/
*to부정사 형용사적 용법
부사　접속사　주어　동사　목적어　목적어　부사
*both A and B: A와 B 모두[둘 다]
both extreme aggressiveness and complete avoidance/ show a lack of assertiveness.
주어　동사　목적어　전명구

흥미롭게도/ 그것들이 위협에 직접적으로 직면하지 못함을 보여주기 때문에/ 극도의 공격성과 완전한 회피는 모두/
단호함의 결핍을 보여준다

aggressiveness 공격성
avoidance 회피

❺ This "fight or flight" response/ is considerably stronger/ in some people/ than in others.
주어　동사　부사　보어　전명구　전명구

이 "투쟁 혹은 회피" 반응은/ 상당히 더 강하다/ 일부 사람들에서/ 다른 사람들에서보다

considerably 상당히

❻ ④ Some people believe that/ assertiveness is an inborn, unchangeable trait,/ but this is a myth.
주어　동사　명사절 접속사　주어　동사　보어　접속사　주어　동사　보어

④ 몇몇 사람들은 ~라고 믿는다/ 단호함이 선천적인 불변의 특성이다/ 그러나 이는 미신이다

inborn 선천적인, 타고난
myth 미신

❼ Almost everyone can learn/ to become more assertive/ about their wants and needs,/ just as
*to부정사 명사적 용법
주어　동사　보어　전명구　접속사
*to부정사 명사적 용법
everyone can learn/ to be more considerate of others.
주어　동사　to부정사 보어　전명구

거의 모든 사람은 배울 수 있다/ 더욱 단호하게 되는 것을/ 자신들이 원하는 것과 욕구에 대해/ 모든 사람이 배울
수 있는 것과 마찬가지로/ 타인에 대해 더 배려하는 것을

assertive 단호한, 확신
에 찬
considerate 사려 깊은,
배려하는

❽ Assertiveness is a skill/ that can be learned, honed, and practiced/ over time.
*주격 관계대명사
주어　동사　보어　동사　부사구

단호함은 기술이다/ 학습되고, 연마되고, 연습될 수 있는/ 오랜 시간 동안

hone 연마하다, 갈다

❾ Think of it/ as a muscle in your communication workout/ or an instrument in your
동사　전명구　전치사　전치사 목적어1　등위접속사　전치사 목적어2
emotional toolbox.

그것을 생각해 보아라/ 의사소통 운동에서의 근육이라고/ 또는 당신의 감정 연장통의 도구(라고)

instrument 도구, 기구

*The + 비교급 + 주어 + 동사, the + 비교급 + 주어 + 동사: ~할수록, 더 ⋯하다
❿ The more assertive you act,/ the more assertive you will become.
보어　주어　동사　보어　주어　동사

당신이 더욱 더 단호한 체할수록/ 당신은 더욱 더 단호해질 것이다

act (~인) 체하다, 가장
하다

다음 글에서 전체 흐름과 관계 없는 문장은? ⏱ 2분

The Global Positioning System (GPS) is a space-based navigation system that provides location and time information. People usually use this system to find out 'Where they are'. However, today, they not only use it for navigation, but also use it for precision farming techniques. GPS can be used to locate weed, insect or disease infection. ① A field map can also be created using GPS to record the coordinates of field borders, fence, canals. ② The resulting field map might be the first layer a producer would develop for an on-farm GIS (Geographic Information System). ③ GPS is being used for recreational sailing and fishing and for commercial shipping fleet management. ④ Additional layers showing crop damage from flood or drought, and watery areas or wetlands could be mapped using GPS. Ranchers could use GPS to develop rangeland utilization maps, to navigate back to previously mapped areas or to monitor sites.

| 해석 | 전 지구(全地球) 위치 확인 시스템(GPS)은 위치와 시간 정보를 제공하는 공간 기반의 내비게이션 시스템으로 사람들은 대개 '그들이 어디 있는지'를 찾기 위해 이 시스템을 이용한다. 그러나 오늘날 사람들은 그것을 내비게이션으로 사용할 뿐 아니라 정밀 농업기술에도 사용하고 있다. GPS는 잡초와 곤충 또는 질병 감염 위치를 찾아내는 데 사용될 수 있다. 논(밭) 지도는 또한 논(밭)의 경계, 울타리, 운하의 좌표들을 기록하기 위해 GPS를 사용해서 만들어질 수 있다. 그 결과로 만들어진 논(밭) 지도는 제작자가 농업에 기반을 둔 GIS(지질학적 정보 시스템)를 위해 개발할지 모르는 첫 번째 층일 것이다. ③ GPS는 기분 전환의 항해와 낚시, 그리고 상업적 배송 선박 관리에 사용되고 있다. 홍수나 가뭄으로 인한 작물의 피해, 그리고 물을 머금은 지역들 또는 습지대들을 보여주는 추가적인 층들은 GPS를 사용하여 지도로 나타내질 수 있다. 농장주들은 방목지 활용 지도들을 개발하기 위해, 이전에 지도에 나타난 지역들로 돌아가보기 위해, 또는 장소들을 감시하기 위해 GPS를 사용할 수 있다.

| 해설 | ③ 글 전반에 걸쳐 농업 분야에서의 GPS 사용에 관한 이야기가 서술되고 있는데, ③은 농사와 관련 없는 항해와 선박에서의 GPS 사용을 언급하고 있으므로 글의 흐름을 방해한다. GPS라는 어렵지 않은 소재를 사용하고 있지만, 어휘가 생소하여 지문의 난도가 높아졌다. 글의 흐름 문제는 내용을 파악할 수 없게 의도적으로 어려운 어휘를 선택하여 지문을 구성하는 경우가 있으니 염두에 두자.

정답 ③

❶ The Global Positioning System (GPS) is/ a space-based navigation system/ [that] provides
　　　　　　주어　　　　　　　　　　　　동사　　　　　보어　　　　　　　　　　　*주격 관계대명사　동사
location and time information.
목적어1 등위접속사　목적어2
전 지구 위치 확인 시스템(GPS)은/ 공간 기반의 내비게이션 시스템이다/ 위치와 시간 정보를 제공하는

space-based 공간에 기반을 둔

❷ People usually use this system/ [to find out] [Where they are].
　　주어　　부사　동사　　목적어　　*to부정사 부사적 용법　*의문사+주어+동사: 간접의문문
　　　　　　　　　　　　　　　　　　　　　　　　의문사　주어　동사
사람들은 대개 이 시스템을 이용한다/ '그들이 어디 있는지'를 찾기 위해

❸ However,/ today,/ they [not only] use it for navigation,/ [but also] use it/ for precision farming
접속부사　부사　주어　부사 부사　동사 목적어　전명구　　접속사 부사 동사 목적어　　전명구
　　　　　　　　　*not only A ~ but also B: A뿐만 아니라 B도
techniques.
그러나/ 오늘날/ 그들은 그것을 내비게이션으로 사용할 뿐 아니라/ 그것을 사용한다/ 정밀 농업기술을 위해서도

precision 정밀, 명확
farming 농업, 농사

❹ GPS can be used/ [to locate] weed, insect or disease infection.
　　주어　　동사　　*to부정사 부사적 용법　　목적어
GPS는 사용될 수 있다/ 잡초와 곤충 또는 질병 감염 위치를 찾아내는 데

❺ A field map/ can also be created/ using GPS/ [to record] the coordinates of field borders, fence,
　　주어　　　　동사　　　　현재분사 현재분사 목적어　*to부정사 부사적 용법　목적어　　전명구
canals.
　　　　　　　　　　　　　　　　　　　　　　　　　　　　　　to부정사 목적어
논(밭) 지도는/ 또한 만들어질 수 있다/ GPS를 사용해서/ 논(밭)의 경계, 울타리, 운하의 좌표들을 기록하기 위해

coordinate 좌표, 동등한 것

❻ The resulting field map/ might be the first layer,/ [a producer] would develop/
　　　　주어　　　　　　　동사　　　보어　　　　　　주어　　　　동사　　*a producer 앞 목적격 관계대명사 생략
for an on-farm GIS (Geographic Information System).
　　　　전명구
그 결과로 만들어진 논(밭) 지도는/ 첫 번째 층일 것이다/ 제작자가 개발할지 모르는/ 농업에 기반을 둔 GIS(지질학적 정보 시스템)를 위해

❼ ③ GPS is being used/ for recreational sailing and fishing/ and for commercial shipping fleet
　　주어　　동사　　　　전명구　　　　　　　등위접속사　　　전명구
management.
③ GPS는 사용되고 있다/ 기분 전환의 항해와 낚시에/ 그리고 상업적 배송 선박 관리에

❽ Additional layers/ showing crop damage from flood or drought,/ and watery areas or
　　주어　　　　　현재분사　현재분사 목적어1　　　전명구　　　등위접속사 현재분사 목적어2
wetlands/ could be mapped/ using GPS.
　　　　　동사　　　　현재분사 현재분사 목적어
추가적인 층들/ 작물의 피해를 보여주는/ 홍수나 가뭄으로 인한/ 그리고 물을 머금은 지역들 또는 습지대들은/ 지도로 나타내질 수 있다/ GPS를 사용하여

❾ Ranchers could use GPS/ [to develop] rangeland utilization maps,/ [to navigate] back
　　주어　　　동사　　목적어　*to부정사 부사적 용법　to부정사 목적어　　*to부정사 부사적 용법　부사
to previously mapped areas/ or [to monitor] sites.
　　　　전명구　　　　　　등위접속사　*to부정사 부사적 용법　목적어
농장주들은 GPS를 사용할 수 있다/ 방목지 활용 지도들을 개발하기 위해/ 이전에 지도에 나타난 지역들로 돌아가 보기 위해/ 또는 장소들을 감시하기 위해

rancher 농장주
rangeland 방목지

다음 빈칸에 들어갈 말로 가장 적절한 것을 고르시오.　　　　　　🕐 1분 45초

The Wealth Of Nations begins with Smith explaining production and exchange, and their contribution to national income. Using the example of a pin factory, Smith shows how specialisation can boost human productivity enormously. By specialising, people can use their talents, or acquire skill. And they can employ labour-saving machinery to boost production. Then they exchange those specialist products, spreading the benefits of specialisation across the whole population. How far and how fast the benefit spreads depends on how wide and efficient the market is. Often, employers try to rig markets in their own interests, and call on governments to help them. But the best interests of ordinary people are served if policymakers avoid such interventions and promote open competition. Smith goes on to say that building up capital is an essential condition for economic progress. By saving some of what we produce instead of immediately consuming it, we can invest in new, dedicated, labour-saving equipment. ＿＿＿＿＿＿＿＿. It is a virtuous circle.

① Labor-saving machinery will lead us to lose our job
② That means we can have more spare time than before
③ Too much investment might aggravate economic conditions
④ The more we invest, the more efficient our production becomes

| 해석 | 「국부론」은 Smith가 생산과 교환, 그리고 그들의 국민소득에 대한 기여를 설명하는 것으로 시작한다. 핀 공장의 예를 이용하여, Smith는 전문화가 어떻게 인간의 생산성을 엄청나게 증가시킬 수 있는지를 보여준다. 전문화함으로써, 사람들은 그들의 재능을 사용하거나 기술을 습득할 수 있다. 그리고 그들은 생산을 늘리기 위해 노동력을 절약하는 기계를 이용할 수 있다. 그리고 나서 그들은 전문화의 이점을 전 국민에게 퍼뜨리면서 전문화된 상품들을 교환한다. 이점이 얼마나 멀리 그리고 빨리 퍼지는가는 시장이 얼마나 넓고 효율적이냐에 달려 있다. 종종 고용주들은 그들 자신의 이익을 위해 시장을 조작하려고 노력하고, 정부가 그들을 도울 것을 요청한다. 그러나 정책 입안자들이 그러한 개입을 피하고 개방적인 경쟁을 촉진한다면 일반인들의 최선의 이익이 제공된다. Smith는 계속해서 자본 확충이 경제 발전에 필수적인 조건이라고 말한다. 우리가 생산한 것 중 일부를 즉시 소비하지 않고 절약함으로써, 우리는 노동력을 절약하는 새로운 전용 장비에 투자할 수 있다. ④ 우리가 투자를 하면 할수록 우리의 생산효율이 높아진다. 그것이 선순환이다.
① 노동력을 절약하는 기계는 우리가 일자리를 잃게 만들 것이다
② 그것은 우리가 전보다 더 많은 여가 시간을 가질 수 있다는 것을 의미한다
③ 지나친 투자는 경제 상황을 악화시킬 수도 있다
④ 우리가 투자를 하면 할수록 우리의 생산효율이 높아진다

| 해설 | ④ Adam Smith의 「국부론」에 대한 글이다. 빈칸 앞에서 자본 확충이 경제 발전에 필수적인 조건인데, 우리가 생산한 것 중 일부를 즉시 소비하지 않고 절약하면 노동력을 절약하는 새로운 전용 장비에 투자할 수 있다고 했다. 빈칸 이후에는 그것이 선순환이라고 서술하고 있으므로 빈칸에는 투자로 인한 긍정적 효과에 대한 내용이 와야 함을 유추할 수 있다. 따라서 ④가 빈칸에 들어갈 말로 가장 적절하다.

정답 ④

❶ *The Wealth Of Nations* begins/ with Smith/ explaining/ production and exchange, and their
　　주어　　　　　　　　　동사　　　전명구　　　현재분사　　　　현재분사 목적어
contribution/ to national income.
　　　　　　　전명구

「국부론」은 시작한다/ Smith가/ 설명하는 것으로/ 생산과 교환, 그리고 그것들의 기여를/ 국민소득에

national income 국민
소득

*분사구문
❷ Using the example of a pin factory,/ Smith shows/ how specialisation can boost/ human
현재분사　현재분사 목적어　　　전명구　　　　주어　　동사　명사절 접속사　　주어　　　동사　　목적어
productivity/ enormously. By specialising,/ people/ can use their talents,/ or acquire skill.
　　　　　　부사　　　　전명구　　　주어　　동사1　　목적어　　등위접속사　동사2　목적어

핀 공장의 예를 이용하여/ Smith는 보여준다/ 전문화가 어떻게 증가시킬 수 있는지를/ 인간의 생산성을/ 엄청나게//
전문화함으로써/ 사람들은/ 그들의 재능을 사용할 수 있다/ 또는 기술을 습득할 수 있다

boost (생산량을) 증대시
키다

*to부정사 부사적 용법
❸ And/ they can employ/ labour-saving machinery/ to boost production.
접속사　주어　　동사　　　　목적어　　　　　　　　to부정사 목적어

그리고/ 그들은 이용할 수 있다/ 노동력을 절약하는 기계를/ 생산을 늘리기 위해

*분사구문
❹ Then/ they exchange/ those specialist products,/ spreading the benefits of specialisation/
접속부사　주어　　동사　　　　목적어　　　　　　　현재분사　　현재분사 목적어　　　전명구
across the whole population.
　　　　전명구

그리고 나서/ 그들은 교환한다/ 그 전문화된 상품들을/ 전문화의 이점을 퍼뜨리면서/ 전 국민에게

*의문부사+부사+주어+동사　　　　　　　　　*간접의문문 의문부사+형용사+주어+동사
❺ How far and how fast the benefit spreads/ depends on/ how wide and efficient the market is.
　　　　　　　주어　　　　　　　　　　　　　　동사　　　　　전명구

이점이 얼마나 멀리 그리고 빨리 퍼지는가는/ ~에 달려 있다/ 시장이 얼마나 넓고 효율적이냐에

❻ Often,/ employers/ try to rig markets/ in their own interests,/ and call on/ governments
　　부사　　주어　　동사1 목적어 to부정사 목적어　　전명구　　　등위접속사　동사2　　목적어
to help them.
목적격 보어 to부정사 목적어

종종/ 고용주들은/ 시장을 조작하려고 노력한다/ 그들 자신의 이익을 위해/ 그리고 요청한다/ 정부가 그들을 도울
것을

rig 조작하다
interest 이익
call on 요청하다

❼ But/ the best interests of ordinary people/ are served/ if policymakers avoid
接속사　　주어　　　　　전명구　　　　　　동사　접속사　주어　　동사1
such interventions/ and promote open competition.
　　목적어　　　등위접속사 동사2　　목적어

그러나/ 일반인들의 최선의 이익이/ 제공된다/ 만약 정책입안자들이 그러한 개입을 피하고/ 개방적인 경쟁을 촉진
한다면

policymaker 정책 입안자
intervention 개입

*to부정사 목적어
❽ Smith goes on to say/ that building up capital/ is an essential condition/ for economic progress.
　주어　　동사　　　　　명사절접속사　주어　동명사 목적어 동사　　보어　　　　　전명구

Smith는 계속해서 말한다/ 자본 확충이/ 필수적인 조건이라고/ 경제 발전에

capital 자금, 자본금

*선행사 포함 관계사 what + 주어 + 동사: 명사절(전치사의 목적어 역할)
❾ By saving some/ of what we produce/ instead of immediately consuming it,/ we can invest/
　　전명구　　동명사 목적어 전명구 주어 동사　　　　전명구　　　　동명사 목적어 주어　동사
in new, dedicated, labour-saving equipment.
　　　　전명구

일부를 절약함으로써/ 우리가 생산한 것 중/ 그것을 즉시 소비하지 않고/ 우리는 투자할 수 있다/ 노동력을 절약하
는 새로운 전용 장비에

dedicated ~ 전용의

*The + 비교급 + 주어 + 동사, the + 비교급 + 주어 + 동사: ~할수록, 더 …하다
❿ ④ The more we invest,/ the more efficient our production becomes. It/ is a virtuous circle.
　　　부사　주어 동사　　　보어　　　　　주어　　　동사　주어동사　　보어

④ 우리가 투자를 하면 할수록/ 우리의 생산효율이 높아진다// 그것이/ 선순환이다

virtuous circle 선순환

DAY 07

Warm Up 기출문제

다음 글의 흐름상 가장 어색한 문장은? 2020 국가직 9급   ⏱ 2분

When the brain perceives a threat in the immediate surroundings, it initiates a complex string of events in the body. It sends electrical messages to various glands, organs that release chemical hormones into the bloodstream. Blood quickly carries these hormones to other organs that are then prompted to do various things. ① The adrenal glands above the kidneys, for example, pump out adrenaline, the body's stress hormone. ② Adrenaline travels all over the body doing things such as widening the eyes to be on the lookout for signs of danger, pumping the heart faster to keep blood and extra hormones flowing, and tensing the skeletal muscles so they are ready to lash out at or run from the threat. ③ The whole process is called the fight-or-flight response, because it prepares the body to either battle or run for its life. ④ Humans consciously control their glands to regulate the release of various hormones. Once the response is initiated, ignoring it is impossible, because hormones cannot be reasoned with.

| 해석 | 뇌가 가까운 환경에서 위협을 인지하면, 그것은 신체에 복잡한 일련의 일들을 발생시킨다. 그것은 혈류에 화학 호르몬을 분비시키는 조직인 다양한 분비샘에 전기 메시지를 보낸다. 혈액은 빠르게 이러한 호르몬을 이후 다양한 일을 하도록 촉진되는 다른 조직들로 운반한다. 예를 들어, 신장 상부의 부신은 신체의 스트레스 호르몬인 아드레날린을 분출한다. 아드레날린은 위험 신호를 경계하기 위해 눈을 확장시키고, 혈액과 추가적인 호르몬이 계속해서 흐르도록 하기 위해 심장을 더 빨리 뛰게 하고, 위협을 후려갈기거나 위협으로부터 도망칠 준비가 되어 있도록 골격근을 긴장시키는 것과 같은 일들을 하며 전신을 순환한다. 전 과정은 투쟁 도피 반응이라 불리는데, 왜냐하면 그것이 신체를 싸우거나 필사적으로 도망치도록 준비시키기 때문이다. ④ 인간은 의식적으로 다양한 호르몬의 분출을 조절하도록 자신의 분비샘을 통제한다. 호르몬은 설득될 수 없기 때문에 일단 반응이 시작되면, 그것을 무시하는 것은 불가능하다.

| 해설 | ④ 위험 지각 시 뇌의 일련의 자동적 반응에 대한 글로, 인간이 의식적으로 분비샘을 통제할 수 있다는 ④는 흐름과 어긋난다.

정답 ④

지문 구조분석

✏ 구문독해 연습노트에서 직접 분석해보세요. ▶ p.12

어휘 check

*부사절 접속사

❶ When the brain perceives a threat/ in the immediate surroundings,/
　　주어　　동사　　목적어　　　　　전명구

it initiates a complex string of events/ in the body.
주어　동사　　　목적어　　　　　　전명구

뇌가 위협을 인지하면/ 가까운 환경에서/ 그것은 복잡한 일련의 일들을 발생시킨다/ 신체에서

string 연속, 연발

*주격 관계대명사

❷ It sends electrical messages/ to various glands,/ organs/ that release chemical hormones/ into the
주어 동사　　목적어　　　　　전명구　　명사(동격)　동사　　　목적어　　　전명구
bloodstream.

그것은 전기 메시지를 보낸다/ 다양한 분비샘에/ 조직들인/ 화학 호르몬을 분비시키는/ 혈류에

gland 분비샘
organ 기관
bloodstream 혈류

*주격 관계대명사

❸ Blood quickly carries/ these hormones/ to other organs/ that are then prompted/ to do various
주어　부사　동사　　목적어　　　전명구　　　　　동사　　　　목적격 보어
things.

혈액은 빠르게 운반한다/ 이러한 호르몬들을/ 다른 조직들로/ 이후 촉진되는/ 다양한 일들을 하도록

❹ The adrenal glands/ above the kidneys,/ for example,/ pump out adrenaline,/ the body's stress
주어　　　　　전명구　　　　전명구　　동사　부사　목적어　　　명사구(동격)
hormone.

부신은/ 신장 상부의/ 예를 들어/ 아드레날린을 분출한다/ 신체의 스트레스 호르몬인

adrenal gland 부신
kidney 신장

❺ Adrenaline/ travels all over the body/ doing things/ such as/ widening the eyes/
주어　　동사　부사　전명구　　현재분사 목적어　전치사　　목적어1
to be on the lookout for signs of danger,/ pumping the heart faster/ to keep blood and extra
to부정사 부사적 용법　　　　　　　목적어2　　　　　　to부정사 부사적 용법
hormones flowing,/ and tensing the skeletal muscles/ so they are ready/ to lash out at or run
접속사　　목적어3　　　　　接속사주어 동사 주격 보어　to부정사 부사적 용법
from the threat.

아드레날린은/ 전신을 순환한다/ 일들을 하며/ ~와 같은/ 눈을 확장시키는 것/ 위험신호를 경계하기 위해/ 심장을
더 빨리 뛰게 하는 것/ 혈액과 추가적인 호르몬이 계속해서 흐르도록 하기 위해/ 그리고 골격근을 긴장시키는 것/
그들이 준비가 되어 있도록/ 위협을 후려갈기거나 위협으로부터 도망칠

be on the lookout (위험 등을 피하거나 자신이 원하는 것을 찾기 위해 ~이 있는지) 세심히 살피다[지켜보다]
tense 긴장시키다
skeletal muscle 골격근
lash out at (~을) 후려갈기려 들다

*부사절 접속사

❻ The whole process/ is called the fight-or-flight response,/ because it prepares the body/
주어　　　　동사　　　　목적격 보어　　　　　주어 동사　목적어
to either battle or run for its life.
　　목적격 보어

전 과정은/ 투쟁 도피 반응이라 불린다/ 왜냐하면 그것이 신체를 준비시키기 때문이다/ 싸우거나 필사적으로 도망
치도록

fight-or-flight response
투쟁 도피 반응
run for one's life 필사적으로 도망치다

❼ ④ Humans consciously control/ their glands/ to regulate the release/ of various hormones.
　　주어　　부사　　동사　　목적어　to부정사 부사적 용법 to부정사 목적어　전명구

④ 인간은 의식적으로 통제한다/ 그들의 분비샘을/ 분출을 조절하도록/ 다양한 호르몬의

*부사절 이끄는 접속사　　　　　　　　　*부사절 접속사

❽ Once the response is initiated,/ ignoring it/ is impossible,/ because hormones
　　주어　　　　동사　　주어 동사 주격 보어　　　　주어
cannot be reasoned with.
　　동사

일단 반응이 시작되면/ 그것을 무시하는 것은/ 불가능하다/ 호르몬은 설득될 수 없기 때문에

reason with ~을 설득하다

다음 글과 일치하지 <u>않는</u> 것은?　　　　　　　　　　　　　　　⏱ 3분

There are many religions throughout the world. The most widely followed faith on the planet is Christianity. Christianity is broken up into three different groups that follow similar beliefs but do differ on some. Roman Catholics are the first type. They make up the largest single faith in Christianity. Catholics are united under their leader, the Pope who resides in Rome. They interpret meaning from the Bible to use in everyday life. Roman Catholic scholars, who spend their lives interpreting the Bible, do the interpreting. Protestants are another type of Christians. Although technically they make up the largest following, they are further broken up into other denominations that can have very different beliefs. This term is really a generalization for any group that broke apart from Roman Catholicism beginning with Martin Luther who later founded the Protestant religions of Lutheranism. The final type of Christians are Orthodox Christians who broke away from the Roman Catholic Church during the Great Schism in the early days of Christianity. They are almost identical with Catholics except that they do not recognize the Pope as their leader.

① Christianity is the world's largest religion.
② The Pope who lives in Rome leads the Catholics.
③ Orthodox Christians are completely the same as Catholics.
④ Protestants may have beliefs different from original Christians'.

| 해석 | 전 세계에 걸쳐 많은 종교들이 존재한다. 지구상에서 가장 널리 따르고 있는 종교는 기독교이다. 기독교는 세 개의 다른 그룹으로 나뉘는데 그 그룹들은 비슷한 믿음을 따르지만 어떤 점에서는 분명 다르다. 로마 가톨릭 교도들이 그 첫 번째 유형이다. 그들은 기독교에서 가장 큰 단일 종교를 차지하고 있다. 가톨릭 교도들은 그들의 지도자, 즉 로마에 거주하는 교황 아래에서 연합이 되어 있다. 그들은 일상 생활에서 사용하기 위해 성경의 의미를 해독한다. 성경을 해독하는 데에 그들의 일생을 보내는 로마 가톨릭 학자들이 바로 그 번역을 한다. 개신교도들은 기독교의 또 다른 유형이다. 비록 엄밀히 말하면 그들은 가장 많은 신도들을 차지하고 있지만 그들은 매우 다양한 믿음을 가질 수 있는 다른 교파들로 더 나뉜다. 이 용어는 후에 Lutheranism의 개신교 종교를 설립한 Martin Luther로 시작해서 로마 가톨릭으로부터 떨어져 나간 어떠한 그룹에게도 일반화된 것이다. 기독교인의 마지막 유형은 기독교 초기 대분열 기간 동안에 로마 가톨릭 교회로부터 떨어져 나간 정통 그리스 교도이다. 그들은 교황을 그들의 지도자로 인정하지 않는다는 것 이외에 가톨릭과 거의 똑같다.
① 기독교는 세계에서 가장 큰 종교이다.
② 로마에 사는 교황은 가톨릭 교도들을 이끈다.
③ 정통 그리스 교도는 가톨릭 교도와 완전히 똑같다.
④ 개신교도들은 본래의 기독교인들과 다른 믿음을 가질 수도 있다.

| 해설 | ③ 글의 후반까지 잘 읽었다면 정답을 쉽게 맞출 수 있다. 종교라는 소재가 평소에 다소 접하지 못한 이야기일 수도 있지만 문제는 쉽게 출제되었다. 정통 그리스 교도가 가톨릭 교도와 완전히 똑같다는 ③은 본문과 일치하지 않는다. 정통 그리스도 교인들은 가톨릭 교도들이 생각하는 것처럼 교황을 지도자로 인정하지 않기 때문이다.

정답 ③

❶ There are many religions/ throughout the world. The most widely followed faith/
　　유도부사 동사　　주어　　　　　　전명구　　　　　　　　　　주어
on the planet/ is Christianity.
　　전명구　　　동사　　보어

많은 종교들이 존재한다/ 전 세계에 걸쳐// 가장 널리 따라지고 있는 종교는/ 지구상에서/ 기독교이다

❷ Christianity is broken up/ into three different groups/ that follow similar beliefs/
　　　주어　　　　동사　　　　　전명구　　　　　주격 관계대명사 동사　　목적어
but do differ on some.
등위접속사 동사　전명구

기독교는 나뉜다/ 세 개의 다른 그룹으로/ 비슷한 믿음을 따르지만/ 어떤 점에서는 분명 다른

Christianity 기독교

❸ Roman Catholics/ are the first type. They make up/ the largest single faith/ in Christianity.
　　　주어　　　　동사　　보어　　주어　　동사　　　　목적어　　　　　전명구

로마 가톨릭 교도들이/ 그 첫 번째 유형이다// 그들은 차지하고 있다/ 가장 큰 단일 종교를/ 기독교에서

Roman Catholic 로마 가
톨릭 교도, 로마 가톨릭의

　　　　　　　　　　　　　　　　　　*주격 관계대명사
❹ Catholics are united/ under their leader, the Pope/ who resides in Rome.
　　　주어　　동사　　　　전명구　　　　명사(동격)　　동사　　전명구

가톨릭 교도들은 연합되어 있다/ 그들의 지도자, 즉 교황 아래에서/ 로마에 거주하는

❺ They interpret meaning/ from the Bible/ to use/ in everyday life.
　　주어　　동사　　목적어　　　전명구　to부정사 부사적 용법　전명구

그들은 의미를 해독한다/ 성경으로부터/ 사용하기 위해/ 일상생활에서

❻ Roman Catholic scholars,/ who spend their lives/ interpreting the Bible,/ do the interpreting.
　　　　주어　　　　　주격 관계대명사 동사　목적어　　동명사　　　목적어　　동사　　목적어

로마 가톨릭 학자들은/ 그들의 일생을 보내는/ 성경을 해독하는 데에/ 바로 그 해석을 한다

❼ Protestants/ are another type of Christians. Although technically/ they make up the largest
　　　주어　　　동사　　보어　　　전명구　　　　접속사　　　부사　　　주어　　동사　　목적어
following,/ they are further broken up/ into other denominations/ that can have very different beliefs.
　　　　　주어　　　동사　　　　　전명구　　主격 관계대명사 동사　　　　목적어

개신교도들은/ 기독교의 또 다른 유형이다// 비록 엄밀히 말하면/ 그들은 가장 많은 신도들을 차지하고 있지만/ 그
들은 더 나뉜다/ 다른 교파들로/ 매우 다양한 믿음을 가질 수 있는

Protestant 개신교, 항의자
denomination 종파, 교
파, 종류

❽ This term/ is really a generalization/ for any group/ that broke apart from Roman Catholicism/
　　주어　　동사　부사　　보어　　　　전명구　주격 관계대명사 동사　부사　　　　전명구
beginning with Martin Luther/ who later founded the Protestant religions of Lutheranism.
　　분사구문　　　전명구　　　주격 관계대명사 부사　동사　　　　전명구　　　　　전명구

이 용어는/ 일반화된 것이다/ 어떠한 그룹에게도/ 로마 가톨릭으로부터 떨어져 나간/ Martin Luther로 시작한/ 후에
Lutheranism의 개신교 종교를 설립한

generalization 일반화
Lutheranism 루터주의

❾ The final type of Christians/ are Orthodox Christians/ who broke away from the Roman
　　　주어　　　　전명구　　　동사　　보어　　주격 관계대명사 동사　　　전명구
Catholic Church/ during the Great Schism/ in the early days of Christianity.
　　전명구　　　　　전명구　　　　　　전명구

기독교인의 마지막 유형은/ 정통 그리스도 교인이다/ 로마 가톨릭 교회로부터 떨어져 나간/ 대분열 기간 동안에/
기독교 초기에

Great Schism 대분열

　　　　　　　　　　　　　　　　　*명사절 접속사
❿ They are almost identical with Catholics/ except that they do not recognize the Pope/
　　주어 동사　부사　　보어　　　전명구　　　전명구　　주어　　동사　　　목적어
as their leader.
　　전명구

그들은 가톨릭과 거의 똑같다/ 그들이 교황을 인정하지 않는다는 것 이외에/ 그들의 지도자로

2 문맥상 다양한 추론

다음 글의 문맥상 어울리지 않는 것은? 🕐 2분

Carbon dioxide, a greenhouse gas, is the main pollutant that is warming Earth. Though living things emit carbon dioxide when they breathe, carbon dioxide is widely considered to be a pollutant when ① associated with cars, planes, power plants, and other human activities that ② involve the burning of fossil fuels such as gasoline and natural gas. Another pollutant associated with climate change is sulfur dioxide, a component of smog. Sulfur dioxide and closely related chemicals are known primarily as a cause of acid rain. But they also reflect light when ③ released in the atmosphere, which keeps sunlight out and causes Earth to cool. Volcanic eruptions can spew ④ little amounts of sulfur dioxide into the atmosphere, sometimes causing cooling that lasts for years. In fact, volcanoes used to be the main source of atmospheric sulfur dioxide.

| 해석 | 이산화탄소, 온실가스는 지구를 덥게 만드는 주 오염 물질이다. 비록 생물들이 호흡할 때 이산화탄소를 방출하더라도, 이산화탄소는 자동차, 비행기, 발전 장치, 그리고 휘발유나 천연가스 같은 화석 연료 연소를 포함하는 인간의 활동들에 연관될 때 오염 물질로 널리 간주된다. 기후 변화와 연관된 또 다른 오염 물질은 스모그의 성분인 이산화황이다. 이산화황 그리고 밀접하게 관련 있는 화학 물질들은 주로 산성비의 원인으로 알려져 있다. 그러나 그것들은 대기에 방출되었을 때 빛을 반사하는데, 이것은 햇빛을 차단하고 지구의 기온 저하를 일으킨다. 화산 분출은 때로는 몇 년간 지속되는 기온 저하를 일으키며 대기로 ④ 거의 없는(→ 대량의) 이산화황을 분출할 수 있다. 사실, 화산은 공기 중 이산화황의 주요한 원천이었다.

| 해설 | ④ 기후 변화에 영향을 주는 이산화탄소와 이산화황에 대해서 소개하고 있다. 화산 폭발이 이산화황을 대기 중에 거의 배출하지 않을 경우, 이것이 수년 간이나 지구를 냉각시키는 원인이 되거나 공기 중 이산화황의 주요 원천이라고 볼 수 없기 때문에 ④의 'little'은 'massive' 등으로 바꾸는 것이 문맥상 자연스럽다. 굳이 적은 영향을 주는 원인을 글의 후반부에 제시할 이유는 없다.
③의 'released'의 앞에는 'they are'가 생략되어 있다. 즉, 직전의 문장에서 'they'가 'chemicals'를 나타내며 '화학성분이 대기 중으로 방출되어질 때에'를 의미한다. 생략된 문장 성분에 주의하자.

정답 ④

❶ Carbon dioxide, a greenhouse gas,/ is the main pollutant/ that is warming Earth.
주어 · · · · · 명사(동격) · · · · · 동사 · 보어 · · · · · · 주격 관계대명사 동사 · · 목적어

이산화탄소, 온실가스는/ 주 오염 물질이다/ 지구를 덥게 만드는

greenhouse gas 온실
가스
pollutant 오염 물질

❷ Though living things/ emit carbon dioxide/ when they breathe,/ carbon dioxide is widely
접속사 · · · 주어 · · · · 동사 · · 목적어 · · · · · 접속사 · 주어 · 동사 · · · · · 주어 · · · · · 동사

*when과 associated 사이 주어 + be동사 생략
considered/ to be a pollutant/ when associated with cars, planes, power plants, and other
보어 · · · to부정사 보어 · · · · 접속사 · 과거분사 · · · · · · · · · 전명구

human activities/ that involve the burning of fossil fuels/ such as gasoline and natural gas.
· · · · · · · · · · · · 주격 관계대명사 동사 · · · 목적어 · · · · 전명구 · · · · · · · 전명구

비록 생물들이/ 이산화탄소를 방출하더라도/ 그들이 호흡할 때/ 이산화탄소는 널리 간주된다/ 오염 물질인 것으로/
자동차, 비행기, 발전 장치, 그리고 다른 인간의 활동들에 연관될 때/ 화석 연료 연소를 포함하는/ 휘발유나 천연가
스 같은

emit 내뿜다
associated with ~와
관련된
fossil fuel 화석 연료

*associated 앞 주어 + be동사 생략
❸ Another pollutant/ associated with climate change/ is sulfur dioxide,/ a component of smog.
주어 · · · · · 과거분사 · · · · 전명구 · · · · · · · 동사 · · 보어 · · · · · · 명사(동격)

또 다른 오염 물질은/ 기후 변화와 연관된/ 이산화황이다/ 스모그의 성분인

sulfur dioxide 이산화황
component 요소, 성분

❹ Sulfur dioxide and closely related chemicals/ are known primarily/ as a cause of acid rain.
· · · · · · · · · · · 주어 · · · · · · · · · · · · 동사 · · 부사 · · · · 전명구

이산화황 그리고 밀접하게 관련 있는 화학 물질들은/ 주로 알려져있다/ 산성비의 원인으로

acid rain 산성비

*when과 released 사이 주어 + be동사 생략
❺ But they also reflect light/ when released in the atmosphere,/ which keeps sunlight out/
등위접속사 주어 부사 · 동사 · 목적어 · 접속사 · 과거분사 · · · 전명구 · · · · 주격 관계대명사 동사1 · 목적어 · 부사
and causes Earth to cool.
등위접속사 동사2 · 목적어 목적격 보어

그러나 그것들은 또한 빛을 반사한다/ 대기에 방출되었을 때/ 그것은 햇빛을 차단하고/ 지구의 기온 저하를 일으킨다

release 방출하다
atmosphere 대기, 공기

❻ Volcanic eruptions/ can spew/ ④ little(→ massive) amounts of sulfur dioxide/ into the
주어 · · · · 동사 · · · · · · 목적어 · · · · · · · 전명구 · · · · 전명구
*분사구문 *주격 관계대명사
atmosphere,/ sometimes causing cooling/ that lasts for years.
· · · · · · 부사 · 현재분사 현재분사 목적어 · 동사 · 전명구

화산 분출은/ 분출할 수 있다/ ④ 거의 없는(→ 대량의) 이산화황을/ 대기로/ 때로는 기온 저하를 일으키며/ 몇 년간
지속되는

spew 분출하다

❼ In fact,/ volcanoes used to be the main source/ of atmospheric sulfur dioxide.
접속부사 · · 주어 · · · · · 동사 · · · · 보어 · · · · · · · · 전명구

사실/ 화산은 주요한 원천이었다/ 공기 중 이산화황의

다음 빈칸에 들어갈 말로 알맞은 것은?

⏱ 1분 45초

Even if it is correct to say that we *express* and *represent* our thoughts in language, it may be a big mistake to suppose that there are _____ between what is doing the representing and what is represented. Robert Stalnaker, in his book *Inquiry*, suggests an analogy with the representation of *numbers*: The number 9 can be *represented* as '12–3' but it does not follow that 12, 3, or *subtraction* are *constituents* of the number 9. We could compare a thought and its verbal expression with toothpaste and its "expression" from a tube. That the result of expressing toothpaste is a long, thin, cylinder does not entail that toothpaste itself is long, thin, or cylindrical. Similarly, a thought might get expressed out loud in a statement with a particular linguistic structure. It does not follow that a thought and its verbal expression are distinct. Suppose, for example, that I look at a fruit bowl, and think that there is an apple and an orange in that bowl. The objects in front of my eyes include some pieces of fruit and a bowl, but no object corresponding to the word "and" exists either in the world or in my visual image.

① structural similarities
② constituents of the matter
③ substance of the objective
④ existence of the visual image

| 해석 | 비록 우리가 언어로 우리의 생각들을 '표현한다' 그리고 '제시한다'라고 말하는 것이 옳겠지만, 표현을 하는 것과 표현되어지는 것 사이에 ① 구조적 유사성들이 있다고 가정하는 것은 아마 큰 실수일지도 모른다. Robert Stalanker는 그의 책인 「Inquiry」에서 '숫자' 표현에 관한 비유를 제시한다. 숫자 9는 '12 빼기 3'으로 '표현될' 수 있지만, 12, 3, 또는 '빼기'가 숫자 9의 '구성요소'가 되는 것은 아니다. 우리는 생각과 그것의 언어적 표현을 치약과 튜브에서 나오는 그것의 "모양"으로 비교해볼 수 있다. 치약을 표현하는 것의 결과가 길고 얇은 원통형이라는 것이 치약 그 자체가 길거나, 얇다거나, 혹은 원통형이라는 것을 의미하지는 않는다. 비슷하게, 생각은 특정한 언어적 구조로 말 속에서 큰 소리로 표현될지도 모른다. 그렇다고 해서 생각과 그것의 언어적 표현이 명확한 것은 아니다. 예를 들어, 내가 과일 바구니를 보고 있고 그 바구니 안에 사과 한 개와 오렌지 한 개가 있다고 생각한다고 가정해보자. 나의 눈앞에 있는 사물들은 약간의 과일과 바구니를 포함하지만, "그리고"라는 단어에 대응하는 어떠한 사물도 세계나 나의 시각적 이미지 안에 존재하지는 않는다.
① 구조적 유사성들
② 물질의 구성요소들
③ 목표의 본질
④ 시각적 이미지의 존재

| 해설 | ① 빈칸 바로 다음에 나오는 Robert Stalanker의 책에 나온 내용들을 통해 빈칸에 들어갈 표현을 유추할 수 있다. 9를 표현하는 방법은 여러 가지가 있지만 그런 방법들이 다 9를 구성하는 것은 아니며, 치약이라고 할 때 흔히 우리가 생각하는 튜브 모양의 통이 치약 그 자체의 내용물을 의미하는 것은 아니라고 예를 들고 있다. 따라서 표현을 하는 것과 표현되어지는 것 사이에 '구조적 유사성'이 있다고 가정하는 것이 실수라는 것을 유추할 수 있다. 따라서 빈칸에 들어갈 알맞은 표현은 ①이다.

정답 ①

❶ *가주어* *진주어* *명사절 접속사*
Even if it is correct/ to say/ that we *express* and *represent* our thoughts/ in language,/ it may
접속사   동사   보어   주어   동사   목적어   전명구   가주어 동사
진주어 *명사절 접속사* *between A and B: A와 B 사이에*
be a big mistake/ to suppose/ that there are ① structural similarities/ between what is doing
보어   유도부사 동사   주어   전치사 관계사(주어) 동사
the representing/ and what is represented.
목적어   등위접속사 관계사   동사

비록 옳겠지만/ 말하는 것이/ 우리가 우리의 생각들을 '표현한다' 그리고 '제시한다'라고/ 언어로/ 큰 실수일지도 모른다/ 가정하는 것은/ ① 구조적 유사성들이 있다고/ 표현을 하는 것과/ 표현되어지는 것 사이에

express 표현하다
represent 표현하다, 발표하다, 제시하다

❷ Robert Stalnaker,/ in his book *Inquiry*,/ suggests an analogy/ with the representation of
주어   전명구   동사   목적어   전명구   전명구
it follows that ~: ~라는 결과가 되다
numbers:/ The number 9 can be *represented*/ as '12 – 3'/ but it does not follow/ that 12, 3, or
주어   동사   전명구 등위접속사 가주어   동사   진주어절   주어
subtraction/ are *constituents* of the number 9.
동사   보어   전명구

Robert Stalanker는/ 그의 책인 「Inquiry」에서/ 비유를 제시한다/ '숫자' 표현에 관한/ 숫자 9는 표현될 수 있다/ '12 빼기 3'으로/ 그러나 되는 것은 아니다/ 12, 3, 또는 '빼기'가/ 숫자 9의 '구성요소'가

inquiry 연구, 탐구
analogy 비유, 공통점, 유추
follow (~이라는) 결과가 되다
subtraction 뺄셈, 빼기
constituent 구성요소

❸ We could compare/ a thought and its verbal expression/ with toothpaste and its "expression"
주어   동사   목적어1 등위접속사   목적어2   전명구
from a tube.
전명구

우리는 비교해볼 수 있다/ 생각과 그것에 대한 언어적 표현을/ 치약과 튜브에서 나오는 그것의 "모양"으로

verbal 언어의

❹ *that절 주어*
That the result of expressing toothpaste/ is a long, thin, cylinder/ does not entail/
명사절 접속사 주어   전명구   동사 동명사 목적어 동사   보어   동사
that절 목적어
that toothpaste itself/ is long, thin, or cylindrical.
명사절 접속사 주어   동사   보어

치약을 표현하는 것의 결과가/ 길고 얇은 원통형이라는 것이/ 의미하지는 않는다/ 치약 그 자체가/ 길거나, 얇다거나, 혹은 원통형이라는 것을

cylinder 원통형
entail 의미하다, 수반하다

❺ Similarly,/ a thought might get expressed out loud/ in a statement/ with a particular linguistic
접속부사   주어   동사   부사   전명구   전명구
structure.
비슷하게/ 생각은 큰 소리로 표현될지도 모르나/ 말 속에서/ 특정한 언어적 구조로

statement 말, 진술, 서술
linguistic 언어적인

❻ It does not follow/ that a thought and its verbal expression/ are distinct.
가주어   동사   진주어절   주어   동사   보어

(그렇다고 해서 ~한 것은) 아니다/ 생각과 그것에 대한 언어적 표현이/ 명확한 것은

distinct 명확한, 뚜렷한, 눈에 띄는

❼ *명사절 접속사* *명사절 접속사*
Suppose,/ for example,/ that I look at a fruit bowl,/ and think/ that there is an apple and
동사   접속부사   주어 동사1   전명구   등위접속사 동사2   유도부사 동사   주어
an orange/ in that bowl.
전명구

가정해보자/ 예를 들어/ 내가 과일 바구니를 보고 있다/ 그리고 생각한다/ 사과 한 개와 오렌지 한 개가 있다고/ 그 바구니 안에

❽ The objects in front of my eyes/ include/ some pieces of fruit and a bowl,/ but no
주어   전명구   동사   목적어   전명구   등위접속사 주어
corresponding 앞 주격 관계대명사+be동사 생략 *either A or B: A나 B 둘 중 하나*
object/ corresponding to the word "and"/ exists/ either in the world or in my visual image.
형용사(현재분사)   전명구   명사(동격)   동사   전명구   전명구

나의 눈앞에 있는 사물들은/ 포함한다/ 약간의 과일과 바구니를/ 그러나 어떠한 사물도/ '그리고'라는 단어에 대응하는/ 존재하지는 않는다/ 세계에/ 혹은 나의 시각적 이미지 안에

object 물질, 물체
corresponding (~에) 해당[상응]하는

01 이 글의 주제로 가장 적절한 것은?

Sea foam is probably created by a combination of different factors. Decaying organic matter such as fish, plant life and microscopic organisms, seaweed (a microorganism that grows in oceans) excretions, and other proteins, and in some cases pollutants, is all carried on tiny air bubbles whipped up by tidal movements. As currents reach the shore and wave forms, the air bubbles well up to the surface sticking together. Also, the quantity of foam produced on a shore at any given period can differ as factors alter. For example, one of the microscopic algae, called phytoplankton bloom, could reproduce so rapidly, when conditions are appropriate, so that the biomass can be viewed from space. But detrimental algae blooms will produce natural toxins and reduce dissolved oxygen levels in the area, triggering an unexpected peter-out of local marine life. The rapid increase in organic waste can donate to superior amounts of sea foam or ocean foam.

① how plankton blooms occur

② the factors that trigger sea foam

③ sea pollutants which are made by sea foam

④ the reason why microscopic algae are detrimental

02 다음 빈칸에 들어갈 적절한 것은?

Commentators point to another increasingly important role for the media: "setting the agenda." Since they can't report everything, the news media must choose which issues to report and which to ignore. _____(A)_____, they decide what is news and what isn't. These decisions, in turn, influence the public's perception of what issues are most important. Unlike countries where the news media are government-controlled, _____(B)_____, in a democracy they cannot simply manipulate or disregard issues at will. Their competitors, after all, as well as the government itself, are free to call attention to their own list of important issues.

	(A)	(B)
①	In short	however
②	However	for example
③	For example	in short
④	Nevertheless	moreover

03 다음 글의 제목으로 가장 알맞은 것은?

What Einstein called his worst mistake, scientists are now depending on to help explain the universe. In 1917, Albert Einstein inserted a term called the cosmological constant into his theory of general relativity to force the equations to predict a stationary universe in keeping with physicists' thinking at the time. When it became clear that the universe wasn't actually static, but was expanding instead, Einstein abandoned the constant, calling it the "biggest blunder" of his life. But lately scientists have revived Einstein's cosmological constant (denoted by the Greek capital letter lambda) to explain a mysterious force called dark energy that seems to be counteracting gravity, causing the universe to expand at an accelerating pace. A new study confirms that the cosmological constant is the best fit for dark energy, and offers the most precise and accurate estimate yet of its value, researchers said. The finding comes from a measurement of the universe's geometry that suggests our universe is flat, rather than spherical or curved.

① Expansion of the Universe; Steady-State Theory
② Einstein's 'Biggest Blunder' Turns Out to Be Right
③ Mysterious Phenomenon of Dark Energy in the Universe
④ Einstein; The Only Perfectionist for One Century in Science

04 다음 글의 흐름에 어울리지 <u>않는</u> 것은?

Air pollution is by far the most harmful form of pollution in our environment. Air pollution is caused by the injurious smoke emitted by cars, buses, trucks, trains, and factories, namely sulphur dioxide, carbon monoxide and nitrogen oxides. ① Even smoke from burning leaves and cigarettes is harmful to the environment causing a lot of damage to man and the atmosphere. ② Evidence of increasing air pollution is seen in lung cancer, asthma, allergies, and various breathing problems along with severe and irreparable damage to flora and fauna. ③ Asthma is thought to be caused almost by genetic factors. ④ Even the most natural phenomenon of migratory birds has been hampered, with severe air pollution preventing them from reaching their seasonal metropolitan destinations of centuries.

The Scientific Revolution represented a shift in thinking in a handful of academics from the 16th to the 18th centuries. Each of these scientists was the product of their own cultural traditions and modes of thought. From our modern perspective, they held onto some mystical ideas that we would identify as Medieval. However, their discoveries paved the way for a more rational understanding of the universe and for the development of the scientific method. This new understanding of the mechanics of the universe, especially Newton's principles of motion, encouraged many intellectuals as a whole to think about themselves, society, government, and the universe in rational, scientific terms, which helped pave the way to the Enlightenment in the 18th Century.

① Newton's discovery came out of the Enlightenment.
② The Scientific Revolution enabled people to understand more about the universe.
③ All of the scientists held firm to the misunderstanding about the universe even in the 18th century.
④ Discoveries in the Scientific Revolution are so abstract that they are not related with modern times.

Our sense of smell is key to the enjoyment of food, so it may be no surprise that in experiments at the University of California, Berkeley, obese mice who lost their sense of smell also lost weight. What's weird, however, is that these slimmed-down but smell-deficient mice ate the same amount of fatty food as mice that retained their sense of smell and ballooned to twice their normal weight. In addition, mice with a boosted sense of smell — super-smellers — got even fatter on a high-fat diet than did mice with normal smell. The findings suggest that _____.
If you can't smell your food, you may burn it rather than store it. These results point to a key connection between the olfactory or smell system and regions of the brain that regulate metabolism, in particular the hypothalamus, though the neural circuits are still unknown.

① most of the calories that we eat are not consumed
② loss of weight due to damage of olfactory cells is most desirable
③ damage to the olfactory cells is not directly related to the metabolism of the body
④ the odor of what we eat may play an important role in how the body deals with calories

There are many roads to greatness, but logging 10,000 hours of practice to help you perfect a skill may not be sufficient.

(A) But in the years since Gladwell first pushed the "10,000-hours rule," researchers have engaged in a spirited debate over what that rule entails. It's clear that not just any practice, but only dedicated and intensive honing of skills counts.

(B) With enough practice, he claimed in his book *Outliers*, anyone could achieve a level of proficiency that would rival that of a professional. It was just a matter of putting in the time.

(C) Based on research suggesting that practice is the essence of genius, best-selling author Malcolm Gladwell popularized the idea that 10,000 hours of appropriately guided practice was "the magic number of greatness," regardless of a person's natural aptitude.

① (A) – (B) – (C) ② (A) – (C) – (B)
③ (C) – (A) – (B) ④ (C) – (B) – (A)

Anthropology as a subject is not well known amongst the general population in Britain. As anthropology has not until now been taught at secondary school level (except as an option within the International Baccalaureate), the British general public's exposure to anthropology tends to be limited to museums, occasional newspaper articles, or TV programmes whose primary aim is entertainment. The result is that many _____ about anthropology persist. A common one is that anthropology is mainly about 'bones and fossils'. These are indeed the special concern of biological and evolutionary anthropologists, who use the evidence of human remains and living sites to reconstruct the bodies, diets and environments of our prehuman ancestors. Social and cultural anthropology, however, is concerned with social relations in the 'here and now'.

① emotions ② conceit
③ entertainments ④ misconceptions

Other well-known thinkers such as John Locke believed in what is known as *tabula rasa*, which suggests that the mind begins as a blank slate.

Some philosophers such as Plato and Descartes suggested that certain things are inborn, or that they occur naturally regardless of environmental influences. Nativists take the position that all or most behaviors and characteristics are the result of inheritance. Advocates of this point of view believe that all of our characteristics and behaviors are the result of evolution. ① Genetic traits handed down from parents influence the individual differences that make each person unique. ② According to this notion, everything that we are and all of our knowledge is determined by our experience. ③ Empiricists take the position that all or most behaviors and characteristics result from learning. Behaviorism is a good example of a theory rooted in empiricism. ④ Behaviorists believe that all actions and behaviors are the results of conditioning.

To maintain a high constant body temperature is energy expensive — mammals therefore need a nutritious and plentiful diet. While the earliest mammals were probably predators, different species have since adapted to meet their dietary requirements in a variety of ways. Some eat other animals — this is a carnivorous diet (and includes insectivorous diets). Other mammals, called herbivores, eat plants. An herbivorous diet includes subtypes such as granivory (seed eating), folivory (leaf eating), frugivory (fruit eating), nectivory (nectar eating), gummivory (gum eating) and mycophagy (fungus eating). Some mammals may be coprophagous, and consume feces, usually to consume more nutrients. An omnivore eats both prey and plants. Carnivorous mammals have a simple digestive tract because the proteins, lipids and minerals found in meat require little in the way of specialized digestion. Plants, on the other hand, contain complex carbohydrates, such as cellulose. The digestive tract of an herbivore is therefore host to bacteria that ferment these substances, and make them available for digestion. The bacteria are either housed in the multichambered stomach or in a large cecum.

① Mammals must have a much and nutritious diet.
② Plants consist of complex carbohydrates such as cellulose.
③ Herbivores are likely to have seed, leaf, fruit, nectar, gum, and fungus.
④ The digestive tract of an herbivore makes the bacteria fermented in a large cecum.

정답과 해설 p.2

인생에 새로운 시도가 없다면
결코 실패하지 않습니다.

단 한 번도 실패하지 않은 인생은
결코 새롭게 시도해 보지 않았기 때문입니다.

– 조정민, 『인생은 선물이다』, 두란노

Warm Up 기출문제

밑줄 친 (A), (B)에 들어갈 말로 가장 적절한 것은? 2019 국가직 9급   ⏱ 2분

> Visionaries are the first people in their industry segment to see the potential of new technologies. Fundamentally, they see themselves as smarter than their opposite numbers in competitive companies — and, quite often, they are. Indeed, it is their ability to see things first that they want to leverage into a competitive advantage. That advantage can only come about if no one else has discovered it. They do not expect, _____(A)_____, to be buying a well-tested product with an extensive list of industry references. Indeed, if such a reference base exists, it may actually turn them off, indicating that for this technology, at any rate, they are already too late. Pragmatists, _____(B)_____, deeply value the experience of their colleagues in other companies. When they buy, they expect extensive references, and they want a good number to come from companies in their own industry segment.

	(A)	(B)
①	therefore	on the other hand
②	however	in addition
③	nonetheless	at the same time
④	furthermore	in conclusion

| 해석 | 선지자들은 그들의 업계에서 새로운 기술들의 잠재력을 볼 수 있는 첫 번째 사람들이다. 근본적으로, 그들은 자기 자신을 경쟁사들에 있는 그들의 상대방들보다 더 똑똑하다고 여긴다. 그리고 꽤 자주, 그들은 그렇다. 사실, 그들이 경쟁상의 우위를 통해 이용하기를 원하는 것들을 처음으로 보는 것이 그들의 능력이다. 그 우위는 오로지 다른 누구도 그것을 발견하지 않았을 때만 발생할 수 있다. (A) 그러므로, 그들은 업계의 광범위한 참조 목록을 가진 충분히 검증된 제품을 사는 것을 기대하지 않는다. 사실, 만약 그러한 참조의 근거가 존재한다면, 이것은 이 기술에 대해서는 아무튼 그들이 이미 너무 늦었다는 것을 암시하기 때문에 그것은 실제로 그들이 신경을 끄도록 만들 것이다. (B) 반면에, 실용주의자들은 다른 기업에 있는 그들의 동료들의 경험을 매우 가치 있게 여긴다. 그들이 구매를 할 때는 그들은 광범위한 참고 지료들을 기대하며, 그들 자신의 업계 내의 기업들로부터 더 많은 것이 나오기를 원한다.

① 그러므로 – 반면에   ② 그러나 – 게다가

③ 그럼에도 불구하고 – 동시에   ④ 게다가 – 결과적으로

| 해설 | ① (A) 앞에는 선지자들이 무언가를 최초로 발견하는 것에 초점을 두는 사람들이라는 내용이 나오고, (A) 뒤에는 선지자들은 검증된(이미 많은 사람들이 쓰는) 제품은 사지 않는다는 내용이 나온다. 따라서 (A) 앞은 이유이고 (A) 뒤는 결과이므로 인과의 접속사인 'therefore(그러므로)'가 들어가는 것이 적절하다. (B) 앞에서는 선지자들의 특성을 설명했고, (B) 이후부터는 실용주의자들에 대해 서술하고 있다. 따라서 (B)에는 대조를 표현하는 접속사 'on the other hand(반면에)'가 적절하다. 따라서 정답은 ①이다.

정답 ①

❶ Visionaries are the first people/ in their industry segment/ *to부정사 형용사적 용법 to see the potential of new
　　주어　동사　주격 보어　　전명구　　　　　　　　to부정사 목적어　전명구
technologies.

선지자들은 첫 번째 사람들이다/ 그들의 업계에서/ 새로운 기술들의 잠재력을 볼 수 있는

visionary 선지자
segment 분야, 부분

❷ Fundamentally,/ they see themselves/ as *비교급 비교 smarter than their opposite numbers/ in competitive
　　부사　　　주어 동사　목적어　　보어　　　　　　전명구　　　　　　전명구
companies/ — and, quite often,/ they are.
　　　　　　접속사　부사구　주어 동사

근본적으로/ 그들은 자기 자신을 여긴다/ 그들의 상대방들보다 더 똑똑하다고/ 경쟁사들에 있는/ 그리고 꽤 자주/ 그들은 그렇다

fundamentally 근본적으로
opposite number 상대방

❸ Indeed,/ *가주어 it is their ability/ *진주어 to see things first/ *목적격 관계대명사 that they want to leverage/
　부사　동사　주격 보어　　　목적어 부사　　주어 동사　to부정사 명사적 용법
into a competitive advantage.
　　전명구

사실/ 그들의 능력이다/ 어떤 것들을 처음으로 보는 것이/ 그들이 이용하기 원하는/ 경쟁상의 우위를 통해

leverage 지렛대로 이용하다
competitive advantage 경쟁상의 우위

❹ That advantage/ can only come about/ if no one else has discovered it.
　　주어　　조동사 부사　동사　부사 접속사 주어　부사　　동사　목적어

그 우위는/ 오직 발생할 수 있다/ 다른 누구도 그것을 발견하지 않았을 때만

come about 발생하다, 생기다

❺ They do not expect,/ (A) therefore,/ to be buying a well-tested product/ with an extensive list
　주어 조동사 부사　동사　　부사　to부정사 현재분사　목적어　　　　전명구
of industry references.
　　전명구

그들은 기대하지 않는다/ (A) 그러므로/ 검증된 제품을 사는 것을/ 광범위한 업계의 참조 목록을 가진

well-tested 입증된
extensive 광범위한
reference 참조, 언급

❻ Indeed,/ *조건문 if such a reference base exists,/ it may actually turn them off,/ indicating that/
　부사　접속사　　주어　　동사　주어 조동사　부사　동사 목적어 부사　현재분사　접속사
for this technology,/ at any rate,/ they are already too late.
　　전명구　　　　전명구　　주어 동사　부사　보어

정말로/ 만약 그러한 참조의 근거가 존재한다면/ 그것은 실제로 그들이 신경을 끄도록 만들 것이다/ ~을 암시하기 때문에/ 이 기술에 대해서는/ 아무튼/ 그들이 이미 너무 늦었다

indicate 암시하다
at any rate 아무튼

❼ Pragmatists,/ (B) on the other hand,/ deeply value/ the experience of their colleagues/
　　주어　　　　전명구　　　부사　동사　　목적어　　　전명구
in other companies.
　　전명구

실용주의자들은/ (B) 반면에/ 매우 가치 있게 여긴다/ 그들의 동료들의 경험을/ 다른 기업에 있는

pragmatist 실용주의자
value 가치 있게 여기다

❽ When they buy,/ they expect extensive references,/ and they want a good number to come/
　접속사 주어 동사　주어 동사　　목적어　　　접속사 주어 동사　목적어　목적격 보어
from companies/ in their own industry segment.
　　전명구　　　　전명구

그들이 구매를 할 때는/ 그들은 광범위한 참고 자료들을 기대한다/ 그리고 그들은 더 많은 것이 나오기를 원한다/ 기업들로부터/ 그들 자신의 업계 내의

다음 빈칸에 들어갈 말로 알맞은 것은?   ⏱ 1분 45초

While being an introvert comes with its challenges, it definitely has its advantages as well. For example, an introvert is far less likely to make a mistake in a social situation, such as inadvertently insulting another person whose opinion is not agreeable. An introvert would enjoy reflecting on their thoughts, and thus would be far less likely to suffer from boredom without outside stimulation. The only risk that you will face as an introvert is that people who do not know you may think that you are aloof or that you think you are better than them. If you learn how to open up just a little bit with your opinions and thoughts, you will be able to thrive in both worlds. You can then stay true to your personality without _____.

① deceiving yourself
② being self-occupied
③ contributing to society
④ appearing to be antisocial

| 해석 | 내성적인 사람이라는 것에는 그 자체의 어려움이 있지만, 그것은 또한 분명히 이점도 있다. 예를 들어, 내성적인 사람은 찬성할 수 없는 의견을 가진 다른 사람을 무심코 모욕하는 것과 같은 사회적 상황에서의 실수를 할 가능성이 훨씬 더 적다. 내성적인 사람은 자신의 생각을 숙고하는 것을 즐길 것이고, 이리하여 외부 자극이 없어도 지루함에 시달릴 가능성이 훨씬 더 적을 것이다. 내성적인 사람으로서 당신이 직면할 유일한 위험은 당신을 모르는 사람들은 여러분이 쌀쌀맞다거나 당신이 자신을 그들보다 더 낫다고 생각한다고 여길 수 있다는 것이다. 당신이 자신의 의견 및 사고와 관련하여 약간만 마음을 터놓는 법을 배운다면, 당신은 양쪽 세계 모두에서 잘 지낼 수 있을 것이다. 그러면 당신이 ④ 비사교적으로 보이지 않으면서 자신의 개성에 계속 충실할 수 있다.
① 당신 스스로를 속이기
② 자신의 일만 생각하기
③ 사회에 기여하기
④ 비사교적으로 보이기

| 해설 | ④ 빈칸 앞의 'without'으로 보아 빈칸에는 내성적인 사람의 부정적인 특징에 관련된 내용이 와야 함을 유추할 수 있다. 본문 후반부의 'If you learn ~'은 자신의 의견 및 사고와 관련하여 약간의 마음을 터놓는 법을 배운다면, 양쪽 세계 모두에서 잘 지낼 수 있을 것이라는 문장이므로 빈칸에는 ④의 내용이 와야 글의 흐름에 부합된다.

정답 ④

① While being an introvert/ comes with its challenges,/ it definitely has its advantages/ as well.
접속사 주어(동명사) 목적어 동사 전명구 주어 보어 동사 목적어 부사구

내성적인 사람이라는 것에는/ 그 자체의 어려움이 있지만/ 분명히 이점도 있다/ 또한

introvert 내성적인 사람

*to부정사 부사적 용법

② For example,/ an introvert/ is far less likely/ to make a mistake/ in a social situation,/
접속부사 주어 동사 보어 목적어 전명구

*소유격 관계대명사

such as inadvertently insulting another person/ whose opinion is not agreeable.
전명구 동명사 목적어 명사 동사 부사 보어

예를 들어/ 내성적인 사람은/ 가능성이 훨씬 더 적다/ 실수를 할/ 사회적 상황에서의/ 다른 사람을 무심코 모욕하는
것과 같은/ 찬성할 수 없는 의견을 가진/

inadvertently 무심코,
우연히
insult 모욕하다
agreeable 동의할 수
있는

③ An introvert/ would enjoy reflecting/ on their thoughts,/ and thus/ would be far less likely/
주어 동사 목적어 전명구 등위접속사 부사 동사 보어

to suffer from boredom/ without outside stimulation.
to부정사 부사적 용법 전명구 전명구

내성적인 사람은/ 즐겨 성찰할 것이다/ 자신의 생각을/ 이리하여/ 가능성이 훨씬 더 적을 것이다/ 지루함에 시달릴/
외부 자극이 없어도

boredom 지루함

*목적격 관계대명사 *명사절 접속사 *주격 관계대명사

④ The only risk/ that you will face/ as an introvert/ is that/ people/ who do not know you/
주어 주어 동사 전명구 동사 주어 주어 동사 목적어

*명사절 접속서 *명사절 접속사2 *think 뒤 명사절 접속사 that 생략

may think/ that you are aloof/ or that you think/ you are better/ than them.
동사 주어 동사 보어 등위접속사 주어 동사 주어 동사 보어 전명구

유일한 위험은/ 당신이 직면할/ 내성적인 사람으로서/ ~라는 점이다/ 사람들은/ 당신을 모르는/ 생각할 수 있다/
당신이 쌀쌀맞다거나/ 당신이 생각한다고/ 자신을 더 낫다고/ 그들보다

aloof 냉담한

⑤ If you learn/ how to open up/ just a little bit/ with your opinions and thoughts,/ you will be
접속사 주어 동사 의문사 to부정사 부사구 전명구 주어 동사

able to thrive/ in both worlds.
보어 to부정사 부사적 용법 전명구

당신이 배운다면/ 마음을 터놓는 법을/ 약간만/ 자신의 의견 및 사고와 관련하여/ 당신은 잘 지낼 수 있을 것이다/
양쪽 세계 모두에서

thrive 번창하다

⑥ You can then stay true/ to your personality/ without ④ appearing to be antisocial.
주어 동사 보어 전명구 전명구 동명사 보어

그러면 당신은 계속 충실할 수 있다/ 자신의 개성에/ ④ 비사교적으로 보이지 않으면서

다음 글의 흐름상 가장 어색한 문장은? ⏱ 1분 30초

The Civil Rights movement gained momentum in the 1950s. In 1954 the Supreme Court decided that segregation in schools was against the constitution. In 1955 a black woman, Rosa Parks, was arrested in Montgomery, Alabama because she refused to let a white passenger take her seat. Blacks in the city started boycotting buses. ① This boycott was led by Martin Luther King, who became the leader of the Civil Rights Movement. ② The movement reached its climax in 1963. Over a million people, Whites as well as Blacks took part in a protest demonstration in Washington D.C. In the following year Congress passed the Civil Rights Act. ③ This law banned discrimination in school, public places, jobs and many other fields. ④ During the second half of the 19th century violent groups started to terrorize the Blacks. African Americans received the right to vote and in 1967 Thurgood Marshall became the first Black judge to serve with the Supreme Court.

| 해석 | 민권 운동은 1950년대에 기세를 얻었다. 1954년에 대법원은 학교에서의 차별은 헌법에 위배된다고 판결했다. 1955년에 한 흑인 여성인 Rosa Parks는 백인 승객에게 그녀의 자리를 내어주는 것을 거부했기 때문에 Alabama의 Montgomery에서 체포되었다. 그 도시의 흑인들은 버스 탑승 불매운동을 시작했다. 이 불매운동은 민권 운동의 지도자가 되었던 Martin Luther King에 의해 주도되었다. 그 운동은 1963년에 정점에 다다랐다. 백만 명이 넘도록, 흑인뿐 아니라 백인들도 Washington D.C.에서 열린 항의 시위에 참가했다. 그 다음 해에 국회는 (공)민권법을 통과시켰다. 이 법은 학교, 공공 장소, 직장 그리고 많은 다른 장소들에서의 차별을 금지했다. ④ 19세기 후반 동안, 폭력적 집단들이 흑인들을 위협하기 시작했다. 아프리카계 미국인들은 투표할 권리를 얻었다. 그리고 1967년에는 Thurgood Marshall이 대법원에서 근무하는 첫 흑인 판사가 되었다.

| 해설 | ④ 1950년대를 기점으로 흑인 민권 운동은 기세를 얻기 시작했고 1960년대에는 공민권법이 통과되었으며, 이로 인해 많은 차별들이 법으로 금지되었다고 했다. 또한 흑인들도 투표할 권리를 얻고 첫 흑인 판사가 탄생하는 등 긍정적이 이야기로 마무리되고 있다. 그런데 ④의 문장은 19세기 후반 흑인에 대한 위협 집단의 탄생이라는 부정적인 사실을 다루고 있다. 따라서 글의 흐름상 어색하며 ③의 문장과 마지막 문장을 적절히 연결시켜주고 있지 않다. 또한 19세기 후반은 1800년대 말을 말하므로 시기적으로도 앞 뒤 문장과 연결되지 않는다. 따라서 ④는 흐름상 어색하다.

정답 ④

❶ The Civil Rights movement/ gained momentum/ in the 1950s.
주어　　　　　　　　동사　　목적어　　　전명구

민권 운동은/ 기세를 얻었다/ 1950년대에

momentum 기세

❷ In 1954/ the Supreme Court decided/ that segregation in schools/ was against the
전명구　　　　주어　　　　동사　명사절 접속사　주어　　　전명구　　동사　　보어
constitution.

1954년에/ 대법원은 판결했다/ 학교에서의 차별은/ 헌법에 위배된다고

segregation 차별
constitution 헌법

❸ In 1955/ a black woman,/ Rosa Parks,/ was arrested in Montgomery, Alabama/ because she
전명구　　　주어　　　　명사(동격)　　　동사　　　　　전명구　　　　　　접속사　주어
*to부정사　　　　　*원형부정사
refused/ to let a white passenger take her seat.
동사　　목적어　to부정사 목적어　목적격 보어　목적어

1955년에/ 한 흑인 여성/ Rosa Parks는/ Alabama의 Montgomery에서 체포되었다/ 그녀가 거부했기 때문에/ 백인 승객에게 그녀의 자리를 내어주는 것을

❹ Blacks/ in the city/ started boycotting buses.
주어　　전명구　　　동사　　　목적어　동명사 목적어

흑인들은/ 그 도시의/ 버스 탑승 불매운동을 시작했다

boycott 구매[사용, 참여]
를 거부하다

❺ This boycott/ was led by Martin Luther King,/ who became the leader of the Civil Rights
주어　　　　동사　　　전명구　　　주격 관계대명사 동사　보어　　　　전명구
Movement.

이 불매운동은/ Martin Luther King에 의해 주도되었다/ 민권 운동의 지도자가 되었던

❻ The movement/ reached its climax/ in 1963.
주어　　　　동사　　　목적어　　　전명구

그 운동은/ 정점에 다다랐다/ 1963년에

❼ Over a million people,/ Whites/ as well as Blacks/ took part/ in a protest demonstration/
전명구　　　　　주어　　　전명구　　　동사 목적어　　　전명구
in Washington D.C.
전명구

백만 명이 넘도록/ 백인들도/ 흑인뿐 아니라/ 참가했다/ 항의 시위에/ Washington D.C.에서

protest demonstration
항의 시위

❽ In the following year/ Congress/ passed the Civil Rights Act.
전명구　　　　　주어　　　동사　　　목적어

그 다음 해에/ 국회는/ (공)민권법을 통과시켰다

❾ This law banned discrimination/ in school, public places, jobs and many other fields.
주어　　동사　　목적어　　　　　　전명구

이 법은 차별을 금지했다/ 학교, 공공장소, 직장 그리고 많은 다른 장소들에서

discrimination 차별

❿ ④ During the second half of the 19th century/ violent groups started/ to terrorize the Blacks.
전명구　　　　　　　　　　　전명구　　　　주어　　　동사　　　목적어　to부정사 목적어
*to부정사

④ 19세기 후반 동안/ 폭력적 집단들이 시작했다/ 흑인들을 위협하기

terrorize 위협하다

⓫ African Americans received/ the right to vote/ and in 1967/ Thurgood Marshall/ became
주어　　　　동사　　목적어　　등위접속사　전명구　　　주어　　　동사
*to부정사 형용사적 용법
the first Black judge/ to serve with the Supreme Court.
보어　　　　전명구
*to부정사 형용사적 용법

아프리카계 미국인들은 얻었다/ 투표할 권리를/ 그리고 1967년에는/ Thurgood Marshall이/ 첫 흑인 판사가 되었다/ 대법원에서 근무하는

주어진 문장이 들어갈 위치로 가장 적절한 것은?　　　🕐 1분 45초

A lot of times these sculptures were of themselves or their ancestors.

The Romans admired the Greek culture and arts. After conquering Greece, they brought many Greek artists to Rome to make artworks for them in the Greek fashion. ① The art of Ancient Greece had a great influence on the art of Ancient Rome, including architecture, painting and mosaic work. Especially, among many types of art of Ancient Rome, Roman sculpture played a very important part of the Roman daily life. ② A number of places including public buildings and public parks in Ancient Rome were decorated with sculptures. Of course, Roman sculpture was also heavily influenced by Greek sculpture. ③ In fact, many of the Roman sculptures were just copies of the Greek sculptures. The wealthy Romans decorated their large homes and gardens with sculptures. ④ Popular subjects for sculptures also included gods and goddesses, philosophers, famous athletes, and successful generals. One of the most popular types of sculpture was the bust, which is a sculpture of just the head.

| 해석 | 로마인들은 그리스의 문화와 예술을 동경했다. 그리스를 정복한 후 그들은 그리스 양식으로 그들을 위한 예술 작품을 만들기 위해 많은 그리스 예술가들을 로마로 데려왔다. 고대 그리스의 예술은 건축, 미술과 모자이크 작품을 포함한 고대 로마 예술에 지대한 영향을 끼쳤다. 특히 고대 로마의 다양한 예술 유형 중 로마의 조각상은 로마의 일상생활에서 아주 중요한 역할을 했다. 고대 로마에서 공공 건물, 공공 공원을 포함한 수많은 장소들이 조각상으로 장식되었다. 물론 로마 조각상도 그리스 조각상의 영향을 크게 받았다. 사실, 많은 로마의 조각상은 단지 그리스 조각상을 모방한 것이었다. 부유한 로마인들은 그들의 대저택과 정원을 조각상으로 장식했다. ④ <u>대부분 이 조각상들은 그들 자신 또는 그들의 조상의 상이었다.</u> 인기 있는 조각상의 주제는 또한 신과 여신, 철학자, 유명한 운동선수, 그리고 성공한 장군들을 포함했다. 가장 인기 있는 조각상 유형의 하나는 흉상이었는데, 이것은 머리 조각상이다.

| 해설 | ④ 그리스의 영향을 받은 고대 로마 조각상에 대한 글이다. 주어진 문장의 'these sculptures'는 ④ 앞의 대저택과 정원에 장식된 조각상들을 지칭하며, 'themselves'와 'their ancestors'에서 'their' 역시 ④ 앞의 문장에 나온 'The wealthy Romans'를 지칭한다. 따라서 주어진 문장이 들어가기에 가장 적절한 곳은 ④이다.

정답 ④

❶ The Romans admired/ the Greek culture and arts.
　　　주어　　동사　　　　목적어

로마인들은 동경했다/ 그리스의 문화와 예술을

admire 감탄하다, 존경하다, 탄복하다

❷ After conquering Greece,/ they brought/ many Greek artists/ to Rome/ to make artworks
　　　전명구　목적어　　주어　　동사　　　목적어　　　　전명구　　　to부정사 목적어
　*동명사　　　　　　　　　　　　　　　　　　　　　　　　　　　*to부정사 부사적 용법
for them/ in the Greek fashion.
　전명구　　　　전명구

그리스를 정복한 후/ 그들은 데려왔다/ 많은 그리스 예술가들을/ 로마로/ 그들을 위한 예술 작품을 만들기 위해/ 그리스 양식으로

conquer 정복하다
fashion 방식, 양식

❸ The art of Ancient Greece/ had a great influence/ on the art of Ancient Rome,/
　　　주어　　　전명구　　　동사　　　목적어　　　전명구　　　　전명구
including architecture, painting and mosaic work.
　　　　　　전명구

고대 그리스의 예술은/ 지대한 영향을 끼쳤다/ 고대 로마 예술에/ 건축, 미술과 모자이크 작품을 포함한

ancient 고대의
architecture 건축

❹ Especially,/ among many types of art of Ancient Rome,/ Roman sculpture/ played
　　　부사　　　전명구　　　전명구　　　전명구　　　　　　주어　　　동사
a very important part/ of the Roman daily life.
　　　목적어　　　　　　　전명구

특히/ 고대 로마의 다양한 예술 유형 중/ 로마의 조각상은/ 아주 중요한 역할을 했다/ 로마의 일상생활에서

sculpture 조각, 조각상

❺ A number of places/ including public buildings and public parks/ in Ancient Rome/
　　주어　　전명구　　　　　　전명구　　　　　　　　　　　　전명구
were decorated/ with sculptures.
　　동사　　　　전명구

수많은 장소들이/ 공공 건물, 공공 공원을 포함한/ 고대 로마에서/ 장식되었다/ 조각상으로

decorate 장식하다

❻ Of course,/ Roman sculpture/ was also heavily influenced/ by Greek sculpture.
　　접속부사　　　주어　　　　　동사　　　　　　　　전명구

물론/ 로마 조각상도/ 크게 영향을 받았다/ 그리스 조각상에 의해

heavily 크게, 몹시

❼ In fact,/ many of the Roman sculptures/ were just copies/ of the Greek sculptures.
　접속부사　주어　　　전명구　　　　　　동사　부사　보어　　　전명구

사실/ 많은 로마의 조각상은/ 단지 모방한 것이었다/ 그리스 조각상을

❽ The wealthy Romans/ decorated their large homes and gardens/ with sculptures.
　　주어　　　　동사　　　　　목적어　　　　　　　전명구

부유한 로마인들은/ 그들의 대저택과 정원을 장식했다/ 조각상으로

❾ ④ A lot of times/ these sculptures were/ of themselves or their ancestors.
　　　부사구　　　주어　　동사　　　보어

④ 대부분/ 이 조각상들은 ～이었다/ 그들 자신 또는 그들의 조상의 상

ancestor 조상

❿ Popular subjects for sculptures/ also included/ gods and goddesses, philosophers, famous
　　주어　　　전명구　　　부사　동사　　　목적어
athletes, and successful generals.

인기 있는 조각상의 주제는/ 또한 포함했다/ 신과 여신, 철학자, 유명한 운동선수, 그리고 성공한 장군들을

subject 주제, 대상
athlete 운동[육상] 선수
general 장군

⓫ One/ of the most popular types of sculpture/ was the bust,/ which is a sculpture/ of just the
　주어　　전명구　　　　　　전명구　　　동사　보어　　동사　보어　　전명구
head.
　　　　　　　　　　　　　　　　　　　　　　*주격 관계대명사

하나는/ 가장 인기 있는 조각상 유형의/ 흉상이었는데/ 이것은 조각상이다/ 머리의

bust 흉상

Warm Up 기출문제

다음 글의 내용과 일치하지 <u>않는</u> 것을 고르시오. 2019 지방직 9급   ⏱ 3분

In the nineteenth century, the most respected health and medical experts all insisted that diseases were caused by "miasma," a fancy term for bad air. Western society's system of health was based on this assumption: to prevent diseases, windows were kept open or closed, depending on whether there was more miasma inside or outside the room; it was believed that doctors could not pass along disease because gentlemen did not inhabit quarters with bad air. Then the idea of germs came along. One day, everyone believed that bad air makes you sick. Then, almost overnight, people started realizing there were invisible things called microbes and bacteria that were the real cause of diseases. This new view of disease brought sweeping changes to medicine, as surgeons adopted antiseptics and scientists invented vaccines and antibiotics. But, just as momentously, the idea of germs gave ordinary people the power to influence their own lives. Now, if you wanted to stay healthy, you could wash your hands, boil your water, cook your food thoroughly, and clean cuts and scrapes with iodine.

① In the nineteenth century, opening windows was irrelevant to the density of miasma.
② In the nineteenth century, it was believed that gentlemen did not live in places with bad air.
③ Vaccines were invented after people realized that microbes and bacteria were the real cause of diseases.
④ Cleaning cuts and scrapes could help people to stay healthy.

| 해석 | 19세기에는, 가장 존경 받는 보건의학 전문가들 모두가 질병들은 나쁜 공기를 나타내는 근사한 용어인 "miasma"에 의해 유발된다고 주장했다. 서구 사회의 보건 시스템은 이 가정에 근거했다. 질병을 예방하기 위해서, 방의 안 또는 바깥에 더 많은 miasma가 있는지에 따라 창문들이 열린 채로 혹은 닫힌 채로 유지되었다. 신사들은 나쁜 공기가 있는 주거지에 거주하지 않았기 때문에 의사들은 질병을 옮길 수 없다고 믿어졌다. 그 다음에, 균이라는 개념이 등장했다. 어느 날, 나쁜 공기가 당신을 아프게 한다고 모두가 믿었다. 그러다가, 거의 하룻밤 새, 사람들은 질병의 진짜 원인인 미생물과 박테리아라고 불리는 눈에 보이지 않는 것들이 있다고 깨닫기 시작했다. 질병에 대한 이 새로운 시각은 외과 의사들이 소독제를 사용하고 과학자들이 백신과 항생제를 발명하면서 의약에 전면적인 변화를 가져왔다. 그러나, 그만큼 중요하게도, 균에 대한 생각은 일반인들에게 그를 자신의 삶에 영향을 줄 수 있는 힘을 부여했다. 이제는, 만약 당신이 건강을 유지하길 원한다면, 손을 씻고, 물을 끓이고, 음식을 완전히 익히며, 찰과상을 요오드로 소독한다.
① 19세기에는, 창문을 여는 것은 나쁜 공기의 농도와는 무관했다.
② 19세기에는, 신사들은 나쁜 공기가 있는 곳에서 살지 않는다고 믿어졌다.
③ 사람들이 미생물과 박테리아가 질병의 진짜 원인임을 깨달은 후 백신들이 발명되었다.
④ 찰과상을 소독하는 것은 사람들이 건강을 유지하는 것을 도울 수 있다.

| 해설 | ① 두 번째 문장의 'to prevent diseases, windows were kept open or closed, depending on whether there was more miasma inside or outside the room'으로 보아 창문을 여는 것은 나쁜 공기의 농도와는 무관했다는 내용의 ①은 본문과 일치하지 않는다.

정답 ①

❶ In the nineteenth century,/ the most respected health and medical experts all insisted/ that
　　　　전명구　　　　　　　　　　　주어　　　　　　　　　　　　　　　동사　　접속사

diseases were caused by "miasma",/ a fancy term for bad air.
　주어　　　동사　　　전명구　　동격(=miasma)　　전명구

19세기에는/ 가장 존경 받는 보건의학 전문가들이 모두 주장했다/ 질병들은 "miasma"에 의해 유발된다고/ 나쁜 공기를 나타내는 근사한 용어인

miasma 나쁜 공기[분위기]
fancy 화려한

❷ Western society's system of health/ ⟨was based on⟩ this assumption:/ ⟨to prevent⟩ diseases,/
　　　주어　　　　　　전명구　　　　　　동사　　　　전명구　　　　　목적어
　　　　　　　　　　*base A on B의 수동태　　　　　　*to부정사 부사적 용법

windows were kept open or closed,/ depending on whether there was more miasma inside or
　주어　　　동사　　목적격 보어　　　전치사구　접속사　유도부사 동사　　주어　　　전명구
outside the room;/ ⟨it⟩ was believed/ ⟨that⟩ doctors could not pass along disease/ because
　동사　　*가주어　동사　　*진주어절 이끄는 접속사　주어　조동사　부사　동사　　전명구　　접속사
gentlemen did not inhabit quarters with bad air.
　주어　　조동사부사　동사　　목적어　　전명구

서구 사회의 보건 시스템은/ 이 가정에 근거했다/ 질병을 예방하기 위해서/ 창문들이 열린 채로 혹은 닫힌 채로 유지되었다/ 방의 안 또는 바깥에 더 많은 miasma가 있는지에 따라/ 믿어졌다/ 의사들은 질병을 옮길 수 없다고/ 신사들은 나쁜 공기가 있는 주거지에 거주하지 않았기 때문에

pass along 넘기다, 전달하다
inhabit 살다, 거주하다
quarter 처소, 숙소

❸ Then/ the idea of germs/ came along.
　부사　주어　전명구　　동사　부사

그 다음에/ 균이라는 개념이/ 등장했다

germ 균
come along 나타나다, 생기다

❹ One day,/ everyone believed/ that bad air makes you sick.
　부사구　　주어　　동사　접속사　주어　　동사　목적어 목적격 보어

어느 날/ 모두가 믿었다/ 나쁜 공기가 당신을 아프게 한다고

❺ Then, almost overnight,/ people started realizing/ ⟨there⟩ were invisible things/ called
　부사　　부사구　　　　주어　　동사　　목적어　　유도부사　동사　　주어　　　과거분사
　　　　　　　　　　　　　　　　　　*there 앞 명사절 접속사 that 생략
microbes and bacteria/ that were the real cause of diseases.
　목적격 보어　　　관계대명사 동사　　주격 보어　　　전명구

그러다가, 거의 하룻밤 새/ 사람들은 깨닫기 시작했다/ 눈에 보이지 않는 것들이 있다고/ 미생물과 박테리아라고 불리는/ 질병의 진짜 원인인

microbe 미생물

❻ This new view/ of disease/ brought sweeping changes/ to medicine,/ as surgeons adopted
　주어　　　전명구　　동사　　　목적어　　　전명구　　접속사　주어1　동사1
antiseptics/ and scientists invented vaccines and antibiotics.
　목적어　　접속사　주어2　　동사2　　　　목적어

이 새로운 시각은/ 질병에 대한/ 전면적인 변화를 가져왔다/ 의약에/ 외과 의사들이 소독제를 사용하고/ 과학자들이 백신과 항생제를 발명하면서

sweeping 전면적인, 광범위한
surgeon 외과 의사
antiseptic 소독약
antibiotic 항생제

❼ But,/ just as momentously,/ the idea of germs/ gave ordinary people/ the power/ ⟨to influence⟩
접속사　　부사구　　　　主어　　　전명구　　동사　간접목적어　　직접목적어
　　　　　　　　　　　　　　　　　　　　　　　　　　　*to부정사 형용사적 용법
their own lives.
　목적어

그러나/ 그만큼 중요하게도/ 균에 대한 생각은/ 일반인들에게 부여했다/ 힘을/ 그들 자신의 삶에 영향을 줄 수 있는

momentously 중대하게

❽ Now,/ if you wanted ⟨to stay⟩ healthy,/ you could ⟨wash⟩ your hands,/ ⟨boil⟩ your water,/ ⟨cook⟩
　부사　접속사 주어　동사　　　목적어　　주어　조동사　동사1　목적어　　동사2　목적어　동사3
　　　　　　　*to부정사 명사적 용법　　*동사 병렬구조 A, B, C, and D
your food thoroughly,/ and ⟨clean⟩ cuts and scrapes with iodine.
　목적어　　부사　　　접속사　동사4　　목적어　　　전명구

이제/ 만약 당신이 건강을 유지하길 원한다면/ 당신은 손을 씻고/ 물을 끓이고/ 음식을 완전히 익히며/ 찰과상을 요오드로 소독한다

thoroughly 철저하게, 완전히
cuts and scrapes 찰과상
iodine 요오드

주어진 문장이 들어갈 위치로 가장 적절한 곳을 고르시오. ⏱ 1분 45초

Such indiscriminate and selfish learning cannot be allowed by society; the individual must learn behavior which is specified in the culture as being correct or best.

Music is a specialized branch of learning, at least as it applies to the musician. While we might expect that members of society who take part in singing only as members of a larger group may learn their music through imitation, musicianship, seen as a special skill, usually requires more directed learning. ① It may be added that in any society an individual learns only a small portion of his cultural habits by free trial-and-error, for in this way he would learn only those habits which were most rewarding to him and to him alone. ② Such behavior is, of course, the result of the learning process as carried on by previous generations. ③ Behaviors which are successful have persisted in the form of customs, while those which are unsuccessful have suffered extinction. ④ This accumulation of adaptive habits is passed on to the child; he does not simply learn through imitation how to get along in the world; rather, he is enculturated.

| 해석 | 음악은 학습의 전문적인 한 분야이고, 최소한 음악가에게 그렇게 적용된다. 우리는 오직 더 큰 집단의 구성원으로서 노래 부르기에 참가하는 사회의 구성원들이 모방을 통해 그들의 음악을 배울 것으로 예상할 수도 있지만, 특별한 기술로 간주되는 음악적 기술은 대개 더 통제된 학습을 필요로 한다. 덧붙여 말하지면, 이떤 사회에서는 개인은 자유로운 시행착오 학습을 통해서는 자신의 문화적 습관의 작은 부분만 배우게 되는데, 이러한 방식으로는 그에게, 그리고 그 자신에게만 가장 유익한 그러한 습관만을 배우게 되기 때문이다. ② 이러한 마구잡이식이고 이기적인 학습은 사회에 의해 허용될 수 없으며, 개인은 바르거나 최선이라고 문화에 명시된 행동을 배워야 하는 것이다. 물론 이러한 행동은 이전 세대들에 의해 계속되어 온 학습 과정의 결과이다. 성공적인 행동들은 관습의 형태로 존속해 왔고, 반면에 성공적이지 않은 행동들은 소멸을 겪어 왔다. 적응을 돕는 습관의 이러한 축적은 아이에게 전해지는데, 아이는 세상에서 살아가는 법을 단지 모방을 통해 배우는 것이 아니라, 그보다는 문화에 적응되는 것이다.

| 해설 | ② 주어진 문장의 'Such indiscriminate and selfish learning(이러한 마구잡이식이고 이기적인 학습)'은 ② 앞의 'those habits which were most rewarding to him and to him alone'을 지칭하는 것이므로 주어진 문장이 들어갈 알맞은 자리는 ②이다.

정답 ②

❶ Music is a specialized branch/ of learning,/ at least/ as it applies/ to the musician.
주어　동사　보어　　　전명구　　　전명구 접속사 주어 동사　　전명구

음악은 전문적인 한 분야이다/ 학습의/ 최소한/ 그렇게 적용된다/ 음악가에게

at least 적어도

❷ While we might expect/ that members of society/ who take part in singing/ only as members
접속사 주어　동사　　　접속사　주어　　　전명구　　　타동사 명사　전명구　　부사　　전명구

*주격 관계대명사

take part in ~에 참가하다

of a larger group/ may learn their music/ through imitation,/ musicianship,/ seen as a special
전명구　　　　　동사　　목적어　　　전명구　　　　　주어　　　　　분사구문

*과거분사

skill,/ usually requires more directed learning.
부사　　동사　　목적어

우리가 기대하는 반면에/ 사회의 구성원들이/ 노래에 참여하는/ 오직 더 큰 집단의 구성원으로서/ 그들의 음악을 배울 것이라고/ 모방을 통해/ 음악적 기술은/ 특별한 기술로 간주되는/ 대개 더 통제된 학습을 필요로 한다

❸ It may be added/ that in any society/ an individual learns/ only a small portion of his cultural
가주어　동사　　　진주어　전명구　　　　주어　　　동사　　　목적어　　　　전명구

trial-and-error 시행착오

habits/ by free trial-and-error,/ for in this way/ he would learn/ only those habits/ which
전명구　　전명구　　　접속사　전명구　주어　동사　　　목적어　　　주격 관계대명사

were most rewarding/ to him and to him alone.
동사　　보어　　　　전명구

덧붙여 말하자면/ 어떤 사회에서든/ 개인은 배우게 된다/ 자신의 문화적 습관의 작은 부분만/ 자유로운 시행착오 학습을 통해서는/ 이러한 방식으로는/ 그는 배우게 된다/ 그러한 습관만을/ 가장 유익한/ 그에게 그리고 그 자신에게만

❹ ② Such indiscriminate and selfish learning/ cannot be allowed by society;/ the individual
주어　　　　　　　　　　동사　　　전명구　　　주어

must learn behavior/ which is specified in the culture/ as being correct or best.
동사　　목적어 주격 관계대명사 동사　　전명구　　　전명구　　동명사 보어

② 이러한 마구잡이식이고 이기적인 학습은/ 사회에 의해 허용될 수 없다/ 사람은 행동을 배워야 한다/ 문화에 명시된/ 바르거나 최선이라고

❺ Such behavior is,/ of course,/ the result of the learning process/ as carried on/ by previous
주어　　동사　　접속부사　　　보어　　　　　전명구　　　　　전명구　　　전명구

*as와 carried 사이 동명사 being 생략

previous 이전의

generations.

이러한 행동은 ~이다/ 물론/ 학습 과정의 결과/ 계속되어 온/ 이전 세대들에 의해

❻ Behaviors/ which are successful/ have persisted/ in the form of customs,/ while those/
주어　주격 관계대명사 동사　보어　　　동사　　　전명구　　　전명구　　접속사 주어

persist 계속하다
extinction 멸종, 소멸

which are unsuccessful/ have suffered extinction.
주·관·대 동사　보어　　　동사　　목적어

행동들은/ 성공적인/ 존속해 왔다/ 관습의 형태로/ 반면에 그것들은(행동들은)/ 성공적이지 않은/ 소멸을 겪어 왔다

❼ This accumulation/ of adaptive habits/ is passed on to the child;/ he does not simply learn/
주어　　　　　　전명구　　　　동사　　　전명구　주어　　동사

accumulation 축적
adaptive 적응할 수 있는

through imitation/ how to get along/ in the world;/ rather,/ he is enculturated.
전명구　　　목적어　to부정사　　전명구　　접속부사 주어　동사

이 축적은/ 적응을 돕는 습관의/ 아이에게 전해지는데/ 아이는 단지 배우는 것이 아니다/ 모방을 통해/ 살아가는 법을/ 세상에서/ 그보다는/ 그는 문화에 적응되는 것이다

다음 글의 제목으로 알맞은 것은? ⏱ 1분 30초

The Sun appears more yellow in the morning or late afternoon than it would if you were to observe it at noon (12 PM) when the Sun is the highest in the sky for the day; it's at its brightest and whitest — hard to look at. Because of the Sun's high position at noon, the sunlight has less air to travel through. Less air means less filtering of other colors. Remember: Light appears white because all colors are equally reaching your eyes. So, at noon the Sun appears to be more white, less yellow — closer to the way it really is.

① The Blue Light from the Sun
② The Omen of the Solar System
③ Why Does the Sun Appear Whiter at Noon?
④ Must We Have the Filter of the Color of the Sun?

| 해석 | 아침 또는 늦은 오후에 태양은 더 노랗게 보인다. 만약 당신이 하루 동안 태양이 가장 높이 있을 때인 정오에 그것을 관찰한다면, (정오에) 그럴 것보다 말이다. (이때 그것은 가장 밝고 가장 하얘서 쳐다보기에 힘들다) 정오에는 태양의 높은 위치 때문에 태양빛은 통과할 적은 공기를 가지고 있다. 적은 공기는 다른 색들을 덜 여과하는 것을 의미한다. 기억하라. 모든 색들은 동등하게 당신의 눈에 도달하기 때문에 빛은 하얗게 보인다. 그래서, 정오에는 태양이 그것이 실제로 그런 것과 더 비슷한 노랑보다는 더 하얗게 보인다.
① 태양으로부터의 파란 불빛
② 태양계의 징후
③ 왜 정오에 태양이 더 하얗게 보이는가?
④ 왜 우리는 태양의 색의 필터를 가져야 하는가?

| 해설 | ③ 시점에 따른 태양의 색상에 대해 서술하는 글로, 알맞은 제목은 ③이다. 태양의 흰색만 다룬 제목으로 보일 수 있으나, 제목은 지문의 소재와 독자의 호기심을 끌어내는 것이지 '요지'를 나타내는 것이 아님에 주의하자.

정답 ③

*if + S + were to V ~, S + 조동사/과거형 ~: 가정법 미래

❶ The Sun appears more yellow/ in the morning or late afternoon/ than it would/ if you were
주어   동사   보어   전명구   접속사 주어 동사 접속사 주어 동사

*to부정사 목적어
to observe it/ at noon (12 PM)/ when the Sun is the highest/ in the sky for the day;/ it's
보어   전명구   명사(동격)   접속사 주어 동사   보어   전명구   전명구   주어 동사

at its brightest and whitest/ — hard to look at.
전명구   형용사 to부정사 부사적 용법

태양은 더 노랗게 보인다/ 아침 또는 늦은 오후에/ 그것이 그럴 것보다/ 만약 당신이 그것을 관찰한다면/ 정오에/
태양이 가장 높이 있을 때인/ 하늘에서 하루 동안/ 그것은 가장 밝고 가장 하얗다/ 보기에 힘든

appear ~인 것처럼 보
이다
observe 관찰하다

❷ Because of the Sun's high position/ at noon,/ the sunlight has less air/ to travel through.
전명구   전명구   주어   동사   목적어   to부정사 형용사적 용법

태양의 높은 위치 때문에/ 정오에는/ 태양빛은 적은 공기를 가지고 있다/ 통과할

❸ Less air means/ less filtering of other colors.
주어   동사   목적어   전명구

적은 공기는 의미한다/ 다른 색들을 덜 여과하는 것을

❹ Remember:/ Light appears white/ because all colors are equally reaching your eyes.
동사   주어   동사   보어   접속사   주어   동사   목적어

기억하라/ 빛은 하얗게 보인다/ 모든 색들은 동등하게 당신의 눈에 도달하기 때문에

*the way 뒤 관계부사 생략
❺ So,/ at noon/ the Sun appears to be more white,/ less yellow/ — closer/ to the way/ it really
접속사 전명구   주어   동사   보어 to부정사 보어   보어   보어   전명구   주어 부사

is.
동사

그래서/ 정오에/ 태양이 더 하얗게 보인다/ 노랑보다는/ 더 비슷한/ 방식과/ 그것이 실제로 그런

다음 글의 제목으로 가장 적절한 것은? 🕐 1분 45초

Ambrose Burnside had an impressive resume. First serving as a major general in the Civil War, he went on to become both a senator and governor in Rhode Island. However, his military and political accomplishments are perhaps not what he is most famous for today. Instead, many now associate him first with his popularization of the facial hair style that still bears his name some 150 years later: sideburns. Though Burnside is credited with the popularization of the sideburns hair style, he is far from the first person to have worn the look. Some of the earliest depictions of sideburns go all the way back to ancient times, with statues of Alexander the Great depicting him with sideburns, for example. Burnside may have helped to make sideburns famous because he happened to be particularly proud of his hair style. Although he may not have been the very first man to sport sideburns, and who exactly coined that term and when remains unclear, he was no doubt the man who is responsible for giving this look the legacy it has today.

① Who made sideburns popular
② Why sideburns were liked by many men
③ How Ambrose Burnside got his nickname
④ What Ambrose Burnside's political achievements were

| 해석 | Ambrose Burnside는 인상적인 이력을 가지고 있었다. 먼저 남북전쟁에서 소장으로 근무하던 그는 Rhode Island에서 상원의원과 주지사를 모두 역임했다. 그러나 그의 군사적, 정치적 업적이 오늘날 그를 가장 유명하게 하는 것은 아마 아닐 것이다. 대신에, 오늘날 많은 사람들은 그를 약 150년 후에도 그의 이름을 여전히 지니고 있는 안면 헤어 스타일, 즉 구레나룻의 대중화와 먼저 연결시킨다. 비록 Burnside가 구레나룻 헤어 스타일의 대중화에 공이 있지만, 그는 그 스타일을 최초로 사용한 사람은 결코 아니다. 예를 들어, Alexander 대왕의 동상이 구레나룻을 기른 그의 모습을 묘사하는 것처럼 초기의 어떤 구레나룻의 묘사는 고대로 거슬러 올라간다. Burnside는 그가 특별히 그의 헤어 스타일을 자랑스러워했기 때문에 구레나룻을 유명하게 만드는 데 도움이 되었을지도 모른다. 비록 그가 구레나룻을 애용한 가장 최초의 남자가 아니었을지라도, 또한 누가 그 용어를 언제 만들었는지 불명확하지만, 그는 의심할 여지없이 이 스타일에 오늘날 가지고 있는 명성을 주는 데 일조한 사람이었다.
① 누가 구레나룻을 인기 있게 만들었는가
② 왜 많은 남성들이 구레나룻을 좋아했는가
③ Ambrose Burnside는 어떻게 별명을 얻게 되었는가
④ Ambrose Burnside의 정치적 업적은 무엇이었는가

| 해설 | ① 'sideburns(구렛나룻)'의 대중화에 대한 내용이다. 글 전체적으로 Ambrose Burnside가 이 스타일을 유명하게 만든 사람이었다는 내용이므로, 제목으로 알맞은 것은 ①이다.

정답 ①

① Ambrose Burnside had/ an impressive resume.
　　　　　주어　　　동사　　　　목적어

Ambrose Burnside는 가지고 있었다/ 인상적인 이력을

impressive 인상적인
resume 이력(서)

*both A and B: A와 B 둘 다
② First serving/ as a major general/ in the Civil War,/ he went on to become/ both a senator and
　　부사　 분사구문　　　전명구　　　　　전명구　　　주어　동사　　부사　　　to부정사 보어
governor/ in Rhode Island.
　　　　　　전명구

먼저 근무하던/ 소장으로/ 남북전쟁에서/ 그는 역임했다/ 상원의원과 주지사를 모두/ Rhode Island에서

major general 소장
the Civil War 남북전쟁
senator 상원의원
governor 주지사

*what + 불완전 문장: 명사절(보어)
③ However,/ his military and political accomplishments/ are perhaps not/ what he is most
　　접속부사　　　　　　　　주어　　　　　　　　　　　동사　　　부사　　부사　　　주어 동사　보어
famous for/ today.
　　　　　부사

그러나/ 그의 군사적, 정치적 업적이/ 아마 아닐 것이다/ 그를 가장 유명하게 하는 것은/ 오늘날

accomplishment 업적,
성취

④ Instead,/ many now/ associate him first/ with his popularization/ of the facial hair style/ that
　　접속부사　 주어　부사　　동사　목적어 부사　　　　전명구　　　　　　　　전명구　　　주격 관계대명사
still bears his name/ some 150 years later:/ sideburns.
　　부사　동사　목적어　　　　　부사구　　　　　 명사(동격)

대신에/ 오늘날 많은 사람들은/ 그를 먼저 연결시킨다/ 대중화와/ 안면 헤어 스타일의/ 그의 이름을 여전히 지니고
있는/ 약 150년 후에도/ 즉 구레나룻의

associate A with B A를
B와 연결시키다
popularization 대중화
bear (특정한 이름을) 가
지다[지니다]
sideburns 구레나룻

⑤ Though Burnside is credited/ with the popularization/ of the sideburns hair style,/
　　接속사　　주어　　　동사　　　　　전명구　　　　　　　　전명구
he is far from the first person/ to have worn the look.
주어 동사 보어　　　전명구　　　　to부정사 형용사적 용법 to부정사 목적어

비록 Burnside가 공이 있지만/ 대중화에/ 구레나룻 헤어 스타일의/ 그는 최초의 사람은 결코 아니다/ 그 스타일을
사용한

credit ~을 …의 공이라
고 말하다[믿다]
far from ~와 거리가 먼,
~이 아닌
look 스타일

⑥ Some/ of the earliest depictions of sideburns/ go all the way back/ to ancient times,/
　　주어　　　　전명구　　　　　전명구　　　동사　　　부사구　　　　　전명구
*with 분사구문: with + 목적어 + 현재분사(동시상황) *현재분사
with statues of Alexander the Great/ depicting him/ with sideburns,/ for example.
　　전명구　　　　　전명구　　　　　 현재분사 목적어　전명구　　　접속부사

일부는/ 초기의 구레나룻 묘사의/ 거슬러 올라간다/ 고대로/ Alexander 대왕의 동상이/ 그의 모습을 묘사하며/ 구
레나룻을 기른/ 예를 들어

depiction 묘사
statue 동상
depict 묘사하다

*to부정사 목적격 보어
⑦ Burnside/ may have helped/ to make sideburns famous/ because he happened to be
　　　주어　　　　동사　　　　목적어 to부정사 목적어　　接속사　주어　동사　　보어
particularly proud/ of his hair style.
　　부사　to부정사 보어　　전명구

Burnside는/ 도움이 되었을지도 모른다/ 구레나룻을 유명하게 만드는 데/ 그가 특별히 자랑스러워했기 때문에/ 그
의 헤어 스타일을

happen to (우연히, 마
침) ~하게 되다

*to부정사 형용사적 용법
⑧ Although he may not have been/ the very first man/ to sport sideburns,/
　　接속사　주어　　　동사　　　　　　보어　　　　to부정사 목적어
*의문사　　　　　　　　　　*의문사2
and who exactly coined/ that term/ and when/ remains unclear,/ he was no doubt the man/
등위접속사　부사　동사　　목적어　등위접속사　　　　동사　　보어　주어 동사　부사구　　보어
*주.관.대　　　　　　　　　　　　　　　　　　　　　*legacy 뒤 목적격 관계대명사 생략
who is responsible for giving/ this look the legacy/ it has/ today.
동사　　　보어　　　전명구　　동명사 간접목적어 직접목적어 주어동사　부사

비록 그가 아니었을지라도/ 가장 최초의 남자가/ 구레나룻을 애용한/ 또한 정확히 누가 만들었는지/ 그 용어를/ 그
리고 언제/ 불명확하지만/ 그는 의심할 여지없이 사람이었다/ 주는 데 일조한/ 이 스타일에 명성을/ 그것이 가지고
있는/ 오늘날

sport 자랑스럽게 보이다
[입다]
coin 만들다
term 용어
doubt 의심
legacy 유산

Warm Up 기출문제

다음 글에서 Locke의 주장으로 가장 적절한 것은? 2017 지방직 9급(추가채용)   ⏱ 2분

In Locke's defense of private property, the significant point is what happens when we mix our labor with God's land. We add value to the land by working it; we make fertile what once lay fallow. In this sense, it is our labor that is the source of the value, or the added value, of the land. This value-creating power of my labor makes it right that I own the piece of land which I have made valuable by clearing it, the well I have made full by digging it, the animals I have raised and fattened. With Locke, Homo faber — the man of labor — becomes for the first time in the history of political thought a central rather than peripheral figure. In Locke's world, status and honor still flowed to the aristocrats, who were entitled to vast landholdings but were letting history pass them by precisely because new economic realities were in the process of shifting wealth to a bourgeoisie that actually created value by work. In time, Locke's elevation of the significance of labor was bound to appeal to the rising bourgeoisie.

① Ownership of property comes from labor.
② Labor is the most important ideal to aristocratic society.
③ The accumulation of private property is a source of happiness.
④ A smooth transition to bourgeois society is essential for social progress.

| 해석 | 사유 재산에 관한 Locke의 옹호에서, 주요한 핵심은 우리가 우리의 노동을 신이 주신 토지와 결합할 때 발생하는 것이다. 우리는 토지를 경작함으로써 그 토지에 가치를 부여한다. 즉 우리는 한때 놀고 있던 것을 비옥하게 만든다. 이러한 점에서 토지의 가치의 원천 또는 부가된 가치는 바로 우리의 노동력인 것이다. 나의 노동력이 갖는 이러한 가치 창조적인 힘은 내가 개간함으로써 가치를 부여했던 토지의 일부, 내가 파서 가득 채운 우물, 내가 키우고 살 찌웠던 가축들을 소유하는 것을 정당하게 만든다. Locke로 인해서 Homo faber(노동의 인간)는 최초로 정치 사상사에서 주변적 인물이 아닌 중심 인물이 된다. Locke의 세계에서, 지위와 명예는 여전히 귀족 계급으로 흘러갔고, 그들은 광범위한 토지를 소유할 권리를 부여받았다. 그러나 새로운 경제적인 현실이 노동에 의해 실제로 가치를 창출했던 부르주아 계급으로 부가 이동하는 과정에 있었다는 바로 그 이유 때문에 역사가 그들을 비껴가게끔 했다. 시간이 지난 후에, 노동의 중요성에 대한 Locke의 강조는 떠오르는 부르주아의 관심을 끌 수밖에 없었다.

① 사유 재산의 소유권은 노동으로부터 온다.　　　　② 노동은 귀족 계급 사회에서 가장 중요한 이상이다.
③ 사유 재산의 축적은 행복의 원천이다.　　　　　　④ 자본주의 사회로의 순조로운 전환은 사회 진보를 위해 필수적이다.

| 해설 | ① 첫 문장에 Locke의 주장의 핵심을 밝히고 있으며 이후에 그에 대한 예시와 설명을 하고 있는 글이다. 우리의 노동과 토지를 결합할 때 사유 재산의 소유가 가능해진다는 것이 Locke의 주장이다.

정답 ①

❶ In Locke's defense/ of private property,/ the significant point/ is what happens/ when we mix
　　전명구　　　　　전명구　　　　　　주어　　　　동사 보어　　동사　　접속사 주어 동사
our labor/ with God's land.
　목적어　　　　전명구

Locke의 옹호에서/ 사유재산에 관한/ 주요한 핵심은/ 발생하는 것이다/ 우리가 우리의 노동을 결합할 때/ 신이 주신 토지와

defense 옹호, 방어
significant 중요한, 주요한
labor 노동

❷ We add value/ to the land/ by working it;/ we make fertile/ what once lay fallow.
　주어 동사 목적어　　전명구　　　전명구　　목적어 주어 동사　보어　　목적어　동사 보어

우리는 가치를 부여한다/ 그 토지에/ 그것을 경작함으로써/ 우리는 비옥하게 만든다/ 한때 놓고 있던 것을

fertile 비옥한
fallow 놀리는, 이뤄진 것이 없는

*It ~ that 강조구문
❸ In this sense,/ it is our labor/ that is the source of the value,/ or the added value,/ of the land.
　　전명구　　주어 동사 보어　접속사 동사　보어　　전명구　　접속사　　보어　　　전명구

이러한 점에서/ 우리의 노동력인 것이다/ 가치의 원천인 것은/ 또는 부가된 가치/ 토지의

*가목적어 *진목적어
❹ This value-creating power of my labor/ makes it right/ that I own the piece of land/ which
　　　　　주어　　　　　　　　　전명구　　　동사　보어　　주어 동사 목적어1　전명구　목·관·대
I have made valuable/ by clearing it,/ the well/ I have made full/ by digging it,/
주어　동사　목적격 보어　　전명구　　목적어 목적어2 주어　동사　목적격 보어　전명구　목적어
the animals/ I have raised and fattened.
　목적어3　주어　　동사

이러한 가치 창조적인 힘은/ 나의 노동력의/ 정당하게 만든다/ 내가 토지의 일부를 소유하는 것을/ 내가 가치를 부여했던/ 그것을 개간함으로써/ 우물/ 내가 가득 채운/ 그것을 파냄으로써/ 가축들/ 내가 키우고 살 찌웠던

fatten 살찌우다, 살찌다

❺ With Locke,/ Homo faber — the man of labor —/ becomes/ for the first time/ in the history
　　전명구　　　주어　　　　부연설명　　　　동사　　　전명구　　　　전명구
of political thought/ a central rather than peripheral figure.
　　전명구　　　　주격 보어　부사　　　전명구

Locke로 인해서/ Homo faber, 노동의 인간은/ 된다/ 최초로/ 정치 사상사에서/ 주변적인 인물이 아닌 중심적 인물이

peripheral 주변적인, 지엽적인

❻ In Locke's world,/ status and honor still flowed/ to the aristocrats,/ who were entitled/
　　전명구　　　　주어　　　부사 동사　　전명구　　주·관·대　동사
to vast landholdings/ but were letting history pass them by/ precisely because new economic
　　전명구　　　접속사　동사　　목적어 목적격보어 목적어 부사　　부사　　접속사　　주어
realities were in the process/ of shifting wealth/ to a bourgeoisie/ that actually created value/
　동사　　전명구　　　전명구　　　전명구　　주·관·대 부사　동사　목적어
by work.
　전명구

Locke의 세계에서/ 지위와 명예는 여전히 흘러갔다/ 귀족 계급으로/ 그들은 자격을 부여받았다/ 광범위한 토지에 대한/ 그러나 역사가 그들을 비껴가게끔 했다/ 새로운 경제적인 현실이 과정에 있었다는 바로 그 이유 때문에/ 부르주아 계급으로 부가 이동하는/ 실제로 가치를 창출했던/ 노동에 의해

aristocrat 귀족
landholding 소유하고 있는 토지, 토지 소유(임대)
precisely 바로, 꼭, 정확히
bourgeoisie 중산층, 부르주아

❼ In time,/ Locke's elevation/ of the significance of labor/ was bound to appeal/ to the rising
　전명구　　　주어　　　　전명구　　　전명구　　동사　　보어　　　전명구
bourgeoisie.

시간이 지난 후에/ Locke의 강조는/ 노동의 중요성에 대한/ 관심을 끌 수밖에 없었다/ 떠오르는 부르주아의

elevation 승격, 들어올림
be bound to 틀림없이 ~하다

다음 글의 제목으로 적절한 것은?   ⏱ 1분 45초

All the living organisms share a common environment. The members of a biotic community are usually divided into three major categories: producers, consumers, and decomposers, based on the organisms' nutritional habits. Producers include plants and some forms of bacteria that use solar or chemical energy to convert simple compounds into their food. Consumers obtain the energy they need by eating living plants and animals, or dead plant and animal material. Primary consumers eat plants, while secondary consumers eat other consumers. Consumers that feed on dead plant and animal material are called detrivores. There are two classes of detrivores: detritus feeders and decomposers. Detritus feeders (e.g., crabs, termites, earthworms, vultures) consume dead organisms or organic wastes, while decomposers (fungi and bacteria) feed on dead plant material, converting it into simple inorganic compounds such as carbon dioxide, water, and ammonia. Decomposers are also an important food sources for other consumers (e.g., worms and insects) living in the soil or water.

① The Origin of the Biotic Community
② How to Preserve the Biotic Community
③ Why Living Things Share their Environment?
④ What Are the Components of the Biotic Community?

| 해석 | 모든 살아있는 유기체들은 공통의 환경을 공유한다. 생물 군집의 구성원들은 대개 유기체의 영양학적 습관에 근거하여 생산자, 소비자, 분해자라는 세 가지 주요 범주로 나뉜다. 생산자는 단순한 화합물을 식량으로 변환하기 위해 태양 또는 화학 에너지를 사용하는 식물과 몇몇 형태의 박테리아를 포함한다. 소비자는 살아있는 식물과 동물, 또는 죽은 식물과 동물 물질을 먹음으로써 필요한 에너지를 얻는다. 1차 소비자는 식물을 먹는 반면 2차 소비자는 다른 소비자를 먹는다. 죽은 식물과 동물 물질을 먹고 사는 소비자는 디트리버라고 불린다. 디트리버에는 쓰레기를 먹는 동(식)물과 분해자의 두 종류가 있다. 쓰레기를 먹는 동(식)물(예: 게, 흰개미, 지렁이, 독수리)은 죽은 유기체나 유기 폐기물을 소비하는 반면 분해자(곰팡이류와 박테리아)는 죽은 식물 물질을 먹고 그것을 이산화탄소, 물, 암모니아 같은 단순한 무기 화합물로 바꾼다. 분해자는 또한 토양이나 물에 사는 다른 소비자들(예: 벌레와 곤충)에게 중요한 식량원이다.
① 생물 군집의 기원
② 생물 군집을 보존하는 방법
③ 왜 생물들은 그들의 환경을 공유할까?
④ 생물 군집의 구성요소는 무엇인가?

| 해설 | ④ 해당 지문은 생물 군집에 대해서 서술하고 있다. 지문 전체적으로 생물 군집을 생산자, 소비자, 분해자의 세 가지 주요 범주로 나누어 각각에 대해서 서술하고 있으므로 ④가 글의 제목으로 가장 적절하다.

정답 ④

❶ All the living organisms/ share/ a common environment.
　　　　주어　　　　　　동사　　　목적어

모든 살아있는 유기체들은/ 공유한다/ 공통의 환경을

organism 유기체, 생물

❷ The members/ of a biotic community/ are usually divided/ into three major categories:/
　　　주어　　　전명구　　　　　　동사　　　　　　전명구
producers, consumers, and decomposers,/ based on the organisms' nutritional habits.
　　　　　　명사(나열)　　　　　　　　　　　　과거분사구

구성원들은/ 생물 군집의/ 대개 나뉜다/ 세 가지 주요 범주로/ 생산자, 소비자, 분해자의/ 유기체의 영양학적 습관에 근거하여

biotic community 생물 군집
decomposer 분해자
nutritional 영양상의

　　　　　　　　　　　　　　　　　　　*주격 관계대명사
❸ Producers include/ plants and some forms of bacteria/ that use solar or chemical energy/
　　주어　　동사　　　　목적어　　　　　　　　　　　동사　　　목적어
to convert simple compounds/ into their food.
to부정사 부사적 용법　to부정사 목적어　　　전명구

생산자는 포함한다/ 식물과 몇몇 형태의 박테리아를/ 태양 또는 화학 에너지를 사용하는/ 단순한 화합물을 변환하기 위해/ 식량으로

convert 전환시키다
compound 복합체, 화합물

　　　　　　　　　*the energy 뒤 목적격 관계대명사 생략
❹ Consumers obtain the energy/ they need/ by eating/ living plants and animals, or dead plant
　　주어　　동사　　목적어　　주어　동사　　전명구　　　　　동명사 목적어
and animal material.

소비자는 에너지를 얻는다/ 그들이 필요한/ 먹음으로써/ 살아있는 식물과 동물, 또는 죽은 식물과 동물 물질을

❺ Primary consumers eat plants,/ while secondary consumers eat/ other consumers.
　　　주어　　　　　동사　목적어　접속사　　　주어　　　　　동사　　　목적어

1차 소비자는 식물을 먹는다/ 반면 2차 소비자는 먹는다/ 다른 소비자를

　　　　　　　　*주격 관계대명사
❻ Consumers/ that feed on dead plant and animal materia/ are called detrivores.
　　주어　　　동사　　　　전명구　　　　　　　　　　동사　　　보어

소비자는/ 죽은 식물과 동물 물질을 먹고 사는/ 디트리버라고 불린다

❼ There are two classes of detrivores:/ detritus feeders and decomposers.
유도부사 동사　　주어　　　전명구　　　　　　　　명사(나열)

디트리버에는 두 종류가 있다/ 쓰레기를 먹는 동(식)물과 분해자의

❽ Detritus feeders/ (e.g., crabs, termites, earthworms, vultures)/ consume/ dead organisms or
　　주어　　　　　　　　　명사(나열)　　　　　　　　동사　　　목적어
organic wastes,/ while decomposers/ (fungi and bacteria)/ feed on dead plant material,/
　　　　　　　접속사　　　주어　　　　명사(동격)　　　동사　　　전명구
converting it/ into simple inorganic compounds/ such as carbon dioxide, water, and
분사구문　분사 목적어　　　전명구　　　　　　　　　　　　전명구
ammonia.

쓰레기를 먹는 동(식)물은/ (예: 게, 흰개미, 지렁이, 독수리)은/ 소비한다/ 죽은 유기체나 유기 폐기물을/ 반면 분해자는/ (곰팡이류와 박테리아)/ 죽은 식물 물질을 먹는다/ 그것을 바꾸며/ 단순한 무기 화합물로/ 이산화탄소, 물, 암모니아 같은

termite 흰개미
earthworm 지렁이
vulture 독수리
organic waste 유기 폐기물
fungi fungus(균류, 곰팡이류)의 복수
inorganic 무기물의
carbon dioxide 이산화탄소

❾ Decomposers/ are also an important food sources/ for other consumers/ (e.g. worms and
　　주어　　　동사　부사　　　　보어　　　　　　　전명구　　　　　　전명구
insects)/ living in the soil or water.
　　　현재분사　　　전명구

분해자는/ 또한 중요한 식량원이다/ 다른 소비자들에게/ (예: 벌레와 곤충)/ 토양이나 물에 사는

다음 빈칸에 들어갈 가장 적절한 것은? ⏱ 3분

If you lift up and hold a weight of 2.0 kg, you will notice that it takes some effort. If you add to this weight another 0.05 kg and lift, you may not notice any difference. But if you keep adding weight to the 2.0 kg, you may find that you will only notice the difference when the additional weight is equal to 0.2 kg. The increment threshold for detecting the difference from a 2.0 kg weight is 0.2 kg. The just noticeable difference (jnd) is 0.2 kg. Now start with a 5.0 kg weight. If you add weight to this, you will find that the just noticeable difference is 0.5 kg. It takes 0.5 kg added to the 5.0 kg weight for you to notice an apparent difference. For the weight of magnitude, I, of 2.0 kg, the increment threshold for detecting a difference was a △I (pronounces, delta I) of 0.2 kg. For the weight of magnitude, I = 5.0 kg, the increment threshold △I = 0.5 kg. The ratio of △I/I for both instances _____. This is Weber's Law.

① increases   ② decreases

③ is reversed   ④ is the same

| 해석 | 만약 2kg의 무게추를 들어서 그 상태로 가지고 있다면, 당신은 약간의 힘이 든다는 것을 알아챌 것이다. 만약 이 무게추에 또 다른 0.05kg을 추가해 들어올린다면, 당신은 어떠한 차이도 느끼지 못할지 모른다. 그러나 당신이 (기존의) 2kg에 무게를 계속 더한다면 추가로 하는 무게가 0.2kg와 같을 때만 그 차이를 느낄 수 있다는 것을 알 수 있을 것이다. 2kg의 무게로부터의 차이를 감지하는 증대 역치는 0.2kg이다. 최소 가치 차이(jnd)가 0.2kg인 것이다. 이제 5kg의 무게추로 시작하라. 여기에 무게를 더한다면, 당신은 최소 가치 차이가 0.5kg이라는 것을 알 것이다. 명백한 차이를 인지하려면 5kg에 0.5kg이 추가적으로 든다. 2kg 정도의 무게인 'I에서', 차이를 감지할 수 있는 증대 역치는 0.2kg인 △I이다.(델타 'I'라고 발음한다.) 5kg 정도의 무게인 I에서, 증대 역치, △I는 0.5kg이다. 두 가지 사례에 있어서 △I/I의 비율은 ④ 같다. 이것이 Weber의 법칙이다.

① 증가한다

② 감소한다

③ 뒤바뀐다

④ 같다

| 해설 | ④ 무게가 각각 2kg과 5kg일 때 △I 값은 각각 0.2kg과 0.5kg이므로 △I/I의 값이 모두 같음을 알 수 있다. 즉 △I/I=0.2/2= 0.5/5이므로 비율은 같을 수밖에 없다. 지문에 나온 용어와 수치를 대입하면 정답을 찾을 수 있다.

정답 ④

❶ If you lift up and hold/ a weight of 2.0 kg,/ you will notice/ ~~*명사절 접속사~~ that it takes some effort.
접속사 주어　　동사　　　목적어　　전명구　　주어　동사　　　주어 동사　　목적어

만약 들고 그 상태로 가지고 있다면/ 2kg의 무게추를/ 당신은 알아챌 것이다/ 약간의 힘이 든다는 것을

lift up 들어올리다

❷ If you add to this weight/ another 0.05 kg/ and lift,/ you may not notice/ any difference.
접속사 주어 동사1　전명구　　　목적어　　등위접속사 동사2 주어　　동사　　　목적어

만약 이 무게추에 추가한다면/ 또 다른 0.05kg을/ 그리고 들어올린다면/ 당신은 느끼지 못할지도 모른다/ 어떠한 차이도

❸ ~~*등위접속사~~ But if you keep adding weight/ to the 2.0 kg,/ you may find/ ~~*명사절 접속사~~ that you will only notice
접속사 주어 동사　목적어 동명사 목적어　　전명구　　　주어　동사　　　주어　　동사

the difference/ when the additional weight/ is equal to 0.2 kg.
목적어　　　접속사　　　주어　　　　동사 보어　전명구

그러나 당신이 계속 무게를 더한다면/ (기존의) 2kg에/ 알 수 있을 것이다/ 오직 그 차이를 느낄 수 있음을/ 추가의 무게가/ 0.2kg과 같을 때만

❹ The increment threshold/ for detecting the difference/ from a 2.0 kg weight/ is 0.2 kg.
　　주어　　　　　　　전명구　　　동명사 목적어　　　　전명구　　　동사 보어

그 증대 역치는/ 차이를 감지하는/ 2kg의 무게로부터의/ 0.2kg이다

increment 증대
threshold 역치

❺ The just noticeable difference (jnd)/ is 0.2 kg.
　　　　　주어　　　　　　　　동사 보어

최소 가치 차이(jnd)가/ 0.2kg인 것이다

just noticeable
difference 최소 가치 차이

❻ Now start/ with a 5.0 kg weight.
부사 동사　　　전명구

이제 시작하라/ 5kg의 무게추로

❼ If you add weight to this,/ you will find/ ~~*명사절 접속사~~ that the just noticeable difference/ is 0.5 kg.
접속사 주어 동사 목적어 전명구　주어　동사　　　　　주어　　　　　　　　동사 보어

여기에 무게를 더한다면/ 당신은 알 것이다/ 최소 가치 차이가/ 0.5kg이라는 것을

❽ It takes 0.5 kg/ added to the 5.0 kg weight/ ~~*to부정사 의미상 주어~~ for you/ to notice an apparent difference.
주어 동사　목적어　　과거분사　　　전명구　　　　전명구 to부정사 부사적 용법　to부정사 목적어

0.5kg이 든다/ 5kg짜리 무게추에 추가된/ 당신이/ 명백한 차이를 인지하려면

❾ For the weight of magnitude, I, of 2.0 kg,/ the increment threshold/ for detecting a difference/
전명구　　　전명구 명사(동격) 전명구　　　주어　　　　　전명구　　　동명사 목적어

was a △I (pronounces, delta I)/ of 0.2 kg.
동사　　보어　　　　　　　전명구

2kg 정도의 무게인 I에서/ 증대 역치는/ 차이를 감지하기 위한/ △I(델타 I라고 발음한다)였다/ 0.2kg인

magnitude 크기, 규모

❿ For the weight of magnitude, I = 5.0 kg,/ the increment threshold △I = 0.5 kg.
전명구　　　전명구　　　동격　　　　주어　　　동격(동사) 보어

5kg 정도의 무게인 I에서/ 증대 역치, △I는 0.5kg이다

⓫ The ratio of △I/I/ for both instances/ ④ is the same. This/ is Weber's Law.
주어　　　전명구　　　전명구　　　동사 보어　주어 동사　　보어

△I/I의 비율은/ 두 가지 사례에 있어서/ ④ 같다// 이것이/ Weber의 법칙이다

ratio 비율

다음 글의 내용과 일치하지 <u>않는</u> 것은?　　　　　　　　　🕐 3분

Stockholm syndrome is a psychological phenomenon described in 1973 in which hostages express empathy and sympathy and have positive feelings toward their captors. It can be seen as a form of traumatic bonding, which does not necessarily require a hostage scenario, but which describes "strong emotional ties that develop between two persons where one person intermittently harasses, beats, threatens, abuses, or intimidates the other." One commonly used hypothesis to explain the effect of Stockholm syndrome is based on Freudian theory. It suggests that the bonding is the individual's response to trauma in becoming a victim. Identifying with the aggressor is one way that the ego defends itself. When a victim believes the same values as the aggressor, they cease to be perceived as a threat.

① There were hostages who felt pity for criminals in 1973.
② Freudian theory is generally used to explain the effect of Stockholm syndrome.
③ Once a victim believes the same values as the criminal, a person identifies aggressors with a threat.
④ One of the ways that a victim's ego defends itself is to identify with the aggressor.

| 해석 | 스톡홀름 증후군은 인질들이 납치범을 향해 감정이입과 동정심을 표현하고 긍정적인 느낌을 갖는 1973년에 설명된 심리학 현상이다. 이것은 트라우마적 유대의 형식의 하나로 보여질 수 있는데 반드시 인질의 시나리오를 요구하는 것은 아니다. 그러나 "한 사람이 다른 한 사람을 간헐적으로 괴롭히고, 때리고, 위협하고, 학대하고 또는 협박하는, 두 사람 사이에서 발전하는 강력한 감정적 속박"을 묘사한다. 스톡홀름 증후군의 효과를 설명하는 흔하게 사용되는 하나의 가설은 프로이트 이론에 기초한다. 그것은 그 유대는 피해자가 됨에 있어서 트라우마에 대한 개인의 반응이라고 시사한다. 범인과 동일시하는 것은 자아가 스스로를 방어하는 하나의 방법이다. 피해자가 공격자와 같은 가치들을 믿게 될 때, 그들은 위협으로 인식되는 것을 멈춘다.
① 1973년에 범죄자들에게 동정심을 느낀 인질들이 있었다.
② 프로이트 이론은 스톡홀름 증후군의 효과를 설명하기 위해 일반적으로 이용된다.
③ 일단, 피해자가 범죄자와 같은 가치를 믿게 되면, 사람은 공격자를 위협과 동일시한다.
④ 희생자의 자아가 스스로를 방어하는 방법들 중 하나는 공격자와 동일시하는 것이다.

| 해설 | ③ 글 후반부에 희생자가 범죄자와 같은 가치를 믿게 되면, 위협을 '인식하는 것을 멈춘다'라고 제시하고 있으므로 '공격자를 위협으로 인식한다'는 것은 본문의 내용과 일치하지 않는다.

정답 ③

❶ Stockholm syndrome/ is a psychological phenomenon/ described in 1973/ in which
　　주어　　　　　　　　동사　　　　　　보어　　　　　　　과거분사　전명구
*전치사＋관계대명사

hostages express empathy and sympathy/ and have positive feelings/ toward their captors.
　주어　동사1　　　목적어　　　　등위접속사동사2　　목적어　　　　　전명구

스톡홀름 증후군은/ 심리학 현상이다/ 1973년에 설명된/ 인질들이 감정이입과 동정심을 표현하는/ 그리고 긍정적인 느낌을 갖는/ 그들의 납치범을 향해서

hostage 인질
empathy 감정이입
captor 납치범

❷ It can be seen/ as a form of traumatic bonding,/ which does not necessarily require a hostage
주어　동사　　전명구　　　　전명구　　　　　　　　　　동사　　　　　　　목적어
*주격 관계대명사

scenario,/ but which describes/ "strong emotional ties/ that develop between two persons/
　　　　등위접속사　동사　　　　목적어　　주격 관계대명사 동사　　　전명구
*주격 관계대명사

where one person intermittently harasses, beats, threatens, abuses, or intimidates the other."
관계부사　주어　　　부사　　　　　　　　동사　　　　　　　　　　　목적어

이것은 보여질 수 있다/ 트라우마적 유대의 형식의 하나로/ 그것이 반드시 인질의 시나리오를 요구하는 것은 아니다/ 그러나 그것은 묘사한다/ "강력한 감정적 유대를/ 두 사람 사이에서 발전하는/ 한 사람이 다른 한 사람을 간헐적으로 괴롭히고, 때리고, 위협하고, 학대하고 또는 협박하는"

traumatic 외상성의, 큰 충격을 준
intermittently 간헐적으로
harass 괴롭히다
intimidate 위협하다

❸ One commonly used hypothesis/ to explain the effect of Stockholm syndrome/ is based
　　　　　　주어　　　　　　b부정사 형용사적 용법 b부정사 목적어　　　전명구　　　　동사
on Freudian theory.
　　전명구

흔하게 사용되는 하나의 가설은/ 스톡홀름 증후군의 효과를 설명하는/ 프로이트 이론에 기초한다

hypothesis 가설
Freudian 프로이트의, 프로이트 학설의

❹ It suggests/ that the bonding is the individual's response to trauma/ in becoming a victim.
주어 동사 명사질 집속사 주어　　동사　　　보어　　　　진명구　　　전명구　　동명사 목적어

그것은 시사한다/ 그 유대는 트라우마에 대한 개인의 반응이다/ 피해자가 됨에 있어서

❺ Identifying with the aggressor/ is one way/ that the ego defends itself.
　　주어　　　　전명구　　　　동사　보어　관계부사 주어　동사　목적어

범인과 동일시하는 것은/ 하나의 방법이다/ 자아가 스스로를 방어하는

identify with ~와 동일시하다

❻ When a victim believes the same values as the aggressor,/ they cease to be perceived/
接속사　주어　　동사　　　목적어　　　　전명구　　　　주어　동사　　목적어
as a threat.
　전명구

피해지가 공격지와 같은 가치들을 믿게 될 때/ 그것들은 인식되는 것을 멈춘다/ 위협으로

Warm Up 기출문제

밑줄 친 (A), (B)에 들어갈 말로 가장 적절한 것은? 2020 국가직 9급   ⏱ 2분 30초

When an organism is alive, it takes in carbon dioxide from the air around it. Most of that carbon dioxide is made of carbon-12, but a tiny portion consists of carbon-14. So the living organism always contains a very small amount of radioactive carbon, carbon-14. A detector next to the living organism would record radiation given off by the carbon-14 in the organism. When the organism dies, it no longer takes in carbon dioxide. No new carbon-14 is added, and the old carbon-14 slowly decays into nitrogen. The amount of carbon-14 slowly ____(A)____ as time goes on. Over time, less and less radiation from carbon-14 is produced. The amount of carbon-14 radiation detected for an organism is a measure, therefore, of how long the organism has been ____(B)____. This method of determining the age of an organism is called carbon-14 dating. The decay of carbon-14 allows archaeologists to find the age of once-living materials. Measuring the amount of radiation remaining indicates the approximate age.

	(A)	(B)		(A)	(B)
①	decreases	dead	②	increases	alive
③	decreases	productive	④	increases	inactive

| 해석 | 유기체가 살아있을 때, 그것은 주변의 공기로부터 이산화탄소를 흡수한다. 그 이산화탄소 중 대부분은 carbon-12로 이루어져 있으나, 적은 부분은 carbon-14로 구성되어 있다. 따라서 살아있는 유기체는 늘 매우 적은 양의 방사성 탄소인 carbon-14를 함유하고 있다. 살아있는 유기체 옆의 검출기는 유기체 내에서 carbon-14에 의해 방출되는 방사선을 기록할 것이다. 그 유기체가 죽으면, 그것은 더 이상 이산화탄소를 흡수하지 않는다. 새로운 carbon-14가 추가되지 않으며, 기존의 carbon-14는 서서히 질소로 붕괴한다. 시간이 지남에 따라 carbon-14의 양은 서서히 (A) 감소한다. 시간이 흐르며, carbon-14로부터 점점 더 적은 방사선이 생산된다. 그러므로, 유기체 때문에 검출된 carbon-14의 양은 그 유기체가 얼마나 오래 (B) 죽어있었는지에 대한 측정이다. 유기체의 연대를 확인하는 이 방법은 방사성 탄소 연대측정이라 불린다. carbon-14의 붕괴는 고고학자들이 한때 살아있었던 물질들의 연대를 알아내도록 해준다. 남아있는 방사선의 양을 측정하는 것은 대략적인 연대를 나타낸다.

① 감소한다 – 죽은   ② 증가한다 – 살아있는
③ 감소한다 – 생산적인   ④ 증가한다 – 활동하지 않는

| 해설 | ① (A)에는 빈칸 이전 문장을 통해 carbon-14의 양이 점점 줄어든다는 것을 알 수 있으므로, 'decreases'가 알맞다. (B)에는 유기체의 연대 측정에 대한 내용이므로 'dead'가 적절하다.

정답 ①

❶ *부사절 이끄는 접속사
When an organism is alive,/ it takes in carbon dioxide/ from the air/ around it.
　　주어　　 동사　 주격 보어 주어　 동사　　 목적어　　　　　 전명구　　 전명구

유기체가 살아있을 때/ 그것은 이산화탄소를 흡수한다/ 공기로부터/ 그 주변의

organism 유기체, 생물
carbon dioxide 이산화
탄소

❷ Most of that carbon dioxide/ is made of carbon-12,/ but a tiny portion/ consists of carbon-14.
　　　　　 주어　　　　　　　 동사　　 전명구　　 접속사　　 주어　　　 동사　　 전명구

그 이산화탄소 중 대부분은/ carbon-12로 이루어져 있다/ 그러나 적은 부분은/ carbon-14로 구성되어 있다

❸ So the living organism/ always contains/ a very small amount of radioactive carbon,/ carbon-14.
접속사　　 주어　　　　 부사　　 동사　　　　　 목적어　　　　　　　 전명구　　　　　　　 동격의 명사구

따라서 살아있는 유기체는/ 늘 함유한다/ 매우 적은 양의 방사성 탄소인/ carbon-14를

radioactive carbon 방
사성 탄소

❹ A detector/ next to the living organism/ would record radiation/ given off by the carbon-14/
　 주어　　 형용사　　 전명구　　　　　　　 동사　　　 목적어　 과거분사 부사　　 전명구
in the organism.
　 전명구

검출기는/ 살아있는 유기체 옆의/ 방사선을 기록할 것이다/ carbon-14에 의해 방출되는/ 유기체 내에서

detector 검출기, 탐지기
radiation 방사선
give off (냄새·열·빛
등을) 내다[발하다], 분출
하다

❺ *부사절 이끄는 접속사
When the organism dies,/ it no longer/ takes in carbon dioxide.
　　　　 주어　　　 동사　 주어 부사구　 동사　　 목적어

그 유기체가 죽으면/ 그것은 더 이상/ 이산화탄소를 흡수하지 않는다

❻ No new carbon-14 is added,/ and the old carbon-14/ slowly decays into nitrogen.
　　　 주어　　　　 동사　 접속사　　　 주어　　　　 부사　 동사　　 전명구

새로운 carbon-14가 추가되지 않는다/ 그리고 기존의 carbon-14는/ 서서히 질소로 붕괴한다

nitrogen 질소

❼ *부사절 이끄는 접속사
The amount of carbon-14/ slowly (A) decreases/ as time goes on.
　 주어　　 전명구　　　 부사　　　 동사　　　 주어 동사 부사

carbon-14의 양은/ 서서히 (A) 감소한다/ 시간이 지남에 따라

❽ Over time,/ less and less radiation/ from carbon-14/ is produced. The amount of carbon-14
　 부사구　　　　 주어　　　　　　 전명구　　　　 동사　　　 주어　　　 전명구
radiation/ detected for an organism/ is a measure,/ therefore,/ of how long the organism
　　　　　 과거분사　　 전명구　　　 동사 주격 보어　　 부사　 전치사 의문부사 부사　 주어
has been (B) dead.
　동사　　　 주격 보어

시간이 흐르며/ 점점 더 적은 방사선이/ carbon-14로부터/ 생산된다// carbon-14의 양은/ 유기체 때문에 검출된/
측정이다/ 그러므로/ 그 유기체가 얼마나 오래 (B) 죽어있었는지에 대한

detect 감지하다, 탐지하다

❾ This method/ of determining the age/ of an organism/ is called carbon-14 dating.
　 주어　　　 전명구　　 동명사 목적어　 전명구　　 동사　　 목적격 보어

이 방법은/ 연대를 확인하는/ 유기체의/ 방사성 탄소 연대측정이라 불린다

❿ The decay of carbon-14/ allows archaeologists/ to find the age/ of once-living materials.
　 주어　　 전명구　　　 동사　 목적어　　 목적격 보어　　 전명구

carbon-14의 붕괴는/ 고고학자들이 가능하게 한다/ 연대를 알아내는 것을/ 한때 살아 있었던 물질들의

archaeologist 고고학자

⓫ Measuring the amount/ of radiation remaining/ indicates the approximate age.
　　 주어　　　 전명구　　　 동사　　 목적어

양을 측정하는 것은/ 남아있는 방사선의/ 대략적인 연대를 나타낸다

approximate 대략의

다음 글의 내용과 일치하는 것은?　　　　🕐 1분 45초

　　Tolstoy is considered one of the giants of Russian literature; his works include the novels *War and Peace* and *Anna Karenina* and novellas such as *Hadji Murad* and *The Death of Ivan Ilyich*. Tolstoy's earliest works, the autobiographical novels *Childhood*, *Boyhood*, and *Youth*, tell of a rich landowner's son and his slow realization of the chasm between himself and his peasants. Though he later rejected them as sentimental, a great deal of Tolstoy's own life is revealed. They retain their relevance as accounts of the universal story of growing up. Tolstoy served as a second lieutenant in an artillery regiment during the Crimean War, recounted in his *Sevastopol Sketches*. His experiences in battle helped stir his subsequent pacifism and gave him material for realistic depiction of the horrors of war in his later work. His fiction consistently attempts to convey realistically the Russian society in which he lived. *The Cossacks* describes the Cossack life and people through a story of a Russian aristocrat in love with a Cossack girl.

① Tolstoy is the most popular writer in Russia.

② Tolstoy tried to tell about a utopian society in his novels.

③ We can know what Tolstoy's life was like through his works.

④ Tolstoy volunteered for military service to write *Sevastopol Sketches*.

| 해석 | Tolstoy는 러시아 문학의 거인 중 하나로 여겨진다. 그의 작품으로는 소설 「전쟁과 평화」, 「안나 카레리나」와 「하드지 무라드」, 「이반 일리히의 죽음」과 같은 중편 소설들이 있다. Tolstoy의 초창기 작품인 자전적 소설들 「유년시대」, 「소년시대」, 그리고 「청년시대」는 부유한 지주의 아들이 그의 소작농들과 자신의 격차를 서서히 깨닫는 이야기를 담고 있다. 나중에 그는 그것들을 감상적이라며 거부했지만, Tolstoy 자신의 많은 삶이 드러난다. 그들은 성장하는 것에 대한 보편적인 이야기의 설명으로서 그들의 타당성을 유지한다. Tolstoy는 자신의 「세바스토폴 스케치」에서 서술된 크림 전쟁 당시 포병 연대 소위로 복무했다. 전투에서의 그의 경험은 그의 차후의 평화주의를 자극하는 데 도움이 되었고, 그의 후기 작품에서 전쟁의 참상을 사실적으로 묘사할 수 있는 자료를 그에게 주었다. 그의 소설은 끊임없이 그가 살았던 러시아 사회를 사실적으로 전달하려고 시도한다. 「코사스」는 코삭 소녀를 사랑한 러시아 귀족의 이야기를 통해 코삭의 삶과 사람들을 묘사한다.

① Tolstoy는 러시아에서 가장 인기 있는 작가이다.

② Tolstoy는 그의 소설에서 이상적인 사회에 대해서 말하기 위해 노력했다.

③ 우리는 Tolstoy의 작품을 통해서 그의 삶이 어떠했는지 알 수 있다.

④ Tolstoy는 「세바스토폴 스케치」를 쓰기 위해 군에 자원입대했다.

| 해설 | ③ Tolstoy(톨스토이)의 작품과 그 배경에 대해서 서술하고 있다. 「유년시대」, 「소년시대」, 「청년시대」에서는 자신의 많은 삶이 드러나고 있으며, 그의 전투에서의 경험은 후기 작품에 녹아있다는 등의 내용이 나온다. 따라서 ③이 글의 내용과 일치한다.

정답 ③

❶ Tolstoy is considered/ one of the giants of Russian literature;/ his works include/ the novels/
주어　　　동사　　　보어　　　　전명구　　　　　　전명구　　　　　주어　　　동사　　　목적어1

War and Peace and *Anna Karenina*/ and novellas such as *Hadji Murad* and *The Death of*
명사(동격)　　　　　　　등위접속사　목적어2　　　　　　전명구

Ivan Ilyich.

Tolstoy는 여겨진다/ 러시아 문학의 거인 중 하나로/ 그의 작품으로는 ~이 있다/ 소설들 「전쟁과 평화」, 「안나 카레
리나」/ 그리고 중편 소설들/ 「하드지 무라드」, 「이반 일리히의 죽음」과 같은

literature 문학
novella 중편 소설

❷ Tolstoy's earliest works,/ the autobiographical novels/ *Childhood, Boyhood,* and *Youth,*/ tell/
주어　　　　　　　　　명사(동격)　　　　　　　　　　명사(동격)　　　　　　　동사

of a rich landowner's son and his slow realization/ of the chasm/ between himself and his
전명구　　　　　　　　　　　　　　전명구　　　　　전명구

peasants.

Tolstoy의 초창기 작품인/ 자전적 소설들인 「유년시대」, 「소년시대」, 그리고 「청년시대」는/ 말한다/ 부유한 지주의
아들과 그의 느린 자각에 대해/ 격차에 대한/ 그 자신과 그의 소작농들 사이의

autobiographical
novel 자전적 소설
chasm 차이
peasant 소작농

❸ Though/ he later/ rejected them as sentimental,/ a great deal of Tolstoy's own life/
접속사　주어　부사　　동사　　목적어　　목적격 보어　　　주어　　　　　　전명구

is revealed.
동사

~이긴 하지만/ 나중에 그는/ 그것들을 감상적이라며 거부했다/ Tolstoy 자신의 많은 삶이/ 드러난다

❹ They retain their relevance/ as accounts of the universal story/ of growing up.
주어　동사　　목적어　　　　　전명구　　　　　　전명구　　　　　전명구

그들은 그들의 타당성을 유지한다/ 보편적인 이야기의 설명으로서/ 성장하는 것에 대한

retain 유지하다, 간직하다
relevance 타당성

❺ Tolstoy served/ as a second lieutenant/ in an artillery regiment/ during the Crimean War,/
주어　동사　　　전명구　　　　　　전명구　　　　　　전명구

recounted in his *Sevastopol Sketches.*
과거분사　　　전명구

Tolstoy는 복무했다/ 소위로/ 포병 연대에서/ 크림 전쟁 당시/ 자신의 「세바스토폴 스케치」에서 서술된

second lieutenant 소위
artillery 대포, 포병대
regiment 연대
recount (특히 자기가 경
험한 것에 대해) 이야기
하다
stir 젓다, 동요시키다
subsequent 차후의
pacifism 평화주의
depiction 묘사, 서술

*help는 목적어로 원형부정사를 취할 수 있음

❻ His experiences/ in battle/ helped stir/ his subsequent pacifism/ and gave him material/
주어　　　전명구　　동사1 목적어　　목적어　　　등위접속사 동사2 간접목적어 직접목적어

for realistic depiction/ of the horrors of war/ in his later work.
전명구　　　　　전명구　　　전명구　　　전명구

그의 경험은/ 전투에서의/ 자극하는 데 도움이 되었다/ 그의 차후의 평화주의를/ 그리고 자료를 그에게 주었다/ 사
실적 묘사를 위한/ 전쟁의 참상에 대한/ 그의 후기 작품에서

❼ His fiction/ consistently attempts/ to convey realistically the Russian society/ in which
주어　　　부사　　　동사　　　목적어　　　부사　　　　to부정사 목적어　　전치사 관계대명사

he lived.
주어 동사

그의 소설은/ 끊임없이 시도한다/ 러시아 사회를 사실적으로 전달하려고/ 그가 살았던

❽ *The Cossacks*/ describes the Cossack life and people/ through a story of a Russian aristocrat/
주어　　　　　동사　　　　　목적어　　　　　　　전명구　　　　　　전명구

in love with a Cossack girl.
전명구　　　　전명구

「코삭스」는/ 코삭의 삶과 사람들을 묘사한다/ 러시아 귀족의 이야기를 통해/ 코삭 소녀를 사랑한

aristocrat 귀족

다음 빈칸에 알맞은 것은? ⏱ 2분

In a new report in Current Directions in Psychological Science, a journal of the Association for Psychological Science, psychologist Lawrence Rosenblum describes research examining how our different senses blend together to help us perceive speech. We receive a lot of our speech information via visual cues, such as lip-reading, and this type of visual speech occurs throughout all cultures. _____(A)_____, it is not just information from lips — when someone is speaking to us, we will also note movements of the teeth, tongue and other non-mouth facial features. _____(B)_____, it's likely that human speech perception has evolved to integrate many senses together. Put in another way, speech is not meant to be just heard, but also to be seen.

	(A)	(B)
①	Instead	For example
②	After all	Moreover
③	Futhermore	In fact
④	However	Therefore

| 해석 | 심리과학협회의 학술지인 '심리과학의 최신 방향'에서의 새로운 발표에서 심리학자 Lawrence Rosenblum은 우리가 말을 인식하는 것을 돕기 위해 어떻게 우리의 다른 감각들이 함께 섞이는지를 조사하는 연구를 기술하고 있다. 우리는 입술 읽기와 같은 시각적 단서를 통해 많은 우리의 언어적 정보를 받는다. 그리고 이 시각적인 말의 유형은 모든 문화에서 전반적으로 발생한다. (A) 그러나, 누군가 우리에게 말할 때 그것은 단지 입술을 통한 정보가 아니다. 우리는 또한 이, 혀, 그리고 입이 아닌 다른 얼굴 특성의 움직임을 주목할 것이다. (B) 그러므로, 인간의 말의 인식은 많은 감각들을 함께 통합하도록 진화해왔을 것이다. 다른 말로, 말은 단지 청취되는 것만을 의미하는 것이 아니라 보여지는 것 또한 의미한다.
① 대신에 – 예를 들이
② 결국 – 게다가
③ 게다가 – 사실은
④ 그러나 – 그러므로

| 해설 | ④ (A) 앞 문장에서는 'lip-reading'을 통해 정보를 습득한다고 제시하였으나, 이후에 'it is not just information from lips'라고 했으므로 (A)에는 역접의 접속사가 알맞다. (B) 앞에서 'movements of the teeth, tongue and other non-mouth facial features'라고 제시하고 이후에 'integrate many senses together' 즉, 많은 감각을 통합한다고 하고 있다. 따라서 앞서서 원인을 제시하고 이후 결과를 제시했으므로 (B)에는 'Therefore'가 가장 자연스럽다.

정답 ④

어휘 check

❶ In a new report/ in Current Directions in Psychological Science,/ a journal of the Association
　전명구　　　　　　　　　　전명구　　　　　　　　　　명사(동격)　　　전명구

for Psychological Science,/ psychologist Lawrence Rosenblum describes research/ examining
　　　전명구　　　　　　　　　　주어　　　　명사(동격)　　　　동사　　목적어　　현재분사

*의문사＋주어＋동사: 간접의문문　　　　　　　*to부정사 부사적 용법
how our different senses blend together/ to help us perceive speech.
의문사　　　주어　　　동사　　부사　　　목적어 목적격 보어　목적어

새로운 보고에서/ '심리과학의 최신 방향'에서의/ 심리과학협회의 학술지인/ 심리학자 Lawrence Rosenblum은 연
구를 기술한다/ 어떻게 우리의 다른 감각들은 함께 섞이는지를 조사하는/ 우리가 말을 인식하는 것을 돕기 위해

psychological science
심리과학
describe 묘사하다

❷ We receive a lot of our speech information/ via visual cues,/ such as lip-reading,/ and
주어　동사　　　　목적어　　　　　　전명구　　　　　전명구　　　등위접속사

this type of visual speech/ occurs throughout all cultures.
주어　　전명구　　　　동사　　　전명구

우리는 많은 우리의 언어적 정보를 받는다/ 시각적 단서를 통해/ 입술 읽기와 같은/ 그리고 이 시각적인 말의 유형
은/ 모든 문화에서 전반적으로 발생한다

cue 신호, 단서
occur 발생하다

*not just[only] A ~ (but) also B: A뿐만 아니라 B도
❸ (A) However,/ it is not just information from lips/ — when someone is speaking to us,/ we
접속부사　주어동사부사　보어　　전명구　　접속사　　주어　　　동사　　전명구　주어

will also note/ movements of the teeth, tongue and other non-mouth facial features.
동사　　목적어　　　　　　　전명구

(A) 그러나 그것은 단지 입술을 통한 정보뿐만 아니라/ 누군가 우리에게 말할 때/ 우리는 또한 주목할 것이다/ 이,
혀, 그리고 입이 아닌 다른 얼굴 특성의 움직임을

*가주어　　*진주어
❹ (B) Therefore,/ it's likely/ that human speech perception has evolved/ to integrate
접속부사　동사 보어 명사절 접속사　　주어　　　　　동사　　to부정사 부사적 용법

many senses together.
to부정사 목적어　부사

(B) 그러므로/ ~일 것이다/ 인간의 말의 인식은 진화해왔다/ 많은 감각들을 함께 통합하도록

integrate 통합하다

*not (only) A but also B: A뿐만 아니라 B도
❺ Put in another way,/ speech is not meant to be just heard,/ but also to be seen.
분사구문　　전명구　　주어　　동사　　보어1　등위접속사 부사　보어2

다른 말로/ 말은 단지 청취되는 것만을 의미하는 것이 아니라/ 보여지는 것 또한 (의미한다)

다음 빈칸에 들어갈 가장 적절한 것은?

🕐 2분 30초

Perhaps the most important single step in the whole history of writing was the Sumerians' introduction of phonetic representation, initially by writing an abstract noun (which could not be readily drawn as a picture) by means of the sign for a depictable noun that had the same phonetic pronunciation. For instance, it's easy to draw a recognizable picture of arrow, hard to draw a recognizable picture of life, but both are pronounced ti in Sumerian, so a picture of an arrow came to mean either arrow or life. The resulting _____ was resolved by the addition of a silent sign called a determinative, to indicate the category of nouns to which the intended object belonged. Linguists term this decisive innovation, which also underlies puns today, the rebus principle.

① precision
② depiction
③ falsehood
④ ambiguity

| 해석 | 아마도 글을 쓰는 전체 역사에 걸쳐 가장 중요한 첫 걸음은 수메르 인들의 음성 표현의 도입이었을 것이다. 처음에는 동일한 음성 발음을 가진 그림으로 묘사할 수 있는 명사에 대한 부호를 써서 (그림으로 쉽게 그려질 수 없는) 추상명사를 씀으로써 말이다. 예를 들어, 화살로 인식할 수 있는 그림을 그리기는 쉽고 삶으로 인식할 수 있는 그림은 그리기 어렵다. 그러나 두 가지 모두 수메르 어에서 ti로 발음된다. 그렇기에 화살 그림은 화살 또는 삶 둘 중 하나를 의미하게 된다. 그 결과로 초래된 ④ 다의성은 의도된 대상이 속하는 명사의 범주를 가리키기 위해서 한정사라고 불리는 소리 없는 부호의 추가에 의해 해결되었다. 언어학자들은 이것을 결정적인 혁신이라고 부르며, 또한 이것은 오늘날 말장난인 리버스 원리의 기원이 된다.
① 정확성
② 묘사, 설명
③ 거짓, 허언
④ 다의성, 모호함

| 해설 | ④ 수메르 어에서 '화살'을 가리키는 단어의 발음이 ti인데, 이것은 '삶'을 의미하는 단어와도 발음이 같다. 이러한 결과로 초래된 것이 바로 '한 단어나 문장이 두 가지 이상의 뜻을 지님'을 의미하는 다의성이므로 정답은 ④이다.

정답 ④

❶ Perhaps the most important single step/ in the whole history of writing/ was the Sumerians'
부사　　　　　주어　　　　　　　　　　　전명구　　　　　전명구　　　동사　　　　보어

introduction of phonetic representation,/ initially by writing an abstract noun/ (which could
　　　　전명구　　　　　　　　　　부사　　전명구　　동명사 목적어　주격 관계대명사 동사

not be readily drawn as a picture)/ by means of the sign for a depictable noun/
　　　　　　　　　전명구　　　전명구　　　전명구　　　　전명구

that had the same phonetic pronunciation.
주·관·대 동사　　　　　목적어

아마도 가장 중요한 첫 걸음은/ 글을 쓰는 전체 역사에 걸쳐/ 수메르 인들의 음성 표현의 도입이었을 것이다/ 처음
에는 추상명사를 씀으로써/ (그림으로 쉽게 그려질 수 없는)/ 그림으로 묘사할 수 있는 명사에 대한 부호를 써서/ 동
일한 음성 발음을 가지는

phonetic 음성의, 음성학의
representation 표시, 설명
depictable 설명할 수 있는
pronunciation 발음

❷ For instance,/ it's easy to draw a recognizable picture of arrow,/ hard to draw a recognizable
접속부사　　　　 *가주어 *진주어　　　　　　목적어　　　　　전명구　　　보어2　　　목적어
　　　　　　　　동사 보어1　　　　　　　　　　　　　　　　　　　　*진주어

picture of life,/ but both are pronounced ti in Sumerian,/ so a picture of an arrow/ came
　　전명구 등위접속사 주어　　 동사　　　보어 전명구　등위접속사　　　주어　　　　　동사

to mean/ either arrow or life.
보어　　 to부정사 목적어
*either A or B: A 또는 B (둘 중 하나)

예를 들어/ 화살로 인식할 수 있는 그림을 그리기는 쉽고/ 삶으로 인식할 수 있는 그림은 그리기 어렵다/ 그러나 두
가지 모두 수메르 어에서 ti로 발음된다/ 그렇기에 화살 그림은/ 의미하게 되었다/ 화살 또는 삶 둘 중 하나를

recognizable 인식 가능
한, 분간이 가는

❸ The resulting ④ ambiguity was resolved/ by the addition of a silent sign/ called
　　　　주어　　　　　　동사　　　　전명구　　　　　전명구　　　 과거분사
　　　　　　　　　　*to부정사 형용사격 용법　　　　*전치사+관계대명사

a determinative,/ to indicate the category of nouns/ to which the intended object belonged.
　　보어　　　　 to부정사 목적어　　전명구　　　　　주어　　　　　동사

그 결과로 초래된 ④ 다의성은 해결되었다/ 소리 없는 부호의 추가에 의해/ 한정사라고 불리는/ 명사의 범주를 가
리키기 위한/ 의도된 대상이 속하는

ambiguity 다의성, 모호
함, 불명확함
determinative 한정사,
결정인자

❹ Linguists term this/ decisive innovation,/ which also underlies puns today,
　　주어　 동사 목적어　　목적격 보어　　 주·관·대 부사　　동사　　목적어　 부사

the rebus principle.
　 명사(동격)

언어학자들은 이것을 부른다/ 결정적인 혁신이라고/ 또한 이것은 오늘날 말장난인 리버스 원리의 기원이 된다

term (특정한 이름·용어
로) 칭하다
underlie ~의 기저를 이
루다
rebus 수수께끼, 상징화
문장

Warm Up 기출문제

밑줄 친 부분에 들어갈 말로 가장 적절한 것을 고르시오. 2021 국가직 9급   ⏱ 2분

Social media, magazines and shop windows bombard people daily with things to buy, and British consumers are buying more clothes and shoes than ever before. Online shopping means it is easy for customers to buy without thinking, while major brands offer such cheap clothes that they can be treated like disposable items — worn two or three times and then thrown away. In Britain, the average person spends more than £1,000 on new clothes a year, which is around four percent of their income. That might not sound like much, but that figure hides two far more worrying trends for society and for the environment. First, a lot of that consumer spending is via credit cards. British people currently owe approximately £670 per adult to credit card companies. That's 66 percent of the average wardrobe budget. Also, not only are people spending money they don't have, they're using it to buy things _____. Britain throws away 300,000 tons of clothing a year, most of which goes into landfill sites.

① they don't need
② that are daily necessities
③ that will be soon recycled
④ they can hand down to others

| 해석 | 소셜 미디어, 잡지, 그리고 진열장은 매일 사람들에게 살 것을 퍼붓고 영국 소비자들은 그 어느 때보다 더 많은 옷과 신발을 사고 있다. 온라인 쇼핑은 소비자들이 생각하지 않고 사는 것이 쉬운 동시에, 주요 브랜드들은 두세 번 입고 버려지는 일회용품처럼 취급될 수 있는 매우 저렴한 옷들을 제공한다는 것을 의미한다. 영국에서, 보통 사람이 1년에 1천 파운드 이상을 새 옷 구매에 지출하는데, 이것은 그들 수입의 약 4퍼센트이다. 그것은 많은 것처럼 들리지 않을지도 모르지만, 그 수치는 사회와 환경에 있어서 두 가지 훨씬 더 걱정스러운 추세를 숨기고 있다. 첫째, 그 소비자 지출의 다수가 신용카드를 통한 것이다. 영국인들은 현재 성인 1인 당 약 670파운드를 신용카드 회사에 빚지고 있다. 그것은 평균적인 의류 예산의 66퍼센트이다. 또한, 사람들은 그들이 소지하지 않은 돈을 사용할 뿐만 아니라, 그들은 그것을 ① 그들이 필요하지 않은 것들을 사기 위해 사용하고 있다. 영국은 연간 30만 톤의 옷을 버리는데, 그것들 중 대부분은 쓰레기 매립지로 보내진다.

① 그들이 필요하지 않은
② 일상 필수품인
③ 곧 재활용 될
④ 그들이 다른 사람에게 물려줄 수 있는

| 해설 | ① 영국인 의류 소비 행태로 인해 대두되는 첫 번째 문제점인 신용카드 남용과 더불어 또 다른 문제점이 빈칸에 제시되어야 한다. 선택지 중 ① 은 환경 문제를 야기할 수 있는 것으로 빈칸에 알맞다.

정답 ①

✎ 구문독해 연습노트에서 직접 분석해보세요. ▶ p.22

❶ Social media, magazines and shop windows/ bombard people/ daily/ with things to buy,/ and
　　주어　　　　　　　　　　　　　　　　　　동사　목적어　　부사　　전치구　　　　　　접속사
*to부정사 형용사적 용법

British consumers/ are buying more clothes and shoes/ than ever before.
　　주어　　　　　　동사　　　　　목적어　　　　　　　　부사구

소셜 미디어, 잡지, 그리고 진열장은/ 사람들에게 퍼붓는다/ 매일/ 살 것들을/ 그리고 영국 소비자들은/ 더 많은 옷과 신발을 사고 있다/ 그 어느 때보다

bombard 퍼붓다[쏟아붓다]

❷ Online shopping means/ it is easy for customers to buy/ without thinking,/ while major
　　주어　　　　　　동사　　동사 주격 보어　　　　　　　　　　전명구　　　　접속사　주어
*가주어(it 앞 명사절 접속사 that 생략)
*의미상 주어　*진주어

brands/ offer such cheap clothes/ that they can be treated/ like disposable items/
동사　　　목적어　　　　접속사 주어　　동사　　　　　전명구
*such ~ that … 너무 ~해서 결국 …하다

— worn two or three times/ and then thrown away.
　　과거분사구1　　　접속사 부사　　과거분사구2

온라인 쇼핑은 의미한다/ 소비자들이 구매하는 것은 쉽다/ 생각하지 않고/ 동시에 주요 브랜드들은/ 매우 저렴한 옷을 제공해서/ 그것들은 취급될 수 있다/ 일회용품처럼/ 두세 번 입고/ 버려지는

disposable 사용 후 버릴 수 있는, 일회용의

❸ In Britain,/ the average person/ spends more than £1,000/ on new clothes/ a year,/ which is
　전명구　　　　주어　　　　　동사　　목적어　　　　　　전명구　　　　부사　주·관·대 동사

around four percent/ of their income.
　　보어　　　　　　전명구

영국에서/ 보통 사람은/ 1천 파운드 이상을 소비한다/ 새 옷에/ 1년에/ 이것은 약 4퍼센트이다/ 그들의 수입의

❹ That might not sound like much,/ but that figure hides/ two far more worrying trends/
주어　　　동사　　　전명구　　　접속사　주어　　동사　　　　목적어

for society and for the environment.
　전명구　　접속사　　전명구

그것은 많은 것처럼 들리지 않을지도 모른다/ 그러나 그 수치는 숨기고 있다/ 훨씬 더 걱정스러운 두 가지 추세를/ 사회와 환경에 있어

figure 수치

❺ First,/ a lot of that consumer spending/ is via credit cards.
부사　　　　主어　　　　　　　　동사　전명구

첫째/ 그 소비자 지출의 다수는/ 신용카드를 통한 것이다

via (특정한 사람 · 시스템 등을) 통하여

❻ British people currently owe/ approximately £670/ per adult/ to credit card companies.
주어　　　　부사　동사　　　목적어　　　　　전명구　　　전명구

영국인들은 현재 빚지고 있다/ 약 670파운드를/ 1인당/ 신용카드 회사에

approximately 약, 대략

❼ That's 66 percent/ of the average wardrobe budget.
주어 동사 주격 보어　　　전명구

그것은 66퍼센트이다/ 평균적인 의류 예산의

wardrobe 의류

❽ Also,/ not only are people spending money/ they don't have,/
부사　　부사　　동사　주어　　현재분사　　목적어　　주어　동사
*they 앞 목적격 관계대명사 생략

they're using it/ to buy things/ ① they don't need.
주어　　동사　목적어 to부정사 부사적 용법　주어　동사
*they 앞 접속사 but 생략　　　*they 앞 목적격 관계대명사 생략

또한/ 사람들은 돈을 사용할 뿐만 아니라/ 그들이 소지하지 않은/ 그들은 그것을 사용하고 있다/ 물건들을 사기 위해서/ ① 그들이 필요하지 않은

❾ Britain/ throws away/ 300,000 tons of clothing/ a year,/ most of which goes/ into landfill
주어　　　동사　　　목적어　　　　　전명구　　　부사　　주어　　　동사　　전명구
*전치사 + 관계대명사

sites.

영국은/ 버린다/ 30만 톤의 옷을/ 연간/ 그것들 중 대부분은 간다/ 쓰레기 매립지로

landfill 쓰레기 매립지

주어진 문장이 들어갈 자리로 알맞은 곳을 고르시오. ⏱ 1분 45초

> But by and large, the photograph was a challenge to painting and was one cause of painting's moving away from direct representation and reproduction to the abstract painting of the twentieth century.

When photography came along in the nineteenth century, painting was put in crisis. ① The photograph, it seemed, did the work of imitating nature better than the painter ever could. ② Some painters made practical use of the invention. ③ There were Impressionist painters who used a photograph in place of the model or landscape they were painting. ④ Since photographs did such a good job of representing things as they existed in the world, painters were freed to look inward and represent things as they were in their imagination, rendering emotion in the color, volume, line, and spatial configurations native to the painter's art.

| 해석 | 사진술이 19세기에 나타났을 때, 회화는 위기에 처했다. 사진은 여태까지 회기기 할 수 있었던 것보다 자연을 모방하는 일을 더 잘하는 깃처럼 보였다. 몇몇 화가들은 그 발명품을 실용적으로 이용했다. 자신들이 그리고 있는 모델이나 풍경 대신에 사진을 사용하는 인상파 화가들이 있었다. ④ 하지만 대체로, 사진은 회화에 대한 도전이었고 회화가 직접적인 표현과 복제로부터 멀어져 20세기의 추상 회화로 이동해가는 한 가지 원인이었다. 사진은 사물을 세상에 존재하는 대로 아주 잘 표현했기 때문에, 화가들은 내면을 보고 자신들의 상상 속에서 존재하는 대로 사물을 표현할 수 있게 되어, 화가의 그림에 고유한 색, 양감, 선, 그리고 공간적 배치로 감정을 그 화가에게 고유한 것이 되게 했다.

| 해설 | ④ 주어진 문장에 'But'이 있으므로 전의 내용과 반대되는 내용인 것을 알 수 있다. 주어진 문장은 사진이 회화에 대한 도전이었다는 내용이므로 사진과 회화가 도전이 아닌 상황이 주어진 문장 전에 언급되어야 함을 유추할 수 있다. 그림 대신 사진을 사용하는 인상파 화가들이 있었다는 내용의 ④ 앞의 문장이 이와 일맥상통하는 내용이므로 주어진 문장은 ④에 들어가야 문맥상 적절하다.

정답 ④

❶ When photography came along/ in the nineteenth century,/ painting was put in crisis.
　　접속사　　　주어　　　동사　　부사　　　　　전명구　　　　　　주어　　　동사　　　전명구

사진술이 나타났을 때/ 19세기에/ 회화는 위기에 처했다

❷ The photograph,/ it seemed,/ did the work of imitating nature better/ than the painter ever
　　　주어　　　　삽입절　　동사　목적어　　　전명구　　　부사　　접속사　　주어　　부사
could.
동사

사진은/ (~처럼) 보였다/ 자연을 모방하는 일을 더 잘했다/ 여태까지 화가가 할 수 있었던 것보다

❸ Some painters/ made practical use/ of the invention.
　　　주어　　　　　동사　　　목적어　　　　전명구

몇몇 화가들은/ 실용적으로 이용했다/ 그 발명품을

*주격 관계대명사
❹ There were Impressionist painters/ who used a photograph/ in place of the model or
　유도부사　동사　　　　주어　　　　　동사　　　목적어　　　　　전명구　　　　　전명구
　　　　　*they 앞 목적격 관계대명사 생략
landscape/ they were painting.
　　주어　　　　동사

impressionist 인상파

인상파 화가들이 있었다/ 사진을 사용하는/ 모델이나 풍경 대신에/ 자신들이 그리고 있는

❺ ④ But by and large,/ the photograph/ was a challenge to painting/ and was one cause/
　등위접속사　　부사구　　　　주어　　　　동사1　　보어　　　전명구　등위접속사 동사2　　보어
　　　*동명사 moving의 의미상 주어
of painting's moving away/ from direct representation and reproduction/
전명구　　　　동명사　　　　　　　　　　전명구
to the abstract painting/ of the twentieth century.
　　　전명구　　　　　　　　전명구

by and large 대체로
representation 표현,
묘사
abstract 추상적인

④ 하지만 대체로/ 사진은/ 회화에 대한 도전이었다/ 그리고 한 가지 원인이었다/ 회화가 이동해 가는/ 직접적인 표현과 복제로부터 멀어져/ 추상 회화로/ 20세기의

❻ Since photographs/ did such a good job of representing things/ as they existed in the world,/
　접속사　　주어　　　동사　　　목적어　　　　　전명구　　　동명사 목적어 접속사 주어 동사　　　전명구
　　　　　　　　　*to부정사 보어　　　　*represent 앞 to 생략
painters/ were freed to look inward/ and represent things/ as they were in their imagination,/
　주어　　　동사　　보어1　　부사　등위접속사 보어2　목적어 접속사 주어 동사　　　전명구
　　　　　　　　　　　　　　　　　　　　　　　　　　　*native 앞 주격 관계대명사＋be동사 생략
rendering emotion/ in the color, volume, line, and spatial configurations/ native
　분사구문　목적어　　　　　　　　전명구　　　　　　　　　　　　　　목적격 보어
to the painter's art.
　　　전명구

render (어떤 상태가 되게)
만들다
spatial 공간의
configuration 배열, 배치

사진은/ 아주 잘 표현했기 때문에/ 그것들이 세상에 존재하는 대로/ 화가들은/ 내면을 보고/ 사물을 표현할 수 있게 되어/ 자신들의 상상 속에서 존재하는 대로/ 감정을 되게 했다/ 색, 양감, 선, 그리고 공간적 배치로/ 그 화가에게 고유한 것이

다음 글의 제목으로 가장 적절한 것은? ⏱ 2분

　　Jet lag is a physiological condition which results from alterations to the body's circadian rhythms resulting from rapid long-distance transmeridian (east-west or west-east) travel on high-speed aircraft. When travelling across a number of time zones, the body clock (circadian rhythm) will be out of synchronization with the destination time, as it experiences daylight and darkness contrary to the rhythms to which it has grown accustomed. The body's natural pattern is upset, as the rhythms that dictate times for eating, sleeping, hormone regulation, body temperature variations and other functions no longer correspond to the environment nor to each other in some cases. To the degree that the body cannot immediately realign these rhythms, it is jet lagged.

① The Origin of Jet Lag
② Method to Manage Jet Lag
③ Mental Health Implication of Jet Lag
④ What Is Jet Lag and Why Do You Get It?

| 해석 | 시차증은 고속의 비행기에서 빠른 자오선을 넘는(동-서 또는 서-동) 장거리의 여행으로 생긴 신체의 24시간 주기 리듬의 변화로부터 기인한 생리학적인 상태이다. 많은 시간대를 가로지르는 여행을 할 때, 신체 시계(24시간 주기 리듬)는 익숙해져 있던 리듬과 반대인 햇빛과 어둠을 경험하면서 목적지 시간과 조화를 이루지 못할 것이다. 신체의 자연 패턴은 먹는 시간, 자는 시간, 호르몬 조절 시간, 신체 온도 변화 시간 그리고 다른 기능의 시간들을 좌우하는 리듬이 특정 경우들에 있어서 더 이상 그 환경과 서로에게 반응하지 않기 때문에 엉망진창이 된다. 신체가 즉각적으로 이러한 리듬을 재편성할 수 없는 정도로 시차적응이 잘 안 되는 것이다.
　　① 시차증의 기원
　　② 시차증을 다루는 방법
　　③ 시차증의 정신 건강 영향
　　④ 시차증은 무엇이고 왜 걸리는가?

| 해설 | ④ 이 글은 시차증에 대한 정의 및 설명과 함께 그 원인에 대해서 설명하고 있다. 따라서 정답은 ④이며, 다른 선택지들은 지문에서 모두 언급되지 않았으므로 대체적으로 쉬운 문항에 속한다.
　　③ 'Mental Health Implication of Jet Lag'를 답으로 선택한 경우는 추론의 오류에 해당된다. 'Jet Lag'가 '정신 건강'에 영향을 미친다는 어떠한 근거도 없는 내용이므로 이에 주의해야 한다.

정답 ④

❶ Jet lag is a physiological condition/ which results from alterations/ to the body's circadian
　　주어　동사　　　　　　　보어　　　주격 관계대명사 동사　　　　전명구　　　　　　　전명구
rhythms/ resulting from rapid long-distance transmeridian (east-west or west-east) travel/
　　　　　현재분사　　　　　　　　　　　　전명구
on high-speed aircraft.
　　전명구

시차증은 생리학적인 상태이다/ 변화로부터 기인한/ 신체의 24시간 주기 리듬의/ 빠른 자오선을 넘는(동 ―서 또는
서― 동) 장거리 여행으로 생긴/ 고속의 비행기에서

physiological 생리학적인
circadian (대략 24시간
주기로 회귀하는 규칙적
인) 생물학적 주기의
transmeridian (동서로) 자
오선을 넘은(= meridian)

*When과 travelling 사이 주어(일반인 지칭) + be동사 생략
❷ When travelling across a number of time zones,/ the body clock (circadian rhythm)/ will be
　　접속사　현재분사　　　　　　　전명구　　　　　　　　　주어　　　　　　　　동사
out of synchronization/ with the destination time,/ as it experiences daylight and darkness/
　　　　전명구　　　　　　　　　전명구　　　　接속사 주어　동사　　　목적어
contrary to the rhythms/ to which it has grown accustomed.
　　　전명구　　　　　전치사 관계대명사 주어　동사　　보어

많은 시간대를 가로지르는 여행을 할 때/ 신체 시계(24시간 주기 리듬)는/ 조화를 이루지 못할 것이다/ 목적지 시간
과/ 햇빛과 어둠을 경험하면서/ 리듬과 반대인/ 그것이 익숙해져 있던

synchronization 동시에
하기

❸ The body's natural pattern is upset,/ as the rhythms/ that dictate times/
　　　　주어　　　　　　　동사　보어　접속사　　주어　주격 관계대명사 동사 목적어
for eating, sleeping, hormone regulation, body temperature variations and other functions/
　　　　　　　　　　　　　　　전명구
no longer correspond/ to the environment nor to each other/ in some cases.
　부사　　　　동사　　　　　전명구　　　　接속사　　전명구　　　　전명구

신체의 자연 패턴은 엉망진창이 되다/ 리듬이 ～하므로/ 시간들을 좌우하는/ 먹기, 자기, 호르몬 조절, 신체 온도 변
화 및 다른 기능들을 위한/ 더 이상 반응하지 않는다/ 그 환경과 서로에게/ 특정 경우들에 있어서

dictate ～을 좌우하다
variation 변화
correspond 일치하다

❹ To the degree that/ the body cannot immediately realign these rhythms,/ it is jet lagged.
　　전명구　　관계부사　주어　　　　　동사　　　　　　　　목적어　　　　주어　동사

～하는 정도까지/ 신체가 즉각적으로 이러한 리듬을 재편성할 수 없는/ 시차 적응이 잘 안 되는 것이다

realign 조정하다, 재편
성하다

다음 글의 내용과 일치하는 것은?   3분

Did you know that sharks, just like other fish, have scales, too? But unlike other fish their scales are called dermal denticles, which translate into "small skin teeth." These special scales have several functions that help sharks go about their lives in the ocean. Probably the most obvious function is that these thick, hard scales are used to protect a shark's skin. Sharks can encounter things in the ocean that can scrape them like coral reefs, rocky areas and marine litter like leftover fishing gear. Their tooth-like scales ensure that it's not easy to scratch a shark. Their scales also serve as their first line of defense against parasites. Sharks encounter parasitic worms, leeches, mites, barnacles, sea-lice and many others. These parasites can attach to the eyes, gills, mouth, stomach, heart, brain, and of course, the skin. It's been hypothesized that the scales of sharks serve as a barrier between sharks and these parasites. The ridges on shark scales also help channel water flow towards or away from different parts of the body.

① Parasites can penetrate sharks' skin to attack them.
② Sharks don't have scales but they have denticles like other fish.
③ Denticles stop water flow in the ocean to help sharks move their body freely.
④ Sharks' scales are so strong that sharks can protect their skins from others in the ocean.

| 해석 | 당신은 다른 물고기와 마찬가지로 상어도 비늘이 있다는 것을 알고 있었는가? 그러나 다른 물고기들과는 달리 그들의 비늘은 피부의 작은 이라고 불리는데, 이것들은 "작은 피부의 치아"라고 번역된다. 이 특별한 비늘에는 상어가 바다에서의 삶을 살아가는 데 도움이 되는 몇 가지 기능이 있다. 아마 가장 명백한 기능은 이 두껍고 딱딱한 비늘이 상어의 피부를 보호하는 데 사용된다는 것이다. 상어들은 바다에서 산호초, 암석 지역, 남은 낚시 도구의 잔재와 같은 해양 쓰레기처럼 그들을 긁을 수 있는 것들을 접할 수 있다. 그들의 이빨 모양의 비늘은 상어를 긁는 것이 쉽지 않게 해준다. 그들의 비늘은 또한 기생충에 대항하는 그들의 방어 제1선으로서의 역할을 한다. 상어들은 기생충, 거머리, 진드기, 따개비, 바다 이 및 다른 많은 것들을 만난다. 이 기생충들은 눈, 아가미, 입, 위, 심장, 뇌, 그리고 물론 피부에 붙을 수 있다. 상어의 비늘이 상어와 이 기생충들 사이에서 방어벽으로서의 역할을 한다는 가설이 세워졌다. 상어 비늘에서 길쭉하게 솟은 부분은 또한 물이 신체의 다른 부분을 향하거나 멀어져 수로의 물이 흐르도록 돕는다.
① 기생충들은 상어들을 공격하기 위해 그들의 피부를 뚫을 수 있다.
② 상어들은 비늘을 가지고 있지 않지만 다른 물고기들처럼 피부의 작은 이빨들을 가지고 있다.
③ 피부의 작은 이빨들은 상어가 그들의 몸을 자유롭게 움직이는 것을 돕기 위해 바다에서 물의 흐름을 막는다.
④ 상어의 비늘들은 매우 강해서 상어들은 바다에서 다른 것들로부터 그들의 피부를 보호할 수 있다.

| 해설 | ④ 네 번째, 다섯 번째, 여섯 번째 문장에서는 두껍고 딱딱한 이빨 모양의 상어 비늘은 상어들이 그들을 긁을 수 있는 바다의 것들로부터 쉽게 긁히지 않도록 돕는다고 했다. 따라서 ④가 글의 내용과 일치한다.
① 글의 후반부 'It's been hypothesized ~ these parasites.'에서 상어의 비늘이 상어와 기생충 사이의 방어벽으로써의 역할을 한다는 가설이 세워졌다고 했으므로 기생충들이 상어의 피부를 뚫는다는 것은 일치하지 않는다.
② 첫 문장에서 상어는 다른 물고기들과 마찬가지로 비늘을 가지고 있는데, 다른 물고기들과 달리 그 비늘이 피부의 작은 이빨이라고 했다.
③ 마지막 문장인 'The ridges ~ of the body.'에서 상어의 비늘은 물이 신체의 다른 부분쪽으로 혹은 멀리 흐르도록 돕는다고 했는데, 이는 물의 흐름을 막는다는 내용이 아니므로 일치하지 않는다.

정답 ④

① Did you know/ that sharks,/ just like other fish,/ have scales, too?
조동사 주어 동사 명사절 접속사 주어 부사 전명구 동사 목적어 부사

당신은 알고 있었는가/ 상어가/ 다른 물고기와 마찬가지로/ 역시 비늘이 있다는 것을

② But unlike other fish/ their scales/ are called dermal denticles,/ which translate into "small skin teeth."
등위접속사 전명구 주어 동사 보어 주격 관계대명사 동사 전명구

그러나 다른 물고기들과는 달리/ 그들의 비늘은/ 피부의 작은 이 라고 불린다/ 이것들은 "작은 피부의 치아"라고 번역된다

dermal 피부의
denticle 작은 이, 이 모양의 돌기

③ These special scales/ have several functions/ *주격 관계대명사 that help sharks/ go about their lives/ in the ocean.
주어 동사 목적어 동사 목적어 목적격 보어 목적어 전명구

이 특별한 비늘에는/ 몇 가지 기능이 있다/ 상어를 돕는/ 삶을 살아가도록/ 바다에서

go about 계속 ~을 하다

④ Probably the most obvious function is/ that these thick, hard scales are used/ *to부정사 부사적 용법 to protect
부사 주어 동사 명사절 접속사 주어 동사

a shark's skin.
목적어

아마 가장 명백한 기능은 ~이다/ 이 두껍고 딱딱한 비늘이 사용된다/ 상어의 피부를 보호하는 데

⑤ Sharks can encounter things/ in the ocean/ that can scrape them/ like coral reefs, rocky areas
주어 동사 목적어 전명구 주격 관계대명사 동사 목적어 전명구

and marine litter/ like leftover fishing gear.
전명구

상어들은 어떤 것들을 접할 수 있다/ 바다에서/ 그들을 긁을 수 있는/ 산호초, 암석 지역 그리고 해양 쓰레기처럼/ 남은 낚시 도구의 잔재와 같은

encounter 접하다, 만나다
scrape 긁다, 찰과상을 내다
coral reef 산호초
marine 바다의

⑥ Their tooth-like scales ensure/ *명사절 접속사 *가주어 that it's not easy *진주어 to scratch a shark.
주어 동사 동사 부사 보어 목적어

그들의 이빨 모양의 비늘은 해준다/ 상어를 긁는 것이 쉽지 않게

scratch 긁다

⑦ Their scales also serve/ as their first line of defense/ against parasites.
주어 부사 동사 전명구 전명구 전명구

그들의 비늘은 또한 역할을 한다/ 그들의 방어 제1선으로서/ 기생충에 대항하여

first-line of defense 방벽 제1선, 일선의 방어
parasite 기생동물

⑧ Sharks encounter/ parasitic worms, leeches, mites, barnacles, sea-lice and many others.
주어 동사 목적어

상어들은 만난다/ 기생충, 거머리, 진드기, 따개비, 바다 이 및 다른 많은 것들을

parasitic 기생하는
leech 거머리
mite 진드기
barnacle 따개비
sea-lice 바다 이

⑨ These parasites can attach/ to the eyes, gills, mouth, stomach, heart, brain, and of course, the skin.
주어 동사 전명구

이 기생충들은 붙을 수 있다/ 눈, 아가미, 입, 위, 심장, 뇌, 그리고 물론 피부에

⑩ *가주어 It's been hypothesized/ *진주어 that the scales of sharks serve as a barrier/ between sharks and these
동사 명사절 접속사 주어 전명구 동사 전명구 전명구

parasites.

가설이 세워졌다/ 상어의 비늘이 방어벽으로서의 역할을 한다는/ 상어와 이 기생충들 사이에서

hypothesize 가설을 세우다

⑪ The ridges on shark scales/ also help channel water flow/ towards or away from different
주어 전명구 부사 동사 목적어 목적격 보어 전명구

parts of the body.
전명구

상어 비늘에서 길쭉하게 솟은 부분은/ 또한 수로의 물이 흐르도록 돕는다/ 신체의 다른 부분들을 향하거나 혹은 다른 부분들에서 멀어지게

ridge 길쭉하게 솟은 부분

DAY 13

Warm Up 기출문제

다음 글의 제목으로 가장 적절한 것은? 2016 법원직 9급 ⏱ 2분

If a black hole has a non-zero temperature — no matter how small — the most basic and well-established physical principles would require it to emit radiation, much like a glowing poker. But black holes, as everyone knows, are black; they supposedly do not emit anything. This was the case until Hawking, in 1974, discovered something truly amazing. Black holes, Hawking announced, are not completely black. If one ignores quantum mechanics and invokes only the laws of classical general relativity, then as originally found some six decades previously, black holes certainly do not allow anything — not even light — to escape their gravitational grip. But the inclusion of quantum mechanics modifies this conclusion in a profound way, and Hawking found that black holes do emit radiation, quantum mechanically.

① What Happens inside Black Holes?
② Mystery of the Quantum World
③ The Birth of General Relativity
④ Is a Black Hole Really Black?

| 해석 | 만약 블랙홀이 아무리 작아도 0도가 아닌 온도를 갖는다면, 가장 기본적이고 잘 확립된 물리 원칙은 블랙홀로 하여금 시뻘건 부지깽이처럼 방사선을 방출하도록 요구할 것이다. 그러나 블랙홀은, 누구나 알고 있는 것처럼, 검은색이다. 그것들은 어떠한 것도 방출하지 않는 것으로 추측된다. Hawking이 1974년에 진짜 놀라운 어떤 것을 발견하기까지 이런 입장이 믿어졌다. Hawking은 블랙홀이 완전히 검지 않다고 발표했다. 만약 누군가 양자역학을 무시하고, 고전적인 일반 상대성 이론만 들먹인다면, 약 60년 전에 원래 발견되었던 것처럼, 블랙홀은 확실히 어떤 것도 심지어 빛까지도 그들의 중력의 통제에서 벗어나지 못하게 할 것이다. 그러나 양자역학의 포함은 이러한 결론을 엄청나게 변화시켰고, Hawking은 블랙홀이 방사선을 양자역학적으로 방출한다는 것을 알아냈다.
① 블랙홀 안에서 무슨 일이 일어나는가?
② 양자 세계의 미스터리
③ 일반 상대성 이론의 탄생
④ 블랙홀은 진짜 검은가?

| 해설 | ④ 우리가 알고 있는 블랙홀은 검은색이고 어떠한 것도 방출하지 않는다. 그렇지만, Hawking은 블랙홀이 완전 검은색은 아니며 방사선을 양자역학적으로 방출한다고 했다. 따라서 이 글의 제목으로 가장 적절한 것은 ④이다.

정답 ④

지문 구조분석

✎ 구문독해 연습노트에서 직접 분석해보세요. ▶ p.24

어휘 check

❶ If a black hole/ has a non-zero temperature/ — no matter how small —/ the most basic and
접속사　주어　　　동사　　　목적어　　　　　　　접속사 역할　형용사　　　주어
well-established physical principles/ would require it/ to emit radiation,/ much like a
　　　　　　　　　　　　　　　　동사　　목적어　　목적격 보어　　　전명구
glowing poker.

*no matter how = however: 어떻든 간에, ~하더라도

만약 블랙홀이/ 0도가 아닌 온도를 갖는다면/ 아무리 작아도/ 가장 기본적이고 잘 확립된 물리 원칙은/ 그것(블랙홀)으로 하여금 요구할 것이다/ 방사선을 방출하도록/ 시뻘건 부지깽이처럼

radiation 방사선
poker 부지깽이

❷ But black holes,/ as everyone knows,/ are black;/ they supposedly/ do not emit anything.
접속사　주어　　　접속사　주어　　　동사　동사　보어　주어　　부사　　　동사　　목적어

그러나 블랙홀은/ 누구나 알고 있는 것처럼/ 검은색이다/ 그것들은 추측건대/ 어떠한 것도 방출하지 않는다

❸ This was the case/ until Hawking, in 1974, discovered/ something truly amazing.
주어　동사　보어　접속사　주어　　전명구　　동사　　　목적어　　부사　　형용사

이런 입장이 믿어졌다/ Hawking이 1974년에 발견할 때까지/ 진짜 놀라운 어떤 것을

*원래 문장: Hawking announced (that) black holes are not completely black.

❹ Black holes,/ Hawking announced,/ are not completely black.
　　주어　　　　주어　　동사　　　동사　　　　　보어

블랙홀이/ Hawking은 발표했다/ 완전히 검지 않다

❺ If one ignores quantum mechanics/ and invokes only the laws of classical general relativity,/
접속사 주어　동사1　　　목적어　　　접속사　동사2　　　　　　목적어
then as originally found/ some six decades previously,/ black holes certainly do not allow
　접속사　부사　　과거분사　　　　　부사　　　　　주어　　　부사　　동사
anything — not even light —/ to escape their gravitational grip.
목적어　　부사　　　　　　목적격 보어

*even은 수식되는 어구 바로 앞에 놓여 그 어구를 강조

만약 누군가 양자역학을 무시한다면/ 그리고 고전적인 일반 상대성 이론만 들먹인다면/ 그러면 본래 발견되었던 것처럼/ 약 60년 전에/ 블랙홀은 확실히 어떤 것도 못하게 할 것이다/ 심지어 빛까지도/ 그들의 중력의 통제에서 벗어나는 것을

quantum mechanics
양자 역학
invoke 들먹이다, 언급하다
gravitational 중력의
grip 통제, 지배력

❻ But the inclusion of quantum mechanics/ modifies this conclusion/ in a profound way,/
접속사　주어　　　전명구　　　　　　동사　　　목적어　　　전명구
and Hawking found that/ black holes do emit radiation,/ quantum mechanically.
접속사　주어　　동사　접속사　주어　　　동사　목적어　　　부사

그러나 양자역학의 포함은/ 이러한 결론을 변화시킨다/ 엄청난 방식으로/ 그리고 Hawking은 ~임을 알아냈다/ 블랙홀이 빙사선을 방출한다/ 양자역학적으로

inclusion 포함

DAY 13　**117**

다음 글의 내용과 일치하지 <u>않는</u> 것은?　　　　　🕐 1분 45초

　　Being polite, neat, and family-oriented is characteristics of the well-socialized American. Socialization is the process of learning how to behave in the society we live in. For societies to exist, there must be some organized way of teaching the members what is expected of them and how they are to behave. Through socialization, the infant developed into a person like one of those described above. Every society tries to socialize its members. The task is performed by several groups and institutions (called socializing agents). The family, the school, and the peer group are the most important socializing agents. Of these, the family is the most important, especially during the first few years of life. A review of various studies of families has concluded that warm, supportive, moderately strict family environments usually produce happy and well-behaved children; and that cold, rigid, and overly strict families tend to cause youngsters to become rebellious, resentful and insecure.

① Through socialization, the American infant is expected to be a polite, neat and family-oriented person.
② Every society usually socializes its members through socializing agents.
③ Of socializing agents, the peer group is the most valuable throughout one's life.
④ Moderately strict families tend to make youngsters well-behaved.

| 해석 | 정중하고, 깔끔하고, 가족 지향적인 것은 훌륭하게 사회화된 미국인의 특징들이다. 사회화란 우리가 살고 있는 사회에서 어떻게 행동할 것인가를 배워가는 과정이다. 사회가 존재하기 위해서는, 구성원들에게 그들에게 무엇이 기대되며 또 그들이 어떻게 행동하여야 하는지를 가르치는 조직화된 어떤 방식이 있어야 한다. 사회화를 통해, 젖먹이 어린이는 위에 묘사된 사람들 중의 한 사람과 같은 사람으로 성장하였다. 모든 사회는 그 구성원들을 사회화하고자 노력한다. 그 과업은 몇몇 사회 집단과 기관(사회화 기관이라 불리는)에 의해 수행된다. 가족, 학교, 동년배 집단은 가장 중요한 사회화 기관들이다. 이들 중에서 가족이 가장 중요하다. 특히 인생의 첫 몇 해 동안은 말이다. 가족에 대한 다양한 연구들의 검토는 따뜻하고, 격려하며, 적당히 엄격한 가족 환경은 일반적으로 행복하고 행실이 바른 아이들을 만드는 반면, 차갑고, 경직되어 있고, 지나치게 엄격한 가정은 어린이들을 반항적이고, 화를 잘 내고, 불안정하게 만드는 경향이 있다고 결론짓고 있다.
① 사회화를 통해, 미국 유아들은 예의바르고, 깔끔하고 그리고 가족 지향적인 사람이 되는 것이 예상된다.
② 모든 사회는 보통 사회화 기관들을 통해 그들의 구성원을 사회화시킨다.
③ 사회화 기관들 중에서, 또래 집단은 한 사람의 일생을 통해 가장 가치 있다.
④ 적당히 엄격한 가족들은 자녀들이 잘 행동하게 만드는 경향이 있다.

| 해설 | ③ 글 중반의 'Of these, the family is the most important'로 보아 또래 집단이 사회화 기관들 중 가장 가치 있다는 내용의 ③은 일치하지 않음을 알 수 있다.

정답 ③

❶ Being polite, neat, and family-oriented/ is characteristics/ of the well-socialized American.
　　주어　　　　　　　　　　　　　　동사　　　보어　　　　　　전명구

정중하고, 깔끔하고, 가족 지향적인 것은/ 특징들이다/ 훌륭하게 사회화된 미국인의

neat 말쑥한, 깔끔한
family-oriented 가족 지향적인, 가족 본위의

❷ Socialization/ is the process of learning/ how to behave/ in the society/ we live in.
　　주어　　　동사　　보어　　전명구　　의문사 to부정사　　전명구　　주어　동사
*the society 뒤 관계대명사 생략

사회화란/ 배워가는 과정이다/ 어떻게 행동할 것인가를/ 사회에서/ 우리가 살고 있는

process 진행, 경과, 과정
behave (예절바르게) 행동하다

❸ For societies to exist,/ there must be some organized way/ of teaching the members/
　　전명구　　유도부사　동사　　주어　　　　전명구　　　동명사 목적어
*to부정사 의미상 주어 *to부정사 부사적 용법

what is expected of them/ and how they are to behave.
의문사1　동사　　전명구　등위접속사 의문사2 주어 동사　보어
*be to 용법: 의무, 미래, 의도, 능력, 운명 중 '의무'

사회가 존재하기 위해서는/ 조직된 어떤 방식이 있어야 한다/ 구성원들에게 가르치는/ 그들에게 무엇이 기대되며/ 또 그들이 어떻게 행동하여야 하는지를

organized 조직화된, 정리된, 규칙이 바른

❹ Through socialization,/ the infant developed into a person/ like one of those/ described
　　　전명구　　　　　主어　　　동사　　전명구　　　전명구　전명구　과거분사
above.
부사

사회화를 통해/ 젖먹이 어린이는 사람으로 성장하였다/ 그 사람들 중의 한 사람과 같은/ 위에 묘사된

infant 유아, 갓난아기
describe 묘사하다, 말로 설명하다

❺ Every society tries/ to socialize its members.
　　주어　　　동사　　to부정사 목적어

모든 사회는 노력한다/ 그 구성원들을 사회화하고자

❻ The task is performed/ by several groups and institutions/ (called socializing agents).
　　주어　　　동사　　　　　전명구　　　　　　　과거분사　　보어

그 과업은 수행된다/ 몇몇 사회 집단과 기관에 의해/ (사회화 기관이라 불리는)

institution 제도, 협회, 기관
agent 대행자, 대리인, 기관

❼ The family, the school, and the peer group/ are the most important socializing agents.
　　주어　　　　　　　　　　　　　　동사　　　　　　보어

가족, 학교, 동년배 집단은/ 가장 중요한 사회화 기관들이다

peer 동료, 지위가 같은 사람, 귀족

❽ Of these,/ the family is the most important,/ especially during the first few years/ of life.
　　전명구　　　주어　　동사　　　보어　　　　　부사　　　　전명구　　　　전명구

이들 중에서/ 가족이 가장 중요하다/ 특히 첫 몇 해 동안/ 인생의

❾ A review/ of various studies/ of families/ has concluded/ that warm, supportive, moderately
　　주어　　　전명구　　　　　전명구　　　동사　명사절 접속사　　　주어
strict family environments/ usually produce/ happy and well-behaved children;/ and
　　　　　　　　　　　　　　부사　　동사　　　목적어　　　　　　등위접속사
that cold, rigid, and overly strict families/ tend to cause/ youngsters/ to become rebellious,
명사절 접속사　　　주어　　　　　　　보어　to부정사　목적어　　목적격 보어　 to부정사 보어
resentful and insecure.

검토는/ 다양한 연구들의/ 가족에 대한/ 결론짓고 있다/ 따뜻하고, 격려하며, 적당히 엄격한 가족 환경은/ 일반적으로 만든다/ 행복하고 행실이 바른 아이들을/ 그리고 차갑고, 경직되어 있고, 지나치게 엄격한 가정은/ 만드는 경향이 있다/ 어린이들을/ 반항적이고, 화를 잘 내고, 불안정하게

conclude 결론을 내리다, 끝마치다
moderately 적절히, 온건하게
rigid 굳은, 단단한, 완고한, 엄격한
rebellious 반항적인, 반역의
resentful 분개하는, 화내는
insecure 불안정한, 자신이 없는

다음 빈칸에 들어갈 말로 알맞은 것은?

⏱ 3분

Enjoy our range of interesting gravity facts that help explain how gravity relates to both life on Earth and other objects in our solar system. Objects with mass are attracted to each other, and this is known as gravity. Modern physics uses Albert Einstein's general theory of relativity to describe gravity. Acceleration of objects due to the gravity on Earth is around 9.8 m/s². If you ignore air resistance (drag) then the speed of an object falling to Earth increases by around 9.8 metres per every second. _____

Back in the Middle Ages, weapons called trebuchets were used to take advantage of this principle, using mechanical advantage and the gravitational potential energy of a counterweight to hurl rocks and other projectiles at or over walls. In modern times we use the gravitational potential of water to create hydroelectricity.

① The higher the pressure is, the greater the energy is.
② The higher the gravity is, the lighter it becomes.
③ The heavier something is, the more energy it takes.
④ The higher something is, the greater its gravitational potential energy.

| 해석 | 중력이 지구상의 생명체와 우리 태양계 내 다른 물체들 모두에게 어떻게 관련되는가에 대한 설명을 돕는 다양한 흥미로운 중력 사실들을 즐겨라. 질량을 가지는 물체들은 서로를 끌어당기고, 이것이 중력이라고 알려져 있다. 현대 물리학은 중력을 설명하기 위하여 Albert Einstein의 일반 상대성 이론을 사용한다. 지구의 중력으로 인한 물체들의 가속도는 약 9.8m/s2이다. 만약 당신이 공기 저항(항력)을 무시한다면 지구로 떨어지는 물체의 속도는 매 초마다 9.8m/s만큼 증가한다. ④ 물체가 더 높이 있을수록, 그것의 중력 위치 에너지는 더 크다. 중세 시대로 돌아가서, 투석기라고 불리는 무기는 벽이나 벽 너머로 돌 및 다른 발사체들을 던지기 위해 기계적인 이점과 평형추의 중력 위치 에너지를 이용하며, 이러한 원리를 활용하기 위해 사용되었다. 현대에서 우리는 수력 전기를 생성하기 위해 물의 중력 위치 에너지를 이용한다.

① 압력이 더 높을수록, 에너지가 더 크다.
② 중력이 클수록, 점점 더 가벼워진다.
③ 물체가 더 무거울수록, 더 많은 에너지가 필요하다.
④ 물체가 더 높이 있을수록, 그것의 중력 위치 에너지는 더 크다.

| 해설 | ④ 빈칸의 앞부분에는 지구의 중력으로 인해 지구로 떨어지는 물체 속도는 떨어질수록 매 초마다 증가한다는 내용이 나온다. 또 빈칸 뒤에는 중력 위치 에너지에 대해 나오므로 빈칸에는 중력 위치 에너지를 설명하는 문장이 들어가야 한다. 따라서 ④가 빈칸에 가장 적절하다.

정답 ④

① Enjoy/ our range of interesting gravity facts/ that help explain/ how gravity relates/
동사　목적어　　　　　　　　　전명구　　　　주격 관계대명사 동사 목적어 의문사 주어 동사

*의문사 + 주어 + 동사: 간접의문문

*both A and B: A와 B 둘 다
to both life on Earth and other objects/ in our solar system.
　　전명구　　　　　　　　　　　전명구

즐겨라/ 다양한 흥미로운 중력 사실들을/ 설명하는 것을 돕는/ 중력이 어떻게 관련되는가를/ 지구상의 생명체와 다른 물체들 모두에게/ 우리 태양계 내의

② Objects/ with mass/ are attracted to each other,/ and this is known/ as gravity.
주어　전명구　　동사　　전명구 등위접속사 주어 동사 전명구

물체들은/ 질량을 가지는/ 서로에게 끌리고/ 이것이 알려져 있다/ 중력이라고

mass 질량

③ Modern physics/ uses Albert Einstein's general theory of relativity/ to describe gravity.
주어　　동사　　　　　목적어　　　　　　　전명구 to부정사 부사적 용법 to부정사 목적어

현대 물리학은/ Albert Einstein의 일반 상대성 이론을 사용한다/ 중력을 설명하기 위하여

④ Acceleration of objects/ due to the gravity on Earth/ is around 9.8m/s².
주어　　전명구　　　　전명구　　　　　전명구 동사 보어(전명구)

물체들의 가속도는/ 지구의 중력으로 인한/ 약 9.8m/s2이다

acceleration 가속도

⑤ If you ignore air resistance (drag)/ then the speed/ of an object/ falling to Earth/ increases/
접속사 주어 동사　　목적어　　부사 주어　　전명구　　현재분사 전명구 동사
by around 9.8 metres/ per every second.
　전명구　　　　　전명구

만약 당신이 공기 저항(항력)을 무시한다면/ 속도는/ 물체의/ 지구로 떨어지는/ 증가한다/ 약 9.8m/s² 만큼/ 매 초마다

⑥ ④ The higher something is,/ the greater its gravitational potential energy.
보어　　주어　동사　　보어　　　　　　주어

*The + 비교급 + 주어 + (동사), the + 비교급 + 주어 + (동사): ~할수록 …하다

④ 물체가 더 높이 있을수록/ 그것의 중력 위치 에너지는 더 크다

⑦ Back in the Middle Ages,/ weapons called trebuchets/ were used/ to take advantage of this
부사　　전명구　　　　주어　　과거분사 보어　　동사　　목적어　 전명구
*to부정사 부사적 용법
principle,/ using mechanical advantage and the gravitational potential energy
분사구문　　*to부정사 부사적 용법　　　현재분사 목적어
of a counterweight/ to hurl rocks and other projectiles/ at or over walls.
　전명구　　　　to부정사 목적어　　　　　　　전명구

중세 시대로 돌아가서/ 투석기라고 불리는 무기는/ 사용되었다/ 이러한 원리를 활용하기 위해/ 기계적인 이점과 평형추의 중력 위치 에너지를 이용하여/ 돌과 다른 발사체들을 던지기 위해/ 벽이나 벽 너머로

trebuchet 중세기의 투석기
potential energy 위치[잠재] 에너지
counterweight 평형추
hurl 던지다
projectile 발사체

⑧ In modern times/ we use the gravitational potential of water/ to create hydroelectricity.
전명구　　　　주어 동사　　목적어　　　　　전명구　　목적어

*to부정사 부사적 용법

현대에서/ 우리는 물의 중력 위치 에너지를 이용한다/ 수력 전기를 생성하기 위해

다음 글의 요지로 가장 적절한 것은? ⏱ 1분 45초

Approximately 45,000 years ago, Neanderthals and modern humans coexisted in mainland Europe. However, over the course of the next 5,000 years, the modern human population increased dramatically, allowing them to occupy new territories, while Neanderthals gradually died out. Exactly why this was the case has long eluded archaeologists, but now, an international team of researchers may have found the answer. Modern humans developed projectile weapons such as bows and arrows to enable them to hunt more successfully than Neanderthals. As a result, modern humans had ready access to food and were able to thrive while Neanderthals struggled to find sustenance and eventually went extinct.

① Neanderthals successfully competed with early humans for food.
② It was Neanderthals who first began to use bows and arrows for hunting.
③ It was not until Neanderthals got extinct that modern humans appeared in mainland Europe.
④ The invention of bows and arrows may have helped early humans drive Neanderthals to extinction.

| 해석 | 약 45,000년 전, 네안데르탈인과 현대 인류는 유럽 대륙에서 공존했다. 그러나, 이후 5,000년이 흐르는 동안 현대 인류의 인구는 극적으로 증가하여, 그들로 하여금 새로운 영토를 차지하도록 한 반면, 네안데르탈인들은 서서히 자취를 감추었다. 오랫동안 고고학자들은 정확히 왜 이러한 경우가 생겼는지에 대한 이유를 알지 못했으나, 현재 국제적인 연구팀이 그 해답을 찾았을지도 모른다. 현대 인류는 네안데르탈인들보다 그들이 더욱 성공적으로 사냥할 수 있도록 하기 위해 활과 화살과 같은 발사식 무기를 발달시켰다. 결과적으로, 네안데르탈인이 자양물을 찾기 위해 분투하고 견국에는 멸종하는 동안 현대 인류는 식량에 빠른 접근을 할 수 있었고 번영할 수 있었다.
① 네안데르탈인들은 식량을 위해 초기 인류와 성공적으로 경쟁했다.
② 사냥을 위해 최초로 활과 화살을 사용하기 시작한 것은 바로 네안데르탈인들이었다.
③ 네안데르탈인들이 멸종하고 나서야 비로소 현대 인류가 유럽 대륙에 등장했다.
④ 활과 화살의 발명은 초기 인류가 네안데르탈인들을 멸종으로 몰아가는 데 도움이 되었을 수도 있다.

| 해설 | ④ 유럽 대륙에서 네안데르탈인들이 멸종하게 된 이유에 대해 설명하는 글이다. 네안데르탈인들과 초기 인류는 공존해 왔으나, 초기 인류가 활과 화살과 같은 발사식 무기를 개발하여 사냥에서 우위를 점하게 되어 번영할 때, 그렇지 못하였던 네안데르탈인들은 멸종하게 되었다는 내용이다. 따라서 ④가 글의 요지로 적절하다. ①, ②, ③은 모두 글의 내용과 대치되므로 요지가 될 수 없다.

정답 ④

❶ Approximately 45,000 years ago,/ Neanderthals and modern humans/ coexisted/
　　부사　　　　　　　　　 부사구　　　　　　　　　 주어　　　　　　　　　　 동사
in mainland Europe.
　　전명구

약 45,000년 전/ 네안데르탈인과 현대 인류는/ 공존했다/ 유럽 대륙에서

mainland 대륙, 본토

❷ However,/ over the course of the next 5,000 years,/ the modern human population/ increased
　접속부사　　　 전명구　　　　　　　　　 전명구　　　　　　　　　　 주어　　　　　　　　　 동사
　　　　　　　*분사구문(현재분사) *현재분사 목적보어
dramatically,/ allowing them/ to occupy/ new territories,/ while Neanderthals/ gradually
　　부사　　　　　 목적어　　　　 목적어　　　　 목적어　　　　 접속사　　　 주어　　　　　 부사
died out.
　동사

그러나/ 이후 5,000년이 흐르는 동안/ 현대 인류의 인구는/ 극적으로 증가하여/ 그들을 허락했다/ 차지하도록/ 새
로운 영토를/ 반면 네안데르탈인들은/ 서서히 자취를 감추었다

die out 멸종되다, 자취를
감추다

❸ 　　　　 *간접의문문: 의문사 + 주어 + 동사
Exactly why/ this was the case/ has long eluded archaeologists,/ but now,/ an international
　부사　　　 주어　 동사　 보어　　　　　 동사　　　　　　 목적어　　　 등위접속사 부사　　 주어
team of researchers/ may have found the answer.
　　　전명구　　　　　　　　 동사　　　　 목적어

정확히 왜/ 이러한 경우가 생겼는지/ 오랫동안 고고학자들에게 발견되지 않다/ 그러나 현재/ 국제적인 연구팀
이/ 그 해답을 찾았을지도 모른다

elude ~의 눈을 피하다,
~에게 발견되지 않다
archaeologist 고고학자

❹ Modern humans developed/ projectile weapons/ such as bows and arrows/ to enable them
　　주어　　　　　 동사　　　　 목적어　　　　　　 전명구　　　　　　　 　　　　　 목적어
to hunt/ more successfully/ than Neanderthals.
to부정사 목적격 보어　　 부사　　　　　 전명구
　　　　　　　　　　　　　　　　　　　　 *to부정사 부사적 용법

현대 인류는 발달시켰다/ 발사식 무기를/ 활과 화살과 같은/ 그들이 사냥할 수 있도록 하기 위해/ 더욱 성공적으로/
네안데르탈인들보다

projectile 발사체

❺ As a result,/ modern humans had ready access/ to food/ and were able to thrive/ while
　접속부사　　　 주어　　　　 동사1　 목적어　　　 전명구 등위접속사 동사2　 보어　　　 접속사
　　　　　　　　　　　　　　　　　　　　　　　　　　　　　　 *to부정사 부사적 용법
Neanderthals struggled/ to find sustenance/ and eventually went extinct.
　　주어　　　　 동사1　　 목적어 to부정사 목적어 등위접속사　 부사　　 동사2　 보어

결과적으로/ 현대 인류는 빠른 접근을 할 수 있었다/ 식량에/ 그리고 번영할 수 있었다/ 네안데르탈인이 분투하는
동안/ 자양물을 찾기 위해/ 그리고 결국에는 멸종하는 (동안)

thrive 번영하다, 번창하다
sustenance (음식 · 물
등) 생명을 건강하게 유
지시켜 주는 것, 자양물
extinct 멸종된

DAY 14

Warm Up 기출문제

(A)와 (B)에 들어갈 말로 가장 적절한 것은? 2021 지방직 9급   ⏱ 2분

Ancient philosophers and spiritual teachers understood the need to balance the positive with the negative, optimism with pessimism, a striving for success and security with an openness to failure and uncertainty. The Stoics recommended "the premeditation of evils," or deliberately visualizing the worst-case scenario. This tends to reduce anxiety about the future: when you soberly picture how badly things could go in reality, you usually conclude that you could cope. _____(A)_____, they noted, imagining that you might lose the relationships and possessions you currently enjoy increases your gratitude for having them now. Positive thinking, _____(B)_____, always leans into the future, ignoring present pleasures.

	(A)	(B)
①	Nevertheless	in addition
②	Furthermore	for example
③	Besides	by contrast
④	However	in conclusion

| 해석 | 고대 철학자들과 영적 스승들은 긍정적인 것과 부정적인 것, 낙관주의와 비관주의, 성공과 안정을 위한 노력과 실패와 불확실성에 대한 개방의 균형을 이룰 필요성을 이해했다. 스토아학파는 "악한 것들에 대한 사전 계획", 즉 의도적으로 최악의 경우의 시나리오를 상상하는 것을 권고했다. 이것은 미래에 대한 불안을 줄여주는 경향이 있다. 당신이 현실에서 일들이 얼마나 나쁘게 진행될 수 있는지 냉정하게 생각해 볼 때, 당신은 대개 당신이 극복할 수 있을 것이라고 결론짓는다. (A) 게다가, 당신이 현재 누리고 있는 관계와 소유물을 잃을 수도 있다고 상상하는 것은 지금 그것들을 가지고 있는 것에 대한 감사를 증가시킨다고 그들은 말했다. (B) 대조적으로, 긍정적인 사고는 항상 미래에만 기대어 현재의 즐거움을 무시한다.
① 그럼에도 불구하고 – 게다가
② 뿐만 아니라 – 예를 들어
③ 게다가 – 대조적으로
④ 그러나 – 결론적으로

| 해설 | ③ (A) 이전 내용에서 최악의 경우를 상상하는 것의 장점 한 가지(미래에 대한 불안 감소)를 설명한 후, (A) 문장에서 그것의 또 다른 장점(현재 가진 것에 대한 감사 증가)을 나열하고 있으므로, 빈칸에는 '게다가, 뿐만 아니라'라는 의미의 'Furthermore' 또는 'Besides'가 적절하다. (B) 이전 내용이 최악의 경우를 상상하는 것, 즉 부정적 사고의 장점을 설명하고 있는데, (B) 문장은 긍정적 사고의 단점을 설명하고 있으므로 앞 내용과 대조적인 내용이 전개된다는 것을 알 수 있다. 따라서 빈칸에는 'by contrast(대조적으로)'가 적절하다.

정답 ③

❶ Ancient philosophers and spiritual teachers/ understood/ the need/ to balance/
　　　　　　　　　주어　　　　　　　　　　　동사　　　　목적어　*to부정사 형용사적 용법

the positive with the negative,/ optimism with pessimism,/ a striving for success and
　　　　to부정사 목적어1　　　　　　　to부정사 목적어2　　　　　　to부정사 목적어3

security with an openness to failure and uncertainty.

고대 철학자들과 영적 스승들은/ 이해했다/ 필요성을/ 균형을 이룰/ 긍정적인 것과 부정적인 것/ 낙관주의와 비관
주의/ 성공과 안정을 위한 노력과 실패와 불확실성에 대한 개방

pessimism 비관주의

❷ The Stoics recommended/ "the premeditation of evils,"/ or deliberately visualizing/
　　　주어　　　　동사　　　　　　　　목적어　　　　　　　　　　　　　　목적어(동격)

the worst-case scenario.
　　동명사 목적어

스토아학파는 권고했다/ "악한 것들에 대한 사전 계획"/ 즉 의도적으로 상상하는 것/ 최악의 경우의 시나리오를

the Stoics 스토아학파
premeditation 사전 계
획, 미리 사고하기
deliberately 고의로, 의
도적으로

❸ This tends to reduce/ anxiety about the future:/ when you soberly picture/ how badly
　　주어　　동사　　보어 to부정사 목적어　　　전명구　　　접속사 주어　　부사　　동사　의문사　부사

things could go/ in reality,/ you usually/ conclude/ that you could cope.
　　주어　　동사　　전명구　　주어　　부사　　동사　　접속사 주어　　동사

이것은 줄여주는 경향이 있다/ 미래에 대한 불안을/ 당신이 냉정하게 생각해 볼 때/ 일들이 얼마나 나쁘게 진행될
수 있는지/ 현실에서/ 당신은 대개/ 결론 짓는다/ 당신이 극복할 수 있을 것이라고

soberly 침착하게
cope 극복하다, 해결하다,
견디다

❹ (A) Besides,/ they noted,/ imagining/ that you might lose the relationships and possessions/
　　　　　부사　　주어　동사　　주어　　접속사 주어　　동사　　　　　　　목적어

*you 앞 목적격 관계대명사 생략
[you] currently enjoy/ increases your gratitude/ for having them now.
　주어　　부사　　동사　　동사　　　목적어　　　　　전명구　　　부사

(A) 게다가/ 그들은 말했다/ 상상하는 것은/ 당신이 관계와 소유물을 잃을 수도 있다고/ 당신이 현재 누리는/ 당신
의 감사를 증가시킨다/ 지금 그것들을 가지고 있는 것에 대한

❺ Positive thinking,/ (B) by contrast,/ always leans into the future,/ ignoring present pleasures.
　　　　주어　　　　　　부사　　　　부사　　동사　　　전명구　　　　현재분사　　현재분사 목적어

긍정적인 사고는/ (B) 대조적으로/ 미래에 항상 기댄다/ 현재의 즐거움을 무시하면서

글의 주제로 가장 적절한 것은? ⏱ 1분 45초

Adolescence comes with so many changes, challenges, demands, and responsibilities. As our teens become more aware of this, it's understandable that a strong, protective brain would want to work harder to keep them safe from falling, failing, or scraping against the hard edges of their expanding world. In essence, this is what anxiety is – an attempt by the amygdala (the part of the brain involved in anxiety) to warn them that there might be danger and get them ready to fight the danger or flee the danger. Anything that comes with any risk at all of exclusion, separation, humiliation, judgement, failure all counts as potential danger to a hardworking, protective amygdala – and adolescence is heavily set with all of them. It's unsurprising then, that anxiety can intensify during adolescence.

*amygdala: 편도체

① the responsibility of teenagers
② the things that change during adolescence
③ the way for adolescents to overcome anxiety issues
④ the reason why anxiety might increase during puberty

| 해석 | 사춘기는 매우 많은 변화, 도전, 요구, 그리고 책임이 딸려온다. 십대들이 이것을 더 잘 알게 됨에 따라 강력하고 방어적인 뇌가 그들을 넘어지거나 실패하거나 확장하는 세계의 단단한 날에 긁히는 것으로부터 안전하게 보호하기 위해 더 열심히 일하려 한다는 것은 이해할 만하다. 본질적으로, 이것이 불안이다. 즉, 편도체(불안과 관련된 뇌의 부위)는 그들에게 위험이 있을 수 있다고 경고하고, 그들을 위험에 맞서 싸우도록 또는 위험으로부터 도망치도록 준비를 시키는 시도이다. 배제, 분리, 굴욕, 판단, 실패의 어떠한 위험성을 동반하는 무엇이든지 열심히 일하는 방어적인 편도체에게는 모두 잠재적인 위험으로 간주된다. 그리고 사춘기에는 그 모든 것들이 아주 많이 있다. 그렇디면 불안이 시춘기 동안에 심해질 수 있다는 것은 놀랍지 않다.
① 십대들의 의무
② 사춘기 동안에 변화하는 것들
③ 사춘기를 겪는 사람들이 불안 문제를 극복하는 방법
④ 사춘기 동안에 불안이 증가하는 이유

| 해설 | ④ 사춘기 동안 발생하는 일들은 불안감을 담당하는 편도체에게 위험으로 간주되고, 그에 따라서 위험 방지를 위해 편도체의 작용이 활발해지기 때문에 불안이 증가한다는 흐름이다. 따라서 글의 주제로 가장 적절한 것은 ④이다.

정답 ④

❶ Adolescence comes/ with so many changes, challenges, demands, and responsibilities.
주어 　　동사 　　　　　　　　　전명구

사춘기는 온다/ 매우 많은 변화, 도전, 요구, 그리고 책임과 함께

adolescence 사춘기
demand 요구

❷ As/ our teens/ become more aware of this,/ it's understandable/ that a strong, protective
접속사 　주어 　　동사 　　보어 　　전명구 가주어 동사 　　보어 　　진주어 　　　　주어
＊to부정사 부사적 용법 ＊to부정사 목적격 보어
brain/ would want to work harder/ to keep them safe/ from/ falling,/ failing,/ or scraping
동사 　　목적어 　　부사 　　　　목적어 　　전명구1 　전명구2 등위접속사 전명구3
against the hard edges/ of their expanding world.
전명구 　　　　　　　전명구

〜함에 따라/ 십대들이/ 이것을 더 잘 알게 된다/ 이해할 만하다/ 강력하고 방어적인 뇌가/ 더 열심히 일하려 한다는
것은/ 그들을 안전하게 보호하기 위해/ 〜로부터/ 넘어지기/ 실패하기/ 또는 단단한 날에 긁히기/ 확장하는 세계의

keep A safe from B A
가 B하는 것으로부터 안
전하게 보호하다
scrape 긁다, 찰과상을
내다
edge 끝, 가장자리

❸ In essence,/ this is what anxiety is/ – an attempt/ by the amygdala/ (the part of the brain/
접속부사 　　주어 동사 　　보어 　　　　명사(동격) 　전명구 　　　　명사(동격) 　전명구
＊to부정사 형용사적 용법 ＊유도부사 　　　　　　＊to 생략
involved in anxiety)/ to warn them/ that there might be danger/ and get them ready/
과거분사 　　전명구 　to부정사1 목적어 명사절 접속사 　동사 　주어 등위접속사 to부정사2 목적어 목적격 보어
＊to부정사 부사적 용법1 　　＊flee 앞 to 생략(to부정사 부사적 용법2)
to fight the danger/ or flee the danger.
목적어 　　　　　목적어

본질적으로/ 이것이 불안이다/ 즉 시도/ 편도체가/ (뇌의 부위/ 불안과 관련된)/ 그들에게 경고하고/ 위험이 있을 수
있다고/ 그들을 준비를 시키는/ 위험에 맞서 싸우도록/ 또는 위험으로부터 도망치도록

in essence 본질적으로
involved in 〜에 관련된
warn 경고하다
flee 달아나다, 도망치다

＊주격 관계대명사
❹ Anything/ that comes with any risk/ at all/ of exclusion, separation, humiliation, judgement,
주어 　　등시 　전명구 　　　at all 　진명구
failure/ all counts/ as potential danger/ to a hardworking, protective amygdala/ – and
부사 　동사 　　전명구 　　　　　전명구 　　　　　　등위접속사
adolescence/ is heavily set/ with all of them.
주어 　　　동사 　　전명구

무엇이든지/ 어떠한 위험성을 동반하는/ 어쨌든/ 배제, 분리, 굴욕, 판단, 실패의/ 모두 간주된다/ 잠재적인 위험으
로/ 열심히 일하는 방어적인 편도체에게는/ 그리고 사춘기에는/ 아주 많이 있다/ 그 모든 것들이

at all (긍정문에서) 어쨌
든, 어하튼
separation 분리
humiliation 굴욕, 창피
judgement 판단
count as 〜로 간주되다

＊가주어 　　　　　＊진주어
❺ It's unsurprising then,/ that anxiety can intensify/ during adolescence.
동사 　보어 　접속부사 　　주어 　　동사 　　　전명구

그렇다면 놀랍지 않다/ 불안이 심해질 수 있다는 것은/ 사춘기 동안에

intensify (정도·강도가)
심해지다[격렬해지다]

2

주어진 문장 삽입

다음 주어진 문장이 들어갈 위치로 가장 적절한 것은? ⏱ 2분

Researchers are working on other technologies that could restore sight or touch to those who lack it.

For decades, some deaf people have worn cochlear implants, which use electrode arrays to stimulate the auditory nerve inside the ear. ① For the blind, cameras could trigger electrodes on the retina, on the optic nerve, or in the brain. ② For the paralyzed or people with prosthetic limbs, pressure pads on real or robotic hands could send touch feedback to the brain or to nerves in the arm. ③ We can also use one sense for another. ④ The brain is surprisingly adept at taking advantage of any pertinent information it receives, and can be trained to, for instance, 'hear' image or 'feel' sound.

| 해석 | 수십 년 동안, 몇몇 청각 장애인들은 인공 와우를 착용해오고 있는데, 이것은 전극 배열들을 사용하여 귀 안에 있는 청신경을 자극한다. ① <u>연구원들은 시력 또는 촉각이 부족한 사람들에게 그것(시력이나 촉각)을 회복시킬 수 있는 다른 기술들에 대하여 연구하고 있다.</u> 시각 장애인들을 위하여, 카메라는 망막 위, 시신경 위 또는 뇌에 있는 전극들을 자극할 수 있다. 마비가 있거나 의수를 사용하는 사람들을 위하여, 실제 또는 인공 손 위의 압력 패드가 뇌 또는 팔의 신경으로 접촉 피드백을 전송할 수 있다. 우리는 또한 하나의 감각을 다른 것을 위하여 사용할 수 있다. 뇌는 놀랍게도 그것이 수신한 어떠한 관련 정보라도 이용하는 것에 능숙하고, 예를 들어 이미지를 '듣거나' 소리를 '느끼도록' 훈련될 수 있다.

| 해설 | ① 주어진 문장은 연구원들이 시력과 촉각 장애를 보조할 수 있는 기술을 연구한다는 내용이므로, 시력 및 촉각 장애와 관련된 사람들에 관한 구체적인 문장 앞에 오는 것이 알맞다. 따라서 ①의 자리가 가장 적절하다.

정답 ①

❶ For decades,/ some deaf people have worn/ cochlear implants,/ which use electrode arrays/
　　전명구　　　　　　주어　　　　　　동사　　　　　목적어　　　주격 관계대명사 동사　　　목적어

to stimulate the auditory nerve/ inside the ear.
to부정사 부사적 용법　 to부정사 목적어　　　　전명구

수십 년 동안/ 몇몇 청각 장애인들은 착용해오고 있다/ 인공 와우를/ 이것은 전극 배열들을 사용한다/ 청신경을 자극하기 위해/ 귀 안에 있는

cochlear implant 인공
와우

❷ ① Researchers are working/ on other technologies/ *주격 관계대명사 ᵗʰᵃᵗ could restore sight or touch/
　　　　주어　　　　　동사　　　　　　전명구　　　　　　　　　　　　　　 　　　동사　　　목적어
　　　　　　　　　　 *주격 관계대명사
to those/ ᵂʰᵒ lack it.
　전명구　　동사 목적어

① 연구원들은 연구하고 있다/ 다른 기술들에 대하여/ 시력 또는 촉각을 회복시킬 수 있는/ 사람들에게/ 그것이 부족한

❸ For the blind,/ cameras could trigger electrodes/ on the retina,/ on the optic nerve,/
　　전명구　　　　　주어　　　　동사　　　　목적어　　　　전명구1　　　　　전명구2

or in the brain.
등위접속사 전명구3

시각 장애인들을 위하여/ 카메라는 전극들을 자극할 수 있다/ 망막 위에 있는/ 시신경 위에 있는/ 또는 뇌에 있는

retina 망막
optic nerve 시신경

❹ For the paralyzed/ or ᵖᵉᵒᵖˡᵉ with prosthetic limbs,/ pressure pads/ on real or robotic hands/
　　전명구　　　등위접속사　　　　　　전명구　　　　　　　　주어　　　　　　전명구
　　　　　　　　　　　*for 생략된 전명구

could send touch feedback/ to the brain/ or to nerves in the arm.
　동사　　　목적어　　　　　전명구　등위접속사 전명구　　전명구

마비가 있는 사람들을 위해/ 또는 의수를 사용하는 사람들(을 위하여)/ 압력 페드기/ 실제 또는 인공 손 위의/ 접촉 피드백을 전송할 수 있다/ 뇌로/ 또는 팔의 신경으로

prosthetic limb 의수[족]

❺ We can also use one sense/ for another.
　주어　　　동사　　　목적어　　　전명구

우리는 또한 하나의 감각을 사용할 수 있다/ 다른 것을 위하여

❻ The brain is surprisingly adept/ at taking advantage of any pertinent information/
　　주어　　동사1　　부사　　보어　　전명구　　동명사 목적어　　　　전명구
　　　*it 앞 목적격 관계대명사 생략　　　 *to부정사 부사적 용법1　　　 *to부정사 부사적 용법2
ᶦᵗ receives,/ and can be trained ᵗᵒ,/ for instance,/ ˊʰᵉᵃʳˋ image or ˊᶠᵉᵉˡˋ sound.
주어　동사　등위접속사　　동사2　　　접속부사(삽입)　　to부정사 목적어 등위접속사 to부정사 목적어

뇌는 놀랍게도 능숙하다/ 어떠한 관련 정보라도 이용하는 것에/ 그것이 수신한/ 그리고 훈련될 수 있다/ 예를 들어/ 이미지를 '듣거나' 소리를 '느끼도록'

be adept at ~에 능숙
하다
take advantage of ~을
이용하다
pertinent 관련 있는, 적
절한

글의 내용과 일치하는 것은? ⏱ 1분 45초

When Ethiopia stopped allowing its children to be adopted by foreign parents in January, 2018, it became the latest country to eliminate or sharply curtail the practice. In recent decades South Korea, Romania, Guatemala, China, Kazakhstan and Russia – all former leaders in foreign adoption – have also banned or cut back on international custody transfers. In 2005, nearly 46,000 children were adopted across borders; roughly half of them headed to a new life in the United States. By 2015 international adoptions had dropped 72 percent, to 12,000 in total. Just 5,500 of these children ended up in the U.S. in that year, with the remainder landing in Italy, Spain, and other countries. Today, most children adopted internationally come from China, Democratic Republic of the Congo and Ukraine. But even China, which has been the top sending country since the late 1990s, has decreased its foreign adoptions by 86 percent.

① Ethiopia has prohibited international as well as domestic adoption.
② China has banned intercountry adoptions earlier than Ethiopia.
③ In 2015, less than half of international adoptees joined families in the U.S.
④ Adopting children from Democratic Republic of the Congo became illegal.

| 해석 | 에티오피아가 2018년 1월에 자국의 아이들이 외국인 부모에게 입양되는 것을 허용하는 것을 중지했을 때, 그곳은 그 관행을 없애거나 현저히 축소시킨 가장 최근의 나라가 되었다. 해외 입양의 전 선두주자였던 한국, 루마니아, 과테말라, 중국, 카자흐스탄, 러시아 또한 최근 수십 년 동안 해외 양육권 이전을 금지하거나 축소했다. 2005년에는 근 46,000명의 아이들이 국경을 넘어 입양되었고, 그들 중 약 절반이 미국에서의 새 삶으로 향해 갔다. 2015년까지 해외 입양은 72% 감소하여 총 12,000명이었다. 그 해에 그 아이들 중 단 5,500명만이 미국으로 갔으며, 나머지는 이탈리아, 스페인, 그리고 다른 나라들로 갔다. 오늘날 해외로 입양되는 대부분의 아이들은 중국, 콩고민주공화국, 그리고 우크라이나 출신이다. 그러나 1990년대 말부터 가장 입양을 많이 보내던 중국조차 해외 입양을 86%까지 감소시켰다.
① 에티오피아는 국내 입양뿐 아니라 해외 입양도 금지시켰다.
② 중국은 에티오피아보다 먼저 해외 입양을 금지시켰다.
③ 2015년 절반 이하의 해외 입양아들이 미국의 가족으로 합류했다.
④ 콩고민주공화국 출신의 아이를 입양하는 것은 불법이 되었다.

| 해설 | ③ 각국이 해외 입양을 보내는 것을 금지하거나 축소하고 있다는 내용의 글이다. 글의 중반부 'By 2015 ~'의 문장에 따르면 2015년까지 해외 입양은 72% 감소한 총 12,000명이었는데, 그 해에 그 중 단 5,500명이 미국으로 갔다고 했으므로 2015년에는 12,000명 중 절반 이하인 5,500명의 입양아들이 미국 가정에 입양되었다는 것을 알 수 있다. 따라서 글의 내용과 일치하는 것은 ③이다.

정답 ③

① When Ethiopia stopped/ allowing/ its children to be adopted/ by foreign parents/ in January,
접속사　　주어　　동사　　목적어　　동명사 목적어　동명사 목적격 보어　　전명구　　　　전명구
2018,/ it became the latest country/ to eliminate or sharply curtail/ the practice.
　주어　동사　　보어　　　　to부정사 형용사적 용법　　to부정사 목적어

에티오피아가 중지했을 때/ 허용하는 것을/ 자국의 아이들이 입양되는 것을/ 외국인 부모에게/ 2018년 1월에/ 그
곳은 가장 최근의 나라가 되었다/ 없애거나 현저히 축소시킨/ 그 관행을

adopt 입양하다
latest 최신의, 최근의
eliminate 없애다, 제거
하다
sharply 급격히
curtail 축소하다

② In recent decades/ South Korea, Romania, Guatemala, China, Kazakhstan and Russia/ – all
　　　전명구　　　　　　　　　　　　　　　　주어　　　　　　　　　　　　　　　명사(동격)
former leaders/ in foreign adoption/ – have also banned or cut back on/ international custody
　　　　　　　　　　전명구　　　　　　　　　　　동사　　　　　　　목적어
transfers.

최근 수십 년 동안/ 한국, 루마니아, 과테말라, 중국, 카자흐스탄, 러시아는/ 모두가 전 선두주자였던/ 해외 입양의/
또한 금지하거나 축소했다/ 해외 양육권 이전을

ban 금지하다
cut back on ~을 줄이다,
축소하다
custody 양육권, 보호권
transfer 이동

③ In 2005,/ nearly 46,000 children/ were adopted/ across borders;/ roughly half of them/
　　전명구　　　　주어　　　　　　　동사　　　전명구　　　주어　　　전명구
headed to a new life/ in the United States.
　동사　　전명구　　　　전명구

2005년에는/ 근 46,000명의 아이들이/ 입양되었다/ 국경을 넘어/ 그들 중 약 절반이/ 새 삶으로 향해 갔다/ 미국에
서의

border 경계, 국경
roughly 약, 대략
head (특정 방향으로) 가
다, 향하다

④ By 2015/ international adoptions/ had dropped 72 percent,/ to 12,000 in total.
　전명구　　　주어　　　　　　동사　　부사구　　전명구　　전명구

2015년까지/ 해외 입양은/ 72% 감소했다/ 총 12,000명으로

⑤ Just 5,500/ of these children/ ended up in the U.S./ in that year,/ with the remainder/ landing
　주어　　　전명구　　　동사　　전명구　　　전명구　　　전명구　　　현재분사
in Italy, Spain, and other countries.
　　전명구

*with 분사구문: with + 목적어 + 현재분사 (~한 채로)

단 5,500명만이/ 그 아이들 중/ 미국으로 갔으며/ 그 해에/ 나머지는/ 이탈리아, 스페인, 그리고 다른 나라로 갔다

end up 결국 ~이 되다
remainder 나머지

⑥ Today,/ most children/ adopted internationally/ come from China, Democratic Republic of
　부사　　주어　　과거분사　　부사　　동사　　전명구
the Congo and Ukraine.

오늘날/ 대부분의 아이들은/ 해외로 입양되는/ 중국, 콩고민주공화국, 그리고 우크라이나 출신이다

⑦ But/ even China,/ which has been the top sending country/ since the late 1990s,/
등위접속사　주어　주격 관계대명사 동사　　　보어　　　　　전명구
has decreased its foreign adoptions/ by 86 percent.
　동사　　　목적어　　　　전명구

그러나/ 중국조차/ 가장 입양을 많이 보내던/ 1990년대 말부터/ 해외 입양을 감소시켰다/ 86%까지

01 다음 글의 주제로 가장 적절한 것은?

The United States has 120.5 guns per 100 people, or about 393,347,000 guns, which is the highest total and per capita number in the world. Twenty-two percent of Americans own one or more guns. America's pervasive gun culture stems in part from its colonial history, revolutionary roots, frontier expansion, and the Second Amendment, which states: "A well regulated militia, being necessary to the security of a free State, the right of the people to keep and bear Arms, shall not be infringed." Proponents of more gun control laws state that the Second Amendment was intended for militias; that gun violence would be reduced; that gun restrictions have always existed; and that a majority of Americans, including gun owners, support new gun restrictions. Opponents say that the Second Amendment protects an individual's right to own guns; that guns are needed for self-defense from threats ranging from local criminals to foreign invaders; and that gun ownership deters crime rather than causes more crime.

① the seriousness of gun violence in America
② the reasons why Americans want to own guns
③ the pros and cons on more gun restriction laws
④ the necessity of gun control in the United States

02 다음 글의 내용과 일치하지 <u>않는</u> 것은?

Researchers have found the key to a happy marriage. This secret ingredient could be a difference in height between the two partners. An Asian professor said that a greater height difference in a couple was positively related to the wife's happiness. He added that the attraction of a tall husband does not last forever. He said it disappears after 18 years or so of marriage. Meanwhile the Asian professor did not know why women preferred taller men. He said: "Although it has been known that women prefer tall men in mating for evolutionary reasons, no study has investigated whether a taller husband makes his wife happier." He wrote: "Women simply like tall men… This is similar to people favoring fatty, salty and sugary foods without knowing exactly why."

① The greater height difference between a couple was affirmatively related to the wife's happiness.
② Women preferring taller men have no evolutionary reason.
③ The wife who is shorter than her husband is much happier.
④ The more different height two partners have, the happier the wife is.

King Louis XIV was very fond of meat dishes and began many of his meals with braised beef cheeks. His diet included pigeons, swans, hawks, turkeys and almost any bird that you could imagine, as well as a variety of other meats and, of course, oysters and other seafood. The King's favorite dessert was oranges which were poured over with caramel and sprinkled with edible gold. Despite obvious problems with the King's teeth (it is believed that he didn't have any by the time he turned 40), King Louis's appetite remained the same throughout his entire life. When he lost the ability to chew food, he would swallow it in pieces. The King would always eat with his hands and those whom he shared his dinners with were forbidden to use sharp knives. This was due to his fear of conspiracies.

① Louis XIV had braised beef cheeks excluded in his meals.

② Louis XIV was allergic to seafood.

③ In his forties, Louis XIV might not chew food.

④ Louis XIV refrained from eating meat because of his teeth problems.

What is seasickness? Seasickness, also called motion sickness, is a common disturbance of the inner ear. This is the area of the body that affects your sense of balance and equilibrium. ___(A)___, motion sickness happens when your brain receives conflicting messages about motion and your body's position in space. The conflicting messages are delivered from your inner ear, your eyes — what you see, your skin receptors — what you feel, and muscle and joint sensors. ___(B)___, you might become airsick because your eyes cannot see the turbulence that is tossing the plane from side to side. Motion sickness can occur with any mode of travel: on a ship, plane, train, bus, or car.

	(A)	(B)
①	So	However
②	Therefore	For example
③	Otherwise	For instance
④	In contrast	On the other hand

Each new idea in mathematics involves the children in learning in three areas — linguistic, conceptual and procedural. The children learn in that order. This means that if the children are unsure of the language of maths they will not understand the concept and, as a result, they definitely will not be able to do anything with that concept. For example, when learning about shape, words such as quadrilateral and even triangle can be difficult for some pupils. Taking the time to make a link between those words and something the children already know is important to enable them to use the words appropriately. By linking triangle to tricycles and quadrilateral to quad bikes they then have that link which will result in learning. Remember also that even simple words, which may not seem worthy of any time to explain, could cause _____.

① reconciliation
② accordance
③ confusion
④ strife

Particulate matter is responsible for reduction in visibility. Visibility is principally affected by fine particles that are formed in the atmosphere from gas-phase reactions. Although these particles are not directly visible, carbon dioxide, water vapor, and ozone in increased concentrations change the absorption and transmission characteristics of the atmosphere. Particulate matter can cause damage to materials depending upon its chemical composition and physical state. Particles will soil painted surfaces, clothing, and curtains merely by settling on them. Particulate matter can cause corrosive damage to metals either by intrinsic corrosiveness or by the action of corrosive chemicals absorbed or adsorbed by inert particles. The combination of particulate matter and other pollutants such as sulfur dioxide may affect plant growth. Coarse particles, such as dust, may be deposited directly onto leaf surfaces and reduce gas exchange, increase leaf surface temperature, and decrease photosynthesis. Toxic particles containing elements such as arsenic or fluorine can fall onto agricultural soils or plants that are ingested by animals and thus can affect the animal's health.

① How to Measure Particulate Matter
② What Are the Causes of Particulate Matter?
③ The Major Components of Particulate Matter
④ The Effects of Particulate Matter on the Environment

Pragmatic and visionary are two words between which a clear difference can be identified based on their perspective. Pragmatic is an adjective that refers to being concerned with factual data and real life occurrences. A pragmatic person focuses on the available opportunities and obstacles and based on these factual data approaches the problem and chooses the correct path. Visionary, on the other hand, is also an adjective that refers to utopian ideals. A visionary individual would have aims that are almost dreamlike. This is the key difference between pragmatic and visionary. When it comes to leadership, pragmatic leaders can be extremely valuable in organizational contexts as _____ _____. However, a visionary leader is able to foresee the future, although he may not be successful in providing practical solutions to the problems that people undergo on a daily basis. Visionary thoughts are governed by philosophical ideals and theories.

① they always think everything will be all right

② they can motivate people by setting idealistic goals

③ they can come up with quick solutions to daily problems

④ they give their colleagues ideal solutions when they meet some problems

Listening well is important for a number of reasons. There's the obvious practical side – you can't do well academically if you don't pay attention to instructions, and you won't keep a job if you ignore your boss's orders. ① Good listening connects you to the world around you and helps you understand your responsibilities. Second, it is important for the quality of your social life. ② If you're talking without listening in return, that's no relationship. Being a good listener fosters meaningful relationships with those around you. ③ Finally, it is important for your personal development because it keeps you from expanding your horizon. We each have a world of our own, filled with our thoughts, experiences and perspectives. ④ Collectively, these make up our horizon. One of the best ways to expand that horizon is to expose ourselves to others. We do this by opening our ears and minds and listening to them.

Their stability results in changes in gene expression and metabolism that enhance survival in the low oxygen conditions brought on by flooding.

Floods are a major hazard to crops worldwide. This year alone, billions of dollars worth of crops came to waste after catastrophic floods, and famines have hit millions of people worldwide as a result of ruined agriculture. What if you could, however, engineer crops that could resist floods and steadily return to their usual cycle after waters retreat? Scientists made a breakthrough in this sense, as they may have stumbled across the key to engineering flood-resistant crops. "We have identified the mechanism through which reduced oxygen levels are sensed. ① The mechanism controls key regulatory proteins called transcription factors that can turn other genes on and off. ② It is the unusual structure of these proteins that destines them for destruction under normal oxygen levels, but when oxygen levels decline, they become stable. ③ When the plants return to normal oxygen levels, the proteins are again degraded, providing a feedback control mechanism," explained the crop scientist Michael Holdsworth. ④

In a conventional oven, heat has to pass from electric heating elements positioned in the bottom and sides of the cooker into the food, which cooks mostly by conduction from the outside in — from the outer layers to the inner ones.

(A) You have to be very careful because the inside may be boiling hot, while the outside crust is barely even warm. With other foods, where the water content is more evenly dispersed, you'll probably find they cook from the outside in, just like in a conventional oven.

(B) Microwaves excite the liquids in foods more strongly, so something like a fruit pie (with a higher liquid content in the center) will indeed cook from the inside out, because the inside has the highest water content.

(C) That's why a cake cooked in a conventional oven can be burned on the edges and not cooked at all in the middle. However, people sometimes say microwave ovens cook food from the "inside out".

① (B) – (A) – (C)　　② (B) – (C) – (A)
③ (C) – (A) – (B)　　④ (C) – (B) – (A)

정답과 해설 p.11

사소한 것에 목숨을 걸기에는
인생이 너무 짧고,
하찮은 것에 기쁨을 빼앗기기에는
오늘이 소중합니다.

– 조정민, 『인생은 선물이다』, 두란노

DAY 15

Warm Up 기출문제

주어진 문장이 들어갈 위치로 가장 적절한 것은? 2019 지방직 9급　　⏱ 2분

> The same thinking can be applied to any number of goals, like improving performance at work.

The happy brain tends to focus on the short term. ① That being the case, it's a good idea to consider what short-term goals we can accomplish that will eventually lead to accomplishing long-term goals. ② For instance, if you want to lose thirty pounds in six months, what short-term goals can you associate with losing the smaller increments of weight that will get you there? ③ Maybe it's something as simple as rewarding yourself each week that you lose two pounds. ④ By breaking the overall goal into smaller, shorter-term parts, we can focus on incremental accomplishments instead of being overwhelmed by the enormity of the goal in our profession.

| 해석 | 행복한 뇌는 단기적인 것에 집중하는 경향이 있다. 그렇다면, 결국에는 장기 목표들을 달성하도록 해줄 어떤 단기 목표들을 우리가 성취할 수 있을지 고려하는 것은 좋은 생각이다. 예를 들어, 만약 당신이 6개월 뒤에 30파운드를 감량하기를 원한다면, 당신을 거기에 도달하게 해줄 더 작게 늘어나는 무게를 감량하는 것과 어떤 단기적인 목표들을 연관 지을 수 있는가? 아마 당신이 2파운드를 감량하는 것은 매주 스스로에게 보상을 해주는 것만큼 단순한 일일 것이다. ④ 동일한 사고는 직장에서 실적을 향상시키는 것 같은 많은 목표들에도 적용될 수 있다. 전체적 목표를 더 작고 더 단기적인 부분들로 나눔으로써, 우리는 우리 직장에서 엄청난 목표에 압도되는 대신 서서히 증가하는 성취들에 집중할 수 있다.

| 해설 | ④ 주어진 문장에서 언급된 'The same thinking(동일한 사고방식)'은 앞에서 언급된 체중 감량과 관련된 사고와 유사한 것이 전개된 것임을 알 수 있다. 따라서 제시 문장은 ④에 위치하는 것이 가장 적절하다.

정답 ④

❶ The happy brain/ tends to focus/ on the short term.
　　주어　　　　동사　　to부정사　　전명구

행복한 뇌는/ 집중하는 경향이 있다/ 단기적인 것에

tend to ~하는 경향이
있다
short term 단기

❷ That being the case,/ it's a good idea/ to consider/ what short-term goals/ we can accomplish/
　주어　　현재분사　주격 보어　　동사　주격 보어　　＊진주어　　　　목적어　　　　　주어　　　동사
　　　　　　　　　　　　＊가주어　　　＊진주어

that will eventually lead/ to accomplishing long-term goals.
관계대명사 조동사　부사　동사　　　　　전명구

그렇다면/ 좋은 생각이다/ 고려하는 것은/ 어떤 단기 목표들을/ 우리가 성취할 수 있을지/ 결국에는 이끌/ 장기 목
표들을 달성하도록

that being the case 그렇
다면, 사정이 그러하다면

❸ For instance,/ if you want to lose thirty pounds/ in six months,/ what short-term goals can
　　접속부사　　접속사 주어 동사　목적어　to부정사 목적어　　　전명구　　　　　　목적어　　　　조동사

you associate/ with losing the smaller increments of weight/ that will get you there?
주어　　동사　　　　　　　전명구　　　　　　　　　　전명구　　관계대명사 동사　목적어 부사

예를 들어/ 만약 당신이 30파운드를 감량하기를 원한다면/ 6개월 뒤에/ 당신은 어떤 단기적인 목표들을 연관시킬
수 있는가/ 더 작게 늘어나는 무게를 감량하는 것과/ 당신을 거기에 도달하게 해줄

associate 연관 짓다
increment 증가, 인상

❹ Maybe/ it's something/ as simple as/ rewarding yourself each week/ that you lose two pounds.
　부사　　동사　주격 보어　부사 형용사　　　　　전명구　　　　　　　접속사 주어 동사　목적어
　　　　＊가주어　　＊원급 비교　　　　　　　　　　　　　　　＊진주어

아마/ 어떤 것이다/ ~처럼 간단한/ 매주 스스로에게 보상을 해주는 것/ 당신이 2파운드를 감량하는

reward 보상해주다

❺ ④ The same thinking/ can be applied/ to any number of goals,/ like improving performance/
　　　　　주어　　　　　　　동사　　　　　전명구　　　　　전명구　　　　전명구　　　　동명사 목적어
　　　　　　　　　　　　　　　　　　　　　　　　　　　　　　　＊전치사＋동명사

at work.
전명구

④ 동일한 사고는/ 적용될 수 있다/ 많은 목표들에도/ 실적을 향상시키는 것 같은/ 직장에서

apply to ~에 적용하다
performance 실적, 수
행능력

❻ By breaking the overall goal/ into smaller, shorter-term parts,/ we can focus/
　　　　전명구　　　　　　　　　　　전명구　　　　　　　주어　동사

on incremental accomplishments/ instead of being overwhelmed/ by the enormity of the goal/
　　　　　전명구　　　　　　　　　　　　　전명구　　　　　　　　　전명구　　　　　전명구

in our profession.
　　전명구

전체적 목표를 나눔으로써/ 더 작고 더 단기적인 부분들로/ 우리는 집중할 수 있다/ 서서히 증가하는 성취들에/ 압
도되는 대신/ 엄청난 목표에/ 우리 직장에서

incremental 서서히 증
가하는
overwhelm 압도하다
enormity 엄청남, 막대함
profession 직종, 분야

글의 제목으로 가장 적절한 것은? ⏱ 1분 45초

In 2017, running, jogging and trail running were the most popular outdoor recreation activities amongst people in the U.S. aged six years and older — accounting for a total of 55.9 million participants. Running was not only the most favored outdoor activity among U.S. citizens when measured by the number of participants, but it also came out on top in terms of the number of total annual outings. The average outdoor participant of running, jogging and trail running went on around 76 outings. Another popular outdoor pastime for those in the U.S. was freshwater, saltwater and fly fishing, with the second highest number of participants in the same year. Fishing proved a very popular outdoor activity with approximately 49 million total participants in 2017; however, the frequency was much lower at only 18 outings annually compared to running.

① 2017's most popular recreational sites
② The importance of recreation in your life
③ Frequently enjoyed recreations in the U.S.
④ Reasons why Americans prefer outdoor activities

| 해석 | 2017년에는 달리기, 조깅 그리고 트레일 러닝이 6세 이상의 미국 사람들 사이에서 가장 인기 있는 야외 오락 활동이었는데, 이는 총 5,590만 명의 참가자들을 차지했다. 달리기는 참가자의 수로 측정했을 때 미국 시민들 사이에서 가장 좋아하는 야외 활동이었을 뿐만 아니라, 총 연간 야외 모임의 수에 있어서도 가장 우세했다. 평균적인 달리기, 조깅 그리고 트레일 러닝의 참가자들은 약 76번의 야외 모임을 나갔다. 미국 사람들에게 또 다른 인기 있는 야외 오락은 민물, 바다, 그리고 플라이 낚시였는데, 같은 해에 두 번째로 많은 참가자 수를 보유했다. 2017년에 낚시는 약 4,900만 명의 총 참가자를 보유한 매우 인기 있는 야외 활동인 것으로 밝혀졌으나, 연간 오직 18번의 야외 모임으로, 달리기와 비교해 그 빈도는 훨씬 낮았다.
① 2017년 가장 인기 있는 레크리에이션 장소
② 당신의 삶에 있어서 레크리에이션의 중요성
③ 미국에서 자주 즐기는 레크리에이션
④ 미국인들이 야외 활동을 선호하는 이유

| 해설 | ③ 2017년에 미국에서 가장 인기 있었던 두 가지 야외 활동을 소개하며 첫 번째는 달리기, 조깅, 트레일 러닝이며, 또 하나는 민물, 바다, 플라이 낚시라고 했다. 따라서 가장 적절한 제목은 ③이다.

정답 ③

❶ In 2017,/ running, jogging and trail running/ were the most popular outdoor recreation
　　전명구　　　　　　　　주어　　　　　　　　동사　　　　　　　　주격 보어

*aged 앞 주격 관계대명사 + be동사 생략
activities/ amongst people in the U.S./ aged six years and older/ — accounting for/ a total
　　　　　　전명구　　　　　　전명구　　　　　　부사구　　　　　　분사구문　　　　전명구
of 55.9 million participants.
　　전명구

2017년에는/ 달리기, 조깅 그리고 트레일 러닝이/ 가장 인기 있는 야외 오락 활동이었다/ 미국 사람들 사이에서/ 6
세 이상의/ ~을 차지하며/ 총 5,590만 명의 참가자들을

recreation 오락, 레크리
에이션, 휴양
amongst ~ 사이에(=
among)
account for ~을 차지
하다
participant 참가자, 참여자

*not only A but also B: A뿐만 아니라 B도
❷ Running/ was not only the most favored outdoor activity/ among U.S. citizens/ when
　　주어　　동사　부사 부사　　　보어　　　　　　　　　　　　전명구　　　　　　접속사
*measured 앞 it(running) was 생략(주절과 종속절의 주어가 동일하면 종속절 주어 + be동사 생략 가능)
measured/ by the number of participants,/ but it also came out on top/ in terms of the
과거분사　　　전명구　　　　전명구　　등위접속사 주어 부사　동사　전명구　　전명구　　전명구
number /of total annual outings.
　　　　전명구

달리기는/ 가장 좋아하는 야외 활동이었을 뿐만 아니라/ 미국 시민들 사이에서/ 측정되었을 때/ 참가자의 수로/ 가
장 우세했다/ 수에 있어서도/ 총 연간 야외 모임의

favored 인기 있는, 호의
를 받는
come out on top 이기
다, (가장) 우세하다
in terms of ~에 관하
여, ~ 면에서
annual 연간의, 1년의

❸ The average outdoor participant/ of running, jogging and trail running/ went on
　　　　　주어　　　　　　　　　　전명구　　　　　　　　　동사
around 76 outings.
　목적어

평균적인 참가자들은/ 달리기, 조깅 그리고 트레일 러닝의/ 약 76번의 야외 모임을 나갔다

❹ Another popular outdoor pastime/ for those in the U.S./ was freshwater, saltwater and fly
　　　　　주어　　　　　　　　전명구　　전명구　　동사　　　　주격 보어
fishing,/ with the second highest number of participants/ in the same year.
　　　　전명구　　　　　　전명구　　　　전명구

또 하나의 인기 있는 야외 오락은/ 미국 사람들에게/ 민물, 바다, 그리고 플라이 낚시였는데/ 두 번째로 많은 참가자
수를 보유하며/ 같은 해에

pastime 오락, 기분 전환
freshwater 민물
saltwater 바닷물

❺ Fishing proved a very popular outdoor activity/ with approximately 49 million total
　　주어　　동사　　　주격 보어　　　　　　　전명구
participants/ in 2017;/ however,/ the frequency was much lower/ at only 18 outings annually/
　　　　　전명구　접속부사　　주어　　동사　보어　　전명구　　　부사
compared to running.
과거분사　전명구

낚시는 매우 인기 있는 야외 활동인 것으로 밝혀졌다/ 약 4,900만 명의 총 참가자를 보유하며/ 2017년에/ 그러나/
그 빈도는 훨씬 낮았다/ 연간 오직 18번의 야외 모임으로/ 달리기와 비교해

prove ~임이 드러나다
approximately 대략
frequency 빈도
compared to ~와 비교
하여

다음 글의 밑줄 친 부분 중 문맥상 단어의 쓰임이 적절하지 않은 것은? ⏱ 2분

The importance of sanitation to community well-being has been known for thousands of years. For example, there is archaeological evidence of latrines, cesspits, and/or drainage channels discovered from the Mesopotamian Empire, Scotland, ancient Greece, China, and Egypt. However, the relationship between sanitation and disease did not receive worldwide ① adoption and promotion until the 1800s with the Sanitary "Awakening"/ "Revolution". Although many cities had used toilets and sewer systems, they were much like those in many parts of the world today where the wastewater goes ② treated. This in turn spread disease and led to environmental ③ degradation. Evidence of ④ detrimental parasites and pathogens like whipworm, roundworm and dysentery has also been discovered in ancient toilets and other waste disposal sites. A notable turning point for understanding the connection between sanitation and disease was the 1854 cholera epidemic in London.

| 해석 | 공동체의 웰빙에 대한 위생의 중요성은 수천 년 동안 알려져 있었다. 예를 들어, 메소포타미아 제국, 스코틀랜드, 고대 그리스, 중국, 그리고 이집트에서 발견된 변소, 분뇨 구덩이, 그리고/또는 배수로에 관한 고고학적 증거가 있다. 그러나, 위생과 질병 사이의 관련성은 1800년대의 위생에 대한 "자각"/ "혁명" 이전까지는 전 세계적인 ① 채택과 옹호를 받지 못했다. 비록 많은 도시들이 화장실과 하수도를 사용했지만, 그것들은 폐수가 ② 처리되어(→ 처리되지 않고) 흐르는 오늘날의 전 세계의 많은 곳들의 그것들과 매우 유사했다. 이것은 결국 질병을 확산시켰고 환경 ③ 악화로 이어졌다. 편충, 회충, 그리고 이질과 같은 ④ 유해 기생충과 병원균의 증거 또한 고대 화장실과 다른 쓰레기 처리장에서 발견되었다. 위생과 질병의 관계 이해에 대한 주요 전환점은 런던에서의 1854년 콜레라 대유행이었다.

| 해설 | ② 지문은 위생의 중요성은 오래전부터 인식되어왔으나, 위생과 질병의 관계에 대한 인식은 비교적 최근인 1800년대에 들어서야 고취되었다고 설명하고 있다. 네 번째 문장에서 화장실과 하수도를 사용했지만, 오늘날 많은 지역에 있는 것과 마찬가지로 폐수가 흐른다고 설명한 후, 이어서 결국 이것이 질병을 확산시켰다고 언급하고 있다. 즉, '처리된(treated)' 폐수가 아니라, '처리되지 않은(untreated)' 폐수가 그대로 흘렀기 때문에 질병이 발생하였다는 것이 문맥상 자연스러우므로, ② 'treated'는 'untreated'가 되어야 알맞다.
① 'adoption'은 '입양'이라는 뜻 외에 '채택, 도입'이라는 의미를 지니고 있으며, 지문의 내용상 '위생과 질병의 관련성이 1800년대 이전까지는 받아들여지지 않았다'는 의미이므로, 'adoption'은 문맥상 자연스럽다.
③ 오염된 폐수가 처리되지 않은 채로 흘러나와 질병이 확산되었다는 내용이므로, 글의 흐름상 '환경이 악화[오염]되었다'는 내용이 이어지는 것이 적절하다. 따라서 'degradation(악화)'은 문맥상 자연스럽다.
④ 예로 제시된 기생충과 병원균은 '해로운' 종류이므로, 'detrimental(해로운)'은 문맥상 자연스럽다.

정답 ②

❶ The importance of sanitation/ to community well-being/ has been known/ for thousands of
주어　　　　　전명구　　　　　　전명구　　　　　　동사　　　　　전명구
years.

위생의 중요성은/ 공동체의 웰빙에 대한/ 알려져 있었다/ 수천 년 동안

sanitation 위생

❷ For example,/ there is archaeological evidence/ of latrines, cesspits, and/or drainage
접속부사　　유도부사 동사　　　주어　　　　　전명구
channels/ discovered/ from the Mesopotamian Empire, Scotland, ancient Greece, China, and
　　　　　과거분사　　　　　　전명구
Egypt.

예를 들어/ 고고학적 증거가 있다/ 변소, 분뇨 구덩이, 그리고/ 또는 배수로에 관한/ 발견된/ 메소포타미아 제국, 스
코틀랜드, 고대 그리스, 중국, 그리고 이집트에서

archaeological 고고학의
latrine (땅을 파고 만든)
변소
cesspit 분뇨[쓰레기] 구
덩이
drainage channel 배수로

❸ However,/ the relationship between sanitation and disease/ did not receive worldwide
접속부사　　　주어　　　　　　전명구　　　　　　　동사　　　목적어
adoption and promotion/ until the 1800s/ with the Sanitary "Awakening"/ "Revolution".
　　전명구　　　　　　　전명구　　　　　전명구　　　　　　명사(동격)

그러나/ 위생과 질병 사이의 관련성은/ 전 세계적인 채택과 옹호를 받지 못했다/ 1800년대까지/ 위생에 대한 "자
각"/ "혁명"이 있던

adoption 채택, 차용
promotion 주창, 옹호
awakening 각성, 자각,
인식

❹ Although many cities had used toilets and sewer systems,/ they were much like those/
접속사　　주어　　　동사　　　　목적어　　　　　주어　동사　부사　전명구
in many parts of the world today/ where the wastewater goes ② treated(→ untreated).
전명구　　　전명구　　부사　관계부사　　주어　　동사　　　보어

비록 많은 도시들이 화장실과 하수도를 사용했지만/ 그것들은 그것들과 매우 유사했다/ 오늘날이 전 세계의 많은
곳들의/ 폐수가 ② 처리되어(→ 처리되지 않고) 흐르는

sewer system 하수도
treated (화학물질을 사
용하여) 처리된

❺ This in turn/ spread disease/ and led to environmental degradation.
주어　전명구　　동사1　목적어　등위접속사 동사2　　　전명구

이것은 결국/ 질병을 확산시켰다/ 그리고 환경 악화로 이어졌다

in turn 결국
degradation 악화, 저하,
붕괴

❻ Evidence/ of detrimental parasites and pathogens/ like whipworm, roundworm and
주어　　　　　전명구　　　　　　　　전명구
dysentery/ has also been discovered/ in ancient toilets and other waste disposal sites.
　　　　동사　　　　　　　전명구

증거는/ 유해 기생충과 병원균의/ 편충, 회충, 그리고 이질과 같은/ 또한 발견되었다/ 고대 화장실과 다른 쓰레기 처
리장에서

parasite 기생충
pathogen 병원균, 병원
체
whipworm 편충
roundworm 회충
dysentery 이질
disposal 처리, 폐기

❼ A notable turning point/ for understanding the connection/ between sanitation and disease/
주어　　　　　전명구　　　　동명사 목적어　　　전명구
was the 1854 cholera epidemic/ in London.
동사　　　주격 보어　　　전명구

주요 전환점은/ 관계 이해에 대한/ 위생과 질병 간의/ 1854년 콜레라 대유행이었다/ 런던에서의

notable 중요한, 주목할
만한, 두드러진
epidemic 급속한 확산,
대유행

밑줄 친 (A), (B)에 들어갈 말로 가장 적절한 것은? ⏱ 2분 30초

Half a decade has passed since the financial crisis, but shadows still loom large on the global economy. In the meantime, anything has hardly been done to address the key triggers that were at the epicenter of the global financial meltdown. And as famous political scientist Ian Bremmer and noted economist Nouriel Roubini put it, we have reached the 'New Abnormal' era — a period where no single nation or group is secure enough to lend global leadership. Weak economies, poor job markets, loose monetary policies, high debt and asset inflation are the issues plaguing major economies. And on top of all these, currency risks remain high as nations are printing money, depreciating their own currencies in the hope of reviving exports, thus posing a huge systemic threat for the entire global economy. _____(A)_____, all the ingredients that can trigger a financial crisis are already in place. One might expect all this to lead to an increasing sense of risk and the need to address it. _____(B)_____, what we are witnessing these days is a sense of complacency.

	(A)	(B)
①	Furthermore	Likewise
②	In short	Instead
③	Nevertheless	Therefore
④	For example	However

| 해석 | 금융 위기 이후 5년이 지났지만, 여전히 그림자는 세계 경제 위에 짙게 드리워져 있다. 그동안, 전 세계 금융 붕괴의 중심에 있던 주요 요인들을 해결하기 위해 행해진 것이 거의 없다. 그리고 저명한 정치학자 Ian Bremmer와 유명 경제학자 Nouriel Roubini가 제기하듯이, 우리는 어떠한 단일 국가 또는 집단도 세계적인 지도력을 제공할 만큼 충분히 안정적이지 않은 시대인 '뉴 애브노멀(New Abnormal)' 시대에 이르렀다. 쇠약한 경제, 열악한 고용시장, 느슨한 통화 정책, 높은 부채, 그리고 자산 인플레이션은 주요 경제를 괴롭히는 문제들이다. 그리고 이러한 모든 것들 외에도, 국가들이 수출을 회복하고자 하는 희망으로 자국 통화 가치를 절하시키며 화폐를 발행하고 있기 때문에 전 세계 경제에 커다란 전체적 위협을 가해 환위험이 높게 유지된다. (A) 요컨대, 금융 위기를 유발할 수 있는 모든 요소는 이미 존재한다. 누군가는 이 모든 것이 더 증가하는 위험 의식과 그것을 해결해야 할 필요성으로 이어질 것이라 기대할지도 모른다. (B) 대신에, 우리가 요즘 목격하고 있는 것은 안주 의식이다.

① 게다가 – 유사하게
② 요컨대 – 대신에
③ 그럼에도 불구하고 – 그러므로
④ 예를 들어 – 그러나

| 해설 | ② (A) 빈칸 이전에서는 전 세계 금융 위기가 일단락되었음에도 다양한 문제들이 산재한다며 언제든지 세계적 금융 위기가 발생할 수 있는 가능성이 존재함을 암시하고 있다. 그리고, 빈칸 이후에서 앞서 설명한 내용을 한 문장으로 요약하여 제시하고 있으므로, (A)에 가장 적절한 표현은 '요약'을 나타내는 'In short(요컨대)'이다. (B) 빈칸 이전 문장에서 이러한 문제 상황에서 우리가 위험 의식 고조와 문제 해결 필요성의 대두를 기대할 수 있을 것이라고 했다. 그러나 빈칸 이후에서는, 기대와 달리 우리가 보는 것은 현실에 안주하는 모습이라고 언급하고 있으므로, (B)에는 '대조'를 나타내는 'Instead(대신에)' 또는 'However(그러나)'가 들어가는 것이 자연스럽다. 따라서 정답은 ② 'In short(요컨대) – Instead(대신에)'이다.

정답 ②

❶ Half a decade has passed/ since the financial crisis,/ but shadows still loom large/ on the
주어　　　　　　동사　　　　　　전명구　　　　　등위접속사 주어　부사　동사　부사　전명구
global economy.

5년이 지났다/ 금융 위기 이후/ 그러나 여전히 그림자는 짙게 드리워져 있다/ 세계 경제 위에

loom large (걱정·위기 등이) 크게 다가오다[불가피해 보이다]

❷ In the meantime,/ anything has hardly been done/ to address the key triggers/ that were
접속부사　　　　　 주어　　　　　　동사　　　　　　to부정사 부사적 용법 to부정사 목적어　주격 관계대명사　동사
at the epicenter/ of the global financial meltdown.
전명구　　　　　　전명구

그동안/ 행해진 것이 거의 없다/ 주요 요인들을 해결하기 위해/ 중심에 있던/ 전세계 금융 붕괴의

address (문제·상황을) 고심하다[다루다], 해결하다
trigger 계기, 도화선, 요인
epicenter 중심점, 핵심
meltdown (제도·기업의) 완전 붕괴, 대폭락

❸ And as famous political scientist Ian Bremmer and noted economist Nouriel Roubini
등위접속사 접속사　　　　　 주어1　　　　　　　명사(동격)　등위접속사　　주어2　　　　　 명사(동격)
put it,/ we have reached the 'New Abnormal' era/ — a period/ where no single nation or
동사 목적어 주어　동사　　　　　　목적어　　　　　　명사(동격)　관계부사　　　주어
　　　　　　　　　*to부정사 부사적 용법
group is secure/ enough to lend global leadership.
동사　보어　 부사　　　　　목적어

그리고 저명한 정치학자 Ian Bremmer와 유명 경제학자 Nouriel Roubini가 제기하듯이/ 우리는 '뉴애브노멀(New Abnormal)' 시대에 이르렀다/ 시대에/ 어떠한 단일 국가 또는 집단도 안정적이지 않은/ 세계적인 지도력을 제공할 만큼 충분히

noted 유명한, 잘 알려져 있는
put it (요구·주장 등을) 제기[제출]하다
lend 주다, 제공하다

❹ Weak economies,/ poor job markets,/ loose monetary policies,/ high debt/ and asset
주어1　　　　　　 주어2　　　　　　　주어3　　　　　　 주어4　등위접속사 주어5
inflation/ are the issues/ plaguing major economies.
동사　 보어　　 현재분사　 현재분사 목적어

쇠약한 경제/ 열악한 고용시장/ 느슨한 통화 정책/ 높은 부채/ 그리고 자산 인플레이션은/ 문제들이다/ 주요 경제를 괴롭히는

asset 자산
plague 괴롭히다, 성가시게 하다

❺ And on top of all these,/ currency risks remain high/ as nations are printing money,/
등위접속사　　전명구　　　　　 주어　　　동사　보어　접속사 주어　　 동사　　목적어
　　　　　　　　　　　　　　　　　　　　　　　　　　　　　　*분사구문
depreciating their own currencies/ in the hope of reviving exports,/ thus posing
분사구문　　　 현재분사 목적어　　　 전명구　　 전명구　 동명사 목적어　부사 현재분사
a huge systemic threat/ for the entire global economy.
현재분사 목적어　　　　 전명구

그리고 이러한 모든 것들 외에도/ 환위험은 높게 유지된다/ 국가들이 화폐를 찍어내어/ 자국 통화 가치를 절하하며/ 수출을 회복하고자 하는 희망으로/ 그 결과 커다란 전체적 위협을 제기하고 있다/ 전 세계 경제에

depreciate (화폐를) 평가 절하하다
revive 회복시키다, 되살리다
pose 제기하다
systemic 전체[전신]에 영향을 주는

❻ (A) In short,/ all the ingredients/ that can trigger a financial crisis/ are already in place.
접속부사　　　　　 주어　　　 주격 관계대명사 동사　　　　 목적어　　　　　 동사　 부사　　 전명구

(A) 요컨대/ 모든 요소는/ 금융 위기를 유발할 수 있는/ 이미 존재한다

ingredient 재료[성분], 구성 요소
in place 제자리에 있는

　　　　　　　　　　　　　　　　　*the need 앞 전치사 to 생략 *to부정사 형용사적 용법
❼ One might expect/ all this to lead/ to an increasing sense of risk/ and the need/ to address it.
주어　 동사　　　　 목적어 목적격 보어　　 전명구1　　　　　전명구 등위접속사 전명구2　 to부정사 목적어

누군가는 기대할지도 모른다/ 이 모든 것이 이어진다/ 더 증가하는 위험 의식으로/ 그리고 필요성(으로)/ 그것을 해결해야 할

lead to ~로 이어지다

❽ (B) Instead,/ what we are witnessing these days/ is a sense of complacency.
接속부사 관계대명사 주어　　 동사　　　　부사구　　 동사　보어　　　전명구

(B) 대신에/ 우리가 요즘 목격하고 있는 것은/ 안주 의식이다

complacency 현 상태에 만족함, 안주

Warm Up 기출문제

다음 글의 내용과 일치하는 것은? 2018 국가직 9급 ⏱ 3분

Sharks are covered in scales made from the same material as teeth. These flexible scales protect the shark and help it swim quickly in water. A shark can move the scales as it swims. This movement helps reduce the water's drag. Amy Lang, an aerospace engineer at the University of Alabama, studies the scales on the shortfin mako, a relative of the great white shark. Lang and her team discovered that the mako shark's scales differ in size and in flexibility in different parts of its body. For instance, the scales on the sides of the body are tapered — wide at one end and narrow at the other end. Because they are tapered, these scales move very easily. They can turn up or flatten to adjust to the flow of water around the shark and to reduce drag. Lang feels that shark scales can inspire designs for machines that experience drag, such as airplanes.

① A shark has scales that always remain immobile to protect itself as it swims.
② Lang revealed that the scales of a mako shark are utilized to lessen drag in water.
③ A mako shark has scales of identical size all over its body.
④ The scientific designs of airplanes were inspired by shark scales.

| 해석 | 상어는 이빨과 같은 재질로 만들어진 비늘로 덮여있다. 이러한 신축성이 좋은 비늘은 상어를 보호하고 물속에서 빨리 헤엄치게 돕는다. 상어는 헤엄치면서 비늘들을 움직일 수 있다. 이러한 움직임은 물의 저항력을 감소시키도록 돕는다. 앨라배마 대학교의 항공우주 엔지니어인 Amy Lang은 백상아리의 친척인 청상아리의 비늘을 연구한다. Lang과 그녀의 팀은 청상아리의 비늘은 몸통의 다른 부분들에서 크기와 신축성이 다름을 발견했다. 예를 들어, 몸통 옆에 있는 비늘은 점점 가늘어진다. 즉 한쪽 끝에서는 넓고 다른 한쪽 끝에서는 가늘다. 비늘들은 가늘어지기 때문에, 그것들은 아주 쉽게 움직인다. 그것들은 상어 주변의 물의 흐름에 따르고 저항력을 감소시키기 위해 접어 올릴 수도 있고, 납작하게 만들 수도 있다. Lang은 상어의 비늘이 비행기와 같은 저항력을 겪는 기계의 디자인에 영감을 줄 수 있다고 느낀다.
① 상어는 헤엄치며 자신을 보호하기 위해 항상 움직이지 않는 상태를 유지하는 비늘을 가졌다.
② Lang은 물에서 저항력을 낮추기 위해 청상아리의 비늘이 이용됨을 밝혀냈다.
③ 청상아리는 몸 전체에 동일한 크기의 비늘을 가졌다.
④ 비행기의 과학적인 디자인은 상어 비늘에 의해 영감을 받았다.

| 해설 | ② 세 번째, 네 번째 문장에서 청상아리의 비늘은 움직여서 물의 저항력을 감소시킨다고 했으므로 ②는 글의 내용과 일치한다.

정답 ②

✏ 구문독해 연습노트에서 직접 분석해보세요. ▶ p.29

❶ *후치 수식하는 과거분사
Sharks are covered in scales/ made from the same material/ as teeth.
　주어　　　동사　　　　전명구　　　　　　　전명구　　　　　　　전명구
상어는 비늘로 덮여있다/ 같은 재질로 만들어진/ 이빨과

scale 비늘

❷ *준사역동사
These flexible scales/ protect the shark/ and help it swim quickly/ in water.
　　　주어　　　　　　　동사1　　　목적어　　동사2 목적어 목적격 보어 부사　　전명구
이러한 신축성 좋은 비늘은/ 상어를 보호한다/ 그리고 그것이 빨리 헤엄치게 돕는다/ 물속에서

flexible 신축성 있는, 유연한

❸ A shark can move the scales/ as it swims.
　　주어　　　동사　　　목적어　접속사주어 동사
상어는 비늘들을 움직일 수 있다/ 헤엄치면서

❹ *(to)동사원형을 목적어로 갖는 타동사
This movement helps/ reduce the water's drag.
　　주어　　　　동사　　　　목적어
이러한 움직임은 돕는다/ 물의 저항력을 감소시키도록

drag 항력, 끌림

❺ Amy Lang,/ an aerospace engineer/ at the University of Alabama,/ studies the scales/
　　주어　　　　　동격　　　　　　　전명구　　　　　　　　동사　　목적어
on the shortfin mako,/ a relative/ of the great white shark.
　　전명구　　　　　　　동격　　　　전명구
Amy Lang은/ 항공우주 엔지니어인/ 앨라배마 대학교의/ 비늘을 연구한다/ 청상아리의/ 친척인/ 큰 백상아리의

aerospace 항공우주 산업
shortfin mako 청상아리

❻ Lang and her team discovered that/ the mako shark's scales differ/ in size and in flexibility/
　　　주어　　　　　　　　　동사　　접속사　　　　　　주어　　　　　　동사　전명구　접속사　전명구
in different parts/ of its body.
　　전명구　　　　　전명구
Lang과 그녀의 팀은 ~임을 발견했다/ 청상아리의 비늘은 다르다/ 크기와 신축성이/ 다른 부분들에서/ 몸통의

differ 다르다

❼ For instance,/ the scales on the sides of the body/ are tapered/ — wide at one end/
　접속부사　　　　주어　　　　전명구　　　　전명구　　　동사　보어1　　　　보어2　　　전명구
and narrow at the other end.
접속사　보어3　　　　전명구
예를 들어/ 몸통 옆에 있는 비늘은/ 점점 가늘어진다/ 한쪽 끝에서는 넓고/ 다른 한쪽 끝에서는 가늘다

taper 점점 가늘어지게 하다

❽ Because they are tapered,/ these scales move/ very easily.
　접속사　주어　　동사　　　　　주어　　　동사　　　부사구
그것들이 가늘어지기 때문에/ 그러한 비늘들은 움직인다/ 아주 쉽게

❾ *to부정사 부사적 용법　　　　　　　　　　　　　　　　　　*to부정사 부사적 용법
They can turn up or flatten/ to adjust to the flow of water/ around the shark/ and to reduce
주어　조동사　동사1　　동사2　　　　동사　　　　전명구　　　전명구　　　　전명구
drag.
목적어
그것들은 접어 올릴 수도 있고 납작하게 만들 수도 있다/ 물의 흐름에 따르기 위해/ 상어 주변의/ 그리고 저항력을 감소시키기 위해

flatten 납작하게 만들다

❿ Lang feels that/ shark scales can inspire/ designs for machines/ that experience drag,/
　　주어　　동사 접속사　　　주어　　　　동사　　　목적어　　　전명구　　주·관·대　동사　　목적어
such as airplanes.
　　전명구
Lang은 ~라고 느낀다/ 상어의 비늘이 영감을 줄 수 있다/ 기계의 디자인에/ 저항력을 겪는/ 비행기와 같은

inspire 영감을 주다, 고무시키다

주어진 문장이 들어갈 위치로 가장 적절한 곳은?　　　　　🕐 2분 15초

Despite a clear thread of continuity between the ancient and modern games, some other elements of the ancient Olympic games would seem very strange to spectators today.

Many aspects of the ancient Olympic games would be perfectly familiar to today's Olympic fans: elite international competition, cheering crowds in the tens of thousands, events like sprints, wrestling, discus, and javelin. ① Then as now, Olympic contenders often spent years training with expert coaches, and victors were showered with praise and wealth. ② You can hardly imagine a modern Olympics featuring the sacrifice of 100 oxen or the public whipping of athletes caught cheating. ③ Athletes competed in the nude, examined the entrails of sacrificed animals to see if they prophesied victory, and were rewarded only for winning an event. There were no prizes for second or third place. ④ The practice of warfare in the ancient world inspired many Olympic events. In the hoplitodromia, or race in armor, for example, a field of 25 athletes ran two lengths of the 210-yard-long stadium at Olympia wearing bronze greaves and helmets and lugging shields that may have weighed 30 pounds just like a mass of soldiers running in full armor, which was an effective way to surprise and terrify enemy armies.

| 해석 | 고대 올림픽 경기의 여러 측면들인 정예의 국제적인 경쟁, 수만에 이르는 응원하는 군중들, 단거리 육상, 레슬링, 원반던지기, 투창과 같은 경기들은 오늘날 올림픽 팬들에게 매우 익숙할 것이다. 그때나 지금이나 올림픽 경기자들은 종종 전문 코치진과 수년의 훈련을 거쳤고, 우승자들은 찬사와 부의 세례를 받았다. ② 고대와 현대의 경기의 연속성의 명백한 줄기에도 불구하고 고대 올림픽 경기의 몇몇 다른 요소들은 오늘날의 관중들에게 매우 이상하게 보일지도 모른다. 당신은 100마리의 황소를 제물로 바치는 것, 혹은 부정행위를 저지른 것이 발각된 선수들을 공개적으로 채찍질하는 것을 포함하는 현대 올림픽을 상상할 수 없을 것이다. 선수들은 알몸으로 경쟁했고, 그것들이 승리를 예견하는지 알아내기 위해 제물로 바쳐진 동물들의 내장을 조사했으며, 우승하는 것에만 상이 주어졌다. 2위나 3위를 위한 상은 없었다. 고대 세계의 전쟁 관행은 많은 올림픽 경기를 탄생시켰다. 예를 들어, 호플리토드로미아, 또는 갑옷 경주는 적군을 놀라게 하고 두렵게 만드는 데 효과적인 방법이었던 완전 무장을 하고 달리는 군인 부대처럼, 25인의 참가 선수들이 청동 정강이받이와 투구를 쓰고 무게가 30파운드 정도 나갔을 방패를 들고 올림피아의 2100야드 길이의 경기장을 두 구간 달렸다.

| 해설 | ② 현대의 올림픽과는 다른 고대의 올림픽에 대한 글이다. 주어진 문장이 대조 관계를 나타내는 전치사 'Despite(~에도 불구하고)'로 시작하므로 주어진 문장 이전에는 상반된 내용이 와야 함을 유추할 수 있다. ② 앞의 문장들에서는 고대와 현대 올림픽의 공통점을 서술하고 있고, 그 이후부터는 현대 올림픽과는 다른 고대 올림픽에 대한 내용이 전개되고 있으므로, 주어진 문장은 ②에 들어가는 것이 적절하다.

정답 ②

① Many aspects/ of the ancient Olympic games/ would be perfectly familiar/ to today's

　　주어　　　　　　　전명구　　　　　　　　동사　　부사　　보어　　　전명구

Olympic fans:/ elite international competition,/ cheering crowds in the tens of thousands,/

　　　　　　　　　　명사1(나열)　　　　　　　　　　명사2　　　　　　전명구

events/ like sprints, wrestling, discus, and javelin.

　명사3　　　　　　전명구

여러 측면들은/ 고대 올림픽 경기의/ 매우 익숙할 것이다/ 오늘날 올림픽 팬들에게/ 정예의 국제적인 경쟁/ 수만에 이르는 응원하는 군중들/ 경기들/ 단거리 육상, 레슬링, 원반 던지기, 투창과 같은

aspect 면, 측면

sprint 단거리 경주, 전력 질주

discus 원반 던지기

javelin 투창, 창던지기

② Then as now,/ Olympic contenders/ often spent years/ training/ with expert coaches,/ and

　부사　전명구　　　　주어　　　　　부사　동사　목적어　현재분사　　　　전명구　　　　등위접속사

victors were showered/ with praise and wealth.

　주어　　　동사　　　　　　전명구

② 그때나 지금이나/ 올림픽 경기자들은/ 종종 수년을 보냈다/ 훈련하며/ 전문 코치진과/ 그리고 우승자들은 세례를 받았다/ 찬사와 부의

contender 도전자, 경쟁자

shower with ~을 아낌없이 주다

praise 찬사, 칭찬

③ ② Despite a clear thread/ of continuity/ |between| the ancient |and| modern games,/ some other

　　　　　전명구　　　　　전명구　　　　　　　　　전명구　　　　　　　　　　주어

　　　　　　　　　　　　　　　　　　　*between A and B: A와 B 사이

elements/ of the ancient Olympic games/ would seem very strange/ to spectators today.

　　　　　　　전명구　　　　　　　　　　동사　　　　보어　　　전명구　　부사

명백한 줄기에도 불구하고/ 연속성의/ 고대와 현대의 경기 사이의/ 몇몇 다른 요소들은/ 고대 올림픽 경기의/ 매우 이상하게 보일지도 모른다/ 오늘날의 관중들에게

thread 실, 가닥, 줄기

continuity 연속(성), 연속체

ancient 고대의

spectator 구경꾼, 관중

④ You can hardly imagine a modern Olympics/ featuring/ the sacrifice of 100 |oxen| or

　주어　　　동사　　　　　목적어　　　　　현재분사　　　현재분사 목적어1　전명구　등위접속사

　　　　　　　　　　　　　　　　　　　　　　　　　　　　　　*ox의 복수형

the public whipping/ of athletes/ caught cheating.

　현재분사 목적어2　　　전명구　　과거분사　현재분사

당신은 현대 올림픽을 상상할 수 없을 것이다/ 포함하는/ 100마리의 황소를 제물로 바치는 것/ 또는 공개적으로 채찍질하는 것/ 선수들을/ 부정행위를 저지른 것이 발각된

feature 특별히 포함하다, 특징으로 삼다

sacrifice 산 제물을 바침

whipping 채찍질

catch -ing (좋지 않은 일을 하는 것을) 발견하다

cheat 부정행위를 하다

⑤ Athletes competed in the nude,/ examined the entrails/ of sacrificed animals/ to see/

　주어　　　동사1　　전명구　　　동사2　　목적어　　　　전명구　　　　to부사절 부사적 용법

|if| they prophesied victory,/ and were rewarded/ only for winning an event.

　주어　　동사　　목적어　등위접속사　　동사3　　　부사　　전명구　　동명사 목적어

*명사절 접속사

선수들은 알몸으로 경쟁했다/ 내장을 조사했다/ 제물로 바쳐진 동물들의/ 알아내기 위해/ 그것들이 승리를 예견하는지/ 그리고 상이 주어졌다/ 우승하는 것에만

entrails 내장, 창자

prophesy 예언하다

⑥ There were no prizes/ for second or third place. The practice/ of warfare/ in the ancient

유도부사　동사　주어　　　　　　전명구　　　　　　　　주어　　　　　전명구　　　　전명구

world/ inspired many Olympic events.

　　　　동사　　　목적어

상은 없었다/ 2위나 3위를 위한// 전쟁 관행은/ 고대 세계의/ 많은 올림픽 경기를 탄생시켰다

inspire (원인이 되어) ~을 야기시키다[생기게 하다]

⑦ In the hoplitodromia,/ or race in armor,/ for example,/ a field of 25 athletes/ ran two lengths/

　　전명구　　　등위접속사 명사　　접속부사　　주어　　　전명구　　동사　　목적어

of the 210-yard-long stadium/ at Olympia/ wearing bronze greaves and helmets/ and lugging

　　　전명구　　　　　　　전명구　　　현재분사1　　현재분사 목적어　　등위접속사 현재분사2

shields/ that may have weighed 30 pounds/ just like a mass of soldiers/ running in full

현재분사 목적어 주격 관계대명사　동사　　　　보어　　　전명구　　　　전명구　　　현재분사　전명구

armor,/ which was an effective way/ to surprise and terrify enemy armies.

　　　주격 관계대명사 동사　　보어　　　to부사절 형용사적 용법　to부사절 목적어

호플리토드로미아에서/ 또는 갑옷 경주/ 예를 들어/ 25인의 참가 선수들이/ 두 구간 달렸다/ 2100야드 길이의 경기장을/ 올림피아의/ 청동 정강이받이와 투구를 쓰고/ 그리고 방패를 들고/ 무게가 30파운드 정도 나갔을/ 군인 부대처럼/ 완전 무장을 하고 달리는/ 그것은 효과적인 방법이었다/ 적군을 놀라게 하고 두렵게 만드는

in armor 갑옷을 입고

field (스포츠 대회의) 참가 선수들

length (도로 등의 특정한) 부분, 구간

greave 정강이받이

lug (무거운 것을) 애써 나르다

mass (많은 사람·사물의) 무리

글의 흐름상 적절하지 <u>못한</u> 문장은?

○ 2분

Farming may have given us the building blocks of organized religion. Farming manipulates nature, but at the end of the day both with the advanced farming technology we have today and as far back as 10,000 years ago we still need the sun to shine and rain to fall to produce a good harvest. And throughout the world today many farmers pray for a good harvest. It's not difficult to see that ancient man may too have carried out this practice, and a relationship developed between man and nature, man and God, a sort of unwritten agreement, a contract, where man pleads with God or prays to God for sunshine and rain. ① And as time moved forward it came to pass that this contract required a special day of the week, separate from work days, when prayer could take place. ② Also required was a special place where the contract could be honoured along with skilled people who would administer the carrying out of the contract. ③ Driven by necessity or just convenience, the nomadic hunter-gathers of the time began to settle in the one location and learn the art of farming. ④ In effect we can see where the apparatus of organized religion, the sabbath, the church and the priest, may have stemmed from.

| 해석 | 농업은 우리에게 조직화된 종교라는 구성요소를 주어왔을지도 모른다. 농업은 자연을 잘 다루지만, 결국에는 오늘날 우리가 가진 진보된 농업기술 그리고 10,000년 전까지 거슬러 올라간 과거의 농업기술 둘 다 좋은 수확을 얻기 위해서는 우리는 여전히 빛을 내줄 태양과 내릴 비가 필요하다. 그리고 오늘날 전 세계에서 많은 농부들이 좋은 수확을 위해 기도한다. 인간이 신에게 햇빛과 비를 얻기 위해 간청하고 기도하는 무서화되지 않은 일종의 동의, 계약인 인간과 자연 사이, 인간과 신의 사이에서 발전한 이러한 관행, 그리고 관계를 고대인 역시 수행해 왔을지도 모른다는 것을 보는 것은 어렵지 않다. 그리고 시간이 지나면서 기도가 생겼을 때, 이러한 계약이 한 주 중에서 노동하는 날과 분리되어 특별한 하루를 필요로 했다는 것이 (실제로) 일어났다. 그 계약의 이행을 관리를 해줄 숙련된 사람과 함께 그 계약이 이행될 수 있는 특별한 장소 또한 필요했다. ③ 필요 또는 그저 편의에 이끌려서, 그 시대의 유목민 수렵인들은 한 곳에 정착하기 시작했고, 농업의 기술을 배우기 시작했다. 사실상 우리는 종교 단체, 안식일, 교회와 신부의 조직이 어디서부터 기원했는지 알 수 있다.

| 해설 | ③ 유목민들이 정착하기 시작하면서 농업을 시작하게 되었다는 ③의 문장은 맨 앞 쪽에 위치해야 할 내용이지, 종교의 기원에 대한 내용들 사이에 오기에는 흐름상 어색하다.

정답 ③

❶ Farming may have given us/ the building blocks/ of organized religion.
주어　　　　동사　　　간접목적어　　직접목적어　　　　전명구

농업은 우리에게 주어왔을지도 모른다/ 구성 요소를/ 조직화된 종교라는

building block 구성 요소

*상관접속사 both A and B: A와 B 둘 다
❷ Farming manipulates nature,/ but at the end of the day/ both with the advanced farming
주어　　　동사　　　목적어　등위접속사　전명구　　　전명구　　상관접속사　　　　전명구

*we 앞 목적격 관계대명사 생략
technology/ we have today/ and as far back as 10,000 years ago/ we still need/ the sun
　　　　　　　주어　동사　　부사　상관접속사　　전명구　　　　　전명구　　　　주어　부사　동사　　목적어1

to shine/ and rain to fall/ to produce a good harvest.
목적격 보어 등위접속사 목적어2 목적격 보어 to부정사 부사적 용법 to부정사 목적어

농업은 자연을 잘 다룬다/ 그러나 결국에는/ 진보된 농업기술/ 오늘날 우리가 가진/ 그리고 10,000년 전으로 거슬러 올라가서까지 (둘 다)/ 우리는 여전히 필요하다/ 빛을 내줄 태양/ 그리고 내릴 비가/ 좋은 수확을 얻기 위해서

manipulate 조작하다, 잘 다루다

❸ And throughout the world today/ many farmers/ pray/ for a good harvest.
등위접속사　　　전명구　　　　부사　　　주어　　　동사　　　전명구

그리고 오늘날 전 세계에 걸쳐서/ 많은 농부들이/ 기도한다/ 좋은 수확을 위해

*가주어　　　　　*진주어
❹ It's not difficult to see/ that ancient man may too have carried out/ this practice, and a
부사　　보어　　명사절 접속사　주어　　　　　　동사　　　　　　목적어

*man 앞 전치사 between 생략
relationship/ developed/ between man and nature, man and God,/ a sort of unwritten
　　　　　　과거분사　　　전명구　　　　전명구(동격)　명사(동격)　　전명구

agreement, a contract,/ where man pleads with God/ or prays to God/ for sunshine and rain.
명사(동격)　　　관계부사　주어　동사1　전명구 등위접속사 동사2　전명구　　　전명구

보는 것은 어렵지 않다/ 고대인 역시 수행해 왔을지도 모른다는 것을/ 이러한 관행, 그리고 관계를/ 발전한/ 인간과 자연 사이, 인간과 신의 사이에서/ 문서화 되지 않은 동의, 계약/ 거기에서 인간은 신에게 간청한다/ 또는 신에게 기도한다/ 햇빛과 비를 얻기 위해

carry out 수행하다
plead 간청하다, 주장하다, 변호하다

*접속사　　　　*가주어　　　*that부터 문장 끝까지 진주어
❺ And as time moved forward/ it came to pass/ that this contract required a special day of the
등위접속사　주어　동사　　부사　　동사　　보어　명사절 접속사　주어　　　동사　　　목적어　　전명구

*seperate 앞 주격 관계대명사+be동사 생략
week,/ separate from work days,/ when prayer could take place.
　　　　형용사　　　전명구　　　　관계부사　주어　　동사

그리고 시간이 지나면서/ ~라는 결과가 발생했다/ 이러한 계약이 한 주 중에서 특별한 하루를 필요로 하게 된/ 노동하는 날과 분리된/ 기도를 할 수 있는

come to pass (결과가) 발생하다, 생기다

*문두 보어 도치
❻ Also required was a special place/ where the contract could be honoured/ along with skilled
부사　주격 보어　동사　　　주어　　　관계부사　　주어　　　　동사　　　　　전명구

people/ who would administer/ the carrying out of the contract.
　　　주격 관계대명사　　동사　　　　목적어　　　　전명구

또한 특별한 장소가 필요했다/ 그 계약이 이행될 수 있는/ 노련한 사람과 함께/ 관리할/ 그 계약의 이행을

administer 관리[운영]하다

*분사구문
❼ ③ Driven by necessity or just convenience,/ the nomadic hunter-gatherers/ of the time/
과거분사　　　전명구　　　　　　　　　주어　　　　　전명구

began to settle/ in the one location/ and learn the art of farming.
동사　목적어1　　　전명구　　등위접속사 목적어2　목적어　전명구

③ 이끌려서/ 필요 또는 그저 편의에/ 유목민 수렵 채집인들은/ 그 시대의/ 정착하기 시작했다/ 한 곳에/ 그리고 농업의 기술을 배우기 (시작했다)

nomadic 유목민의
hunter-gatherer 수렵 채집인

*간접의문문: 의문사+주어+동사
❽ In effect/ we can see/ where/ the apparatus of organized religion, the Sabbath, the church
전명구　　주어　동사　의문사　　주어1　　　　　전명구　　　　　주어2　　　　주어3

and the priest,/ may have stemmed from.
등위접속사　주어4　　　　동사

사실상/ 우리는 알 수 있다/ 어디에서/ 종교 단체, 안식일, 교회와 신부의 조직이/ 기원했는지

apparatus 조직, 기구, 단체
stem from ~에서 기인하다

다음 빈칸에 들어갈 가장 적절한 것은?　　　🕐 2분

The word "mammal" is itself indicative of a process of language change. Prior to Linnaeus defining the term, it was not a part of any European language. In 1758 he defined Mammalia as a technical name and by the early years of the 19th century, the vernacular term "mammal" was used by everyone from the meanest uneducated worker through to the most educated paleontologist. That's what happens with languages. Experts introduce and revise terms that the folk pick up. Hilary Putnam called this "_____" "according to which such terms have their references fixed by the "experts" in the particular field of science to which the terms belong."

① wage discrimination
② linguistic geography
③ division of linguistic labor
④ linguistic units and lengths

| 해석 | "포유류"라는 단어 자체는 언어 변화 과정을 나타내고 있다. Linnaeus가 그 용어를 정의하기 이전에, 그것은 어떠한 유럽 언어에도 속하지 않았다. 1758년에 그는 포유류를 전문적인 이름으로 정의했고, 19세기 초기에 이르러, 그 일상어 "포유류"는 가장 신분이 낮고 교양이 없는 노동자에서부터 가장 교양 있는 고생물학자까지 모두에 의해 사용되었다. 그것이 언어에 일어난 일이다. 전문가들은 사람들이 선정한 용어들을 소개하고 개정한다. Hilary Putnam은 이것을 ③ "언어학적 분업"이라 불렀다. "그것에 따라 어떠한 용어들은 그 용어가 속한 특정 학문 영역에서 "전문가"에 의해 지정되는 관련성을 갖는다."
　① 임금 불평등
　② 언어 지리학
　③ 언어학적 분업
　④ 언어학적 단위와 길이

| 해설 | ③ "포유류"라는 단어는 1758년 전문가에 의해 정의되었고 19세기에 이르러 모두에게 사용되었는데, 사실 "포유류"라는 단어는 원래부터 사람들에 의해 선택(사용)된 것이다. 즉, 어떤 단어들이 전문가에 의해서 명명되자 비로소 모두에게 일상어로 쓰이게 된 것이고, 언어가 분업을 이룬 것이다. 다소 이해하기 어려운 내용이지만, 빈칸 앞 문장 "전문가는 사람들이 선정한 용어를 소개하고 개정한다."로 보아 전문가들이 용어를 명료하게 하며 사람들이 전문가의 의견을 따르게 되니, 서로 언어에 관한 일을 '분업'하고 있는 것임을 알 수 있다. 따라서 정답은 ③이다.

정답 ③

❶ The word "mammal" is itself indicative/ of a process of language change.
　　주어　　　　　　명사(동격)　동사재귀대명사 보어　　　전명구　　　　　　전명구

"포유류"라는 단어 자체는 나타낸다/ 과정을/ 언어 변화의

mammal 포유류
indicative 나타내는, 표시하는

*동명사의 의미상 주어

❷ Prior to Linnaeus defining the term,/ it was not a part/ of any European language.
　　전명구　　　　　　　　　　목적어　　주어 동사 부사　보어　　　　　　전명구

Linnaeus가 그 용어를 정의하기 이전에/ 그것은 어떠한 부분도 아니었다/ 어떤 유럽 언어의

❸ In 1758/ he defined Mammalia/ as a technical name/ and by the early years of the 19th
　　전명구　　주어 동사　　목적어　　　　　전명구　　　　등위접속사　　　전명구　　　　　전명구
century,/ the vernacular term "mammal"/ was used by everyone/ from the meanest
　　　　　　　　　주어　　　　　　명사(동격)　　동사　　　전명구　　　　전명구
uneducated worker/ through to the most educated paleontologist.
　　　　　　　　　　　전명구

1758년에/ 그는 포유류를 정의했다/ 전문적인 이름으로/ 그리고 19세기 초기에 이르러/ 그 일상어 "포유류"는/ 모두에 의해 사용되었다/ 가장 신분이 낮고 교양이 없는 노동자에서부터/ 가장 교양 있는 고생물학자까지

mean 천한
educated 교양 있는
paleontologist 고생물학자

*관계대명사

❹ That's what happens/ with languages.
　　주어 동사　　　동사　　　　전명구

그것이 일어난 일이다/ 언어에

*목적격 관계대명사

❺ Experts introduce and revise terms/ that the folk pick up.
　　주어　　　　동사　　　　목적어　　　주어　　　동사

전문가들은 용어들을 소개하고 개정한다/ 사람들이 선정한

❻ Hilary Putnam/ called this/ ③ "division of linguistic labor"/ "according to which/ such terms
　　주어　　　　동사　목적어　　목적격 보어　　　전명구　　　　　　전치사구　관계대명사　　주어
have their references/ fixed by the "experts"/ in the particular field of science/ to which
　　동사　　목적어　　　과거분사　　전명구　　　　　　　전명구　　　　　　전치사 관계대명사
the terms belong."
　　주어　　　동사

Hilary Putnam은/ 이것을 불렀다/ ③ "언어학적 분업"이라고/ "그것에 따라/ 그러한 용어들은 관련성을 갖는다/ "전문가"에 의해 지정되는/ 학문의 특정 분야에서/ 그 용어들이 속하는"

linguistic 언어학의, 언어의

Warm Up 기출문제

(A)와 (B)에 들어갈 말로 가장 적절한 것은? 2022 지방직 9급

⏱ 2분

Duration shares an inverse relationship with frequency. If you see a friend frequently, then the duration of the encounter will be shorter. Conversely, if you don't see your friend very often, the duration of your visit will typically increase significantly. _____(A)_____, if you see a friend every day, the duration of your visits can be low because you can keep up with what's going on as events unfold. If, however, you only see your friend twice a year, the duration of your visits will be greater. Think back to a time when you had dinner in a restaurant with a friend you hadn't seen for a long period of time. You probably spent several hours catching up on each other's lives. The duration of the same dinner would be considerably shorter if you saw the person on a regular basis. _____(B)_____, in romantic relationships the frequency and duration are very high because couples, especially newly minted ones, want to spend as much time with each other as possible. The intensity of the relationship will also be very high.

	(A)	(B)
①	For example	Conversely
②	Nonetheless	Furthermore
③	Therefore	As a result
④	In the same way	Thus

| 해석 | 지속 기간은 빈도와 역의 관계를 공유한다. 만일 당신이 친구를 자주 본다면, 만남의 기간은 더 짧아질 것이다. 반대로, 만일 당신이 친구를 그다지 자주 보지 않는다면, 당신의 방문의 기간은 전형적으로 상당히 증가할 것이다. (A) 예를 들어, 만일 당신이 친구를 매일 만난다면, 사건들이 전개되면서 일어나는 일들에 대해 알기 때문에 당신의 방문의 기간은 짧을 수 있다. 그러나 만일 당신이 친구를 1년에 두 번만 본다면, 방문의 기간은 더 길어질 것이다. 오랜 기간 동안 보지 못한 당신의 친구와 식당에서 저녁 식사를 하던 때를 생각해 보라. 당신들은 아마도 서로의 삶을 따라잡으며 몇 시간을 보냈을 것이다. 만일 당신이 그 사람을 정기적으로 만난다면, 같은 저녁 식사의 기간은 상당히 더 짧을 것이다. (B) 반대로, 연인관계에서는 빈도와 기간이 모두 높은데, 그것은 커플, 특히 최근 사귄 커플들은 서로와 함께 가능한 한 많은 시간을 보내고 싶어 하기 때문이다. 관계의 강도 또한 매우 높을 것이다.

① 예를 들어 – 반대로
② 그럼에도 불구하고 – 게다가
③ 그러므로 – 결과적으로
④ 같은 방법으로 – 그래서

| 해설 | ① 첫 번째 문장이 글 전체의 주제로, 지속 기간과 빈도는 역의 관계라는 글이다. (A) 뒤의 문장은 구체적으로 'every day'와 'twice a year'로 상세화하여 그 예를 제시하고 있으므로, (A)에는 'For example(예를 들어)'이 들어가는 것이 가장 적절하다. (B) 뒤의 문장에서는 이 역의 관계가 성립되지 않는 연인 관계에서의 내용을 다루고 있으므로 (B)에는 역접의 접속사 'Conversely(반대로)'가 가장 적절하다.

정답 ①

✔ 구문독해 연습노트에서 직접 분석해보세요. ▶ p.31

① Duration/ shares/ an inverse relationship/ with frequency.
　　주어　　동사　　　목적어　　　　　전명구

지속 기간은/ 공유한다/ 역의 관계를/ 빈도와

duration (지속) 기간
inverse 역의, 반대의

② If you see a friend/ frequently,/ then the duration of the encounter/ will be shorter.
접속사 주어 동사 목적어　　부사　　부사　　주어　　　　전명구　　　　　동사　보어

만일 당신이 친구를 본다면/ 자주/ 그러면 만남의 기간은/ 더 짧아질 것이다

encounter 만남

③ Conversely,/ if you don't see your friend/ very often,/ the duration of your visit/ will typically
接속부사　접속사 주어 동사　목적어　　부사　　　주어　　　전명구　　동사
increase/ significantly.
　동사　　　　부사

반대로/ 만일 당신이 친구를 보지 않는다면/ 그다지 자주/ 당신의 방문의 기간은/ 전형적으로 증가할 것이다/ 상당히

conversely 역으로, 반대로

④ (A) For example,/ if you see a friend/ every day,/ the duration of your visits/ can be low/
接속부사　接속사 주어 동사 목적어　부사구　　주어　　　전명구　　　동사　보어
　　　　　　　　　　　　　　　　*선행사 포함 관계사 what + 동사: 명사절
because you can keep up with/ what's going on/ as events unfold.
接속사 주어　　동사　　　　　목적어　　　接속사 주어 동사

(A) 예를 들어/ 만일 당신이 친구를 만난다면/ 매일/ 당신의 방문의 기간은/ 짧을 수 있다/ 당신이 ~을 알기 때문에/ 일어나는 일들에 대해/ 사건들이 전개되면서

keep up with ~을 따라잡다, 이해하다
unfold 전개하다, 일어나다, 진행되다

⑤ If, however, you only see your friend/ twice a year,/ the duration of your visits/ will be
接속사　接속부사　주어 부사 동사　목적어　　　부사구　　　주어　　　전명구　　　동사
greater.
　보어

그러나 만일 당신이 친구를 단지 본다면/ 1년에 두 번/ 당신의 방문의 기간은/ 더 길어질 것이다

　　　　　　　　　　　　　　　　　　　　*friend 뒤 목적격 관계대명사 생략
⑥ Think back to a time/ when you had dinner in a restaurant/ with a friend/ you hadn't seen/
　동사　　전명구　　관계부사 주어 동사 목적어　　전명구　　　전명구　　주어　동사
for a long period of time.
　전명구　　　전명구

시간을 생각해 보라/ 식당에서 저녁 식사를 하던/ 친구와/ 당신이 보지 못한/ 오랜 기간 동안

　　　　　　*spend + 시간 + -ing: ~하면서 시간을 보내다
⑦ You/ probably spent several hours/ catching up on each other's lives.
　주어　　부사　　동사　　목적어　　　동명사　　　　동명사 목적어

당신들은/ 아마도 몇 시간을 보냈을 것이다/ 서로의 삶을 따라잡으며

catch up on (밀린 일을) 보충하다[따라잡다]

　　　　　　　*If + S + 과거동사 ~, S + 조동사 과거형 + 동사원형 ~: 가정법 과거 (현재 사실에 대한 반대 가정)
⑧ The duration of the same dinner/ would be considerably shorter/ if you saw the person/ on a
　주어　　　　전명구　　　　　동사　　　　보어　　　接속사 주어 동사 목적어　　전명구
regular basis.

같은 저녁 식사의 기간은/ 상당히 더 짧을 것이다/ 만일 당신이 그 사람을 만난다면/ 정기적으로

considerably 상당히
on a regular basis 정기적으로

⑨ (B) Conversely,/ in romantic relationships/ the frequency and duration are very high/
接속부사　　　전명구　　　　　주어　　　　　　동사　보어
because couples,/ especially newly minted ones,/ want to spend/ as much time with each
接속사　주어　　　　동격　　　　　동사　목적어　　to부정사 목적어
other as possible.

(B) 반대로,/ 연인관계에서는/ 빈도와 기간이 모두 높다/ 커플들은 ~하기 때문이다/ 특히 최근 사귄 커플들은/ 보내고 싶어 한다/ 가능한 한 많은 시간을 서로와 함께

mint 만들다

⑩ The intensity of the relationship/ will also be very high.
　주어　　　　전명구　　　　　동사　　보어

관계의 강도는/ 또한 매우 높을 것이다

intensity 격렬함, 강렬함, 강도

다음 빈칸에 들어갈 가장 적절한 것은?   🕐 2분 30초

Hypothetical imperatives tell you what to do in order to achieve a particular goal: "If you want to have enough money to buy a new phone, then get a job"; "If you don't want to go to prison, then don't steal cars". Hypothetical imperatives only apply to people who want to achieve the goal to which they refer. If I don't care about having enough money for a new phone, then "If you want to have enough money to buy a new phone, then get a job" doesn't apply to me; it gives me no reason to get a job. If I don't mind going to prison, then "If you don't want to go to prison, then don't steal cars" doesn't apply to me; it gives me no reason not to steal cars. _____ Morality doesn't tell us what to do on the assumption that we want to achieve a particular goal, e.g. staying out of prison, or being well-liked. Moral behaviour isn't about staying out of prison, or being well-liked. Morality consists of categorical imperatives.

① Morality, according to Kant, isn't like this.
② Morality is derived from reasoning about implied imperatives.
③ For Kant, morality must be based on hypothetical imperatives.
④ As a result, I can deny going to prison isn't a bad situation by these conditions.

| 해석 | 가언 명령은 특정한 목표를 달성하기 위해서 무엇을 할지 당신에게 말해준다. "만약 당신이 새 휴대전화를 살 충분한 돈이 있기를 바란다면, 직업을 구해라." "만약 당신이 감옥에 가고 싶지 않다면, 차를 훔치지 마라." 가언 명령은 그들이 관련된 (특정) 목적을 성취하길 바라는 사람들에게만 적용된다. 만약 내가 새로운 휴대전화를 위한 충분한 돈을 갖는 것에 대해서 신경쓰지 않는다면, "새 휴대전화를 살 충분한 돈을 갖기를 원한다면, 직업을 구해라."라는 말은 나에게는 적용되지 않는다. 그것은 나에게 직업을 구해야 할 이유를 제공하지 않는다. 만약 내가 감옥에 가는 것을 꺼리지 않는다면, "감옥에 가는 것을 원하지 않는다면, 차를 훔치지 마라."라는 말은 나에게는 적용되지 않는다. 그것은 나에게 차를 훔치지 말아야 할 이유를 제공하지 않는다. ① Kant에 의하면 도덕성은 이렇지 않다. 도덕성은 예를 들면 감옥을 피한다거나 사람들에게 호감이 된다는 것과 같이, 우리에게 우리가 특정 목표를 달성하기를 원한다는 전제로 무엇을 하라고 말하지 않는다. 도덕적인 행동은 감옥을 피한다거나, 사람들에게 호감이 된다는 것이 아니다. 도덕성은 정언 명령으로 구성되는 것이다.

① Kant에 의하면 도덕성은 이렇지 않다.
② 도덕성은 함축적인 명령에 대한 이성으로부터 유래한다.
③ Kant에게, 도덕성이란 가언 명령에 기반하여야만 한다.
④ 결과적으로, 나는 이러한 조건들에 의해 감옥에 가는 것이 안 좋은 상황이 아니라는 것을 부정할 수 있다.

| 해설 | ① 마지막에 도덕성은 정언 명령으로 구성된다고 했으므로 빈칸에는 앞 내용이었던 가언 명령에 대한 설명을 반박할 만한 내용이 들어가야 한다. 따라서 정답은 ①이다.

정답 ①

❶ Hypothetical imperatives/ tell you/ what to do/ in order to achieve/ a particular goal:/ "If you
　　주어　　　　　　　동사　간접목적어 직접목적어　　　　　　　　　　　목적어　　　 접속사　주어
*what + to부정사: 명사 역할 *to부정사 부사적 용법

want to have enough money/ to buy a new phone,/ then get a job";/ "If you don't want to go
동사　목적어　　　to부정사 목적어　　　　목적어　　　　부사　동사　목적어　접속사 주어　　동사　　　목적어
*to부정사 부사적 용법

to prison,/ then don't steal cars".
전명구　　부사　　동사　　　목적어

가언 명령은/ 당신에게 말해준다/ 무엇을 할지/ 달성하기 위해서/ 특정한 목표를/ "만약 당신이 충분한 돈이 있기를
바란다면/ 새 휴대전화를 살/ 그렇다면 직업을 구해라"/ "만약 당신이 감옥에 가고 싶지 않다면/ 그렇다면 차를 훔
치지 마라"

❷ Hypothetical imperatives/ only apply to people/ who want to achieve the goal/ to which they
　　주어　　　　　　　부사　동사　전명구　　동사　　　목적어　to부정사 목적어　　　주어
*주격 관계대명사　　　*전치사 + 목적격 관계대명사

refer.
동사

가언 명령은/ 오직 사람들에게만 적용된다/ (특정) 목적을 성취하길 바라는/ 그들이 관련된

❸ If I don't care about having enough money/ for a new phone,/ then "If you want to have
접속사 주어　동사　　　전명구　　동명사 목적어　　　전명구　　　　부사　접속사 주어 동사　　목적어
*If 부터 a job까지 주어

enough money/ to buy a new phone,/ then get a job"/ doesn't apply to me;/ it gives me
to부정사 목적어　　　목적어　　　　부사　동사　목적어　　　동사　전명구　주어 동사 간접목적어
*to부정사 부사적 용법

no reason/ to get a job.
직접목적어　 to부정사 목적어
*to부정사 형용사적 용법

만약 내가 충분한 돈을 갖는 것에 대해서 신경쓰지 않는다면/ 새 휴대전화를 위한/ 그렇다면 "충분한 돈을 갖기를
원한다면/ 새 휴대전화를 살/ 그러면 직업을 구해라"라는 말은/ 나에게는 석용되지 않나/ 그것은 나에게 이유를
제공하지 않는다/ 직업을 구해야 할

❹ If I don't mind going to prison,/ then "If you don't want to go to prison,/ then don't steal
接속사 주어　동사　　목적어　전명구　　부사　접속사 주어　　동사　　목적어　전명구　　부사　　동사
*If 부터 cars까지 주어

cars"/ doesn't apply to me;/ it gives me no reason/ not to steal cars.
목적어　　　동사　　전명구　주어 동사 간접목적어 직접목적어　부사　　목적어
*to부정사 형용사적 용법

만약 내가 감옥에 가는 것을 꺼리지 않는다면/ 그렇다면 "감옥에 가는 것을 원하지 않는다면/ 그렇다면 차를 훔치
지 마라"라는 말은/ 나에게는 적용되지 않는다/ 그것은 나에게 이유를 제공하지 않는다/ 차를 훔치지 말아야 할

❺ ① Morality,/ according to Kant,/ isn't like this.
　　주어　　　　전명구　　　　　동사　　전명구

① 도덕성은/ Kant에 의하면/ 이렇지 않다

❻ Morality doesn't tell us what to do/ on the assumption/ that we want to achieve a particular
　　주어　　동사　간접목적어 직접목적어　　　전명구　　　　주어 동사　목적어　to부정사 목적어
*명사절 접속사

goal,/ e.g. staying out of prison,/ or being well-liked.
전명구1　　　 전명구　　등위접속사　　전명구2

도덕성은 우리에게 무엇을 하라고 말하지 않는다/ 전제로/ 우리가 특정 목표를 달성하기를 원한다는/ 예를 들면 감
옥을 피하기/ 또는 사람들에게 호감이 되기

❼ Moral behaviour isn't/ about staying out of prison,/ or being well-liked.
　　　主어　　　　동사　　전명구1　　　전명구　　등위접속사　　전명구2

도덕적인 행동은 아니다/ 감옥을 피하는 것에 대한 것/ 또는 사람들에게 호감이 된다는 것

❽ Morality consists/ of categorical imperatives.
　　주어　　동사　　　　　전명구

도덕성은 구성된다/ 정언 명령으로

---

hypothetical imperative
[윤리] 가언(적) 명령, 순수한 의무 의식에 의한 것이 아니고, 어떤 목적이나 결과를 조건으로 한 명령(Kant의 용어)

morality 도덕성

assumption 가정, 뻔뻔함
well-liked 매우 사랑을 받는, 호감을 주는

consist of ~로 구성되다
categorical imperative
[윤리] 정언 명령, 근본적 도덕으로서의 양심의 명령(Kant의 용어)

이 글의 제목으로 가장 적절한 것은? 🕐 1분 30초

Black holes do not go around in space eating stars, moons and planets. Earth will not fall into a black hole because no black hole is close enough to the solar system for Earth to do that. Even if a black hole the same mass as the sun were to take the place of the sun, Earth still would not fall in. The black hole would have the same gravity as the sun. Earth and the other planets would orbit the black hole as they orbit the sun now. The sun will never turn into a black hole. The sun is not a big enough star to make a black hole.

① How Do Black Holes Form?
② Do Black Holes Really Exist?
③ Could a Black Hole Destroy Earth?
④ How Do Scientists Know Black Holes Are Black?

| 해석 | 블랙홀은 우주에서 별, 달, 그리고 행성을 삼키면서 돌아다니지 않는다. 지구는 블랙홀에 빠지지 않을 것이다. 어떠한 블랙홀도 지구가 그렇게 할 만큼 태양계에 충분히 가깝게 있지 않기 때문이다. 심지어 태양과 같은 질량의 블랙홀이 태양의 자리를 대신할 지라도, 지구는 여전히 빠지지 않을 것이다. 블랙홀은 태양과 같은 중력을 가질 것이다. 현재 태양의 궤도를 도는 것처럼 지구와 다른 행성들은 블랙홀의 궤도를 돌 것이다. 태양은 절대 블랙홀로 바뀌지 않을 것이다. 태양은 블랙홀을 만들 만큼 충분히 커다란 별이 아니다.
① 어떻게 블랙홀은 형성되는가?
② 블랙홀은 정말 존재하는가?
③ 블랙홀이 지구를 파괴할 수 있는가?
④ 블랙홀이 검다는 것을 과학자들은 어떻게 아는가?

| 해설 | ③ 이 글은 지구가 블랙홀에 빠지는 것과 같은 블랙홀의 지구 파괴에 관해 서술한 글이다. 지구는 블랙홀에 빠지지 않을 것이고 태양이 블랙홀로 대체될지라도 그럴 가능성은 없다고 결론을 내렸다. 따라서 이 글의 제목으로 가장 적절한 것은 ③이다. 글의 초반의 '블랙홀은 별, 달, 그리고 행성을 삼키면서 우주에서 돌아다니지 않는다.'라는 설명으로 자칫 ①을 정답으로 선택할 가능성이 있다. 그러나 블랙홀에 대한 정보가 모두 블랙홀 형성에 관한 이야기는 아니며, 단지 글의 일부이기 때문에 정답이 될 수 없다.

정답 ③

❶ Black holes do not go around/ in space/ eating stars, moons and planets.
　　주어　　　　동사　　　부사　　전명구　　분사구문　　　현재분사 목적어

블랙홀은 돌아다니지 않는다/ 우주에서/ 별, 달, 그리고 행성을 삼키면서

❷ Earth will not fall/ into a black hole/ because no black hole is close enough/ to the solar
　　주어　　동사　　　　전명구　　　　접속사　　　주어　　동사 보어　　부사　　　전명구

*to부정사 의미상 주어
system/ for Earth to do that.
　전명구　to부정사 부사적 용법 to부정사 목적어

지구는 빠지지 않을 것이다/ 블랙홀에/ 어떠한 블랙홀도 충분히 가깝게 있지 않기 때문에/ 태양계에/ 지구가 그렇게 하기에는

solar system 태양계

❸ *If + S + were to + 동사원형 ~, S + 조동사 과거형 + 동사원형 ~: 가정법 미래(가능성 희박한 미래 가정)
Even if a black hole the same mass as the sun/ were to take the place of the sun,/ Earth still
접속사　　주어　　　　형용사구　　　전명구　　　동사　　보어　to부정사 목적어　전명구　　주어　부사

would not fall in.
　동사

심지어 태양과 같은 질량의 블랙홀이/ 태양의 자리를 대신할지라도/ 지구는 여전히 빠지지 않을 것이다

take the place of ~을 대신하다

❹ *the same A as B: B와 같은 A
The black hole/ would have the same gravity/ as the sun.
　주어　　　　　동사　　　　목적어　　　　전명구

블랙홀은/ 같은 중력을 가질 것이다/ 태양과

❺ Earth and the other planets/ would orbit the black hole/ as they orbit the sun now.
　　　　　주어　　　　　　　　동사　　　목적어　　接속사 주어　동사　목적어　부사

지구와 다른 행성들은/ 블랙홀의 궤도를 돌 것이다/ 그들이 현재 태양의 궤도를 도는 것처럼

❻ The sun will never turn/ into a black hole.
　주어　　　동사　　　　전명구

태양은 절대 바뀌지 않을 것이다/ 블랙홀로

turn into ~로 바뀌다

❼ *to부정사 부사적 용법
The sun is not a big enough star/ to make a black hole.
　주어　동사 부사　　보어　　　　to부정사 보어

태양은 충분히 커다란 별이 아니다/ 블랙홀이 될 만큼

make ~이 되다

다음 글의 내용과 일치하는 것은? ⏱ 4분

When I was a young adult, I took a job setting up a sound system for a rock concert. While working, I became acquainted with a guy who was so genuine and happy that I was instantly drawn to him. He asked me if I wanted to hear three words that would ultimately lead to a happy and fulfilled life. Struck by the idea that three words could be so profound, I agreed. He said, "Be here now." I did not fully recognize the impact of these words at the time, but I now realize that they indeed helped me through some of the most difficult times in my life. Being in the present moment is the most powerful way to live with peace and contentment. Anxiety is almost always caused by dwelling on past experiences or having fears about the future. While the past and the future are important, they really only exist in our memories or our imaginations. The past is gone and can't be changed. The future has not happened yet and is only an idea. There is only one reality, and that is now — the present.

① The writer advised his acquaintance to live in the present.
② If you live in the present moment, you will never be in any anxiety.
③ The writer's acquaintance seemed to be happy because he was living in the present.
④ The three words instantly influenced the writer's life as soon as he heard them.

| 해석 | 젊은 시절에 나는 록 콘서트를 위한 사운드 시스템을 설치하는 일을 했다. 일하는 동안, 나는 한 남자를 알게 되었는데, 그는 너무 진실하고 행복해서 나는 그에게 즉시 끌렸다. 그는 나에게 행복하고 만족스러운 삶으로 궁극적으로 이끌 세 단어를 듣고 싶은지 물었다. 세 단어가 그렇게 엄청날 수 있다는 생각에 이끌려 나는 동의했다. 그는 "지금 여기에 있어라."라고 말했다. 나는 그 당시 이 단어의 영향을 완전히 인식하지 못했지만, 이제는 그것들이 내 인생에서 가장 어려운 시기 동안 나를 정말로 도왔다는 것을 알게 되었다. 현재 순간에 있는 것은 평화롭고 만족스럽게 사는 가장 강력한 방법이다. 불안은 거의 항상 과거의 경험을 곱씹거나 미래에 대한 두려움을 갖는 것으로 인해 야기된다. 과거와 미래는 중요하지만 실제로는 우리의 추억이나 상상 속에만 존재한다. 과거는 사라지며 바뀔 수 없다. 미래는 아직 일어나지 않았고 단지 하나의 생각일 뿐이다. 오직 하나의 현실이 있다. 그것은 지금 현재이다.
① 글쓴이는 그의 지인에게 현재에 살라고 충고했다.
② 당신이 현재에 살고 있다면, 절대로 어떤 걱정도 하지 않게 될 것이다.
③ 글쓴이의 지인은 현재에 살았기 때문에 행복한 것처럼 보였다.
④ 그 세 단어는 듣자마자 즉시 글쓴이의 삶에 영향을 미쳤다.

| 해설 | ③ 해당 지문은 '현재에 사는 것의 중요성'에 대해서 서술하고 있다. 글쓴이의 지인은 진실하고 행복해 보여서 가까워 질 수 있었는데 그는 필자에게 행복하고 만족스러운 삶을 위해서는 현재에 살라고 충고하고 있다. 따라서 '글쓴이의 지인은 현재에 살았기 때문에 행복한 것처럼 보였다.'는 ③이 글의 내용과 일치한다.
① 글쓴이가 지인에게 조언한 것이 아니라 글쓴이의 지인이 글쓴이에게 조언한 내용을 서술하고 있으므로 글의 내용과 일치하지 않는다.
② 현재에 산다고 해서 절대 근심이 없다는 내용은 나와 있지 않다.
④ 'I did not fully ~ in my life.'를 통해서 글쓴이가 세 단어를 들었을 당시에는 그 영향을 완전히 인식하지 못했다고 했으므로 글의 내용과 일치하지 않는다.

정답 ③

❶ When I was a young adult,/ I took a job/ setting up a sound system/ for a rock concert.
접속사 주어 동사　주격 보어　　주어 동사　목적어　현재분사구　현재분사구 목적어　　전명구

내가 젊었을 때/ 나는 일을 했다/ 사운드 시스템을 설치하는/ 록 콘서트를 위한

set up 설치하다

*working 앞 주어＋be동사 생략
*so ~ that …(결과): 너무 ~해서 …하다

❷ While working,/ I became acquainted with a guy/ who was so genuine and happy/ that I
접속사 현재분사 주어 동사　보어　　전명구　주·관·대 동사 부사　보어　　주어

was instantly drawn to him.
동사　　　전명구

일하는 동안/ 나는 한 남자를 알게 되었는데/ 너무 진실하고 행복해서/ 나는 그에게 즉시 끌렸다

be drawn to (마음이) 끌리다
instantly 즉시

*if 부터 life까지 직접목적어(명사절 접속사 if) *주격 관계대명사

❸ He asked me/ if I wanted to hear three words/ that would ultimately lead/ to a happy and
주어 동사 간접목적어 주어 동사　목적어　to부정사 목적어　　　동사　　　전명구

fulfilled life.

그는 나에게 물었다/ 내가 세 단어를 듣고 싶은지/ 궁극적으로 이끌/ 행복하고 만족스러운 삶으로

*명사절 접속사(동격)

❹ Struck by the idea/ that three words could be so profound,/ I agreed. He said,/ "Be here
분사구문　전명구　　　주어　　동사　보어　　주어 동사　주어 동사　목적어

now."

생각에 이끌려/ 세 단어가 그렇게 엄청날 수 있다는/ 나는 동의했다// 그는 말했다/ "지금 여기에 있어라."

be struck by ~에 끌리다
profound 엄청난, 깊은

❺ I did not fully recognize/ the impact of these words/ at the time,/ but I now realize/
주어　　동사　　　목적어　　전명구　　전명구 등위접속사 주어 부사 동사

*명사절 접속사
that they indeed helped me/ through some of the most difficult times/ in my life.
주어 부사 동사 목적어　　전명구　　　　전명구　　　　전명구

나는 완전히 인식하지 못했다/ 이 단어의 영향을/ 그 당시/ 그러나 이제는 알게 되었다/ 그것들이 나를 정말로 도왔다는 것을/ 가장 어려운 시기 동안/ 내 인생에서

❻ Being/ in the present moment/ is the most powerful way/ to live/ with peace and contentment.
주어　　전명구　　　동사　　　보어　　to부정사 형용사적 용법　전명구

있는 것은/ 현재 순간에/ 가장 강력한 방법이다/ 사는/ 평화롭고 만족스럽게

contentment 만족, 자족감

*having 앞 전치사 by 생략

❼ Anxiety is almost always caused/ by dwelling on past experiences/ or having fears about the
주어　　　동사　　　전명구　　　전명구 등위접속사 동명사 목적어　전명구

future.

불안은 거의 항상 야기된다/ 과거의 경험을 곱씹는 것에 의해/ 또는 미래에 대한 두려움을 갖는 것(에 의해)

dwell on ~을 곱씹다

❽ While the past and the future are important,/ they really only exist/ in our memories or our
접속사　　주어　　　　동사　보어　　주어 부사 부사 동사　　　전명구

imaginations.

과거와 미래는 중요하지만/ 그것들은 실제로는 존재할 뿐이다/ 우리의 추억이나 상상 속에서

❾ The past is gone/ and can't be changed. The future has not happened yet/ and is only
주어 동사1 등위접속사　동사2　　　주어　　동사1　부사 등위접속사 동사 부사

an idea.
보어

과거는 사라지며/ 바뀔 수 없다// 미래는 아직 일어나지 않았다/ 그리고 단지 하나의 생각일 뿐이다

❿ There is only one reality,/ and that is now — the present.
유도부사 동사 부사　　주어 등위접속사 주어 동사 보어　명사(동격)

오직 하나의 현실이 있다/ 그리고 그것은 지금 현재이다

Warm Up 기출문제

다음 글의 주제로 가장 적절한 것은? 2021 국가직 9급 ⏱ 2분

During the late twentieth century socialism was on the retreat both in the West and in large areas of the developing world. During this new phase in the evolution of market capitalism, global trading patterns became increasingly interlinked, and advances in information technology meant that deregulated financial markets could shift massive flows of capital across national boundaries within seconds. 'Globalization' boosted trade, encouraged productivity gains and lowered prices, but critics alleged that it exploited the low-paid, was indifferent to environmental concerns and subjected the Third World to a monopolistic form of capitalism. Many radicals within Western societies who wished to protest against this process joined voluntary bodies, charities and other non-governmental organizations, rather than the marginalized political parties of the left. The environmental movement itself grew out of the recognition that the world was interconnected, and an angry, if diffuse, international coalition of interests emerged.

① The affirmative phenomena of globalization in the developing world in the past
② The decline of socialism and the emergence of capitalism in the twentieth century
③ The conflict between the global capital market and the political organizations of the left
④ The exploitative characteristics of global capitalism and diverse social reactions against it

| 해석 | 20세기 후반에, 사회주의는 서구와 많은 지역의 개발도상국들에서 모두 후퇴했다. 시장 자본주의 진화의 이러한 새로운 국면 동안, 세계 무역의 양상은 점점 더 연결되었고, 정보 기술의 발달은 규제가 철폐된 금융 시장이 몇 초 이내에 국경을 가로질러 어마어마한 자본 흐름을 이동시킬 수 있다는 것을 의미했다. '세계화'는 무역을 신장시켰고, 생산성 향상을 고취했으며, 가격을 낮추었지만, 비평가들은 그것이 저임금층을 착취했고, 환경적 우려에 무관심했으며, 제3세계를 독점적인 형태의 자본주의 하에 두었다고 주장한다. 이러한 과정에 저항하길 원했던 서구 사회의 많은 급진주의자들은 소외된 좌파 정당보다는 자원봉사 단체, 자선단체, 그리고 다른 비정부 조직에 가입했다. 세계가 연결되어 있다는 인식으로부터 환경 운동 자체가 자라났으며, 비록 흩어져 있지만 분노한 국제 이익 연합체가 생겨났다.

① 과거 개발도상국에서의 긍정적인 세계화 현상
② 20세기 사회주의의 위축과 자본주의의 등장
③ 세계 자본 시장과 좌익 정치 집단의 갈등
④ 세계 자본주의의 착취적인 특성과 그것에 반하는 다양한 사회적 반응

| 해설 | ④ 사회주의의 후퇴와 자본주의의 확장에 대해 설명한 후, 이로 인한 세계화의 부작용(저임금층 착취, 환경 문제)을 제시하고 있다. 이어서 이에 대한 급진주의자들의 반응, 환경 운동의 증가 등을 설명하며 세계화의 부작용에 대한 사회적 반응을 제시하고 있다. 따라서 글의 주제로 가장 적절한 것은 ④이다.

정답 ④

❶ During the late twentieth century/ socialism was on the retreat/ both in the West and
　전명구　　　　　　　　　　주어　　동사　　전명구　　부사　　전명구　　접속사
*both A and B: A와 B 모두
in large areas of the developing world.
　　전명구　　　　　　　전명구

20세기 후반에/ 사회주의는 후퇴했다/ 서구와 많은 지역의 개발도상국들에서 모두

retreat 후퇴, 철수

❷ During this new phase/ in the evolution of market capitalism,/ global trading patterns/
　　전명구　　　　　　　　　　전명구　　　　　　　　　　　　　　주어
became increasingly interlinked,/ and advances in information technology meant/ that
　동사　　부사　　과거분사　　접속사　　주어　　　　전명구　　　　　동사　접속사
deregulated financial markets could shift/ massive flows of capital/ across national
　　　　주어　　　　　　　　　동사　　　목적어　　전명구　　　전명구
boundaries/ within seconds.
　　　　　전명구

이러한 새로운 국면 동안/ 시장 자본주의 진화의/ 세계 무역 양상은/ 점점 더 연결되었다/ 그리고 정보 기술의 발달은 의미했다/ 규제가 철폐된 금융 시장은 이동시킬 수 있다/ 어마어마한 자본 흐름을/ 국경을 가로질러/ 몇 초 이내에

capitalism 자본주의
interlink 연결하다
deregulate 규제를 철폐하다
boundary 경계

❸ 'Globalization' boosted trade,/ encouraged productivity gains/ and lowered prices,/ but
　　주어　　　동사1　　목적어　　동사2　　　　목적어　　　접속사　동사3　목적어　접속사
critics alleged/ that it exploited the low-paid,/ was indifferent/ to environmental concerns/
주어　　동사　접속사주어 동사1　　목적어　　동사2　　주격 보어　　　전명구
and subjected the Third World/ to a monopolistic form of capitalism.
접속사　동사3　　목적어　　　　　전명구　　　　　　전명구

'세계화'는 무역을 신장시켰다/ 생산성 향상을 고취했다/ 그리고 가격을 낮추었다/ 그러나 비평가들은 주장했다/ 그것이 저임금층을 착취했다/ 무관심했다/ 환경적 우려에/ 그리고 제3세계를 지배 하에 두었다/ 자본주의의 독점적인 형태에

allege 주장하다
exploit 착취하다
subject A to B A를 B에 복종[종속]시키다
monopolistic 독점적인

❹ Many radicals/ within Western societies/ who wished to protest/ against this process/ joined/
　　주어　　　　　전명구　　　　주·관·대　동사　목적어　　전명구　　　동사
voluntary bodies, charities and other non-governmental organizations,/
　　　　　　　　　　목적어
rather than the marginalized political parties/ of the left.
　　　　전명구　　　　　　　　　　　전명구

많은 급진주의자들은/ 서구 사회의/ 저항하길 원했던/ 이러한 과정에 반대하여/ 가입했다/ 자원봉사 단체, 자선단체, 그리고 다른 비정부 조직에/ 소외된 정당보다는/ 좌파의

radical 급진주의자
body 단체, 조직
charity 자선[구호]단체
marginalize ~을 (특히 사회의 진보에서) 처지게 하다, 내버려두다
left 좌파, 좌익

❺ The environmental movement itself grew/ out of the recognition/ that the world
　　주어　　　　　　재귀대명사 동사　　　전명구　　　동격　주어
was interconnected,/ and an angry,/ if diffuse,/ international coalition of interests/ emerged.
　동사　　　　接续사　형용사　삽입절　　　　주어　　　　전명구　　동사

환경 운동 자체가 자라났다/ 인식으로부터/ 세계가 연결되어 있다/ 그리고 분노한/ 비록 흩어져 있지만/ 국제 이익 연합체가/ 생겨났다

interconnect 연결하다
diffuse 확산한, 흩어진
coalition 연합(체)

주어진 문장 뒤에 이어질 글의 순서로 가장 적절한 것은? ⏱ 2분 30초

> The conventional wisdom in American politics has long been that someone who is not religious cannot be elected president of the United States.

(A) On the other hand, the share of American adults who say they would be less likely to vote for an atheist candidate has been declining over time. Moreover, one of the candidates who is widely viewed by Republicans as a potentially "good" or "great" president, Donald Trump, is not widely viewed as a religious person, even by those in his own party.

(B) And on the Democratic side, the share of Americans who say Hillary Clinton is not a religious person now stands at 43%, which is sharply higher than it was in the summer of 2007, when she was seeking the presidential nomination for the first time.

(C) Most Americans have consistently said that it is important to them that the president have strong religious beliefs. And a new Pew Research Center survey finds that being an atheist remains one of the biggest liabilities that a presidential candidate can have.

① (A) – (C) – (B)
② (B) – (C) – (A)
③ (C) – (A) – (B)
④ (C) – (B) – (A)

| 해석 | 신앙심이 없는 사람은 미국의 대통령으로 선출될 수 없다는 것이 미국 정치에서 오랫동안 통념이 되어왔다.

(C) 대부분의 미국인들은 대통령이 강력한 신앙심을 갖는 것이 그들에게 중요하다고 시종일관 말해왔다. 그리고 Pew 연구 센터의 새로운 설문은 무신론자가 되는 것은 대통령 후보자가 가질 수 있는 가장 큰 골칫거리 중 하나로 남아있다고 말한다.

(A) 반면에, 무신론자 후보자에게 투표하지 않게 될 거라고 말하는 미국 성인들의 비율은 오랜 시간 동안 감소해왔다. 게다가, 공화당원들에게 잠재적으로 "괜찮은" 또는 "훌륭한" 대통령감이라고 널리 여겨지고 있는 후보자들 중 한 명인 Donald Trump는 심지어 그의 당에 속한 당원들에게조차 신앙심이 있는 사람이라고 널리 여겨지지 않는다.

(B) 그리고 민주당의 측면에서, Hillary Clinton이 신앙심이 있는 사람이 아니라고 말하는 미국인들의 비율은 현재 43% 수준인데, 이것은 그녀가 처음으로 대통령 후보자 지명을 얻어내려고 했던 2007년 여름에 그랬던 것보다 분명히 높은 것이다.

| 해설 | ③ 종교가 미국의 대통령 선출에 미치는 영향에 관한 글로, 주어진 문장에는 신앙심이 있어야 대통령으로 선출되는 것이 가능하다는 통념이 제시되었다. 따라서 주어진 문장에 나온 이 통념을 뒷받침하는 (C)가 먼저 오고, 'On the other hand'로 이러한 통념을 반박하며 공화당 후보자인 Donald Trump의 예를 들고 있는 (A)가 뒤에 이어져야 한다. 마지막에는 민주당의 Hillary Clinton의 신앙심에 대한 내용을 다루는 (B)가 이어지는 것이 적절하다.

정답 ③

❶ The conventional wisdom/ in American politics/ has long been/ that someone who is not
주어 　　　　　　　　　전명구 　　　　　　동사 　　　　명사절 접속사 주어 　주·관·대 동사 부사
religious/ cannot be elected president/ of the United States.
보어 　　　　동사 　　　　　　보어 　　　　　　전명구

통념은/ 미국 정치에서의/ 오랫동안 (~이) 되어왔다/ 신앙심이 없는 사람은/ 대통령으로 선출될 수 없다/ 미국의

conventional wisdom
통념, 일반 사람들이 품고
있는 신념

❷ (C) Most Americans have consistently said/ that it is important to them/ that the president
주어 　　　　　　　　동사 　　　　　　명사절 접속사 동사 보어 　　　전명구 명사절 접속사 　주어
*가주어 　　　　　　　　　*진주어
have strong religious beliefs.
동사 　　목적어

(C) 대부분의 미국인들은 시종일관 말해왔다/ 그들에게 중요하다고/ 대통령이 강력한 신앙심을 갖는 것이

consistently 시종일관

❸ And a new Pew Research Center survey finds/ that being an atheist remains/ one
등위접속사 　　　　　주어 　　　　　　　　동사 명사절 접속사동명사 목적어 　동사 　보어
*주어
of the biggest liabilities/ that a presidential candidate can have.
전명구 　　　　　목적격 관계대명사 　　주어 　　　　　동사

그리고 Pew 연구 센터의 새로운 설문은 말해준다/ 무신론자가 되는 것은 남아있다고/ 가장 큰 골칫거리 중 하나로/
대통령 후보자가 가질 수 있는

atheist 무신론자
liability 골칫거리, 부채

❹ (A) On the other hand,/ the share of American adults/ who say they would be less likely
접속부사 　　　　　　주어 　　　　　전명구 　　주·관·대 동사 주어 　동사 　　　보어
*say 뒤 명사절 접속사 that 생략
to vote/ for an atheist candidate/ has been declining/ over time.
to부정사 　　　전명구 　　　　　　동사 　　　　　전명구

(A) 반면에/ 미국 성인들의 비율은/ 덜 투표하게 될 것이라고 말하는/ 무신론자 후보자에게/ 감소해왔다/ 오랜 시간
동안

❺ Moreover,/ one of the candidates/ who is widely viewed by Republicans/ as a potentially
접속부사 　주어 　　　전명구 　　주격 관계대명사 　주어 　　　　전명구 　　　　　　전명구
"good" or "great" president,/ Donald Trump,/ is not widely viewed/ as a religious person,/
명사(동격) 　　　　동사 　　　　전명구
even by those/ in his own party.
부사 　전명구 　　　전명구

게다가/ 후보자들 중 한 명/ 공화당원들에게 널리 여겨지고 있는/ 잠재적으로 "괜찮은" 또는 "훌륭한" 대통령(감)이
라고/ Donald Trump는/ 널리 여겨지지 않는다/ 신앙심이 있는 사람이라고/ 심지어 사람들에게조차/ 그의 당에 있는

Republican 공화당원(의)

❻ (B) And on the Democratic side,/ the share of Americans/ who say Hillary Clinton is not
등위접속사 　　　전명구 　　　　　　주어 　　　　전명구 　주격 관계대명사 동사 　주어 　　　동사 부사
*say 뒤 명사절 접속사 that 생략
a religious person/ now stands at 43%,/ which is sharply higher/ than it was in the summer
보어 　　　　부사 　동사 　전명구 　주격 관계대명사동사 부사 　　보어 　　접속사주어 동사 　　전명구
of 2007,/ when she was seeking the presidential nomination/ for the first time.
전명구 　관계부사 주어 　　동사 　　　목적어 　　　　　　전명구

(B) 그리고 민주당의 측면에서/ 미국인들의 비율은/ Hillary Clinton이 신앙심이 있는 사람이 아니라고 말하는/ 현재
43% 수준이다/ 이것은 분명히 높은 것이다/ 2007년 여름에 그랬던 것보다/ 그녀가 대통령 후보자 지명을 얻어내
려고 했을 때인/ 처음으로

Democratic 민주당의
nomination 지명, 임명

다음 글의 내용과 일치하는 것은?   ⏱ 2분 30초

Vanadium is a chemical element with symbol V and atomic number 23. It is a medium-hard, ductile, steel-blue metal. Some sources describe vanadium as "soft", perhaps because it is ductile, malleable and not brittle. But vanadium is harder than most metals and steels. It has good resistance to corrosion and it is stable against alkalis and sulfuric and hydrochloric acids. On the other hand, vanadium and its compounds are toxic and should be handled with care. Inhalation exposures to vanadium and vanadium compounds result primarily in adverse effects on the respiratory system. Quantitative data are, however, insufficient to derive a subchronic or chronic inhalation reference dose.

① In the periodic table, vanadium is marked as V with atomic number 23.
② Vanadium is ductile and malleable but it is harder than anything.
③ Vanadium has alkali-resistance but doesn't have acid-resistance.
④ There is no doubt that once you inhale even small amounts of vanadium, your respiratory system will be irreparably damaged.

| 해석 | 바나듐은 기호 V와 원자번호 23을 갖는 화학 원소이다. 이것은 강도가 중간이며, 두들겨 펼 수 있는(전성이 있는) 강청색의 금속이다. 일부 자료들은 바나듐을 "부드러운" 것으로 설명하는데, 그것은 아마도 부서지지 않지만 두들겨 펼 수 있기 때문일 것이다. 그러나 바나듐은 대부분의 금속과 철보다 더 강하다. 그것은 부식에 뛰어난 저항력을 가지고 있으며 알칼리와 유황 및 염산에도 안정적이다. 반면에, 바나듐과 그것의 화합물은 독성을 가지고 있어, 조심히 다루어져야 한다. 바나듐과 바나듐 화합물에 흡입 노출이 되는 것은 주로 호흡계에 악영향을 초래한다. 그러나 정량 데이터는 아만성 혹은 만성의 흡입 기준량을 유도하기에는 불충분하다.
① 주기율표에서, 바나듐은 원자번호 23과 함께 V로 표시된다.
② 바나듐은 두들겨 펼 수 있으니 그 어떠한 것보다 강하다.
③ 바나듐은 알칼리 저항을 가지나 산 저항은 가지지 않는다.
④ 소량의 바나듐일지라도 한 번 흡입한다면 당신의 호흡기는 회복할 수 없는 손상을 입을 것이라는 것은 의심할 여지가 없다.

| 해설 | ① 지문과 일치하는 선택지를 고르는 문제로, 옳지 않은 것을 고르다가 시간을 낭비하거나 틀리지 않도록 조심해야 한다. 쉽게 ①을 정답으로 고를 수 있는데, 지문의 첫 문장에서 답을 찾을 수 있다. 바나듐이 어떠한 것보다 강하다고 한 ②는 대부분의 금속과 철보다 더 강하다고 한 것을 확대 해석한 것이라서 옳지 않다. 바나듐은 알칼리와 유황 및 염산에도 안정적이라고 했으므로 ③은 틀리다. 마지막 두 문장으로 보아 바나듐이 호흡계에 악영향을 주는 것은 맞지만 소량으로 한 번 흡입했다고 해서 회복할 수 없는 손상을 입는다는 것은 아니므로 ④는 일치하지 않는다.

정답 ①

지문 구조분석

❶ Vanadium is a chemical element/ with symbol V and atomic number 23.
　　　주어　　 동사　　　보어　　　　　　전명구

바나듐은 화학 원소이다/ 기호 V와 원자번호 23을 갖는

❷ It is a medium-hard,/ ductile, steel-blue metal.
　　주어동사　　　　　　　　보어

이것은 강도가 중간이며/ 두들겨 펼 수 있는(전성이 있는) 강청색의 금속(이다)

ductile 두들겨 펼 수 있는

❸ Some sources describe vanadium/ as "soft",/ perhaps because it is ductile, malleable/
　　주어　　 동사　　 목적어　　 전명구　　 부사　　 접속사　 주어동사 보어1　　 보어2

and not brittle.
등위접속사　 보어3

일부 자료들은 바나듐을 설명한다/ "부드러운" 것으로/ 아마도 그것은 두들겨 펼 수 있기 때문일 것이다/ 그리고 부서지지 않는

malleable 두들겨 펼 수 있는
brittle 부서지기 쉬운, 불확실한

❹ But vanadium is harder/ than most metals and steels.
등위접속사　 주어　　 동사　 보어　　　　　전명구

그러나 바나듐은 더 강하다/ 대부분의 금속과 철보다

❺ It has good resistance/ to corrosion/ and it is stable/ against alkalis and sulfuric and
주어 동사　　 목적어　　　 전명구　　 등위접속사 주어동사 보어　　　　　전명구

hydrochloric acids.

그것은 뛰어난 저항력을 가지고 있다/ 부식에/ 그리고 그것은 안정적이다/ 알칼리와 유황 및 염산에도

corrosion 부식, 침식
alkalis 알칼리염
sulfuric 황의, 유황의
hydrochloric 염화수소의, 염산의

❻ On the other hand,/ vanadium and its compounds are toxic/ and should be handled/ with care.
　　접속부사　　　　　　　 주어　　　　　　　 동사1 보어 등위접속사　　 동사2　　　　 전명구

반면/ 바나듐과 그것의 화합물은 독성을 가지고 있다/ 그리고 다루어져야 한다/ 조심히

compound 화합물

❼ Inhalation exposures/ to vanadium and vanadium compounds/ result primarily
　　　　주어　　　　　　 전명구　　　　　　　　　　　　　 동사　 부사

in adverse effects/ on the respiratory system.
　　전명구　　　　　　 전명구

흡입 노출이 되는 것은/ 바나듐과 바나듐 화합물에/ 주로 악영향을 초래한다/ 호흡계에

inhalation 흡입
adverse effect 부작용, 악영향
respiratory 호흡의

❽ Quantitative data are,/ however,/ insufficient/ to derive a subchronic or chronic inhalation
　　　주어　　　　 동사　　 접속부사　　 보어　　 to부정사 부사적 용법　　　　　 to부정사 목적어

reference dose.

정량 데이터는 ~이다/ 그러나/ 불충분한/ 아만성 또는 만성의 흡입 기준량을 유도하기에는

quantitative 양적인
subchronic 아만성의

3

문맥상 다양한 추론

다음 문맥의 흐름상 어울리지 <u>않는</u> 것은?

"Propaganda" is information, especially of a biased or misleading nature, used to promote or publicise a particular political cause or point of view. Propaganda is often associated with the ① <u>psychological</u> mechanisms of influencing and altering the attitude of a population toward a specific cause, position or political agenda in an effort to form a ② <u>consensus</u> to a standard set of belief patterns. Propaganda is information that is not ③ <u>partial</u> and is used primarily to influence an audience and further an agenda, often by presenting facts selectively to encourage a particular synthesis, or using loaded messages to produce an emotional rather than a ④ <u>rational</u> response to the information presented.

| 해석 | "선전"은 특정한 정치적 명분 혹은 관점을 홍보하고 알리기 위해 이용되는 특히 편향되거나 오해가 담긴 정보이다. 선전은 신념 패턴의 표준적인 추세에 대해 ② 여론을 형성하고자 하는 시도에서 구체적인 특정한 명분, 입장, 또는 정치적 의제의 방향으로 대중의 태도를 변경하고 영향을 주는 ① 심리 기제와 결부된다. 선전은 ③ 편파적이지(→ 공정하지) 않은 정보로 특정한 통합을 유도하기 위해 종종 선택적으로 사실을 제시함으로써, 혹은 제시된 정보에 대해 ④ 이성적이기보다는 감정적인 반응을 유발하는 숨은 뜻이 있는 메시지를 이용함으로써 주로 청중에게 그리고 더 나아가 아젠다에 영향을 주기 위해 사용된다.

| 해설 | ③ 해당 지문은 'Propaganda(선전)'라는 다소 생소한 소재를 다루고 있다. 하지만, 공무원 시험의 특성상 다뤄질 만한 소재이며 기출된 바도 있다. 'propaganda'는 편향되거나 오해가 담긴 정보라고 했으므로 ③은 앞의 'not'으로 보아 'partial(편파적인)'이 아니라 'impartial(치우치지 않은, 공정한)'이 되어야 한다.

정답 ③

❶ "Propaganda" is information,/ especially of a biased or misleading nature,/ used/
　　　주어　　　동사　　보어　　　　부사　　　　　　　　　전명구　　　　　　　　과거분사
to promote or publicise/ a particular political cause or point of view.
　　to부정사 부사적 용법　　　　　to부정사 목적어　　　　　　전명구

"선전"은 정보이다/ 특히 편향되거나 오해가 담긴/ 사용되는/ 홍보하고 알리기 위해/ 특정한 정치적 명분 혹은 관점을

propaganda 선전
biased 편향된
misleading 호도하는
publicise 알리다

❷ Propaganda is often associated/ with the psychological mechanisms/ of influencing and
　　주어　　　　　동사　　　　　　　　　전명구　　　　　　　　　　　　　전명구
altering/ the attitude of a population/ toward a specific cause, position or political agenda/
동명사 목적어　　　　　전명구　　　　　　　　　　　　전명구
　　　　　*to부정사 형용사적 용법
in an effort to form a consensus/ to a standard set of belief patterns.
　　전명구　　to부정사 목적어　　　전명구　　　　전명구

선전은 종종 결부된다/ 심리 기제와/ 변경하고 영향을 주는/ 대중의 태도를/ 구체적인(특정한) 명분, 입장, 또는 정치적 의제의 방향으로/ 여론을 형성하고자 하는 시도에서/ 신념 패턴의 표준적인 추세에 대해

in an effort to ~을 해
보려는 노력으로
consensus 의견 일치,
여론

　　　　　*주격 관계대명사
❸ Propaganda is information/ that is not ③ partial(→ impartial)/ and is used primarily/
　　주어　　　동사1　　보어　　　동사 부사　　　　보어　　　　　등위접속사 동사2　　부사
to influence an audience and further an agenda,/ often by presenting facts selectively/
to부정사 부사적 용법　　　　to부정사 목적어　　　　　부사　　전명구1　　동명사 목적어　　부사
　　　　　　　　　　　*using 앞 전치사 by 생략
to encourage a particular synthesis,/ or using loaded messages/ to produce an emotional
to부정사 부사적 용법　　　to부정사 목적어　　등위접속사 전명구2　　동명사 목적어　　to부정사 부사적 용법 to부정사 목적어
　　　　　　　　　　　　　　　　*presented 앞 주격 관계대명사+be동사 생략
rather than a rational response/ to the information presented.
　　　전명구　　　　　　　　　　전명구　　　　과거분사

선전은 정보이다/ ③ 편파적이지(→ 공정하지) 않은/ 그리고 주로 사용된다/ 청중에게 그리고 더 나아가 아젠다에 영향을 주기 위해/ 종종 선택적으로 사실을 제시함으로써/ 특정한 통합을 유도하기 위해/ 또는 숨은 뜻이 있는 메시지를 이용함으로써/ 이성적이기보다는 감정적인 반응을 유발하는/ 제시된 정보에 대해

synthesis 통합
loaded 함축된, 숨은 뜻
이 있는

Warm Up 기출문제

밑줄 친 부분에 들어갈 말로 가장 적절한 것을 고르시오. 2019 지방직 9급   ⏱ 2분

Nobel Prize-winning psychologist Daniel Kahneman changed the way the world thinks about economics, upending the notion that human beings are rational decision-makers. Along the way, his discipline-crossing influence has altered the way physicians make medical decisions and investors evaluate risk on Wall Street. In a paper, Kahneman and his colleagues outline a process for making big strategic decisions. Their suggested approach, labeled as "Mediating Assessments Protocol," or MAP, has a simple goal: To put off gut-based decision-making until a choice can be informed by a number of separate factors. "One of the essential purposes of MAP is basically to _____ intuition," Kahneman said in a recent interview with *The Post*. The structured process calls for analyzing a decision based on six to seven previously chosen attributes, discussing each of them separately and assigning them a relative percentile score, and finally, using those scores to make a holistic judgment.

① improve
② delay
③ possess
④ facilitate

| 해석 | 노벨상을 수상한 심리학자 Daniel Kahneman은 인간이 이성적인 결정자라는 생각을 뒤집으며, 세상이 경제학에 관해 생각하는 방식을 바꾸었다. 그 과정에서, 그의 여러 분야를 넘나드는 영향은 의사들이 의학적 결정을 내리고 투자자들이 월 스트리트에서 위험성을 평가하는 방식을 바꾸었다. 한 논문에서, Kahneman과 그의 동료들은 중대한 전략적 결정을 내리기 위한 과정의 개요를 설명한다. "평가를 조정하는 프로토콜", 즉 MAP이라고 불리는 그들이 제시한 접근법은 단순한 목표를 가지고 있다. 하나의 선택이 많은 개별적인 요인들에 의해 정보를 제공받을 수 있을 때까지 감에 기반을 둔 의사 결정을 미루는 것이다. Kahneman은 최근 The Post와의 인터뷰에서 "MAP의 중대한 목표 중 하나는 기본적으로 직감을 ② 미루는 것이다."라고 말했다. 구조화된 과정은 이전에 선택된 6∼7개의 속성들에 근거하여 결정을 분석하기, 그것들 각각을 개별적으로 논의하고 그것들에 상대적인 백분위수 점수를 할당하기, 마지막으로 전체적 판단을 내리기 위해 그 점수들을 사용하기를 필요로 한다.
① 개선하다
② 미루다
③ 소유하다
④ 용이하게 하다

| 해설 | ② 빈칸이 있는 문장 바로 앞에서 정보가 주어질 때까지 직감에 의존한 결정을 미루는(put off) 것이 목표라고 했으므로 빈칸에는 그와 같은 의미인 'delay'가 적절하다.

정답 ②

❶ Nobel Prize-winning psychologist/ Daniel Kahneman/ changed [the way]/ the world thinks
　주어　　　　　　　　　　　　　　　　　　　동사　목적어　　　주어　　동사
*the way 뒤 관계부사 how 삭제

about economics,/ upending the notion/ that human beings are rational decision-makers.
전명구　　　　　　분사구　　　　　동격 접속사　주어　　동사　　주격 보어

노벨상을 수상한 심리학자/ Daniel Kahneman은/ 방식을 바꾸었다/ 세상이 경제학에 관해 생각하는/ 생각을 뒤집으며/ 인간이 이성적인 의사 결정자라는

rational 이성적인

❷ Along the way,/ his discipline-crossing influence/ has altered the way/ [physicians] make
전명구　　　　　　　　　　　주어　　　　　　　　　　동사　　　목적어　　주어1　동사1
*physicians 앞 관계부사 how 삭제

medical decisions/ and investors evaluate risk/ on Wall Street.
목적어　　　　　접속사　주어2　　동사2　목적어　전명구

그 과정에서/ 그의 여러 분야를 넘나드는 영향은/ 방식을 바꾸었다/ 의사들이 의학적 결정을 내리고/ 투자자들이 위험성을 평가하는/ 월 스트리트에서

along the way 그 과정에서
discipline-crossing 여러 분야를 넘나드는 [통합하는]

❸ In a paper,/ Kahneman and his colleagues/ outline a process/ for making big strategic
전명구　　　　　　주어　　　　　　　　　동사　목적어　　전명구　　동명사 목적어

decisions.

한 논문에서/ Kahneman과 그의 동료들은/ 과정의 개요를 설명한다/ 중대한 전략적 결정을 내리기 위한

❹ Their suggested approach,/ labeled as "Mediating Assessments Protocol," or MAP,/ has
주어　　　　　　　　　　과거분사　　　　전명구　　　　　　　　　　　　　동사

a simple goal:/ To put off gut-based decision-making/ until a choice can be informed/
목적어　　　　to부정사　　to부정사 목적어　　　　　　접속사　　주어　　동사

by a number of separate factors.
전명구

그들이 제시한 접근법은/ "평가를 조정하는 프로토콜", 즉 MAP이라고 불리는/ 단순한 목표를 가지고 있다/ 감에 기반을 둔 의사 결정을 미루는 것이다/ 하나의 선택이 정보를 제공받을 수 있을 때까지/ 많은 개별적인 요인들에 의해

mediate 중재하다, 조정하다
assessment 평가
gut-based 감에 기반한

❺ "One of the essential purposes of MAP/ is basically to ② delay intuition,"/ Kahneman said/
주어　　　　전명구　　　　　　전명구　동사　부사　　　　주격 보어　　　　주어　　동사

in a recent interview/ with The Post.
전명구　　　　　　　전명구

"MAP의 중대한 목표 중 하나는/ 기본적으로 직감을 ② 미루는 것이다"/ Kahneman이 말했다/ 최근 인터뷰에서/ The Post와의

❻ The structured process calls for/ analyzing a decision/ based on six to seven previously
수어　　　　　　　동사　진지사　동명사1　목적이　과거분사　　전명구

chosen attributes,/ discussing each of them separately/ and assigning them a relative
동명사2　목적어　전명구　　부사　　접속사　동명사3　간접목적어 직접목적어

percentile score,/ and finally, using those scores/ to make a holistic judgment.
접속사　부사　동명사4　목적어　to부정사　to부정사 목적어

구조화된 과정은 ~을 필요로 한다/ 결정을 분석하기/ 이전에 선택된 6~7개의 속성들에 근거하여/ 그것들 각각을 개별적으로 논의하기/ 그것들에 상대적인 백분위수 점수를 할당하기/ 그리고 마지막으로 그 점수들을 사용하기/ 전체적 판단을 내리기 위해

structured 구조가 있는
call for ~을 필요로 하다
attribute 속성
percentile 백분위 수(의)
holistic 전체론의

다음 밑줄 친 문장 중, 글의 전체 흐름과 가장 관계가 <u>없는</u> 것은?

⏱ 2분

Generally, humans tend to use one half more than the other half of the brain and distrust or even dislike the non-dominant half. If we generally use our left hemisphere, we might be annoyed by our right hemisphere as though it were an undisciplined child; contrarily, a right-hemisphere person might consider his or her left hemisphere to be a spoil-sport. These same attitudes might be projected onto other people. ① For example, if we favor the right hemisphere, but our co-workers are oriented toward their left hemisphere, we are likely to judge them as boring and rigid. ② And if we favor the left hemisphere, we probably view our right-hemisphere co-workers as unreliable and disorganized. ③ In every task, one hemisphere is dominant, but the other hemisphere participates to some extent. ④ But both types of people can be effective if permitted to work in their own way, as some employers have discovered.

| 해석 | 일반적으로, 인간은 뇌의 다른 절반보다 반쪽을 사용하는 경향이 있고 지배적이지 않은 반쪽을 신뢰하지 않거나 심지어 싫어한다. 우리가 일반적으로 좌반구를 사용한다면, 마치 그것이 자제심이 부족한 아이인 것처럼 우반구에 화를 낼지도 모른다. 반대로, 우반구가 지배적인 사람은 자신의 좌반구를 흥을 깨는 것이라고 여길지 모른다. 이런 동일한 태도가 다른 사람들에게 드러날지도 모른다. 예를 들면, 우리가 우반구를 선호하지만 우리의 직장 동료들은 좌반구를 지향한다면 우리는 그들을 지루하고 융통성이 없다고 생각하기 쉽다. 그리고 우리가 좌반구를 선호한다면, 아마도 우리는 우반구를 선호하는 직장 동료들을 신뢰할 수 없고 부주의하다고 간주할 것이다. ③ 모든 업무에 있어서, 하나의 반구가 지배적이지만 나머지 한 쪽의 반구가 어느 정도는 참여한다. 그러나 두 가지 종류의 사람들은 일부 고용주들이 알아차려왔던 것처럼 그들의 방식으로 업무를 하는 것이 허용되면, 효과적일 수 있다.

| 해설 | ③ 이 지문은 뇌의 한 쪽 반구를 선호하는 사람들은 다른 쪽을 선호하는 사람들에 부정적인 생각을 갖는다는 내용을 다루고 있다. 반면에 하나의 반구가 지배적이더라도 다른 한 쪽 반구도 참여를 한다는 내용의 ③은 ②와 ④ 사이의 흐름을 깨고 있다.

정답 ③

❶ Generally,/ humans tend to use one half/ more than the other half of the brain/ and
부사　　주어　동사1　보어　 to부정사 목적어　　　　전명구　　　　　　전명구　　 등위접속사

distrust or even dislike/ the non-dominant half.
　　동사2　　　　　　　목적어

일반적으로/ 인간은 반쪽을 사용하는 경향이 있다/ 뇌의 다른 절반보다/ 그리고 신뢰하지 않거나 심지어 싫어한다/
지배적이지 않은 반쪽을

distrust 신뢰하지 않다
non-dominant 지배적
이지 않은

❷ If we generally use our left hemisphere,/ we might be annoyed by our right hemisphere/
접속사 주어　부사　 동사　　　목적어　　　 주어　　　　동사　　　　　　　전명구

as though it were an undisciplined child;/ contrarily,/ a right-hemisphere person/
접속사　주어 동사　　　보어　　　　 접속부사　　　　　주어

might consider/ his or her left hemisphere/ to be a spoil-sport.
　　동사　　　　　　　목적어　　　　　　 목적격 보어

우리가 일반적으로 (뇌의) 좌반구를 사용한다면/ 우리는 우반구에 화를 낼지도 모른다/ 마치 그것이 자제심이 부족
한 아이인 것처럼/ 반대로/ 우반구가 지배적인 사람은/ 여길지도 모른다/ 자신의 좌반구를/ 흥을 깨는 것이라고

hemisphere (뇌의) 반구
undisciplined 훈련되지
않은, 자제력이 부족한
spoil-sport (남의) 흥을
깨는 사람[것]

❸ These same attitudes/ might be projected/ onto other people.
　　주어　　　　　　　　동사　　　　　　 전명구

이런 동일한 태도가/ 드러날지도 모른다/ 다른 사람들에게

project (자질, 감정, 신념
을) 표명하다, 드러내다

❹ For example,/ if we favor the right hemisphere,/ but our co-workers are oriented
접속부사　 접속사 주어 동사　　목적어　　　 등위접속사　 주어　　　 동사

toward their left hemisphere,/ we are likely to judge them/ as boring and rigid.
　　전명구　　　　　　　　 주어 동사 보어　 to부정사 목적어　 전명구
　　　　　　　*to부정사 부사적 용법　*boring 앞 being 생략

예를 들면/ 우리가 우측 반구를 선호한다면/ 그러나 우리의 식장 동료들은 좌반구를 지향한다면/ 우리는 그들을 판
단하기 쉽다/ 지루하고 융통성이 없다고

orient ~의 관심을 향하
게 하다, 적응시키다
rigid 완고한, 융통성이
없는

❺ And if we favor the left hemisphere,/ we probably view/ our right-hemisphere co-workers/
등위접속사 접속사 주어　동사　　　목적어　　　 주어　 부사　 동사　　　　　목적어

as unreliable and disorganized.
　　　전명구
*unreliable 앞 being 생략

그리고 우리가 좌반구를 선호한다면/ 아마도 우리는 볼 것이다/ 우반구를 선호하는 직장 동료들을/ 신뢰할 수 없고
체계적이지 않다고

disorganized 무질서한,
체계적이지 않은

❻ ③ In every task,/ one hemisphere is dominant,/ but the other hemisphere/ participates
　　전명구　　　　　 주어　　 동사　보어　 등위접속사　　 주어　　　　　　 동사

to some extent.
　　전명구

③ 모든 업무에 있어서/ 하나의 반구가 지배적이다/ 그러나 나머지 한쪽의 반구가/ 어느 정도는 참여한다

❼ But both types of people/ can be effective/ if permitted to work/ in their own way,/
등위접속사　주어　　 전명구　　 동사　　보어 접속사 과거분사　 보어　　 전명구
　　　　　　　　　　　　　　　　　　　　*permitted 앞 주어 + be동사 생략

as some employers have discovered.
접속사　　주어　　　　 동사

그러나 양쪽 부류의 사람들은/ 효과적일 수 있다/ 업무를 하는 것이 허용되면/ 그들의 방식으로/ 일부 고용주들이
알아차려왔던 것처럼

다음 글의 순서로 알맞은 것은? ⏱ 2분 30초

Planet Earth is warmer than it has been for at least 2,000 years, according to a study that took its temperature from 692 different "natural thermometers" on every continent and ocean on the planet.

(A) The only plausible explanation for this sudden change is fossil fuel emissions, which have increased the level of carbon dioxide in the atmosphere from about 280 parts per million in the 19th century to more than 400 today.

(B) In the most comprehensive assessment of how the climate has changed over the period to date, researchers looked at a host of sources of historic information, including tree rings, ice cores, lake and sea sediments, corals, mineral deposits and written records.

(C) What they found confirmed the famous "hockey stick" graph, showing an undulating, but broadly flat, line followed by a sharp uptick that begins at around 1900.

① (A) – (B) – (C)
② (A) – (C) – (B)
③ (B) – (A) – (C)
④ (B) – (C) – (A)

| 해석 | 지구상의 모든 대륙과 해양에서의 692개의 다른 "자연 온도계"로부터의 지구 온도를 측정한 연구에 따르면, 지구 행성은 적어도 2,000년간 동안 지구가 그랬던 것보다 더 따뜻하다.

(B) 현재까지 기후가 어떻게 변화했는지에 대한 가장 종합적인 평가에서, 연구원들은 나이테, 빙하 코어, 호수와 바다의 퇴적물들, 산호, 광상 그리고 기록물들을 포함하는 역사적인 정보의 많은 근원들을 살펴보았다.

(C) 그들이 발견한 것은 높낮이가 있으나 넓게 평평하며 대략 1900년에서 시작되는 급증하는 선이 뒤잇는 선을 보여주는 유명한 "하키 스틱" 그래프를 확인시켜 주었다.

(A) 이러한 급격한 변화에 대한 유일하게 그럴듯한 설명은 화석 연료 방출인데, 이것은 대기 중의 이산화탄소 수준을 19세기의 약 280ppm에서부터 오늘날 400ppm 이상으로 증가시켰다.

| 해설 | ④ (A)는 변화에 대한 연구 결과를 설명하는 내용이다. 그리고 (B)는 연구원들의 연구 과정을 설명하고 있다. 그리고 (C)의 'What they found'에서 'they'는 (B)에서 제시된 'researchers(연구원들)'를 지칭한다. 따라서 연구 과정에 대한 글인 (B)가 먼저 오고 (B) 다음에는 (C)가 바로 이어지는 것이 글의 논리상 적절하다. (A)는 지구 온난화의 원인은 화석 연료 방출이라는 결론을 제시하고 있고, 'this sudden change'는 (C)에서 제시된 'a sharp uptick that begins at around 1900'의 "하키 스틱" 그래프를 뜻하는 것이다. 따라서 ④ '(B) – (C) – (A)'의 순서가 적절하다.

정답 ④

❶ Planet Earth is warmer/ than it has been for at least 2,000 years,/ according to a study/
_{주어　동사　보어　접속사 주어 동사　　　　전명구　　　　　　　전명구}
that took its temperature/ from 692 different "natural thermometers"/ on every continent and
_{주격 관계대명사 동사　목적어　　　　　　　전명구　　　　　　　　　전명구}
ocean on the planet.
_{전명구}

지구 행성은 더 따뜻하다/ 적어도 2,000년 동안 지구가 그랬던 것보다/ 연구에 따르면/ 온도를 측정한/ 692개의 다른 "자연 온도계"로부터의/ 지구상의 모든 대륙과 해양에서의

❷ (B) In the most comprehensive assessment/ of how the climate has changed/ over the period/
_{*의문사 + 주어 + 동사: 간접의문문}
_{전명구　　　　　　　전명구　주어　　　동사　　　전명구}
to date,/ researchers looked at a host of sources of historic information,/ including tree rings,
_{전명구　　주어　　동사　전명구　　전명구　　　　전명구　　　　　　전명구}
ice cores, lake and sea sediments, corals, mineral deposits and written records.

(B) 가장 종합적인 평가에서/ 기후가 어떻게 변화했는지에 대한/ 기간에 걸쳐/ 현재까지/ 연구원들은 역사적인 정보의 많은 근원들을 살펴보았다/ 나이테, 빙하 코어, 호수와 바다의 퇴적물들, 산호, 광상 그리고 기록물들을 포함하는

comprehensive 종합적인, 포괄적인
assessment 평가
a host of 많은 ~
sediment 퇴적물
mineral deposit 광상

❸ (C) What they found/ confirmed/ the famous "hockey stick" graph,/ showing/
_{*주어}
_{관계대명사 주어　동사　동사　　　목적어　　　　분사구문}
an undulating, but broadly flat, line/ followed by a sharp uptick/ that begins/ at around 1900.
_{현재분사 목적어　　　　　과거분사　　전명구　주격 관계대명사 동사　전명구}

(C) 그들이 발견한 것은/ 확인시켜 주었다/ 유명한 "하키 스틱" 그래프를/ 보여주는/ 높낮이가 있는 그러나 넓게 평평한 선/ 급증하는 선이 뒤잇는/ 시작되는/ 대략 1900년에서

undulating 높낮이가 있는
uptick 증가

❹ (A) The only plausible explanation/ for this sudden change/ is fossil fuel emissions,/
_{주어　　　　　　　전명구　　　　동사　　보어}
which have increased/ the level of carbon dioxide/ in the atmosphere/ from about 280 parts
_{주격 관계대명사　동사　　　목적어　　　전명구　　　　전명구　　　　전명구}
per million/ in the 19th century/ to more than 400/ today.
_{전명구　　　전명구　　　　전명구　　　부사}

(A) 유일하게 그럴듯한 설명은/ 이러한 급격한 변화에 대한/ 화석 연료 방출인데/ 이것은 증가시켰다/ 이산화탄소 수준을/ 대기 중의/ 약 280ppm에서/ 19세기의/ 400ppm 이상으로/ 오늘날

plausible 그럴듯한

주어진 문장이 들어갈 위치로 가장 적절한 곳은? ⏱ 1분 45초

> If the focus isn't on the money, but on the jobs that bring the money, those jobs are generally thought to make people happy.

People have many and varied goals that they pursue. ① However, there is an almost universal underlying goal to virtually all pursuits: the goal to be happy. ② People who spend a lot of time making money generally do so because they believe that the money itself will make them happy, or will guard them against things that will make them unhappy. ③ People strive for that perfect relationship, the perfect house, the beautiful body, the approval of others, all in an attempt to be happy. ④ Sometimes these things make us happy; other times, we stress out over not having reached our goals, or we reach them and find that we're still not happy. Other times, we focus so intensely on one goal that's thought to bring happiness that we don't have time for other things in our life that will make us truly happy.

| 해석 | 사람들은 그들이 추구하는 여러 가지의 다양한 목표를 갖고 있다. 하지만 사실상 모든 추구에 있어서 거의 보편적인 근본이 되는 목표가 있다. 바로 행복해지는 목표이다. 돈을 버는 데 많은 시간을 소비하는 사람들은 일반적으로 돈 자체가 그들을 행복하게 하거나, 그들을 불행하게 만드는 것들로부터 그들을 지켜줄 것이라고 믿기 때문에 그렇게 한다. ③ 만약 초점이 돈에 있지 않고, 돈을 벌게 해주는 직업에 있다면, 그러한 직업들은 일반적으로 사람들을 행복하게 만든다고 여겨진다. 사람들은 행복해지기 위한 노력으로 완벽한 관계, 완벽한 집, 아름다운 몸, 타인이 인정을 위해 분투한다. 때때로 이러한 것들은 우리를 행복하게 한다. 다른 때에는 우리는 이러한 목표들을 달성하지 못한 것에 대해 스트레스를 받거나, 그것들을 달성하지만 우리가 여전히 행복하지 않다는 것을 깨닫는다. 또 다른 때에는, 우리는 행복을 가져온다고 생각되는 한 가지 목표에 너무나도 집중하여 우리는 인생에서 우리를 진정으로 행복하게 해줄 다른 것들을 위한 시간이 없다.

| 해설 | ③ 행복 추구에 대한 글이다. 주어진 문장은 '초점이 돈에 있지 않은 상황'을 가정하고 있으므로, 이 문장은 '초점이 돈에 있는 상황' 뒤에 올 것임을 유추할 수 있다. ② 이후의 문장은 사람들이 행복 추구를 위해 돈을 번다는 내용이므로, 주어진 문장은 그 이후에 이어지는 것이 적절하다. 따라서 ③이 주어진 문장이 들어갈 위치로 알맞다.

정답 ③

❶ People have/ many and varied goals/ *목적격 관계대명사* [that] they pursue.
주어　동사　　　목적어　　　　　　　　주어　동사

사람들은 갖고 있다/ 여러 가지의 다양한 목표를/ 그들이 추구하는

varied 여러 가지의, 다양한
pursue 추구하다, 쫓다

❷ However,/ there is an almost universal underlying goal/ to virtually all pursuits:/
접속부사　유도부사동사　　　　　　주어　　　　　　　　전명구

the goal/ to be happy.
명사(동격) to부정사 형용사적 용법 to부정사 보어

하지만/ 거의 보편적인 근본이 되는 목표가 있다/ 사실상 모든 추구에 있어서/ 목표(이다)/ 행복해지는

universal 보편적인, 만국의
underlying 근본적인, 근원적인
virtually 사실상

❸ People/ who spend a lot of time/ making money/ generally do so/ because they believe/ that
주어　주격 관계대명사 동사　　목적어　　　동명사 현재분사 목적어　부사　동사 부사　접속사　주어　동사 명사절 접속사

the money itself/ will make them happy,/ or will guard them/ against things/ *주격 관계대명사* [that] will make
주어　　　　동사1　　목적어 목적격 보어 등위접속사 동사2　목적어　　전명구　　　　동사

them unhappy.
목적어 목적격 보어

사람들은/ 많은 시간을 소비하는/ 돈을 버는 데/ 일반적으로 그렇게 한다/ 그들이 믿기 때문에/ 돈 자체가/ 그들을 행복하게 한다/ 혹은 그들을 지켜줄 것이다/ 것들로부터/ 그들을 불행하게 만드는

spend A -ing ~하는 데 A를 소비하다[쓰다]
guard 지키다, 보호하다

❹ ③ If the focus/ *not A but B: A가 아니라 B* [isn't] on the money,/ [but] on the jobs/ that bring the money,/ those jobs are
접속사　주어　　동사　　　전명구　　등위접속사 전명구　주격 관계대명사 동사　　목적어　　　주어　　동사

generally thought/ to make people happy.
보어　　　to부정사 목적어 목적격 보어

③ 만약 초점이/ 돈에 있지 않고/ 직업에 있다면/ 돈을 벌게 해주는/ 그러한 직업들은 일반적으로 여겨진다/ 사람들을 행복하게 만든다고

focus 초점, 집중

❺ People strive/ for that perfect relationship, the perfect house, the beautiful body, the approval
주어　동사　　　　　　　　　　전명구

of others,/ all in an attempt/ to be happy.
　　　　부사　　전명구 to부정사 형용사적 용법 to부정사 보어

사람들은 분투한다/ 완벽한 관계, 완벽한 집, 아름다운 몸, 타인의 인정을 위해/ 모두 노력으로/ 행복해지기 위한

strive for (얻으려고) 노력하다, 분투하다
approval 인정
in an attempt to ~하려는 노력으로

❻ Sometimes/ these things make us happy;/ other times,/ we stress out/ over not having
부사　　　　주어　　　동사　목적어 목적격 보어　부사구　　　주어　동사　　　전명구

등위접속사 *등위접속사* *명사절 접속사*
reached our goals,/ [or] we reach them/ [and] find/ [that] we're still not happy.
동명사 목적어　주어 동사1 목적어　동사2　주어 동사 부사 부사 보어

때때로/ 이러한 것들은 우리를 행복하게 한다/ 다른 때에는/ 우리는 스트레스를 받는다/ 이러한 목표들을 달성하지 못한 것에 대해/ 또는 우리는 그것들을 달성한다/ 그리고 깨닫는다/ 우리가 여전히 행복하지 않다는 것을

stress out 스트레스를 받다
over ~을 두고, ~ 때문에, ~에 대해
reach (목표한 것에) 이르다

❼ *so ~ that …: 너무 ~해서 …하다* *주격 관계대명사* *명사절 접속사*
Other times,/ we focus [so] intensely/ on one goal/ [that]'s thought to bring happiness/ [that]
부사구　　주어 동사 부사　부사　　전명구　　　동사　　보어　to부정사 목적어

we don't have time/ for other things/ in our life/ that will make us truly happy.
주어　　동사　　목적어　　　전명구　　　　전명구 주격 관계대명사 동사　목적어 부사 목적격 보어

또 다른 때에는/ 우리는 너무나도 집중하여/ 한 가지 목표에/ 행복을 가져온다고 생각되는/ 우리는 시간이 없다/ 다른 것들을 위한/ 우리의 인생에서/ 우리를 진정으로 행복하게 해줄

intensely 몹시, 격하게

DAY 20

Warm Up 기출문제

이 글의 요지로 가장 적절한 것은? 2017 국가직(사회복지직) 9급   ⏱ 2분

How on earth will it help the poor if governments try to strangle globalization by stemming the flow of trade, information, and capital — the three components of the global economy? That disparities between rich and poor are still too great is undeniable. But it is just not true that economic growth benefits only the rich and leaves out the poor, as the opponents of globalization and the market economy would have us believe. A recent World Bank study entitled "Growth Is Good for the Poor" reveals a one-for-one relationship between income of the bottom fifth of the population and per capita GDP. In other words, incomes of all sectors grow proportionately at the same rate. The study notes that openness to foreign trade benefits the poor to the same extent that it benefits the whole economy.

① Globalization deepens conflicts between rich and poor.
② The global economy grows at the expense of the poor.
③ Globalization can be beneficial regardless of one's economic status.
④ Governments must control the flow of trade to revive the economy.

| 해석 | 정부가 세계 경제의 세 가지 요소인 무역, 정보 및 자본의 흐름을 막음으로써 세계화를 억제하려는 시도를 한다면 가난한 자들을 도대체 어떻게 도울까? 부자와 가난한 사람 사이의 격차가 여전히 너무 크다는 것은 부인할 수 없는 일이다. 그러나 세계화와 시장 경제에 반대하는 사람들이 우리를 (그렇게) 믿게 만든 것처럼 경제 성장이 부유층에게만 이익을 주고 가난한 사람들은 배제시킨다는 것은 사실이 아니다. "성장은 가난한 사람들에게 좋다"라는 제목의 세계은행(World Bank)의 최근 연구는 인구의 하위 5분의 1의 소득과 1인당 GDP 간의 일대일 관계를 보여준다. 다른 말로 하면, 모든 부문의 소득은 동일한 비율로 비례하여 증가한다는 것이다. 이 연구는 대외 무역에 대한 개방성이 그것이 전체 경제에 혜택을 주는 것과 동일하게 빈곤층에게 혜택을 준다고 언급한다.
① 세계화는 빈부 갈등을 심화시킨다.
② 세계 경제는 빈곤층을 희생시켜 성장한다.
③ 세계화는 경제적 지위와 관계없이 유익할 수 있다.
④ 정부는 경제를 회복시키기 위해 무역의 흐름을 통제해야 한다.

| 해설 | ③ 세계화를 막으면서 정부가 가난한 자를 도울 수 없고, 경제적 성장 이익이 가난한 사람을 빼놓고 부자에게만 가는 것은 사실이 아니라고 하면서 무역 거래의 개방이 가난한 사람들에게도 전체와 같은 비율로 혜택이 돌아간다고 했다. 따라서 이 글은 세계화가 가난한 사람에게도 도움을 주는 것이라는 내용이고, 이는 즉, '세계화는 경제적 지위에 관계없이 유익할 수 있다.'로 바꿔 말할 수 있다.

정답 ③

어휘 check

❶ *to부정사 명사적 용법

How on earth will it help the poor/ if governments try to strangle globalization/
의문사　전명구　조동사주어 동사　목적어 접속사　주어　동사　목적어

by stemming the flow of trade, information, and capital/ — the three components
전명구　　동명사 목적어　　목적어(동격)

of the global economy?
전명구

가난한 자들을 도대체 어떻게 도울까/ 정부가 세계화를 억제하려는 시도를 한다면/ 무역, 정보 및 자본의 흐름을 막음으로써/ 세계 경제의 세 가지 요소인

strangle 억제하다, 억압하다
stem 막다, 저지하다

❷ *명사절 이끄는 접속사 *between A and B: A와 B 사이의

That disparities between rich and poor/ are still too great/ is undeniable.
주어　　전명구　　동사 부사 부사 보어　동사　보어

부자와 가난한 사람 사이의 격차가/ 여전히 너무 크다는 것은/ 부인할 수 없는 일이다

disparity 차이

❸ *가주어 *진주어절 이끄는 접속사

But it is just not true/ that economic growth benefits only the rich/ and leaves out the poor,/
접속사 동사 부사 부사 보어　　주어　　동사1 부사 목적어　접속사 동사2 목적어

as the opponents of globalization and the market economy/ would have us believe.
접속사　주어　　　전명구　　　동사　목적어 목적격 보어

그러나 사실이 아니다/ 경제 성장이 부유층에게만 이익을 주고/ 가난한 사람들은 배제시킨다는 것은/ 세계화와 시장 경제에 반대하는 사람들이/ 우리를 (그렇게) 믿게 만든 것처럼

❹ *과거분사

A recent World Bank study/ entitled "Growth Is Good for the Poor"/ reveals a one-for-one
주어　　　과거분사구(목적격 보어)　　　동사　목적어

*between A and B: A와 B 사이의

relationship/ between income of the bottom fifth of the population and per capita GDP.
전명구

세계은행(World Bank)의 최근 연구는/ "성장은 가난한 사람들에게 좋다"라는 제목의/ 일대일 관계를 보여준다/ 인구의 하위 5분의 1의 소득과 1인당 GDP 간의

one-for-one 일대일의

❺ In other words,/ incomes of all sectors/ grow proportionately/ at the same rate.
접속부사　　주어　　전명구　　동사　부사　　전명구

다른 말로 하면/ 모든 부문의 소득은/ 비례해서 증가한다/ 동일한 비율로

proportionately 비례하여

❻ The study notes/ that openness to foreign trade/ benefits the poor/ to the same extent/ that it
주어　동사 접속사　주어　　전명구　　동사　목적어　　부사구　　관계부사 주어

benefits the whole economy.
동사　　목적어

이 연구는 언급한다/ 대외 무역에 대한 개방성이/ 빈곤층에게 혜택을 준다고/ 동일하게/ 그것이 전체 경제에 혜택을 주는 것과

이 글의 주제로 가장 적절한 것은?　　　🕐 2분

Making correct decisions takes concentration, good eyesight, and sound physical condition, as well as an ability to uphold the ideals of the game. Basketball referees race up and down the court along with the players and — unlike the athletes — get no relief from substitutes. Hockey referees streak across the ice to keep up with the action and must skate with skill. National Football League officials typically cover more than six miles a game. Officials who preside over youth and high school games teach sportsmanship and the value of playing by the rules. Consistency is a key educational tool: Fair play requires umpires and referees to apply the same standards to both teams when blowing whistles and making calls. Any hint of favoritism can anger players and fans and stunt an official's career.

① struggles umpires might have
② qualifications of referees and players
③ things sports officials do and need to care about
④ consistency which is the best educational value in sports

| 해석 | 정확한 판단을 하는 것은 게임의 이상을 따르는 능력뿐만 아니라 집중, 좋은 시력, 그리고 건강한 신체 조건을 필요로 한다. 농구 심판들은 선수들을 따라서 코트를 급히 달려갔다 내려갔다 하는데, 선수들과는 달리 대체자로부터 안도감을 얻을 수 없다. 하키 심판들은 행동을 따라잡기 위해 얼음을 가로질러 재빨리 움직이며, 전문적인 실력으로 스케이트를 타야 한다. 전미 미식 축구 연맹의 심판들은 일반적으로 한 게임당 6마일 이상을 이동한다. 청소년과 고등학생 게임을 담당하는 심판들은 스포츠맨 정신과 규칙대로 게임을 하는 가치에 대해 가르친다. 일관성은 중요한 교육적 도구이다. 공정한 게임은 호각을 불고 판정을 내릴 때 심판들이 두 팀 모두에게 같은 기준을 적용하는 것을 요구한다. 어떠한 편파의 기미라도 선수와 팬을 화나게 할 수 있으며, 심판의 경력을 멈추게 할 수 있다.

① 심판들이 가질 수 있는 어려움들
② 심판들과 선수들의 자격 사항들
③ 스포츠 심판들이 하는 일들과 주의를 기울여야 하는 것들
④ 스포츠에서 가장 교육적인 가치인 일관성

| 해설 | ③ 이 글은 심판이 하는 일과 주의사항들을 서술하고 있다. 첫 문장에서는 정확한 판단을 위해서 심판에게 필요한 것들이 언급되었고, 그 다음에는 농구와 하키에서 심판들이 선수들만큼 뛰어다녀야 하는 어려움을 말했다. 그 다음으로는 심판이 주의해야 할 '일관성'에 관해서 이야기했다. 따라서 정답은 ③이다. 단순히 심판이 대체자 없이 선수들처럼 뛰어다녀야 한다는 대목에서 정답을 ①로 고르지 않도록 유의한다. 후반부에 나온 '일관성'이라는 심판 덕목도 주제에 포함시켜야 하기 때문이다.

정답 ③

① Making correct decisions/ takes/ concentration, good eyesight, and sound physical condition,/
주어(동명사)　동명사 목적어　동사　목적어
*A as well as B: B뿐만 아니라 A도
as well as an ability/ to uphold the ideals of the game.
전명구　to부정사 형용사적 용법　to부정사 목적어　전명구

정확한 판단을 하는 것은/ 필요로 한다/ 집중, 좋은 시력, 그리고 건강한 신체 조건을/ 능력뿐만 아니라/ 게임의 이상을 따르는

> sound 좋은, 괜찮은, 건전한, 완전한

② Basketball referees/ race up and down the court/ along with the players/ and — unlike the
주어　동사1　전명구　전명구　등위접속사　전명구
athletes —/ get no relief/ from substitutes.
동사2　목적어　전명구

농구 심판들은/ 코트를 급히 달려 올라갔다가 내려온다/ 선수들을 따라서/ 그리고 선수들과는 다르게/ 안도감을 얻을 수 없다/ 대체자로부터

> referee 심판
> race up 달려 급히 올라가다
> substitute 대체자

③ Hockey referees/ streak across the ice/ to keep up with the action/ and must skate/ with skill.
주어　동사1　전명구　to부정사 부사적 용법　전명구　등위접속사　동사2　전명구

하키 심판들은/ 얼음을 가로질러 재빨리 움직인다/ 행동을 따라잡기 위해/ 그리고 스케이트를 타야 한다/ 전문적인 실력으로

> streak 빨리 움직이다
> keep up with ~에 뒤처지지 않게 하다, ~을 따라잡다

④ National Football League officials/ typically cover/ more than six miles/ a game.
주어　부사　동사　목적어　부사구

전미 미식 축구 연맹의 심판들은/ 일반적으로 이동한다/ 6마일 이상을/ 한 게임당

> cover (언급된 거리를) 이동하다

⑤ Officials/ who preside over youth and high school games/ teach sportsmanship and the value
주어　주격 관계대명사 동사　전명구　동사　목적어
of playing/ by the rules.
전명구　전명구

심판들은/ 청소년과 고등학생 게임을 담당하는/ 스포츠맨 정신과 게임의 가치를 가르친다/ 규칙에 의한

> preside over 주재하다, 사회를 보다

⑥ Consistency is a key educational tool:/ Fair play requires umpires and referees/ to apply
주어　동사　보어　주어　동사　목적어　목적격 보어
*when 뒤 주어 + be동사 생략
the same standards/ to both teams/ when blowing whistles and making calls.
to부정사 목적어　전명구　접속사 현재분사1 현재분사 목적어 등위접속사 현재분사2 현재분사 목적어

일관성은 중요한 교육적 도구이다/ 공정한 게임은 심판들에게 요구한다/ 같은 기준을 적용하도록/ 양 팀에게/ 호각을 불고 판정을 내릴 때

> consistency 일관성
> umpire 심판

⑦ Any hint of favoritism/ can anger players and fans/ and stunt an official's career.
주어　전명구　조동사 동사1　목적어　등위접속사 동사2　목적어

어떠한 편파의 기미는/ 선수와 팬을 화나게 할 수 있다/ 그리고 심판의 경력을 멈추게 할 수 있다

> favoritism 편파, 편애
> stunt 멈추게 하다, 방해하다

다음 빈칸에 들어갈 가장 적절한 것은? 🕐 2분 30초

In the time of digital maps, getting lost in a new place is impossible. In the mapping industry, there are a number of players that are giving tough competition to Google and Apple Maps. The transport sector is heavily dependent on maps to get a sense of place. Apart from the obvious benefits of navigation, _____. One is transportation with autonomous vehicles, drones, and other IoT devices that need a comprehensive and accurate 3D mapping layer coupled with a real-time feedback mechanism to power machine-to-machine interactions. The other is being able to use mapping technology for pushing products and services to the hinterlands of the country. This will be done through a combination of private enterprises and government programs where geo-analytics and self-reported data will allow precise delivery by identifying the right beneficiaries, right services, and necessary products.

① there are some disadvantages of mapping

② Google and Apple are developing new fields

③ the mapping will be extremely valuable in two areas

④ the government doesn't make an investment in mapping technology

| 해석 | 디지털 지도의 시대에서는, 새로운 장소에서 길을 잃는 것이 불가능하다. 지도 업계에는 Google과 Apple Maps에 치열한 경쟁을 붙이는 회사들이 많다. 교통 부문은 위치감을 얻기 위해 지도에 크게 의존하고 있다. 네비게이션이라는 명백한 이익 외에도, ③ 지도 제작은 두 가지 영역에서 매우 유용할 것이다. 하나는 기계와 기계간의 상호작용을 활성화하기 위해 실시간 피드백 메커니즘이 연결된 종합적이고 정확한 3D 지도 제작 단계가 필요한 자율 주행 차량, 드론, 기타 IoT 장치를 갖춘 수송이다. 다른 하나는 제품과 서비스를 국가의 내륙지역에 넣기 위해 지도 기술을 사용할 수 있는 것이다. 이는 개인 기업과 정부 프로그램의 결합을 통해 이루어질 것이며, 지리 분석 및 자체 보고된 데이터는 올바른 수혜자, 올바른 서비스 및 필요한 제품을 식별하여 정확한 배달을 가능하게 할 것이다.

① 지도 제작의 몇 가지 단점이 있다

② Google과 Apple은 새로운 분야를 개발하고 있다

③ 지도 제작은 두 가지 영역에서 매우 유용할 것이다

④ 정부는 지도 제작 기술에 투자를 하지 않는다

| 해설 | ③ 위치감(네비게이션) 외의 지도 제작의 이점에 대한 글이다. 빈칸 이후에서 지도 제작의 장점들을 두 가지(One, The other)로 나누어 서술하고 있으므로 빈칸에는 ③ 'the mapping will be extremely valuable in two areas(지도 제작은 두 가지 영역에서 매우 유용할 것이다)'가 들어가는 것이 가장 적절하다.

정답 ③

① In the time of digital maps,/ getting lost in a new place/ is impossible.

전명구　　전명구　　주어 동명사 보어　전명구　　동사　보어

디지털 지도의 시대에서는/ 새로운 장소에서 길을 잃는 것이/ 불가능하다

② In the mapping industry,/ there are a number of players/ that are giving tough competition/

전명구　　유도부사 동사　　주어　　주격 관계대명사　동사　　목적어

player 회사

to Google and Apple Maps.

전명구

지도 업계에는/ 회사들이 많다/ 치열한 경쟁을 붙이는/ Google과 Apple Maps에

③ The transport sector/ is heavily dependent/ on maps/ *to부정사 부사격 용법 to get a sense of place.

주어　　동사　　부사　보어　전명구　　to부정사 목적어 전명구

교통 부문은/ 크게 의존하고 있다/ 지도에/ 위치감을 얻기 위해

④ Apart from the obvious benefits/ of navigation,/ ③ the mapping/ will be extremely valuable/

전명구　　　전명구　　　주어　　동사　　부사　보어

in two areas.

전명구

명백한 이익 외에도/ 길 찾기라는/ ③ 지도 제작은/ 매우 유용할 것이다/ 두 가지 영역에서

⑤ One is transportation/ with autonomous vehicles, drones, and other IoT devices/ that need

주어 동사　보어　　　　　　　전명구　　　　　　　주격 관계대명사 동사

a comprehensive and accurate 3D mapping layer/ coupled with a real-time feedback

목적어　　　　　　　과거분사　　　전명구

mechanism/ to power machine-to-machine interactions.

to부정사 부사적 용법　　to부정사 목적어

autonomous 자율적인

comprehensive 포괄적인, 종합적인

하나는 수송이다/ 자율 주행 차량, 드론, 기타 IoT 장치를 갖춘/ 종합적이고 정확한 3D 지도 제작 단계가 필요한/ 실시간 피드백 메커니즘이 연결된/ 기계와 기계간의 상호작용을 활성화하기 위해

⑥ The other is being able *to부정사 부사격 용법 to use mapping technology/ for pushing products and services/

주어　　동사 보어 동명사 보어　　목적어　　전명구　　동명사 목적어

to the hinterlands of the country.

전명구　　　전명구

hinterland 내륙지역

다른 하나는 지도 기술을 사용할 수 있는 것이다/ 제품과 서비스를 넣기 위해/ 국가의 내륙지역에

⑦ This will be done/ through a combination/ of private enterprises and government programs/

주어　　동사　　전명구　　　전명구

where geo-analytics and self-reported data will allow precise delivery/ by identifying

관계부사　　주어　　　　　동사　　목적어　　　전명구

the right beneficiaries, right services, and necessary products.

동명사 목적어

beneficiary 수혜자, 수익자

이는 이루어질 것이다/ 결합을 통해/ 개인 기업과 정부 프로그램의/ 지리 분석 및 자체 보고된 데이터가 정확한 배달을 가능하게 할/ 올바른 수혜자, 올바른 서비스 그리고 필요한 제품을 식별하여

다음 본문과 일치하지 <u>않는</u> 것은?　　　　　　　　　　　⏱ 3분

The biodiversity of reefs can also be appreciated simply for the wonder and amazement it inspires. Brightly colored, spotted, striped, speckled, or otherwise eccentrically patterned fish swim in and around coral reefs; some specialize in eating different kinds of algae, keeping corals from being smothered by their potentially deadly competitors. Sharks, groupers, and other predatory fish keep populations of smaller fish and other organisms in balance. Parrotfish actually eat the reef itself. They scrape at the coral to get to the small algae (zooxanthellae) living inside the coral polyp, then grind up the coral skeleton with teeth in their throats and excrete it as sand. Those beautiful, white sand beaches? Thank parrotfish. "Cleaner" fish (and shrimp) keep other fish healthy by freeing them of parasites, while crabs and sea cucumbers crawl about, scavenging and cleaning up detritus on the reef and ocean floor.

① Many marine fish species live on coral reefs.
② White sand beach is made by parrotfish droppings.
③ Inside the coral polyp, actually there are no small algae anymore.
④ Apex predators keep populations of other fish in proper proportion for their ecosystem.

| 해석 | 산호초의 생명 다양성은 또한 단순히 그것이 영감을 주는 경이로움과 놀라움으로 평가될 수 있다. 밝은 색깔이고, 반점이 있고, 줄무늬가 있고, 얼룩덜룩하고, 또는 그렇지 않으면 별나게 패턴이 있는 물고기들이 산호초 안과 주변에서 헤엄친다. 그들의 잠재적인 치명적 경쟁자에 의해 산호초가 질식되는 것을 막으면서 일부는 다양한 조류의 종류를 섭취하는 데에 특화되어 있다. 상어, 능성어 속 바닷물고기, 그리고 다양한 식육성 물고기는 더 작은 물고기와 다른 개체의 수가 균형을 이루도록 한다. 비늘돔은 실제로 산호초 자체를 먹는다. 그들은 산호초에서 산호 폴립 안에 사는 작은 조류(조초, 산호에 공생하는 와편모충)에 닿기 위해서 산호에서 긁어낸다. 그런 다음 그들의 목에 있는 이빨로 산호의 잔해를 긁어모으고 모래로 그것을 배설한다. 그런 아름답고, 하얀 모래 사장이라고? 고맙다 비늘돔아. 게와 바다 해삼이 산호와 바다 바닥 위에 있는 폐기물을 뒤지고 청소하면서 기어 다니는 동안 "청소부" 물고기 (그리고 새우)는 그들을 기생충으로부터 해방되게 함으로써, 다른 물고기들이 건강할 수 있도록 해준다.
① 많은 해양 물고기 종들은 산호초를 먹고 산다.
② 하얀 백사장은 비늘돔의 똥으로 만들어진다.
③ 산호 폴립 안에, 사실은 더 이상의 작은 조류들이 존재하지 않는다.
④ 상위 포식자들은 다른 물고기들의 개체수를 그들의 생태계에 적절한 비율로 유지한다.

| 해설 | ③ 지문에서 비늘돔이 산호 폴립 안에 있는 작은 조류를 얻기 위해 산호를 긁는다고 했으므로, ③은 본문과 일치하지 않는다. ②에서 'dropping(똥)'이라는 단어를 본문의 'excrete(배설하다)'와 패러프레이징 할 수 있어야 한다. 비늘돔이 산호초를 먹고 배설한 것이 바로 모래가 되는 것이기 때문에 유추할 수 있는 부분이다. ④의 'Apex predators'는 더 작은 물고기들과 다른 개체 수를 균형 있게 하는 상어와 같은 육식성 물고기를 말하는 것으로 본문에서는 'sharks, groupers, and other predatory fish'로 표현되었다. 따라서 동일한 단어를 어떤 식으로 다시 패러프레이징 했는지를 파악하는 것이 이 문제의 포인트이다.

정답 ③

❶ The biodiversity of reefs/ can also be appreciated/ simply for the wonder and amazement/
　　　　　주어　　　　　전명구　　　　　　동사　　　　　부사　　　　　전명구

*it 앞 목적격 관계대명사 생략

it inspires.
주어　동사

산호초의 생명 다양성은/ 또한 평가될 수 있다/ 단순히 경이로움과 놀라움으로/ 그것이 영감을 주는

biodiversity 생명 다양성
reef 산호초

❷ Brightly colored, spotted, striped, speckled, or otherwise eccentrically patterned fish/ swim/
　　　　　　　　　　　　　　　　　　　주어　　　　　　　　　　　　　　　　　동사

in and around coral reefs;/ some specialize in eating/ different kinds of algae,/ keeping corals
　　　전명구　　　　　　주어　　　동사　　　전명구　　　동명사 목적어　　전명구　분사구문 현재분사 목적어

from being smothered/ by their potentially deadly competitors.
　　전명구　　　　　　　　　전명구

밝은 색깔이고, 반점이 있고, 줄무늬가 있고, 얼룩덜룩하고, 또는 그렇지 않으면 별나게 패턴이 있는 물고기들이/ 헤
엄친다/ 산호초 안과 주변에서/ 일부는 섭취하는 데에 특화되어 있다/ 다양한 종류의 해조류를/ 산호초가 질식되는
것을 막으면서/ 그들의 잠재적인 치명적 경쟁자에 의해

speckled 얼룩덜룩한, 반
점이 있는
eccentrically 별나게
algae 해조류
smother 질식하게 하다

❸ Sharks, groupers, and other predatory fish/ keep populations/ of smaller fish and other
　　　　　　　　　　　주어　　　　　　　　　　　동사　　　목적어　　　　전명구

organisms/ in balance.
　　　　　　전명구

상어, 능성어속 바닷물고기, 그리고 다양한 식육성 물고기는/ 수를 유지한다/ 더 작은 물고기와 다른 개체의/ 균형
을 이루도록

grouper 능성어속 바닷
물고기의 총칭

❹ Parrotfish/ actually eat the reef itself.
　　　주어　　　부사　동사　목적어　재귀대명사

비늘돔은/ 실제로 산호초 자체를 먹는다

❺ They scrape at the coral/ to get to the small algae (zooxanthellae)/ living inside the coral
주어　동사1　전명구　to부정사 부사적 용법　전명구　　　명사(동격)　　현재분사　　전명구

polyp,/ then grind up the coral skeleton/ with teeth in their throats/ and excrete it/ as sand.
　부사　동사2　　목적어　　　전명구　　　　전명구　　등위접속사 동사3 목적어 전명구

그들은 신호초에서 긁어낸다/ 작은 해조류(조초, 산호에 공생하는 와편모충)에 닿기 위해서/ 산호 폴립 안에 사는/
그런 다음 산호의 잔해를 긁어모은다/ 그들의 목에 있는 이빨로/ 그리고 그것을 배설한다/ 모래로

scrape 긁다, 긁어내다
coral polyp 산호 폴립
(고착 생활을 하는 히드
라·말미잘 등)
grind up 긁어모으다
excrete 배설하다

❻ Those beautiful, white sand beaches? Thank parrotfish.
　　　　　　주어　　　　　　　　동사　　목적어

그런 아름답고, 하얀 모래사장이라고?// 비늘돔에게 감사하라

❼ "Cleaner" fish (and shrimp)/ keep other fish healthy/ by freeing them of parasites,/ while
　　　　　주어　　　　　동사　　목적어　목적격 보어　전명구　동명사 목적어 전명구　접속사

crabs and sea cucumbers crawl about,/ scavenging and cleaning up detritus/ on the reef and
　　　　주어　　　　　　　동사　　　　　분사구문　　　　　목적어　　　전명구

ocean floor.

"청소부" 물고기 (그리고 새우는/ 다른 물고기들이 건강할 수 있도록 해준다/ 그들을 기생충으로부터 해방되게 함
으로써/ 게와 바다 해삼이 기어 다니는 동안/ 폐기물을 뒤지고 청소하면서/ 산호와 바다 바닥 위에 있는

sea cucumber 해삼
scavenge 쓰레기 더미를
뒤지다
detritus (생물체에 의한 자
연발생적) 폐기물, 쓰레기

Warm Up 기출문제

다음 글의 내용과 일치하는 것은? 2019 지방직 9급

🕐 3분

Prehistoric societies some half a million years ago did not distinguish sharply between mental and physical disorders. Abnormal behaviors, from simple headaches to convulsive* attacks, were attributed to evil spirits that inhabited or controlled the afflicted person's body. According to historians, these ancient peoples attributed many forms of illness to demonic possession, sorcery, or the behest* of an offended ancestral spirit. Within this system of belief, called *demonology*, the victim was usually held at least partly responsible for the misfortune. It has been suggested that Stone Age cave dwellers may have treated behavior disorders with a surgical method called *trephining*, in which part of the skull was chipped away to provide an opening through which the evil spirit could escape. People may have believed that when the evil spirit left, the person would return to his or her normal state. Surprisingly, trephined skulls have been found to have healed over, indicating that some patients survived this extremely crude operation.

*convulsive: 경련의   *behest: 명령

① Mental disorders were clearly differentiated from physical disorders.

② Abnormal behaviors were believed to result from evil spirits affecting a person.

③ An opening was made in the skull for an evil spirit to enter a person's body.

④ No cave dwellers survived trephining.

| 해석 | 약 50만년 전 선사 시대의 사회에서는 정신적 장애와 신체적 장애를 명확히 구분하지 않았다. 단순한 두통에서부터 발작 경련에 이르기까지, 비정상적인 행동들은 고통받는 사람의 몸에 살고 있거나 그것을 통제하는 악령의 탓으로 여겨졌다. 역사학자들에 따르면, 이 고대인들은 많은 형태의 질병들을 악령 빙의, 마법, 또는 기분이 상한 조상 영혼의 명령 탓으로 돌렸다. '귀신론'이라고 불리는 이러한 믿음 체계 내에서, 피해자는 불행에 대해 적어도 부분적으로 책임이 있었다. 석기시대의 동굴 거주자들은 '두개골 수술'이라고 불리는 외과적 방법으로 행동 장애를 치료했을 수도 있음이 제기되었는데, 그 수술에서는 두개골의 일부를 깎아 악령이 빠져나갈 수 있는 틈을 제공하였다. 사람들은 악령이 떠나면, 그 사람이 정상적인 상태로 돌아올 것이라고 믿었을지도 모른다. 놀랍게도, 수술을 받은 두개골들이 아문 것이 발견되었는데, 이는 일부 환자들이 이러한 극히 조잡한 수술에도 생존했음을 보여준다.

① 정신적 장애는 신체적 장애와는 분명히 구분되었다.

② 비정상적인 행동은 사람에게 영향을 미치는 악령에서 비롯되었다고 믿어졌다.

③ 악령이 사람의 신체에 들어갈 수 있도록 두개골에 틈이 만들어졌다.

④ 두개골 수술에서 생존한 동굴 거주자들은 없었다.

| 해설 | ② 두 번째 문장에서 비정상적인 행동들은 고통받는 사람의 몸에 살고 있거나 그것을 통제하는 악령의 탓이라고 했으므로 글의 내용과 일치한다.

정답 ②

❶ Prehistoric societies/ some half a million years ago/ did not distinguish sharply/ between
　　주어　　　　　　　　　　　부사구　　　　　　　조동사 부사　　동사　　　부사　　　전명구
mental and physical disorders.

선사 시대의 사회에서는/ 약 50만년 전/ 명확히 구분하지 않았다/ 정신적 장애와 신체적 장애를

distinguish 구별하다
disorder 장애

　　　　　　　　　　*from A to B: A에서부터 B까지　　　　　　　　　　　*attribute A to B의 수동태
❷ Abnormal behaviors,/ from simple headaches to convulsive attacks,/ were attributed to evil
　　주어　　　　　　　　　　전명구　　　　　　　　전명구　　　　　　동사　　　전명구
spirits/ that inhabited or controlled/ the afflicted person's body.
　　　　주·관·대　동사1　접속사　동사2　　　　　목적어

비정상적인 행동들은/ 단순한 두통에서부터 발작 경련에 이르기까지/ 악령의 탓으로 여겨졌다/ 살고 있거나 통제하는/ 고통받는 사람의 몸을

attribute A to B A를 B
의 탓[덕분]으로 돌리다

❸ According to historians,/ these ancient peoples/ attributed many forms of illness/ to demonic
　　전명구　　　　　　　　　　주어　　　　　　　　동사　　목적어　　　　　전명구　　　전명구
possession, sorcery, or the behest/ of an offended ancestral spirit.
　　　　　　　　　　　　　　　　　　　전명구

역사학자들에 따르면/ 이 고대인들은/ 많은 형태의 질병들을 돌렸다/ 악령 빙의, 마법, 또는 명령 탓으로/ 기분이 상한 조상 영혼의

sorcery (사악한) 마법
offended 화가 난

　　　　　　　　　　　　　　　　　　　　　　　*hold ~ responsible for의 수동태
❹ Within this system of belief,/ called demonology,/ the victim was usually held at least partly
　　전명구　　　　　전명구　　　　과거분사　목적격 보어　　　주어　　동사　부사　과거분사 전명구　부사
responsible/ for the misfortune.
　목적격 보어　　　전명구

이러한 믿음 체계 내에서/ '귀신론'이라고 불리는/ 피해자는 적어도 부분적으로 책임이 있었다/ 그 불행에 대해

❺ It has been suggested/ that Stone Age cave dwellers/ may have treated behavior disorders/
　가주어　　동사　　　　진주어　　주어　　　　　　　　동사　　　목적어
　　　　　　　　　　　　　　　*전치사+관계대명사+완전한 형태의 절
with a surgical method/ called trephining,/ in which part of the skull was chipped away/
　　전명구　　　　　과거분사　목적격 보어　　주어　　전명구　　동사　　부사
*to부정사 부사적 용법
to provide an opening/ through which/ the evil spirit could escape.
　목적어　　전치사+관계대명사　　주어　　　동사

제기되었다/ 석기시대의 동굴 거주자들은/ 행동 장애를 치료했을 수도 있음이/ 외과적 방법으로/ '두개골 수술'이라고 불리는/ 그 수술에서는 두개골의 일부가 깎아졌다/ 틈을 제공하도록/ 그곳으로/ 악령이 빠져나갈 수 있는

surgical 수술의, 외과의
trephine (관상톱으로)
머리를 수술하다
skull 두개골
chip away 깎다, 쪼다
opening 구멍, 틈

❻ People may have believed/ that when the evil spirit left,/ the person would return/ to his or
　주어　　동사　　　　　　접속사 접속사　　주어　　동사　　　주어　　동사　　　전명구
her normal state.

사람들이 믿었을지도 모른다/ 악령이 떠나면/ 그 사람은 돌아올 것이라고/ 정상적인 상태로

　　　　　　　　　*현재완료 수동태
❼ Surprisingly,/ trephined skulls have been found/ to have healed over,/ indicating that some
　부사　　　　　주어　　　　동사　　　　목적격 보어　　　현재분사　접속사 주어
patients survived/ this extremely crude operation.
　　동사　　　　　목적어

놀랍게도/ 수술을 받은 두개골들이 발견되었다/ 아문 것이/ 이는 일부 환자들이 생존했음을 보여준다/ 이러한 극히 조잡한 수술에도

crude 조잡한, 대충의

다음 빈칸에 들어갈 가장 적절한 것은?

🕐 2분 30초

Vitamin A is likely safe for most people when taken by mouth or given as a shot into the muscle in amounts less than 10,000 units daily. Vitamin A is possibly ___(A)___ when taken by mouth in high doses. Some scientific research suggests that higher doses might increase the risk of osteoporosis and hip fracture, particularly in older people. Adults who eat low-fat dairy products, which are fortified with vitamin A, and a lot of fruits and vegetables usually do not need vitamin A supplements or multivitamins that contain vitamin A. Long-term use of large amounts of vitamin A might cause ___(B)___ including fatigue, irritability, mental changes, anorexia, stomach discomfort, nausea, vomiting, mild fever, excessive sweating. In women who have passed menopause, taking too much vitamin A can increase the risk of osteoporosis and hip fracture. There is growing concern that taking high doses of antioxidant supplements such as vitamin A might do more harm than good. Some research shows that taking high doses of vitamin A supplements might increase the chance of death from all causes and possibly other serious side effects.

	(A)	(B)
①	safe	dangerous effect
②	negative	stable dose
③	obvious	mega dose
④	unsafe	serious side effects

| 해석 | 비타민 A는 매일 10,000 단위보다 적은 양이 입으로 섭취되거나 근육에 주사될 때 대부분의 사람들에게 안전할 것으로 예상된다. 비타민 A는 높은 복용량을 입으로 섭취되었을 때 (A) 불안전할 수 있다. 몇몇 과학적인 연구는 높은 복용량은 특히 나이 든 사람들에게 골다공증과 고관절 골절의 위험을 증가시킬지도 모른다고 제안한다. 비타민 A가 첨가된 저지방 유제품들과 많은 과일과 야채들을 먹는 성인들은 보통 비타민 A나 비타민 A를 포함한 멀티비타민이 필요없다. 많은 양의 비타민 A의 오랜 기간의 복용은 피로, 과민함, 정신적 변화, 거식증, 복통, 메스꺼움, 구토, 미열, 다한증을 포함한 (B) 심각한 부작용을 야기할지도 모른다. 폐경을 겪고 있는 여성들에게는 너무 많은 비타민 A를 섭취하는 것은 골다공증과 고관절 골절의 위험을 증가시킬 수 있다. 비타민 A와 같은 항산화제 공급품의 높은 복용량을 섭취하는 것은 좋은 것보다 좀 더 해로울지도 모른다는 걱정이 커지고 있다. 일부 연구는 비타민 A 제품들의 높은 복용량을 섭취하는 것은 모든 원인으로부터의 죽을 가능성과 아마도 다른 심각한 부작용의 가능성을 증가시킬 수도 있음을 보여준다.

① 안전한 – 위험한 효과
② 부정적인 – 안정된 복용
③ 분명한 – 과다 복용
④ 불안전한 – 심각한 부작용

| 해설 | ④ (A)의 뒤에는 비타민 A가 안전하지 않을 가능성에 대해서 언급하고 있으므로, (A)에는 'unsafe'가 알맞다. 'including fatigue, irritability, mental changes, anorexia, stomach discomfort, nausea, vomiting, mild fever, excessive sweating' 등으로 미뤄보아 (B)에는 'serious side effects'가 들어가는 것이 가장 적절하다.

정답 ④

❶ Vitamin A/ is likely safe/ for most people/ *when(접속사) 뒤 주어 + be동사 생략* when taken by mouth/ or given as a shot
<u>주어</u> <u>동사</u> <u>부사</u> <u>보어</u> <u>전명구</u> <u>과거분사1</u> <u>전명구</u> <u>등위접속사</u> <u>과거분사2</u> <u>전명구</u>
into the muscle/ in amounts less than 10,000 units/ daily.
<u>전명구</u> <u>전명구</u> <u>전명구</u> <u>부사</u>

비타민 A는/ 안전할 것으로 예상된다/ 대부분의 사람들에게/ 입으로 섭취될 때/ 혹은 근육에 주사될 때/
10,000 단위보다 적은 양이/ 매일

❷ Vitamin A is possibly (A) unsafe/ *when(접속사) 뒤 주어 + be동사 생략* when taken by mouth/ in high doses.
<u>주어</u> <u>동사</u> <u>부사</u> <u>보어</u> <u>과거분사</u> <u>전명구</u> <u>전명구</u>

비타민 A는 (A) 불안전할 수 있다/ 입으로 섭취되었을 때/ 높은 복용량으로

dose 1회 복용량

❸ Some scientific research suggests/ that higher doses might increase/ the risk
<u>주어</u> <u>동사</u> <u>명사절접속사</u> <u>주어</u> <u>동사</u> <u>목적어</u>
of osteoporosis and hip fracture,/ particularly in older people.
<u>전명구</u> <u>부사</u> <u>전명구</u>

몇몇 과학적인 연구는 제안한다/ 높은 복용량은 증가시킬지도 모른다/ 골다공증과 고관절 골절의 위험
을/ 특히 나이 든 사람들에게

osteoporosis 골다공증
hip fracture 고관절 골절

❹ Adults/ who eat low-fat dairy products,/ which are fortified with vitamin A,/ and
<u>주어</u> <u>주격 관계대명사동사</u> <u>목적어1</u> <u>주격 관계대명사</u> <u>동사</u> <u>전명구</u> <u>등위접속사</u>
a lot of fruits and vegetables/ usually do not need/ vitamin A supplements or
<u>목적어2</u> <u>부사</u> <u>동사</u> <u>목적어</u>
multivitamins/ that contain vitamin A.
<u>주격 관계대명사</u> <u>동사</u> <u>목적어</u>

성인들은/ 저지방 유제품들을 먹는/ 비타민 A가 첨가된/ 그리고 많은 과일과 야채들을/ 보통 필요 없다/
비타민 A 또는 멀티비타민이/ 비타민 A를 포함한

❺ Long-term use/ of large amounts/ of vitamin A/ might cause (B) serious side effects/
<u>주어</u> <u>전명구</u> <u>전명구</u> <u>동사</u> <u>목적어</u>
including fatigue, irritability, mental changes, anorexia, stomach discomfort, nausea,
<u>전명구</u>
vomiting, mild fever, excessive sweating.

오랜 기간에 걸친 복용은/ 많은 양의/ 비타민 A의/ (B) 심각한 부작용을 야기할지도 모른다/ 피로, 과민함,
정신적 변화, 거식증, 복통, 메스꺼움, 구토, 미열, 다한증을 포함한

fatigue 피로, 피곤, 마비
anorexia 거식증, 신경성
식욕부진증
nausea 메스꺼움
vomiting 구토

❻ In women/ who have passed menopause,/ taking too much vitamin A/ can increase/
<u>전명구</u> <u>주격 관계대명사</u> <u>동사</u> <u>목적어</u> <u>주어</u> <u>동명사 목적어</u> <u>동사</u>
the risk/ of osteoporosis and hip fracture.
<u>목적어</u> <u>전명구</u>

여성들에게는/ 폐경을 경험하는/ 너무 많은 비타민 A를 섭취하는 것은/ 증가시킬 수 있다/ 위험을/ 골다
공증과 고관절 골절의

menopause 폐경(기), 갱
년기

❼ There is growing concern/ *명사절 접속사(동격)* that taking high doses/ of antioxidant supplements/
<u>유도부사동사</u> <u>주어</u> <u>주어</u> <u>동명사 목적어</u> <u>전명구</u>
such as vitamin A/ might do more harm/ than good.
<u>전명구</u> <u>동사</u> <u>목적어</u> <u>전명구</u>

걱정이 커지고 있다/ 높은 복용량을 섭취하는 것은/ 항산화제 공급품의/ 비타민 A와 같은/ 좀 더 해로울
지도 모른다는/ 좋은 것보다

antioxidant 산화를 억제
하는, 항산화의

❽ Some research shows/ that taking high doses/ of vitamin A supplements/ might
<u>주어</u> <u>동사</u> <u>접속사</u> <u>주어</u> <u>동명사 목적어</u> <u>전명구</u> <u>동사</u>
increase/ the chance of death from all causes/ and possibly other serious side effects.
<u>목적어1</u> <u>전명구</u> <u>전명구</u> <u>등위접속사</u> <u>부사</u> <u>목적어2</u>

몇몇 연구는 보여준다/ 높은 복용량을 섭취하는 것은/ 비타민 A 제품들의/ 증가시킬지도 모른다/ 모든 원
인으로부터의 죽을 가능성/ 그리고 어쩌면 다른 심각한 부작용들을

밑줄 친 부분 중 글의 흐름상 가장 <u>어색한</u> 것은? ⏱ 2분 30초

South Korea is pursuing a bold income-led strategy in an effort to achieve a paradigm shift that results in a fair economy. Some of its major initiatives — notably sharp increases in public employment and social spending and a hike in the corporate income tax rate — run counter to trends in the OECD area. ① <u>In addition, the sharp hike in the minimum wage appears to have slowed employment growth.</u> ② <u>The minimum wage in South Korea is higher than that in many other Asian countries in real terms.</u> ③ <u>The success of the government's economic strategy depends on raising productivity from its relatively low level compared to most advanced countries.</u> ④ <u>This in turn requires a comprehensive strategy to narrow substantial productivity and wage gaps between large firms and small and medium-sized enterprises and between manufacturing and services.</u> Narrowing such gaps would enable South Korea to achieve inclusive growth.

| 해석 | 대한민국은 공정한 경제의 결과를 낳는 패러다임의 전환을 달성하고자 하는 노력으로 과감한 소득주도 전략을 추구하고 있다. 주요 계획 중 일부, 특히 공공 고용 및 사회 지출의 급격한 증가 그리고 법인세율의 급등은 OECD 지역의 추세에 역행한다. 게다가, 최저임금의 급격한 상승은 고용 성장을 늦춘 것으로 보인다. ② 대한민국의 최저임금은 실질적으로 많은 다른 아시아 국가들의 그것보다 더 높다. 정부의 경제 전략의 성공은 생산성을 최대 선진국들과 비교하여 상대적으로 낮은 수준에서 끌어올리는 것에 달려있다. 결국, 이는 대기업과 중소기업 간의 그리고 제조업과 서비스업 간의 실질적인 생산성과 임금 격차를 줄일 포괄적인 전략을 필요로 한다. 그러한 격차를 줄이는 것이 대한민국이 포괄적인 성장을 달성하도록 해줄 것이다.

| 해설 | ② 대한민국의 '소득주도 전략(income-led strategy)'의 현재 상황에 대해 설명하고, 이 전략이 성공하기 위해서 필요한 방향성에 대해 언급하는 글이다. 초반에서는 소득주도 전략이 대부분의 OECD 국가들의 추세와는 다른 방향으로 나아간다고 언급하고 있고, 이어서 ①에서 소득주도 전략의 일환으로 시행된 최저임금 상승의 영향에 대해 언급하며, 해당 전략이 현재까지 의도한 효과를 보여주고 있지 못함을 암시하고 있다. 그리고 ③, ④에서 이러한 전략이 성공하기 위한 조건을 제시해주고 있다. 그런데 ②는 타 아시아 국가들과의 최저임금 수준을 비교하고 있으므로 흐름상 어색하다.

정답 ②

❶ South Korea is pursuing/ a bold income-led strategy/ in an effort to achieve a paradigm shift/
　주어　　　동사　　　　　　목적어　　　　　　전명구　to부정사 형용사적용법　to부정사 목적어

that results in a fair economy.
주격 관계대명사 동사　　전명구

대한민국은 추구하고 있다/ 과감한 소득 주도 전략을/ 패러다임의 전환을 달성하고자 하는 노력으로/ 공정한 경제
의 결과를 낳는

bold 과감한

❷ Some of its major initiatives/ — notably sharp increases/ in public employment and social
　주어　　　전명구　　　　　　부사　　명사(동격)1　　　　전명구

spending/ and a hike in the corporate income tax rate —/ run counter to trends/ in the OECD
등위접속사 명사(동격)2　　　　전명구　　　　　　　동사　부사　　전명구　　　　전명구

area.

주요 계획 중 일부는/ 특히 급격한 증가/ 공공 고용 및 사회 지출의/ 그리고 법인세율의 급등/ 추세에 역행한다/
OECD 지역의

initiative (특정한 문제
해결·목적 달성을 위한
새로운) 계획
notably 특히
hike 급등
corporate income tax
rate 법인세율
run counter to ~에 역
행하다[어긋나다]

❸ In addition,/ the sharp hike/ in the minimum wage/ appears |to have| slowed/ employment
접속부사　　　주어　　　　　전명구　　　　　동사　　　보어　　　to부정사 목적어

*완료의 부정사

growth.

게다가/ 급격한 상승은/ 최저임금의/ 늦춘 것으로 보인다/ 고용 성장을

❹ ② The minimum wage/ in South Korea/ is higher/ than that/ in many other Asian countries/
　　　주어　　　　　　전명구　　　동사　보어　　전명구　　　　　　전명구

in real terms.
전명구

② 최저임금은/ 대한민국의/ 더 높다/ 그것보다/ 많은 다른 아시아 국가들의/ 실질적으로

❺ The success/ of the government's economic strategy/ depends on raising productivity/ from
　주어　　　　　　전명구　　　　　　　　　　　동사　　전명구　동명사 목적어　　전명구

its relatively low level/ compared to most advanced countries.
　　　　　　　　　　과거분사　　　　　전명구

성공은/ 정부의 경제 전략의/ 생산성을 끌어올리는 것에 달려있다/ 상대적으로 낮은 수준에서/ 최대 선진국들과 비
교하여

productivity 생산성
relatively 상대적으로

❻ This in turn/ requires a comprehensive strategy/ to narrow substantial productivity and wage
　주어　전명구　동사　　　목적어　　　　to부정사 형용사적 용법　　　to부정사 목적어

gaps/ between large firms and small and medium-sized enterprises/ and
　　　　　　　　전명구　　　　　　　　　　　등위접속사

between manufacturing and services.
　　　전명구

이는 결국/ 포괄적인 전략을 필요로 한다/ 실질적인 생산성과 임금 격차를 줄일/ 대기업과 중소기업 간의/ 그리고
제조업과 서비스업 간의

in turn 결국에
comprehensive 포괄적
인, 종합적인
narrow 좁히다
substantial 실질적인,
실제상의
manufacturing 제조업

*동명사

❼ |Narrowing| such gaps/ would enable South Korea/ to achieve inclusive growth.
　주어　　　목적어　　　동사　　　목적어　　　목적격 보어　to부정사 목적어

그러한 격차를 줄이는 것이/ 대한민국을 가능하게 해줄 것이다/ 포괄적인 성장을 달성하는 것을

inclusive 포괄적인, 폭
넓은

다음 빈칸에 들어갈 말로 알맞은 것은?

Since before 2500 BC, humans have used pesticides to prevent damage to their crops. _____(A)_____, the first known pesticide was elemental sulfur dusting used in Sumeria about 4,500 years ago. By the 15th century, toxic chemicals such as arsenic, mercury and lead were being applied to crops to kill pests. In 1939, Paul Müller discovered that DDT was a very effective insecticide. It quickly became the most widely-used pesticide in the world. _____(B)_____, in the 1960s, it was discovered that DDT was preventing many fish-eating birds from reproducing, which was a huge threat to biodiversity. Pesticide use has increased 50-fold since 1950, and 2.5 million tons of industrial pesticides are now used each year.

	(A)	(B)
①	For instance	So
②	For example	However
③	Moreover	Furthermore
④	In addition	Otherwise

| 해석 | 기원전 2500년 이전부터 인간들은 그들의 농작물에의 피해를 예방하기 위해 살충제를 이용해 왔다. (A) 예를 들어, 최초의 살충제로 알려진 것은 약 4,500년 전 수메리아에서 이용되었던 황 분말 살포였다. 15세기 즈음에 비소, 수은, 그리고 납과 같은 독성 화학 물질들은 해충들을 죽이기 위해 농작물에 활용되고 있었다. 1939년에 Paul Müller는 DDT가 매우 효과적인 살충제라는 사실을 발견했다. 그것은 빠르게 전 세계에서 가장 널리 쓰이는 살충제가 되었다. (B) 그러나, 1960년대에는 DDT가 많은 종류의 어류를 먹는 새들의 번식을 방해하고 있었으며, 그것은 생물의 다양성에 큰 위협이었음이 발견되었다. 살충제의 이용은 1950년 이래로 50배 증가해왔으며 현재 매년 2백 5십만 톤의 산업용 살충제가 이용되고 있다.

① 예를 들어 – 그래서

② 예를 들어 – 그러나

③ 게다가 – 더군다나

④ 추가적으로 – 그렇지 않으면

| 해설 | ② (A) 앞에서 언급한 살충제의 기원을 뒤에서 예를 들고 있으므로, (A)에는 순접의 예시 연결사인 'For example[instance]'이 필요하다. (B) 앞은 DDT가 효과적이고 가장 널리 쓰이는 살충제가 되었다는 내용이고, 뒤에는 DDT가 새들의 번식을 방해하는 것이 알려졌다는 내용이 오므로 역접의 접속사 'However'가 가장 자연스럽다. (A)의 순접과 (B)의 역접의 뉘앙스만으로 정답을 찾았다면 ④를 고를 수도 있다. 그러나, 순접 중에서도 예시를 나타내는 'for example'과 같은 의미를 추가하는 'in addition'은 다르다. 또한 반대의 이야기로 화제를 전환하는 'however'와 조건을 들어 다른 결과를 도출하는 'otherwise'는 엄연히 다르므로 ④는 정답이 될 수 없다.

정답 ②

❶ Since before 2500 BC,/ humans have used pesticides/ to prevent damage/ to their crops.
전명구 　　　　 주어 　 동사 　　 목적어 　 to부정사 부사적 용법 to부정사 목적어 　 전명구

기원전 2500년 이전부터 쭉/ 인간들은 살충제을 이용해 왔다/ 피해를 예방하기 위해/ 그들의 농작물에의

pesticide 살충제

❷ (A) For example,/ the first known pesticide/ was elemental sulfur dusting/ used in Sumeria/
접속부사 　　　　　 주어 　　　　　 동사 　　 보어 　　　　　　 과거분사 　 전명구

about 4,500 years ago.
부사구

(A) 예를 들어/ 최초의 살충제로 알려진 것은/ 황 분말 살포였다/ 수메리아에서 이용되었던/ 약 4,500년 전

elemental sulfur 황 분말
dusting 살포, 가루

❸ By the 15th century,/ toxic chemicals/ such as arsenic, mercury and lead/ were being applied
전명구 　　　　　 주어 　　　　 전명구 　　　　　　　　　 동사

to crops/ to kill pests.
전명구 　 to부정사 부사적 용법 to부정사 목적어

15세기 즈음에/ 독성 화학 물질들은/ 비소, 수은, 그리고 납과 같은/ 농작물에 활용되고 있었다/ 해충들을 죽이기
위해

toxic 유독성의
chemical 화학 약품
arsenic 비소
mercury 수은
lead 납
pest 해충

❹ In 1939,/ Paul Müller discovered/ that DDT was a very effective insecticide.
전명구 　　 주어 　　　 동사 　 명사절 접속사 주어 동사 　　　 주격 보어

1939년에/ Paul Müller는 발견했다/ DDT는 매우 효과적인 살충제라는 것을

insecticide 살충제

❺ It quickly became the most widely-used pesticide/ in the world.
주어 　 부사 　 동사 　　　 주격 보어 　　　　　　 전명구

그것은 빠르게 가장 널리 쓰이는 살충제가 되었다/ 전 세계에서

❻ (B) However,/ in the 1960s,/ it was discovered/ that DDT was preventing/ many fish-eating
접속부사 　　 전명구 　　　 동사 　 명사절 접속사주어 　 동사 　　　 목적어
*가주어 　　　　 *진주어

birds from reproducing,/ which was a huge threat/ to biodiversity.
전명구 　　　 주격 관계대명사 동사 　 주격 보어 　　　 전명구

(B) 그러나/ 1960년대에/ 발견되었다/ DDT가 방해하고 있다는 것이/ 많은 종류의 어류를 먹는 새들의 번식을/ 이
는 큰 위협이었다/ 생물의 다양성에

biodiversity 생물의 다
양성

❼ Pesticide use/ has increased 50-fold/ since 1950,/ and 2.5 million tons of industrial
주어 　　　　 동사 　　 부사 　　 전명구 　 등위접속사 　 주어 　　　 전명구

pesticides/ are now used each year.
동사 　　 부사구

살충제의 이용은/ 50배 증가해왔다/ 1950년 이래로/ 2백 5십만 톤의 산업용 살충제는/ 현재 매년 이용되고 있나

Weekly 모의고사

01 다음 빈칸에 알맞은 말은?

A varying genetic make-up has now been found to be the cause behind _____. The largest ever study of height — an international collaboration of scientists involving more than 300 institutions and more than 250,000 subjects has raised the number of known gene regions influencing height to more than 400. The study, from the international Genetic Investigation of Anthropometric Traits (GIANT) Consortium has revealed that more than half of the factors involved in determining height are explained by simple common genetic variation — the sort of genetic variation that exists in more than 1 in 10 people.

① how people will be taller than now

② why some people are taller than others

③ how some people have a diet to be taller

④ why someone is shorter than his or her family member

02 다음 글의 내용과 일치하는 것은?

Pragmatic leaders focus on the practical, "how do we get this done," side of any task, initiative or goal. They can erroneously be viewed as negative in their approach when in fact they simply view the entire picture to get to the end result. It's a linear, practical way of thinking and "doing." Idealist leaders focus on the visionary, big ideas. It could be argued that they focus more on the end result than the path to get there, and they can erroneously be viewed as looking through rose-colored glasses when, in fact, they simply "see" the end goal and truly believe there is a way to get there. In reality, they're both essential to building a strong team. In other words, the best teams include pragmatic and idealist employees from the top down. Therefore, by mixing these different ways of thinking and working, a team will be well-balanced and ultimately capable of creating the best outputs.

① Idealists always think first about how they solve a problem when they meet it.

② Pragmatists attach great importance to the process rather than an outcome.

③ Team members should have the same mentality for the greatest achievement.

④ Pragmatists' approach to a problem is so negative that they make the wrong judgement.

03 주어진 문장이 들어갈 위치로 가장 적절한 것은?

> But informal learning doesn't have to be solitary.

We can liken the difference between formal and informal learning to travelling on a bus vs. riding a bike: Once you jump on the formal training bus, your options are limited. You can hop on and off when the bus stops, but the driver picks the route and the speed. When you're on the informal learning bike, on the other hand, you're on your own and are free to make as many detours as you like. ① As you can see, there is a huge difference between formal and informal learning. ② But one point of importance to note is that although riding your bike is freeing, it's also lonely, at least in this scenario. ③ In fact, we use informal learning and social learning interchangeably. ④ Really, it's more like you're part of a cycling club — you can pick and choose which bike rides you take part in, you can alter the route, you can race with people or hang back and chat, you can take off on your own for a while and suggest a new destination halfway through.

04 다음 글의 제목으로 알맞은 것은?

A heavy metal is usually regarded as a metal with a relatively high density, atomic weight or atomic number, and is often assumed to be toxic. The criteria used, and whether metalloids or alloys are included, vary depending on the author and context. More specific definitions have been published, including those based on chemical behavior or periodic table position, but none of these have obtained widespread acceptance. Despite this lack of agreement, the term is widely used in science. Some heavy metals, such as cadmium, mercury and lead, are notably toxic. Others are essential nutrients in trace amounts or are relatively harmless, but can be toxic in large amounts or certain forms. Potential causes of heavy metal poisoning include mining and industrial wastes, agricultural runoff, occupational exposure and contact with lead-based paints. Heavy metals are relatively scarce in the Earth's crust but pervade many aspects of economic activity. They are used in, for example, manufacturing and construction, fertilisers, electronics, and jewellery; sport, mechanical engineering, military ordnance and nuclear science; and soap chemistry, glass making, pyrotechnics and medicine.

① Scarcity and Risks of Metal Element
② Economic Utilization of Heavy Metals
③ A Definition and Use of Heavy Metals
④ Risk of Extremely Small Quantities of Elements

05 다음 글의 흐름상 적절하지 않은 것은?

The Austrian psychologist Alfred Adler (1870-1937) found that if a person feels inferior, or weak, he is likely to try to compensate to hide the weakness, by doing something else really well. ① According to Adler, inferiority is a feeling that stems from the childhood. ② Since infants are small, incomplete, and weak, they feel inferior and powerless. ③ Although the goal is never completely conscious, healthy individuals understand it and pursue it with a high level of awareness. ④ To compensate for this deficiency, they set a fictional goal that is big, complete and strong. Thus, a person's final goal reduces the pain of inferiority feelings and directs that person towards either superiority or success. People may in such cases not even be aware that they are compensating.

06 빈칸에 들어갈 말로 적절한 것은?

What does it mean to live fully in the present moment? It means that your awareness is completely centered on the here and now. You are not worrying about the future or thinking about the past. When you live in the present, you are living where life is happening. The past and future are illusions and they don't exist. If you're not living in the present, _____. That seems to be a pretty good reason to live in the present, doesn't it? But how often are we worrying about things that have yet to come, how often do we beat ourselves up for mistakes that we've made, no matter how much time has passed? The answer is too much. Not only will living in the present have a dramatic effect on your emotional well-being, but it can also impact your physical health.

① you're living in illusion
② you're focusing on now
③ it is good for your health
④ you don't need to worry about anything

Sixty-six million years ago, an asteroid more than five miles wide smashed into the Earth at 70,000 miles per hour, instantly vaporizing upon impact. The strike obliterated most terrestrial life, including the dinosaurs, in a geological instant.

(A) Based on their analysis, the researchers determined that the eruption began 250,000 years before the asteroid strike and continued for 500,000 years after the giant impact, spewing a total of 1.5 million square kilometers of lava.

(B) The team precisely dated rocks from the Deccan Traps — a region of west-central India that preserves remnants of one of the largest volcanic eruptions on Earth.

(C) But now scientists at MIT and elsewhere have found evidence that a major volcanic eruption began just before the impact, possibly also playing a role in the extinction.

① (A) – (B) – (C) ② (A) – (C) – (B)
③ (C) – (A) – (B) ④ (C) – (B) – (A)

Ice sheets, deserts, rivers, islands, coasts and oceans – the features of Earth's surface are wildly different, spread across a vast geography. ____(A)____ the details are invisible to human eyes, the same is true for Earth's thin film of atmosphere and the mix of gases it holds. Pollutants emitted to the atmosphere – soot, hydrocarbons, nitrogen oxides – are dispersed over the whole globe, ____(B)____ remote regions are cleaner, by factors of 1,000 or more, than areas near the continents. A new NASA airborne campaign aims to map the contours of the atmosphere as carefully as explorers once traced the land and oceans below.

	(A)	(B)
①	Otherwise	while
②	Furthermore	though
③	Even if	so
④	Although	but

According to guidelines from a physician group, insomnia is difficulty falling asleep or staying asleep, even when a person has the chance to do so. People with insomnia can feel dissatisfied with their sleep and usually experience one or more of the following symptoms: fatigue, low energy, difficulty concentrating, mood disturbances, and decreased performance in work or at school. Insomnia may be characterized based on its duration. Acute insomnia is brief and often happens because of life circumstances (for example, when you can't fall asleep the night before an exam, or after receiving stressful or bad news). Many people may have experienced this type of passing sleep disruption, and it tends to resolve without any treatment. Chronic insomnia is disrupted sleep that occurs at least three nights per week and lasts at least three months. Chronic insomnia disorders can have many causes. Changes in the environment, unhealthy sleep habits, shift work, other clinical disorders, and certain medications could lead to a long-term pattern of insufficient sleep. People with chronic insomnia may benefit from some forms of treatment to help them get back to healthy sleep patterns. Chronic insomnia can be comorbid*, meaning it is linked to another medical or psychiatric issue, although sometimes it's difficult to understand this cause and effect relationship.

*comorbid: 동시에 발병하는

① Chronic insomnia usually goes away all on its own.
② Acute insomnia is usually related with temporary situations.
③ Types of insomnia are classified according to their main causes.
④ If you are suffering from acute insomnia, you should take some medicine.

In the 1970s, Nobel laureate Linus Pauling popularized the idea that vitamin C could prevent colds. Today, drugstores are full of vitamin C-based remedies. In 2007, researchers analyzed a raft of studies going back several decades and involving more than 11,000 subjects to arrive at a disappointing conclusion: Vitamin C didn't ward off colds, except among marathoners, skiers, and soldiers on subarctic exercises. Of course, prevention isn't the only game in town. On the other hand, can the vitamin C cut the length of colds? Yes and no. Taking vitamin C daily does seem to reduce the time you'll spend sniffling — but not enough to notice. Adults typically have cold symptoms for 12 days a year; a daily pill could cut that to 11 days. Kids might go from 28 days of runny noses to 24 per year. The researchers conclude that minor reductions like these don't justify the expense and bother of year-round pill-popping.

① Vitamin C is helpful for the prevention of colds.
② Vitamin C is said to help people recover from colds.
③ The effect of vitamin C on colds is true but is beneath our notice.
④ Taking Vitamin C is absolutely useless and may be harmful to our health.

정답과 해설 p.20

한 글자로는 '꿈'

두 글자로는 '희망'

세 글자로는 '가능성'

네 글자로는 '할 수 있어'

– 정철, 『머리를 구하라』, 리더스북

Level Up

Week
4

DAY 22 ~ DAY 30

Weekly 모의고사

Warm Up 기출문제

다음 글의 빈칸 (A), (B)에 들어갈 말로 가장 적절한 것은? 2017 법원직 9급   ⏱ 2분

Before the creation of money, people used to exchange something they had for something they needed. This system of exchange is called bartering. People traded things like animal furs, shells, beads for necklaces, and cloth. Later, people realized that some items were easier to trade than others, and those items became more common in bartering. ____(A)____, people could trade gold for almost any other item because most people knew that it was valuable and that they could easily trade it again if they needed to. After some time, certain goods became the standard goods of exchange, and everyone began to trade with the same items. Eventually, the standard goods became money — one common unit of trade most people accepted and used in business and for their daily lives. ____(B)____, some people still use the barter system today, especially in developing countries, where people exchange different kinds of food in order to survive.

	(A)	(B)		(A)	(B)
①	Furthermore	For instance	②	In other words	Besides
③	In contrast	However	④	For example	Nevertheless

| 해석 | 돈을 만들어 내기 전에, 사람들은 그들이 가지고 있는 것을 그들이 필요로 하는 것과 교환하곤 했다. 이러한 교환 시스템은 물물교환이라고 불린다. 사람들은 동물의 털, 조개껍질, 목걸이 구슬, 옷감 같은 물건들을 거래했다. 나중에, 사람들은 어떤 상품이 다른 상품보다 쉽게 거래된다는 사실을 깨달았고 그러한 품목들은 물물교환에서 보다 보편화되었다. (A) 예를 들어, 대부분의 사람들이 금이 가치가 있고 필요하다면 다시 교환할 수도 있다는 것을 알고 있었기 때문에 거의 모든 상품들을 금으로 교환할 수 있었다. 시간이 어느정도 지나자, 특정 상품이 교환의 표준 상품이 되었고, 모두가 동일한 상품으로 거래하기 시작했다. 결국, 그 표준 상품은 대부분의 사람들이 사업에서 그리고 일상생활에서 받아들여 사용하는 무역의 하나의 공통된 단위인 돈이 되었다. (B) 그럼에도 불구하고, 오늘날 일부 사람들은 여전히 물물교환 제도를 사용하고 있는데, 특히, 사람들이 생존을 위해 다양한 종류의 음식을 교환하는 개발도상국에서 그러하다.
① 뿐만 아니라 – 예를 들어
② 다시 말해서 – 게다가
③ 대조적으로 – 그러나
④ 예를 들어 – 그럼에도 불구하고

| 해설 | ④ (A) 앞문장에서 언급한 '다른 상품보다 쉽게 거래되는 일부 상품'에 대한 예로 '금'을 설명하고 있으므로 예시의 연결사 'For example'이 가장 적절하다. (B) 무역의 하나의 공통 단위인 '돈'이 생겨난 이후에도 개발도상국에서는 여전히 물물교환이 이루어지고 있다고 했으므로 양보의 연결사 'Nevertheless'가 적절하다.

정답 ④

❶ Before the creation of money,/ people used to exchange/ something/ they had/
　　전명구　　　　　　　　　　　주어　　　　동사　　　　　목적어　　주어 동사
*used to + 동사원형: ~하곤 했다
*they 앞 목적격 관계대명사 생략

for something/ they needed.
전명구　　　　주어　동사
*they 앞 목적격 관계대명사 생략

돈을 만들어 내기 전에/ 사람들은 교환하곤 했다/ 어떤 것을/ 그들이 가지고 있는/ 어떤 것과/ 그들이 필요로 하는

exchange 교환하다, 교환

❷ This system of exchange/ is called bartering.
　　주어　　　　전명구　　　　동사　　주격 보어
*be + p.p.(수동태)

이러한 교환 시스템은/ 물물교환이라고 불린다

bartering 물물교환

❸ People traded things/ like animal furs, shells, beads for necklaces, and cloth.
　　주어　동사　목적어　　　　　　　　　　전명구

사람들은 물건들을 거래했다/ 동물의 털, 조개껍질, 목걸이 구슬, 옷감과 같은

❹ Later,/ people realized/ that some items were easier/ to trade/ than others,/
　부사　　주어　　동사　　접속사　주어　　동사　　보어　　　　　　전치사 목적어(비교 대상)
*to부정사 부사적 용법

and those items became more common/ in bartering.
　　　　주어　　　동사　　부사　　보어　　　전명구
*접속사

나중에/ 사람들은 깨달았다/ 어떤 상품들은 더 쉽다/ 거래하기가/ 다른 것들보다/ 그리고 그러한 품목들은 보다 보
편화되었다/ 물물교환에서

❺ (A) For example,/ people could trade gold/ for almost any other item/ because most people
　　　　　　　　　주어　　동사　　목적어　　　　전명구　　　　　　　　접속사　　주어
*접속부사

knew/ that it was valuable/ and that they could easily trade it again/ if they needed to.
동사　접속사 주어 동사　보어　　접속사 접속사 주어　　　동사　　　목적어 부사　접속사 주어　　동사

(A) 예를 들어/ 사람들은 금으로 교환할 수 있었다/ 거의 모든 상품들에 대해/ 대부분의 사람들이 알고 있었기 때문
에/ 금이 가치가 있고/ 그들은 그것을 쉽게 다시 교환할 수도 있다는 것을/ 그들이 필요하다면

❻ After some time,/ certain goods became the standard goods of exchange,/ and everyone
　　전명구　　　　　주어　　　동사　　　　　　보어　　　　　　　　　접속사　　주어

began to trade/ with the same items.
동사　　목적어　　　전명구
*to부정사 명사적 용법

시간이 어느정도 지나자/ 특정 상품이 교환의 표준 상품이 되었다/ 그리고 모두가 거래하기 시작했다/ 동일한 상품
으로

❼ Eventually,/ the standard goods became money/ — one common unit of trade/
　부사　　　　주어　　　　　동사　　보어　　　　명사(money와 동격)
*trade 뒤 목적격 관계대명사 생략

most people accepted and used/ in business and for their daily lives.
주어　　　동사1　접속사 동사2　　　　전명구

결국/ 그 표준 상품은 돈이 되었다/ 무역에서 하나의 공통된 단위인/ 대부분의 사람들이 받아들이고 사용하는/ 사
업과 일상생활에서

❽ (B) Nevertheless,/ some people still use the barter system today,/ especially in developing
　　　　부사　　　　주어　　부사 동사　　목적어　　　부사　　　부사　　　전명구

countries,/ where people exchange different kinds of food/ in order to survive.
관계부사　주어　　동사　　　목적어　　　　　　부사
*in order to + 동사원형: ~하기 위해서

(B) 그럼에도 불구하고/ 오늘날 일부 사람들은 여전히 물물교환 제도를 사용하고 있다/ 특히 개발도상국에서/ 사람
들이 다양한 종류의 음식을 교환하는/ 생존을 위해

developing country 개
발도상국

밑줄 친 부분 중 글의 흐름상 가장 어색한 것은? ⏱ 1분 45초

Christiaan Barnard was born in 1922 and qualified in medicine at the University of Cape Town in 1946. Following surgical training in South Africa and the USA, Barnard established a successful open-heart surgery program at Groote Schuur Hospital and the University of Cape Town in 1958. ① On December 3, 1967, he led the team that performed the world's first human-to-human heart transplant. ② It was a major historical event and a significant breakthrough for medical science. ③ Although the first heart transplant patient survived only 18 days, four of Groote Schuur Hospital's first 10 patients survived for more than one year, two living for 13 and 23 years, respectively. ④ Media coverage around the world of this event and subsequent transplants was front page and appeared daily for weeks and months on end, describing all aspects in detail. This relative success amid many failures did much to generate guarded optimism that heart transplantation would eventually become a viable therapeutic option.

| 해석 | Christiaan Barnard는 1922년에 태어나 1946년 University of Cape Town에서 의사 자격을 얻었다. 남아프리카와 미국에서의 외과적 훈련 이후, Barnard는 1958년에 성공적인 개심 수술 프로그램을 Groote Schuur Hospital과 University of Cape Town에 확립했다. 1967년 12월 3일, 그는 세계 최초의 인간 대 인간 심장 이식을 실시한 팀을 이끌었다. 그것은 주요한 역사적 사건이었으며, 의학계의 커다란 발전이었다. 비록 최초의 심장 이식 환자가 오직 18일 밖에 생존하지 못했지만, Groote Schuur Hospital의 최초 열 명의 환자 중 네 명이 1년 이상 생존했고, 그 중 두 명은 각각 13년과 23년을 살았다. ④ 이 사건과 이후의 이식에 대한 세계의 언론 보도는 제1면에 실렸고, 모든 측면을 상세하게 묘사하며 수주, 수개월 동안 계속 매일 등장했다. 많은 실패 가운데 이 상대적인 성공은 심장 이식이 결국 실행 가능한 치료상의 선택지가 될 것이라는 조심스러운 낙관론을 만들어내는 데 많은 역할을 했다.

| 해설 | ④ Christiaan Barnard와 그의 팀이 실시한 세계 최초의 심장 이식 수술과 그 이후 이어진 열 명의 심장 이식 수술의 결과 및 영향에 대한 글이다. 본문 초반에서 Christiaan Barnard의 의학적 성장 과정을 설명한 후, ①에서 최초의 심장 이식 수술에 대해 언급하고, ②에서 그러한 수술의 의의에 대해 설명하고 있다. 이후, ③은 ①에서 언급된 수술 및 이후 실시된 동일한 수술의 결과에 대해 설명하고 있다. 그런데 ④에서는 갑자기 'this event'에 대한 언론 보도에 대한 내용이 등장하므로, 전체 글의 흐름상 적절하지 않다. 따라서 정답은 ④이다.

정답 ④

*qualified 앞 was 생략

❶ Christiaan Barnard was born/ in 1922/ and qualified in medicine/ at the University of Cape
　　　　주어　　　　　　동사　　　　전명구　등위접속사　보어　　　전명구　　　　　　　전명구
Town/ in 1946.
　　　　전명구

Christiaan Barnard는 태어났다/ 1922년에/ 그리고 의사 자격을 얻었다/ University of Cape Town에서/ 1946년에

qualified 자격을 갖춘

❷ Following surgical training/ in South Africa and the USA,/ Barnard established/ a successful
　분사구문　현재분사　목적어　　　　　　　전명구　　　　　　　주어　　　동사　　　　목적어
open-heart surgery program/ at Groote Schuur Hospital and the University of Cape Town/
　　　　　　　　　　　　　　　　　　　　　　　　전명구
in 1958.
　전명구

외과적 훈련 이후/ 남아프리카와 미국에서의/ Barnard는 확립했다/ 성공적인 개심 수술 프로그램을/ Groote Schuur
Hospital과 University of Cape Town에/ 1958년에

surgical 외과의, 수술의
open-heart surgery 개
심 수술, 심장 절개 수술

❸ On December 3, 1967,/ he led the team/ that performed/ the world's first human-to-human
　　　　전명구　　　　　주어　동사　목적어　주격 관계대명사　동사　　　　　　　목적어
heart transplant.

1967년 12월 3일/ 그는 팀을 이끌었다/ 실시한/ 세계 최초의 인간 대 인간 심장 이식을

heart transplant 심장
이식

❹ It/ was a major historical event/ and a significant breakthrough/ for medical science.
　주어　동사　　　　보어1　　　　　등위접속사　　　　보어2　　　　　　　전명구

그것은/ 주요한 역사적 사건이었다/ 그리고 커다란 발전이었다/ 의학계의

breakthrough (과학 등
의) 큰 발전, 약진

❺ Although/ the first heart transplant patient/ survived only 18 days,/ four/ of Groote Schuur
　접속사　　　　　주어　　　　　　　　　동사　　　부사구　　　주어　　전명구
Hospital's first 10 patients/ survived for more than one year,/ two/ living for 13 and 23
　　　　　　　　　　　　　동사　　　　　전명구　　　분사구문 의미상 주어 분사구문　전명구
years,/ respectively.
　　　　부사

비록 ~했지만/ 최초의 심장 이식 환자가/ 오직 18일 생존했다/ 4인이/ Groote Schuur Hospital의 최초 10인의 환자
중/ 1년 이상을 생존했다/ 두 명은/ 13년과 23년을 살았다/ 각각

respectively 각각, 제각기

❻ ④ Media coverage/ around the world/ of this event and subsequent transplants/ was front
　　　　주어　　　　　전명구　　　　　　　　　전명구　　　　　　　　　동사1　보어
page/ and appeared daily/ for weeks and months/ on end,/ describing all aspects/ in detail.
등위접속사　동사2　부사　　　　진명구　　　　진명구　　분사구문　현재분시 목적이　전명구

④ 언론 보도는/ 세계의/ 이 사건과 이후의 이식에 대한/ 제1면에 실렸고/ 매일 등장했다/ 수주, 수개월 동안/ 계속/
모든 측면을 묘사하며/ 상세하게

media coverage (특정
사건에 대한) 매스컴[언
론]의 보도(량)
subsequent 그[이] 다음
의, 차후의
on end 계속

❼ This relative success/ amid many failures/ did much to generate/ guarded optimism/
　　　주어　　　　　　　전명구　　　　동사　목적어　to부정사 부사적 용법　　to부정사 목적어
that heart transplantation/ would eventually become/ a viable therapeutic option.
명사절 접속사(동격)　　주어　　　　　　동사　　　　　　　주격 보어

이 상대적인 성공은/ 많은 실패 가운데/ 만들어내는 데 많은 역할을 했다/ 조심스러운 낙관론을/ 심장 이식이/ 결국
될 것이라는/ 실행 가능한 치료상의 선택지가

relative 상대적인
amid ~ 가운데[중]에
guarded 조심스러운, 신
중한
optimism 낙관론
viable 실행 가능한, 성공
할 수 있는
therapeutic 치료상의

빈칸에 들어갈 표현으로 가장 적절한 것은? ⏱ 2분 30초

Machiavelli wrote *The Prince* to serve as a handbook for rulers, and he claims explicitly throughout the work that he is not interested in talking about ideal republics or imaginary utopias, as many of his predecessors had done: "There is such a gap between how one lives and how one *should* live that he who neglects what is being done for what should be done will learn his destruction rather than his preservation." This is a prime example of what we call Machiavelli's political realism. If I were introducing Machiavelli to students in a political science course, I would emphasize Machiavelli's importance in the history of political thought. I would point out that, before Machiavelli, politics was strictly bonded with ethics. According to an ancient tradition that goes back to Aristotle, politics is a sub-branch of ethics. Machiavelli was the first theorist _____, and hence to give a certain autonomy to the study of politics.

① to decisively divorce politics from ethics
② to collectively explore politics and ethics
③ to deliberately combine politics with ethics
④ to strongly stress the importance of politics

| 해석 | Machiavelli는 통치자들을 위한 안내서로 이용되도록 「The Prince(군주론)」를 집필했고, 그는 작품에서 내내 그의 많은 선조들이 그랬던 것처럼 이상적인 국가 또는 상상의 유토피아에 대해 이야기하는 것에 그는 관심이 없다고 명쾌하게 주장한다. "우리가 어떻게 사는지와 우리가 어떻게 '살아야' 하는지 사이에는 큰 차이가 있어서, 행해져야 하는 것을 위해 행해지고 있는 것을 경시하는 사람은 자신의 보존보다는 자신의 파멸을 배울 것이다." 이것이 우리가 Machiavelli의 정치적 현실주의라고 부르는 것의 기본 예시이다. 만일 내가 정치학 수업에서 학생들에게 Machiavelli를 소개한다면, 나는 정치 사상의 역사에서 Machiavelli의 중요성을 강조할 것이다. 나는 Machiavelli 이전에 정치는 윤리학과 엄격하게 관계가 있었다는 점을 지적할 것이다. Aristotle 시대로 거슬러 올라가는 고대 전통에 따르면, 정치학은 윤리학의 하위분야이다. Machiavelli는 ① 단호하게 정치학을 윤리학으로부터 분리시키고, 따라서 정치학에 확실한 자주권을 제공한 최초의 이론가였다.
① 단호하게 정치학을 윤리학으로부터 분리시키다
② 정치학과 윤리학을 총괄적으로 탐구하다
③ 정치학을 윤리학과 의도적으로 결합시키다
④ 정치학의 중요성을 강력하게 강조하다

| 해설 | ① 지문은 Machiavelli의 저서 「The Prince(군주론)」를 소개하며, 그의 정치 사상적 특징을 설명하고 있다. 첫 문장에서 Machiavelli는 이전의 사상가들과는 다른 방식으로 정치학을 연구했음을 알 수 있으며, 본문 후반 'I would point out that, ~'에서 Machiavelli 이전의 사상가들은 정치학을 윤리학의 일부로 여기고, 이상적이고 윤리적인 국가를 논해왔음을 유추할 수 있다. 즉, Machiavelli는 그들과는 달리, 현실적인 사상을 추구했음을 알 수 있다. 빈칸 이후 문장 'hence to give a certain autonomy to the study of politics(따라서 정치학에 자주성을 제공해 주었다)'에서도 윤리학의 하위분야로 여겨졌던 정치학을 독립적인 분야로 취급했다는 것을 알 수 있다. 따라서 빈칸에 가장 적절한 것은 ① 'to decisively divorce politics from ethics(단호하게 정치학을 윤리학으로부터 분리시키다)'이다.

정답 ①

❶ Machiavelli wrote *The Prince*/ to serve as a handbook for rulers,/ and he claims explicitly/
　주어　　　동사　　목적어　　ⓑ부정사 형용사적 용법　　전명구　　　전명구 등위접속사 주어　동사　　부사
throughout the work/ that he is not interested/ in talking/ about ideal republics or imaginary
　　전명구　　　　명사절 접속사 주어 동사 부사　　보어　　　전명구　　　　전명구
＊such + (형용사) + 명사 ~ that …: 너무 ~해서 …하다
utopias,/ as many of his predecessors had done:/ "There is such a gap/ between
　접속사 주어　　　전명구　　　　　동사　　유도부사 동사 　주어　　　전치사
＊의문사 + 주어 + 동사: 간접의문문　　　　　　　　　　　　　　＊타동사의 목적어 what절
how one lives and how one *should* live/ that he who neglects/ what is being done/
등위접속사　주어　　동사　　　　주어 주·관·대　동사　　관계대명사　　동사
＊전치사의 목적어 what절
for what should be done/ will learn his destruction/ rather than his preservation."
전치사 관계대명사　　동사　　　동사　　　목적어　　　　　전명구

Machiavelli는 「The Prince(군주론)」를 집필했다/ 통치자들을 위한 안내서로 이용되도록/ 그리고 그는 내내 명쾌하게 주장한다/ 그 작품에서/ 그는 관심이 없다고/ 이야기하는 것에/ 이상적인 국가 또는 상상의 유토피아에 대해/ 그의 많은 선조들이 그랬던 것처럼/ "큰 차이가 있다/ 우리가 어떻게 사는지와 우리가 어떻게 '살아야' 하는지 사이에는/ 그래서 경시하는 사람은/ 행해지고 있는 것을/ 행해져야 하는 것을 위해/ 자신의 파멸을 배울 것이다"/ 자신의 보존보다는

＊전치사의 목적어 what절
❷ This is a prime example/ of what we call/ Machiavelli's political realism.
　주어　동사　　보어　　　전치사 관계대명사 주어 동사　　　목적격 보어

이것이 기본 예시이다/ 우리가 부르는 것의/ Machiavelli의 정치적 현실주의라고

＊If + S + 동사 과거형(were) ~, S + 조동사 과거형 + 동사원형 ~: 가정법 과거(현재 사실의 반대 가정)
❸ If I were introducing Machiavelli/ to students/ in a political science course,/ I would
접속사 주어　동사　　　목적어　　　　전명구　　　　전명구　　　　　주어 동사
emphasize Machiavelli's importance/ in the history of political thought.
　　　　목적어　　　　　　　전명구　　　　전명구

만일 내가 Machiavelli를 소개한다면/ 학생들에게/ 정치학 수업에서/ 나는 Machiavelli의 중요성을 강조할 것이다/ 정치 사상의 역사에서

❹ I would point out/ that,/ before Machiavelli,/ politics was strictly bonded/ with ethics.
주어　　동사　　명사절 접속사　　전명구　　　주어　　동사　　　전명구

나는 지적할 것이다/ Machiavelli 이전에/ 정치는 밀접한 관계가 있었다/ 윤리학과

❺ According to an ancient tradition/ that goes back to Aristotle,/ politics is a sub-branch
　　　전명구　　　　주격 관계대명사 동사 부사　　전명구　　　주어 동사　　보어
of ethics.
　전명구

고대 전통에 따르면/ Aristotle 시대로 거슬러 올라가는/ 정치학은 윤리학의 하위분야이다

＊to부정사 형용사적 용법1
❻ Machiavelli was the first theorist/ ① to decisively divorce politics from ethics,/ and hence
　主어　　　동사　　　　보어　　　　　　　　목적어　　　전명구　등위접속사 부사
＊to부정사 형용사적 용법2
to give a certain autonomy/ to the study of politics.
　　　목적어　　　　　전명구　　　전명구

Machiavelli는 최초의 이론가였다/ ① 단호하게 정치학을 윤리학으로부터 분리시킨/ 그리고 따라서 확실한 자주권을 제공한/ 정치학에

serve as ~로 쓰이다[적합하다]
ruler 통치자
explicitly 명쾌하게
republic 국가, 공화국
predecessor 전임자, 선조, 선배
neglect 무시하다, 경시하다
destruction 파멸, 파괴

prime 주된, 주요한, 기본적인

emphasize 강조하다

point out 지적하다, 주목하다
strictly 절대적으로, 엄격히
bond 결합시키다, 유대하다
sub-branch 하위분야

decisively 단호하게
divorce 분리하다[단절시키다]
autonomy 자주성, 자율성

주어진 글 다음에 이어질 글의 순서로 가장 적절한 것은? ○ 3분

Liberalism is derived from two related features of Western culture. The first is the West's preoccupation with individuality, as compared to the emphasis in other civilizations on status, caste, and tradition.

(A) Throughout much of history, the individual has been submerged in and subordinate to his clan, tribe, ethnic group, or kingdom. Liberalism is the culmination of developments in Western society that produced a sense of the importance of human individuality, a liberation of the individual from complete subservience to the group, and a relaxation of the tight hold of custom, law, and authority.

(B) Adversarial systems have always been precarious, however, and it took a long time for the belief in adversariality to emerge from the more traditional view, traceable at least to Plato, that the state should be an organic structure, like a beehive, in which the different social classes cooperate by performing distinct yet complementary roles.

(C) Liberalism also derives from the practice of adversariality in European political and economic life, a process in which institutionalized competition — such as the competition between different political parties in electoral contests, between prosecution and defense in adversary procedure, or between different producers in a market economy — generates a dynamic social order.

① (A) − (B) − (C)
② (B) − (C) − (A)
③ (C) − (A) − (B)
④ (A) − (C) − (B)

| 해석 | 자유주의는 서구 문화의 두 가지 관련된 특징으로부터 유래한다. 첫 번째는 지위, 계급 및 전통에 대한 다른 문명에서의 강조와 비교되는, 개성에 대한 서양의 집착이다.
　(A) 대부분의 역사에 걸쳐 개인은 씨족, 종족, 민족 그룹 또는 왕국에 감춰지고 종속되어 왔다. 자유주의는 인간 개성의 중요성에 대한 의식, 집단에의 완전한 복종으로부터의 개인의 해방, 그리고 관습, 법 그리고 권위의 엄격한 장악으로부터의 완화를 만들었던 서구 사회에서의 발전의 절정이다.
　(C) 자유주의는 또한 유럽의 정치적 경제적 생활에서의 대립적인 상태의 관습으로부터 유래하는데, 선거 경쟁에서의 다른 정당 사이의, 기소 절차에서 기소와 변호 간의, 또는 시장 경제에서 다른 생산자들 간의 경쟁과 같은 제도화된 경쟁에서의 과정이 역동적인 사회 질서를 만들어낸다.
　(B) 그러나 대립적인 체제는 항상 불안정한 상태였고, 국가는 벌집과 같이 유기적인 구조여야 하고 그 안에서 서로 다른 사회 계급은 구별되지만 보완적인 역할을 수행함으로써 협력하는 적어도 Plato에서 유래된 더 전통적인 관점으로부터 대립적인 상태에 대한 믿음이 나타나기까지는 오랜 시간이 걸렸다.

| 해설 | ④ 주어진 문장에서는 자유주의가 서구 문화의 두 가지 관련된 특징에서 유래하는데, 그 첫 번째 특징이 개성에 대한 서양의 집착이라고 말하고 있다. 따라서 이 개성에 대해 서술한 (A)가 바로 이어지는 것이 적절하다. 그 이후에는 서구 문화의 두 번째 특징인 대립적 상태의 관습을 설명하는 (C)가 이어지는 것이 적절하다. 마지막으로 역접의 접속사 'however(그러나)'를 사용하여 (C)에 이어서 대립적인 상태에 대한 추가 설명을 하는 (B)가 오는 것이 가장 적절하다. 따라서 ④ '(A) − (C) − (B)'의 순서가 가장 적절하다.

정답 ④

❶ Liberalism is derived/ from two related features/ of Western culture.
　주어　　　동사　　　　　전명구　　　　　　　전명구

자유주의는 유래한다/ 두 가지 관련된 특징으로부터/ 서구 문화의

liberalism 자유주의, 진
보주의
derive from ~에서 유
래하다
preoccupation 사로잡힘,
집착
individuality 개성
compare 비교하다
caste 계급

❷ The first/ is the West's preoccupation/ with individuality,/ *as 뒤 주어+be동사 생략 as compared to the emphasis
　주어　동사　　　보어　　　　　　　　전명구　　　접속사 과거분사　　　전명구
in other civilizations/ on status, caste, and tradition.
　　전명구　　　　　　　　전명구

첫 번째는/ 서양의 집착이다/ 개성에 대한/ 다른 문명들에서의 강조와 비교할 때/ 지위, 계급 및 전통에 대한

❸ (A) Throughout much of history,/ the individual/ has been submerged in and subordinate/
　　　　전명구　　　　　전명구　　　주어　　　　　동사
to his clan, tribe, ethnic group, or kingdom.
　　　　　　전명구

(A) 대부분의 역사에 걸쳐/ 개인은/ 감춰졌고 종속되어왔다/ 그의 씨족, 종족, 민족 그룹 또는 왕국에

submerge 깊이 감추다,
잠기게 하다
subordinate 종속시키다
clan 씨족
tribe 종족
ethnic 민족의

❹ Liberalism is the culmination/ of developments/ in Western society/ that produced/ a sense
　주어　　　동사　　보어　　　　전명구　　　　　　전명구　　주격 관계대명사　동사　　목적어1
of the importance of human individuality,/ a liberation of the individual/ from complete
　전명구　　　　　　전명구　　　　　　목적어2　　　　전명구　　　　　전명구
subservience to the group,/ and a relaxation/ of the tight hold of custom, law, and authority.
　　　전명구　　　　등위접속사　목적어3　　　　전명구　　　　　전명구

자유주의는 절정이다/ 발전의/ 서구 사회에서/ 만들었던/ 인간 개성의 중요성에 대한 의식/ 개인의 해방/ 집단으로
완전한 복종으로부터의/ 그리고 완화를/ 관습, 법 그리고 권위의 엄격한 장악으로부터의

culmination 절정
liberation 해방
subservience 복종
authority 권위

❺ (C) Liberalism also derives/ from the practice of adversariality/ in European political and
　　주어　　부사　동사　　　전명구　　　　　전명구　　　　　　　전명구
economic life,/ a process in which institutionalized competition/ — such as the competition/
　　　　　명사(동격) 전치사 관계대명사　　　주어　　　　　　　　전명구
between different political parties/ in electoral contests,/ between prosecution and defense/
　　전명구1　　　　　　　전명구　　　　　　　전명구2
in adversary procedure,/ or between different producers/ in a market economy —/ generates
　　전명구　　　등위접속사　전명구3　　　　　　　전명구　　　　　동사
a dynamic social order.
　목적어

(C) 자유주의는 또한 유래한다/ 대립적인 상태의 관습으로부터/ 유럽의 정치적 경제적 생활에서의/ 제도화된 경쟁
에서의 과정이/ 경쟁과 같은/ 다른 정당 간의/ 선거 경쟁에서의/ 기소와 변호 간의/ 기소 절차에서/ 또는 다른 생산
자들 사이의/ 시장 경제에서/ 역동적인 사회 질서를 만들어낸다

adversariality 적대적인
상태
prosecution 기소

❻ (B) Adversarial systems/ have always been precarious,/ however,/ and it took a long time/
　　　주어　　　　　동사　　　　　보어　　　접속부사 등위접속사 동사　목적어
　*to부정사 의미상 주어　　　　*진주어
for the belief in adversariality to emerge/ from the more traditional view,/
　전명구　　　　　전명구　　　　　　　　　전명구
*traceable 앞 주격 관계대명사 which+be동사 생략
traceable at least to Plato,/ that the state should be an organic structure,/ like a beehive,/
형용사　부사구　전명구　명사절 접속사(동격) 주어　동사　　보어　　　　　전명구
in which the different social classes cooperate/ by performing distinct yet complementary
전치사 관계대명사　　　주어　　　　　동사　　　　전명구　　　　동명사 목적어
roles.

(B) 대립적인 체제는/ 항상 불안정한 상태였다/ 그러나/ 그리고 오랜 시간이 걸렸다/ 대립적인 상태에 대한 믿음이
나타나는 것에는/ 더 전통적인 관점으로부터/ 적어도 Plato에서 유래된/ 국가는 유기적인 구조여야 한다/ 벌집과 같
이/ 그 안에서 서로 다른 사회 계급은 협력한다/ 구별되지만 보완적인 역할을 수행함으로써

precarious 불안정한
emerge 나타나다
traceable to ~에 유래
[기인]하는
beehive 벌집
complementary 상호보
완적인

Warm Up 기출문제

다음 글의 내용과 일치하는 것은? 2021 국가직 9급

⏱ 2분 30초

The most notorious case of imported labor is of course the Atlantic slave trade, which brought as many as ten million enslaved Africans to the New World to work the plantations. But although the Europeans may have practiced slavery on the largest scale, they were by no means the only people to bring slaves into their communities: earlier, the ancient Egyptians used slave labor to build their pyramids, early Arab explorers were often also slave traders, and Arabic slavery continued into the twentieth century and indeed still continues in a few places. In the Americas some native tribes enslaved members of other tribes, and slavery was also an institution in many African nations, especially before the colonial period.

① African laborers voluntarily moved to the New World.
② Europeans were the first people to use slave labor.
③ Arabic slavery no longer exists in any form.
④ Slavery existed even in African countries.

| 해석 | 가장 악명 높은 수입 노동의 사례는 물론 대서양 노예 매매인데, 이것은 농장을 경작할 천만 명에 맞먹는 아프리카인 노예들을 신세계로 이주시켰다. 그러나, 비록 유럽인들이 가장 큰 규모로 노예제를 실행했을지라도, 그들이 노예를 자신들의 공동체로 끌어들인 유일한 사람들은 결코 아니었다. 일찍이 고대 이집트인들은 피라미드 건설을 위해 노예 노동을 이용했고, 초기 아랍 탐험가들 또한 종종 노예 상인이었으며, 아랍 노예제는 20세기까지 지속되었고, 실제로 아직도 몇몇 장소에서는 지속되고 있다. 미주에서는 일부 원주민 부족이 다른 부족의 구성원을 노예로 삼았으며, 노예제는 또한 특히 식민지 시대 이전에 많은 아프리카 국가에서도 하나의 관습이었다.
① 아프리카 노동자들은 자발적으로 신세계로 이주했다.
② 유럽인들은 노예 노동을 이용한 최초의 사람들이었다.
③ 아랍의 노예제는 어떠한 형태로든 더 이상 존재하지 않는다.
④ 노예제는 심지어 아프리카 국가에서도 존재했다.

| 해설 | ④ 마지막 문장의 후반부에서 노예제는 또한 많은 아프리카 국가에서도 하나의 관습이었다고 했으므로 글의 내용과 일치한다.
② 유럽인들이 노예제를 최초로 이용했다는 내용은 없고 가장 큰 규모로 노예제를 실행했다는 내용은 있다.
③ 아랍의 노예제는 아직까지 몇몇 곳에서 지속되고 있다고 했으므로 일치하지 않는다.

정답 ④

❶ The most notorious case/ of imported labor/ is of course the Atlantic slave trade,/ which
　　주어　　　　　　　　　　전명구　　　　　동사　　전명구　　　　　주격 보어　　　　　　주·관·대

*to부정사 형용사적 용법
brought/ as many as ten million enslaved Africans/ to the New World/ [to work] the plantations.
　동사　　　　　　　목적어　　　　　　　　　　　　　　전명구　　　　　to부정사 목적어

가장 악명 높은 사례는/ 수입 노동의/ 물론 대서양 노예 매매이다/ 이주시켰던/ 천만 명에 맞먹는 아프리카인 노예
들을/ 신세계로/ 농장을 경작할

notorious 악명 높은
enslave 노예로 만들다
plantation (대규모) 농장

❷ But although the Europeans may have practiced slavery/ on the largest scale,/ they were
접속사　접속사　　주어　　　　　　동사　　　　　목적어　　　　　전명구　　　　　　주어　동사

*to부정사 형용사적 용법
by no means/ the only people/ [to bring] slaves/ into their communities:/ earlier,/
　전명구　　　　주격 보어　　to부정사 목적어　　　전명구　　　　　부사

*to부정사 부사적 용법
the ancient Egyptians/ used slave labor/ [to build] their pyramids,/ early Arab explorers were
　　주어　　　　　　동사　　목적어　　　to부정사 목적어　　　　주어　　　　동사
often also slave traders,/ and Arabic slavery continued/ into the twentieth century/ and
부사　부사　주격 보어　　접속사　　주어　　　동사　　　　　　전명구　　　　　　접속사
indeed still continues/ in a few places.
부사　부사　동사　　　　전명구

그러나 비록 유럽인들이 노예제를 실행했을지라도/ 가장 큰 규모로/ 그들은 결코 ~이 아니었다/ 유일한 사람들/
노예를 끌어들인/ 그들의 공동체로/ 일찍이/ 고대 이집트인들은/ 노예 노동을 이용했다/ 그들의 피라미드 건설을
위해/ 초기 아랍 탐험가들은 또한 종종 노예 상인들이었다/ 그리고 아랍 노예제는 지속되었다/ 20세기까지/ 그리
고 실제로 아직도 지속되고 있다/ 몇몇 장소에서

slavery 노예제
by no means 결코 ~이
아닌

❸ In the Americas/ some native tribes/ enslaved/ members of other tribes,/ and slavery was
　전명구　　　　　주어　　　　　동사　　　　목적어　　전명구　　　접속사　주어　　동사
also an institution/ in many African nations,/ especially before the colonial period.
부사　주격 보어　　　　전명구　　　　　　　부사　　　　　　전명구

미주에서/ 일부 원주민 부족들은/ 노예로 삼았다/ 다른 부족의 구성원들을/ 그리고 노예제는 또한 하나의 관습이었
다/ 많은 아프리카 국가에서/ 특히 식민지 시대 이전에

tribe 부족
institution 관습, 제도
colonial 식민지의

글의 흐름상 빈칸에 들어갈 가장 적절한 것은?　⏱ 1분 45초

Blind testing is a way to test products or packages whereby consumers are unaware of the underlying brand which they are evaluating. The idea is to focus on the intrinsic product characteristics so that the direction for product R&D can be clearly derived. The opposite of blind testing would be branded testing, in which products are identified or branded while being evaluated by customers. When we are testing the brands, basically the result can be driven primarily by the brand image rather than the product characteristics. When running blind testing, the effect of the product characteristics can be measured, but the impact of brand on consumer behavior cannot be ignored in reality. In either case, inevitably, there will be some key information that is _____. Therefore it can be said that the combination of blind and branded testing is best.

① called for

② picked up

③ missed out

④ turned in

| 해석 | 블라인드 테스트는 소비자들이 평가하고 있는 숨겨진 브랜드를 알지 못한 채 제품이나 포장품을 테스트하는 방식이다. 취지는 제품 연구 개발의 방향을 명확히 끌어내기 위해 본질적인 제품 특성에 초점을 맞추는 것이다. 블라인드 테스트의 반대는 브랜드 테스트가 될 것인데, 여기에서 제품은 소비자들에 의해 평가되는 동안 제품명이 식별되거나 브랜드가 노출된다. 브랜드를 테스트할 때 기본적으로 그 결과는 제품의 특징보다는 브랜드 이미지에 의해 주로 도출된다. 블라인드 테스트를 할 때는 제품 특성의 효과가 측정될 수 있지만, 현실에서는 소비자 행동에 미치는 브랜드 이미지의 영향이 무시될 수 없다. 어느 경우에나 불가피하게 ③ 놓친 주요 정보가 있을 것이다. 따라서 블라인드 테스트와 브랜드 테스트의 결합이 가장 좋다고 말할 수 있다.

① 요구된

② 획득된

③ 놓친

④ 제출된

| 해설 | ③ 초반에서는 블라인드 테스트와 브랜드 테스트의 정의를 제시한 후, 중반부터 각 테스트의 특징 및 한계를 언급하고 있다. 즉, 본문 중반의 'When we are testing'에서 각각의 테스트를 통해 도출될 수 있는 결과가 제한적이라는 것을 알 수 있으므로, 빈칸에 들어갈 가장 적절한 것은 ③ '놓친'이 된다.

정답 ③

① Blind testing is a way/ to test products or packages/ whereby/ consumers are unaware/
주어　　　동사　보어　to부정사 형용사적용법　to부정사 목적어　관계부사　주어　　동사　보어
of the underlying brand/ which they are evaluating.
전명구　　　　　목적격 관계대명사 주어　　동사

블라인드 테스트는 방식이다/ 제품이나 포장품을 테스트하는/ ～하는/ 소비자들이 알지 못한다/ 숨겨진 브랜드를/
그들이 평가하고 있는

whereby (그것에 의해)
~하는
unaware 알지 못하는
underlying 밑에 있는,
숨겨진
evaluate 평가하다

② The idea/ is to focus/ on the intrinsic product characteristics/ *so that ~ can …: ~가 …할 수 있도록* so that/ the direction for product
주어　　　동사　보어　　　　　　전명구　　　　　　목적 부사절 접속사　주어　　　전명구
R&D/ can be clearly derived.
　　　동사

취지는/ 초점을 맞추는 것이다/ 본질적인 제품 특성에/ ～하도록/ 제품 연구 개발의 방향이/ 명확히 끌어내지도록

intrinsic 본질적인, 내재
하는
derive 끌어내다, 얻다

③ The opposite/ of blind testing/ would be branded testing,/ in which products/ are identified or
주어　　　　　전명구　　　　　동사　　　　보어　　전치사 관계대명사　주어　　　동사
주절의 주어와 종속절의 주어가 동일하면 종속절 주어를 생략하고 동사에 -ing를 붙일 수 있음 branded/ while being evaluated/ by customers.
　　　접속사　현재분사 수동태　　　전명구

반대는/ 블라인드 테스트의/ 브랜드 테스트가 될 것이다/ 여기에서 제품은/ 제품명이 식별되거나 브랜드가 노출된
다/ 평가되는 동안/ 소비자들에 의해

opposite 반대
be identified 신원이 밝
혀지다

④ When we are testing the brands,/ basically the result can be driven/ primarily by the brand
접속사 주어　동사　　목적어　　　부사　　주어　　　동사　　　　부사　　　전명구
image/ rather than the product characteristics.
　　　　　　　전명구

우리가 브랜드를 테스트할 때,/ 기본적으로 그 결과는 도출되나/ 주로 브랜드 이미지에 의해/ 제품의 특징보다는

⑤ When running blind testing,/ the effect of the product characteristics/ can be measured,/ but
접속사　현재분사　　목적어　　　주어　　　　전명구　　　　　　동사　　　등위접속사
the impact of brand/ on consumer behavior/ cannot be ignored/ in reality.
　　주어　　　전명구　　　전명구　　　　동사　　　전명구

우리가 블라인드 테스트를 할 때는/ 제품 특성의 효과가/ 측정될 수 있다/ 그러나 브랜드 이미지의 영향은/ 소비자
행동에 미치는/ 무시될 수 없다/ 현실에서는

run (실험·테스트 등을)
행하다, 실시하다
ignore 무시하다

⑥ In either case,/ inevitably,/ there will be some key information/ that is ③ missed out.
전명구　　　　부사　유도부사　동사　　　주어　　　주격 관계대명사 동사

어느 경우에나/ 불가피하게/ 주요 정보가 있을 것이다/ ③ 놓친

in either case 어느 경
우에나, 여하간에
inevitably 불가피하게,
필연적으로

combination 결합

⑦ Therefore/ it can be said that/ the combination of blind and branded testing/ is best.
접속부사　가주어　동사　진주어　　　주어　　　　　전명구　　　　　동사보어

따라서/ ～라고 말할 수 있다/ 블라인드 테스트와 브랜드 테스트의 결합이/ 가장 좋다

다음 글의 주제로 가장 적절한 것은?   ⏱ 3분

Sometimes, insomnia only lasts a few days and goes away on its own, especially when the insomnia is tied to an obvious temporary cause, such as stress over an upcoming presentation, a painful breakup, or jet lag. Other times, insomnia is stubbornly persistent. Chronic insomnia is usually tied to an underlying mental or physical issue. Anxiety, stress, and depression are some of the most common causes of chronic insomnia. Having difficulty sleeping can also make anxiety, stress, and depression symptoms worse. Other common emotional and psychological causes include anger, worry, grief, bipolar disorder, and trauma. Treating these underlying problems is essential to resolving your insomnia. Many medical conditions and diseases can contribute to insomnia, including asthma, allergies, Parkinson's disease, hyperthyroidism, acid reflux, kidney disease, and cancer. Chronic pain is also a common cause of insomnia. Many prescription drugs can interfere with sleep, including antidepressants, stimulants for ADHD, corticosteroids, thyroid hormone, high blood pressure medications, and some contraceptives.

① What is chronic insomnia?   ② What are the causes of insomnia?
③ How can insomnia be treated?   ④ Why do prescription drugs affect your sleep?

| 해석 | 때로는 불면증이 며칠만 지속되다가 저절로 사라지는데, 불면증이 다가오는 발표에 대한 스트레스, 고통스러운 이별, 또는 시차처럼 명백한 일시적인 원인과 관련 있는 경우 특히 그렇다. 또 어떤 때에는 불면증이 끊임없이 지속된다. 만성 불면증은 일반적으로 근본적인 정신적 또는 육체적인 문제와 관련이 있다. 불안, 스트레스 및 우울증은 만성 불면증의 가장 흔한 원인 중 일부이다. 수면 장애는 불안, 스트레스 및 우울증 증상을 더 악화시킬 수 있다. 다른 일반적인 정서적, 심리적 원인으로는 분노, 걱정, 슬픔, 조울증 및 정신적 외상을 포함한다. 이러한 근본적인 문제를 치료하는 것은 불면증을 해결하는 데 필수적이다. 천식, 알레르기, 파킨슨 병, 갑상선 기능 항진증, 위산 역류, 신장 질환 및 암을 포함하여 많은 의학적 상태와 질병이 불면증을 일으킬 수 있다. 만성 통증은 또한 불면증의 흔한 원인이다. 항우울제, ADHD 자극제, 코르티코 스테로이드, 갑상선 호르몬, 고혈압 약물 및 일부 피임약을 포함하여 많은 처방 약들은 수면을 방해할 수 있다.

① 만성 불면증이란 무엇인가?   ② 불면증의 원인들은 무엇인가?
③ 불면증은 어떻게 치료될 수 있는가?   ④ 처방 약들이 왜 당신의 수면에 영향을 미치는가?

| 해설 | ② 며칠 후 사라지는 불면증의 경우는 다가오는 발표에 대한 스트레스, 고통스러운 이별, 또는 시차처럼 명백한 일시적인 원인과 관련 있으며, 끊임없이 지속되는 만성 불면증은 다양한 이유에서 기인한 근본적인 정신적, 육체적인 문제와 관련이 있다고 서술하고 있다. 따라서 ② 'What are the causes of insomnia?(불면증의 원인들은 무엇인가?)'가 글의 주제로 가장 적절하다.

정답 ②

❶ Sometimes, insomnia only lasts a few days/ and goes away on its own,/ especially when the
　　부사　　　주어　　부사　동사1　　부사구　　등위접속사　동사2　부사　　전명구　　부사　접속사 주어
insomnia is tied to an obvious temporary cause,/ such as stress over an upcoming
　　　　　동사　　　　　　전명구　　　　　　　　　　전명구　　　　　전명구
presentation, a painful breakup, or jet lag.

때로는 불면증이 며칠만 지속되다가/ 저절로 사라진다/ 불면증이 명백한 일시적인 원인과 관련 있는 경우 특히 그렇다/ 다가오는 발표에 대한 스트레스, 고통스러운 이별, 또는 시차처럼

insomnia 불면증
tied to ~와 관련 있는
breakup 이별
jet lag 시차

❷ Other times,/ insomnia is stubbornly persistent.
　　부사구　　　　주어　동사　부사　　　보어
또 어떤 때에는/ 불면증이 끊임없이 지속된다

stubbornly 완고[완강]
하게

❸ Chronic insomnia is usually tied/ to an underlying mental or physical issue.
　　　주어　　　　　동사　　　　　　전명구
만성 불면증은 일반적으로 관련이 있다/ 근본적인 정신적 또는 육체적인 문제와

chronic 만성의
underlying 근본적인

❹ Anxiety, stress, and depression/ are some/ of the most common causes/ of chronic insomnia.
　　　　주어　　　　　　　동사　보어　　　전명구　　　　　전명구
불안, 스트레스 및 우울증은/ 일부이다/ 가장 흔한 원인 중/ 만성 불면증의

*have difficulty (in) -ing: ~하는 데 어려움을 겪다

❺ Having difficulty sleeping/ can also make anxiety, stress, and depression symptoms worse.
　　동명사　목적어　　동명사　　　동사　　　　　　　목적어　　　　　　　목적격 보어
수면 장애를 갖는 것은/ 불안, 스트레스 및 우울증 증상을 더 악화시킬 수 있다

❻ Other common emotional and psychological causes/ include/ anger, worry, grief, bipolar disorder,
　　　　　　　　주어　　　　　　　　　　　　동사　　　　　목적어
and trauma.
다른 일반적인 정서적, 심리적 원인은/ 포함한다/ 분노, 걱정, 슬픔, 조울증 및 정신적 외상을

bipolar disorder 조울증
trauma 정신적 외상

❼ Treating these underlying problems/ is essential/ to resolving your insomnia.
　　동명사　　　　목적어　　　　　동사　보어　　전명구　　동명사 목적어
이러한 근본적인 문제를 치료하는 것은/ 필수적이다/ 당신의 불면증을 해결하는 데

essential 필수적인

❽ Many medical conditions and diseases/ can contribute to insomnia,/ including asthma,
　　　　　주어　　　　　　　　　　　동사　　　전명구　　　　　전명구
allergies, Parkinson's disease, hyperthyroidism, acid reflux, kidney disease, and cancer.
많은 의학적 상태와 질병이/ 불면증을 일으킬 수 있다/ 천식, 알레르기, 파킨슨병, 갑상선 기능 항진증, 위산 역류,
신장 질환 및 암을 포함하여

contribute to ~에 기여
하다
asthma 천식
hyperthyroidism 갑상
선 기능 항진증
acid reflux 위산 역류

❾ Chronic pain/ is also a common cause/ of insomnia.
　　주어　　동사부사　　보어　　　전명구
만성 통증은/ 또한 흔한 원인이다/ 불면증의

❿ Many prescription drugs/ can interfere with sleep,/ including antidepressants, stimulants for
　　　주어　　　　　동사　　　전명구　　　　　전명구
ADHD, corticosteroids, thyroid hormone, high blood pressure medications, and some

contraceptives.
많은 처방 약들은/ 수면을 방해할 수 있다/ 항우울제, ADHD 자극제, 코르티코스테로이드, 갑상샘 호르몬, 고혈압 약
물 및 일부 피임약을 포함하여

antidepressant 항우울제
stimulant 흥분제
contraceptive 피임약

주어진 문장이 들어갈 위치로 가장 적절한 곳은?　　　　　　　　　　　　　　🕐 2분 30초

Hence remains of domesticated plants and animals at a dated archaeological site can be recognized and provide strong evidence of food production at that place and time, whereas finding the remains only of wild species at a site fails to provide evidence of food production and is compatible with hunting-gathering.

Before we can hope to answer these questions, we need to figure out how to identify areas where food production originated, when it arose there, and where and when a given crop or animal was first domesticated. ① The most unequivocal evidence comes from identification of plant and animal remains at archaeological sites. ② Most domesticated plant and animal species differ morphologically from their wild ancestors: for example, in the smaller size of domestic cattle and sheep, the larger size of domestic chickens and apples, the thinner and smoother seed coats of domestic peas, and the corkscrew-twisted rather than scimitar-shaped horns of domestic goats. ③ Naturally, food producers, especially early ones, continued to gather some wild plants and hunt wild animals. ④ So, the food remains at their sites often include wild species as well as domesticated ones.

| 해석 | 이러한 질문에 답하기를 기대하기 전에, 우리는 식량 생산이 어디에서 유래되었는지, 언제 거기에서 발생했는지, 그리고 어디서 또 언제 주어진 농작물이나 동물이 처음 사육되었는지 그 지역을 확인하는 방법을 알아내야 한다. 가장 확실한 증거는 고고학 현장에서 식물과 동물의 유해의 식별에서 나온다. 대부분의 길러진 식물과 동물 종들은 그것들의 야생의 시조들과 형태적으로 다르다. 예를 들어, 사육되는 소와 양은 크기가 더 작고, 가정용 닭과 사과는 크기가 더 크고, 가정용 콩의 종피는 더 얇고 더 부드러우며, 가축 염소의 뿔은 짧고 굽은 모양이기보다는 코르크마개의 꼬임 모양이다. ③ 따라서 오래된 고고학 현장에서 길들여진 식물과 동물의 유해는 인정될 수 있고 그 장소와 시대의 식량 생산에 대한 강력한 증거를 제공할 수 있는 반면, 현장에서 야생 종의 유해만을 찾는 것은 식량 생산의 증거를 제공하지 못하고 (오히려) 수렵채집과 공존할 수 있다. 사언적으로, 식량 생산자들, 특히 초기 사람들은 계속해서 몇몇 야생 식물들을 모으고 야생 동물들을 사냥했다. 그래서, 그들의 현장에 음식 잔해들은 종종 사육된 종들 뿐 아니라 야생 종들도 포함한다.

| 해설 | ③ 주어진 문장의 'Hence(따라서)'를 통해서, 주어진 문장 이전에 제시된 원인에 대한 서술이 이어지는 것이 적절함을 유추할 수 있다. 따라서 ②의 'Most domesticated plant and animal species(대부분의 길들여진 식물과 동물의 종)'의 'remains(유해)'에 관련된 언급이 주어진 문장의 고고학적 가치에 이어지는 것이 적절하다. 또한 주어진 문장의 후반부에 제시되는 'the remains only of wild species(야생 종의 유해)'가 사냥과 관련 있음을 언급하는 서술이 ③ 이후의 문장에서 제시되고 있으므로, 길들여진 종과 대비되는 야생의 종의 유적에 대해서 대조의 방식으로 서술한 주어진 문장은 ③에 들어가는 것이 가장 적절하다.

정답 ③

❶ *how부터 originated까지 to부정사 목적어

Before we can hope to answer these questions,/ we need to figure out/ how to identify areas/
접속사 주어 동사 목적어 to부정사 목적어 주어 동사 목적어 의문사1 to부정사 to부정사 목적어

where food production originated,/ when it arose there,/ and where and when a given crop
관계부사 주어 동사 의문사2 주어 동사 부사 등위접속사 의문사3, 4 주어

or animal was first domesticated.
동사

우리가 이러한 질문들에 답하기를 기대하기 전에/ 우리는 알아내야 한다/ 지역들을 확인하는 방법을/ 식량 생산이 유래된/ 그것이 언제 거기에서 발생했는지/ 그리고 어디서 또 언제 주어진 농작물이나 동물이 처음 사육되었는지

figure out 알아내다
originate 유래하다
domesticate 길들이다, 사육하다

❷ The most unequivocal evidence/ comes from identification/ of plant and animal remains/
주어 동사 전명구 전명구

at archaeological sites.
전명구

가장 확실한 증거는/ 식별에서 나온다/ 식물과 동물의 유해의/ 고고학 현장에서

unequivocal 명백한, 분명한
remain 유적, 화석, 잔재
archaeological site 고고학 현장

❸ Most domesticated plant and animal species/ differ morphologically/ from their wild
주어 동사 부사 전명구

ancestors:/ for example,/ in the smaller size of domestic cattle and sheep,/ the larger size
접속부사 전치사 목적어1 전명구 목적어2

of domestic chickens and apples,/ the thinner and smoother seed coats of domestic peas,/
전명구 목적어3 전명구

*twisted 뒤 명사 horns 생략

and the corkscrew-twisted/ rather than scimitar-shaped horns of domestic goats.
등위접속사 목적어4 전명구 전명구

대부분의 길러진 식물과 동물 종들은/ 형태적으로 다르다/ 그것들의 야생의 시조들과/ 예를 들어/ 사육되는 소와 양은 크기가 더 작고/ 가정용 닭과 사과는 크기가 더 크고/ 가정용 콩의 종피는 더 얇고 부드러우며/ 코르크 마개의 꼬임 모양이다/ 가축 염소의 뿔은 짧고 굽은 모양이기보다는

morphologically 형태상으로
seed coat 종피

❹ ③ Hence/ remains of domesticated plants and animals/ at a dated archaeological site/ can be
접속부사 주어 전명구 전명구 동사1

recognized/ and provide strong evidence/ of food production/ at that place and time,/
등위접속사 동사2 목적어 전명구 전명구

whereas finding the remains/ only of wild species/ at a site/ fails to provide evidence of food
접속사 동명사(주어) 동명사 목적어 부사 전명구 전명구 동사1 목적어 to부정사 목적어 전명구

production/ and is compatible with hunting-gathering.
등위접속사 동사2 보어 전명구

③ 이런 이유로/ 길들여진 식물과 동물의 유해는/ 오래된 고고학 현장에서/ 인정될 수 있다/ 그리고 강력한 증거를 제공할 수 있다/ 식량 생산에 대한/ 그 장소와 시대의/ 반면 유해만을 찾는 것은/ 야생종의/ 현장에서/ 식량 생신의 증거를 제공하지 못한다/ 그리고 (오히려) 수렵채집과 공존할 수 있다

hence 이런 이유로
compatible with ~와 양립할 수 있는, 일치하는
hunting-gathering 수렵채집

❺ Naturally,/ food producers,/ especially early ones,/ continued to gather some wild plants/
부사 주어 부사 동사 목적어1 to부정사 목적어

*명사(동격)

*hunt 앞 to 생략

and hunt wild animals.
등위접속사 목적어2 to부정사 목적어

자연적으로/ 식량 생산자들/ 특히 초기 사람들은/ 계속해서 몇몇 야생 식물들을 모았다/ 그리고 야생 동물들을 사냥했다

❻ So,/ the food remains/ at their sites/ often include/ wild species/ as well as domesticated
접속부사 주어 전명구 부사 동사 목적어 전명구

*A as well as B: B뿐만 아니라 A도

ones.

그래서/ 음식 잔해들은/ 그들의 현장에서/ 종종 포함한다/ 종종 야생종들을/ 사육된 종들 뿐 아니라

Warm Up 기출문제

내용의 흐름상 적절하지 못한 문장은? 2015 국가직 9급   ⏱ 2분

Of equal importance in wars of conquest were the germs that evolved in human societies with domestic animals. ① Infectious diseases like smallpox, measles, and flu arose as specialized germs of humans, derived by mutations of very similar ancestral germs that had infected animals. ② The most direct contribution of plant and animal domestication to wars of conquest was from Eurasia's horses, whose military role made them the jeeps and Sherman tanks of ancient warfare on that continent. ③ The humans who domesticated animals were the first to fall victim to the newly evolved germs, but those humans then evolved substantial resistance to the new disease. ④ When such partly immune people came into contact with others who had had no previous exposure to the germs, epidemics resulted in which up to 99 percent of the previously unexposed population was killed. Germs thus acquired ultimately from domestic animals played decisive roles in the European conquests of Native Americans, Australians, South Africans, and Pacific islanders.

| 해석 | 가축들과 함께한 인간 사회 안에서 진화해 온 병원균들은 정복 전쟁에 있어서 똑같이 중요했다. 수두, 홍역 그리고 독감과 같은 전염병들은 인간의 특화된 병원균으로서 발병하는데 이것은 동물들을 감염시켰던 매우 유사한 조상 병원균의 돌연변이로부터 유래된 것이다. ② 정복 전쟁에 있어서 식물과 동물을 사육한 것의 가장 직접적인 기여는 유라시아의 말들로부터 유래했는데, 그 말들의 군사 역할은 그것들을 그 대륙에 있었던 고대 전쟁의 지프와 셔먼 탱크로 만들었다. 동물을 사육했던 인류는 새롭게 진화된 병원균의 첫 번째 희생자가 되었지만 그 사람들은 이후 새로운 질병에 대한 상당한 내성을 진화시켰다. 이렇게 부분적으로 면역이 된 사람들은 이전에 병원균에 노출된 적이 없던 다른 사람들과 접촉을 하게 되었고 전에 노출이 된 적이 없던 인구의 99%까지 사망에 이르게 한 전염병이 발생했다. 그렇기에 가축들로부터 궁극적으로 얻어진 병원균들은 유럽인들이 미국, 호주, 남아프리카, 태평양 제도에 사는 원주민들을 정복하는 데에 결정적인 역할을 하였다.

| 해설 | ② 병원균이 했던 결정적 역할에 관해 이야기를 하고 있는데 갑자기 유라시아의 말에 대한 이야기를 하는 ②는 글의 흐름에 맞지 않는다.

정답 ②

❶ Of equal importance/ in wars of conquest/ were the germs/ that evolved in human societies/
　보어(도치)　　　　　　　전명구　　　　　　　동사　　　주어　주·관·대　동사　　　　　전명구
with domestic animals.
　　전명구

똑같이 중요한/ 정복 전쟁에 있어서/ 병원균들은 ~였다/ 인간 사회 안에서 진화해 온/ 가축들과 함께

❷ Infectious diseases/ like smallpox, measles, and flu/ arose/ as specialized germs of humans,/
　　주어　　　　　　　　　전명구　　　　　　　　　　동사　　　　　전명구
derived by mutations of very similar ancestral germs/ that had infected animals.
　　분사구문　　　　　　　　　　　　　　　　　　　주·관·대　　동사　　　목적어

전염병들은/ 수두, 홍역 그리고 독감과 같은/ 생겨났다/ 인간의 특화된 병원균으로서/ 매우 유사한 조상 병원균의
돌연변이로부터 유래된/ 동물들을 감염시켰던

> infectious 전염성인
> derive 유래하다

❸ ② The most direct contribution/ of plant and animal domestication/ to wars of conquest/
　　　　주어　　　　　　　　　　　　전명구　　　　　　　　　　전명구
was from Eurasia's horses,/ whose military role made them/ the jeeps and Sherman tanks/
동사　　전명구(형용사 역할)　소유격 관계대명사　주어　동사　목적어　　　목적격 보어
of ancient warfare/ on that continent.
　　전명구　　　　　전명구

② 가장 직접적인 기여는/ 식물과 동물을 사육한 것의/ 정복 전쟁에 있어서/ 유라시아의 말들로부터 유래했다/ 그
말들의 군사 역할은 그것들을 만들었다/ 지프와 셔먼 탱크로/ 고대 전쟁의/ 그 대륙에서

> contribution 공헌
> domestication 사육

❹ The humans/ who domesticated animals/ were the first/ to fall victim/ to the newly evolved
　주어　　　주·관·대　　동사　　　목적어　　동사　　보어　to부정사 형용사적 용법　　전명구
germs,/ but those humans/ then evolved substantial resistance/ to the new disease.
　　　　접속사　주어　　부사　동사　　　목적어　　　　　　전명구

인류는/ 동물을 사육했던/ 최초였다/ 희생된/ 새롭게 진화된 병원균에/ 그러나 그 사람들은/ 이후 상당한 내성을 발
달시켰다/ 새로운 질병에 대한

> domesticate 가축화하다
> fall victim to ~에의 희
> 생자가 되다

❺ When such partly immune people/ came into contact/ with others/ who had had no previous
　접속사　　　　　주어　　　　　　동사　　　전명구　　　전명구　주·관·대　동사　　　목적어
　　　　　　　　　　　　　　　　*전치사+(전치사의) 목적격 관계대명사(원래 문장: epidemics in which up to 99 ~ was killed resulted)
exposure/ to the germs,/ epidemics resulted/ in which up to 99 percent of the previously
　전명구　　전명구　　　　주어　　동사　　　　　　　　　　주어
unexposed population/ was killed.
　　　　　　　　　　　동사

이렇게 부분적으로 면역이 된 사람들이 ~할 때/ 접촉을 했다/ 다른 사람들과/ 이전에 노출된 적이 없던/ 병원균에/
선염병이 발생했다/ 선에 노출이 뇐 석이 없넌 인구의 99%까지/ 사망에 이르게 하는

> epidemic 전염병
> result 발생하다, 생기다
> up to ~에 이르기까지

❻ Germs/ thus acquired ultimately/ from domestic animals/ played decisive roles/ in the European
　주어　부사　과거분사　부사　　　전명구　　　　　동사　　　목적어　　　전명구
conquests/ of Native Americans, Australians, South Africans, and Pacific islanders.
　　　　　전명구

병원균들은/ 궁극적으로 그렇게 얻어진/ 가축동물로부터/ 결정적인 역할을 하였다/ 유럽의 정복에서/ 미국, 호주,
남아프리카, 태평양 제도의 원주민들에 대한

> decisive 결정적인

밑줄 친 부분에 들어갈 말로 가장 적절한 것은? ⏱ 3분

Sensorimotor Stage occurs between the ages of birth and two years of age, as infants begin to understand the information entering their sense and their ability to interact with the world. During this stage, the child learns to manipulate objects although they fail to understand the permanency of these objects if they are not within their current sensory perception. In other words, once an object is removed from the child's view, he or she is unable to understand that the object still exists. The major achievement during this stage is that of Object Permanency, or the ability to understand that these objects do in fact continue to exist. This includes his ability to understand that when mom leaves the room, she will eventually return, resulting in an increased sense of safety and security. Object Permanency occurs during the end of this stage and represents _____.

① what the child really wants is that his or her mom would be there when needed

② the child's ability to maintain a mental image of the object or person without the actual perception

③ the child's attention to the object or person, which should be focused on its existence and inexistence

④ parents should know their child's sensory perception is immature to understand the absence of his or her protectors

| 해석 | 감각 운동기는 유아기의 아기들이 그들의 감각에 들어가는 정보와 세상과 소통하는 그들의 능력을 이해하기 시작할 때인 태어나서 2년 사이에 발생한다. 이러한 단계 동안, 아이는 사물을 조작하는 방법을 배운다. 비록 그것들(사물들)이 그들(아이들)의 현재 감각 인지 범위 안에 존재하지 않을 때는 이러한 사물의 영속성을 이해하지는 못하지만 말이다. 즉, 사물이 아이의 시야에서 없어지면, 아이는 그 사물이 여전히 존재한다고 이해하지 못한다. 이러한 단계 동안의 주요한 달성은 사물 영속성의 달성, 즉 이러한 사물이 사실은 계속 존재한다는 것을 이해하는 능력이다. 이것은 엄마가 방에서 나갔을 때 향상된 안전과 안도감을 야기하면서 그녀가 결국은 돌아온다는 것을 이해하는 능력을 포함한다. 사물 영속성은 이러한 단계의 막바지에 일어나며 ② 실제 인지 없이도 사물 또는 사람에 대한 내적 이미지를 유지하는 아이의 능력을 나타낸다.

① 아이가 진짜 원하는 것은 엄마가 필요할 때 엄마가 거기에 있을 거라는 것
② 실제 인지 없이도 사물 또는 사람에 대한 내적 이미지를 유지하는 아이의 능력
③ 그것의 존재 여부에 대하여 집중하여야만 하는 사물 또는 사람에 대한 아이의 주의력
④ 부모는 아이의 감각 인지가 보호자의 부재를 이해하기에는 미성숙하다는 것을 알아야만 한다는 것

| 해설 | ② 감각 인지에 관한 글이다. 아주 어린 유아기 때부터 이러한 능력은 발달하기 시작하는데, 초기 유아기 때에는 시야에서 사물(또는 사람)이 없어지면 그것은 아예 없어진 것으로 이해될 것이다. 즉, '사물의 영속성'을 이해하지 못한다. 하지만 그 이후 이러한 능력이 달성되는데, 이 '사물의 영속성'을 ②와 같이 풀어 쓸 수 있다. 예를 들면 엄마가 방에서 나갔더라도 없어진 것이 아니라 계속 존재하니까 다시 돌아온다는 것을 이해하는 능력이다.

정답 ②

❶ Sensorimotor Stage occurs/ between the ages of birth and two years of age,/ as infants begin
　　　　주어　　　　　　동사　　　　　　전명구　　　　　　　　　　　　　　접속사　주어　동사
*to부정사 형용사적 용법
to understand/ the information/ entering their sense/ and their ability/ to interact with the
　　목적어1　　　　to부정사 목적어　　현재분사　현재분사 목적어　등위접속사　목적어2　　　　전명구
world.

감각 운동기는 발생한다/ 태어나서 2년 사이에/ 유아기의 아기들이 이해하기 시작할 때/ 정보를/ 그들의 감각에 들
어가는/ 그리고 그들의 능력을/ 세상과 소통하는

sensorimotor stage 감
각 운동기

❷ During this stage,/ the child learns to manipulate objects/ although they fail to understand/
　　　전명구　　　　주어　　동사　　　　목적어　to부정사목적어　접속사　주어　동사　　목적어
the permanency of these objects/ if they are not within their current sensory perception.
　to부정사 목적어　　　전명구　　　접속사 주어　동사 부사　　　　　전명구

이러한 단계 동안/ 아이는 사물을 조작하는 방법을 배운다/ 그들이 이해하지는 못하지만 말이다/ 이러한 사물의 영
속성을/ 그것들(사물들)이 그들(아이들)의 현재 감각 인지 범위 안에 존재하지 않을 때

manipulate 조작하다
permanency 사물의 영
속성

❸ In other words,/ once an object is removed from the child's view,/ he or she is unable
　　접속부사　　　접속사　주어　　동사　　　전명구　　　　　　주어　　동사　보어
*to부정사 부사적 용법
to understand/ that the object still exists.
　　　　　명사절접속사　주어　부사　동사

즉/ 사물이 아이의 시야에서 없어지면/ 아이는 이해하지 못한다/ 그 사물이 여전히 존재한다고

*or 뒤 중복 전치사 of 생략
❹ The major achievement/ during this stage/ is that of Object Permanency,/ or the ability
　　　　주어　　　　　　전명구　　　　동사 보어　　　전명구　　　　등위접속사　명사
to understand/ that these objects do in fact continue to exist.
to부정사 형용사적 용법 명사절 접속사　주어　　　　동사　　　　목적어

주요한 달성은/ 이러한 단계 동안의/ 사물 영속성의 달성이다/ 또는 이해하는 능력이다/ 이러한 사물이 사실은 계
속 존재한다는 것을

*to부정사 형용사적 용법
❺ This includes his ability to understand/ that when mom leaves the room,/ she will eventually
　　주어　동사　　목적어　　　　　　　접속사 접속사 주어　동사　　목적어　주어　　　동사
return,/ resulting in an increased sense of safety and security.
　　　　분사구문　　　　전명구　　　　　전명구

이것은 이해하는 능력을 포함한다/ 엄마가 방에서 나갔을 때/ 그녀가 결국은 돌아온다는 것을/ 향상된 안전과 안도
감을 야기하면서

❻ Object Permanency occurs/ during the end of this stage/ and represents ② the child's ability/
　　　　주어　　　　동사1　　　전명구　　　　전명구　　　등위접속사　동사2　　　목적어
to maintain a mental image of the object or person/ without the actual perception.
to부정사 형용사적 용법　　목적어　　　　　전명구　　　　　　　전명구

사물 영속성은 일어난다/ 이러한 단계의 막바지에/ 그리고 ② 아이의 능력을 나타낸다/ 사물 또는 사람에 대한 내
적 이미지를 유지하는/ 실제 인지 없이도

maintain 유지하다

이 글의 제목으로 가장 적절한 것은?　　　　　　　　　　　　　　　　　⏱ 2분 30초

Today, only 0.4% of female college freshmen plan to major in CS(Computer Science). This lack of participation in such an important and growing field has serious consequences for the future of technical innovation. If women aren't represented in technology, their ideas, concerns, and designs won't be included when we create the cities, cars, infrastructure, medicines, communications, companies, and governments of tomorrow. And the need for coders is only going to increase. According to the U.S. Department of Labor, by the time girls in middle school go to college, there will be one million more CS jobs than computer scientists to fill them. CS jobs will be one of the fastest-growing and highest-paying sectors over the next decade, earning the highest entry-level salary of any bachelor's degree. At about $60K, that's almost $15K more than the average college grad will make in their first year in the workforce.

---

① Computer Science Is Kind of a Man's Job
② Why Should Women Care about Computer Science?
③ More and More Women Need to Enter the Workforce
④ CS Jobs Will Be the Highest-Paying Positions in Future

| 해석 | 오늘날, 여자 새내기 대학생들의 0.4%만이 컴퓨터 공학을 전공으로 할 계획을 가진다. 이러한 중요하고 성장하고 있는 분야에의 저조한 참여율은 미래의 기술 혁신에 심각한 결과를 가져온다. 만약 여성이 과학기술에 나타나지 않는다면, 그들의 생각과 관심, 그리고 디자인은 우리가 미래의 도시, 차, 사회 공공 기반 시설, 약, 통신, 회사 그리고 정부를 설계할 때 포함되지 않을 것이다. 그리고 컴퓨터 프로그래머에 대한 수요는 상승할 뿐이다. 미국 노동부에 따르면, 중학교에 다니는 여학생이 대학에 갈 무렵에, 컴퓨터 공학 관련 직업들을 채우기 위한 컴퓨터 공학자들보다 백만 개 이상의 더 많은 컴퓨터 공학 관련 직업들이 있을 것이다. 컴퓨터 공학 관련 직업은 향후 십년 동안 가장 빠르게 성장하고 가장 보수가 높은 영역 중의 하나가 될 것이다. 학사 학위 전공자 중 가장 높은 초봉을 받으면서 말이다. 약 6만 달러인데, 그것은 평균적인 대학 졸업생이 직장에서 첫 해에 벌게 될 금액보다 거의 1만 5천 달러나 더 많다.
① 컴퓨터 공학은 남성의 직업이다
② 여성은 왜 컴퓨터 공학에 관심을 가져야 하는가?
③ 더 많은 여성들이 노동시장에 들어가야 한다
④ 컴퓨터 공학 관련 직업은 미래에 가장 수입이 높은 일자리가 될 것이다

| 해설 | ② 컴퓨터 공학을 전공하는 여성의 비율이 증가되어야 함을 촉구하고 있는 글이다. 만약 여성이 컴퓨터 공학을 전공하지 않으면 사회의 각종 기반이 되는 시설 등을 세울 때 그들의 의견이 반영될 수 없다는 문제점을 지적하고 또한 컴퓨터 공학의 전망을 제시하면서 여성의 컴퓨터 공학 전공 참여를 독려하고 있다. 따라서 정답은 ②이다.

정답 ②

❶ Today,/ only 0.4%/ of female college freshmen/ plan to major in CS(Computer Science).
　부사　　주어　　　　　　전명구　　　　　　　동사　　목적어　　　　　　전명구

오늘날/ 0.4%만이/ 여자 새내기 대학생들의/ 컴퓨터 공학을 전공으로 할 계획을 가진다

freshman 새내기 대학생
CS(Computer Science)
컴퓨터 공학

❷ This lack of participation/ in such an important and growing field/ has serious consequences/
　　주어　　　전명구　　　　　　　　　　전명구　　　　　　　　　　동사　　　목적어
for the future of technical innovation.
　　전명구　　　　전명구

이러한 저조한 참여율은/ 그렇게 중요하고 성장하고 있는 분야에서/ 심각한 결과를 가져온다/ 미래의 기술 혁신에

❸ If women aren't represented in technology,/ their ideas, concerns, and designs/ won't be
접속사 주어　　　동사　　　　전명구　　　　　　　　　주어　　　　　　　　　동사
included/ when we create the cities, cars, infrastructure, medicines, communications,
　　　　접속사 주어 동사　　　　　　　　　목적어
companies, and governments/ of tomorrow.
　　　　　　　　　　　　　　전명구

만약 여성이 과학기술에 나타나지 않는다면/ 그들의 생각과 관심, 그리고 디자인은/ 포함되지 않을 것이다/ 우리가 도시, 차, 사회 공공 기반 시설. 약. 통신, 회사 그리고 정부를 설계할 때/ 미래의

represent 대표하다
infrastructure 공공 기반 시설

❹ And/ the need for coders/ is only going to increase.
등위접속사　주어　　전명구　　　　　동사

그리고/ 컴퓨터 프로그래머에 대한 수요는/ 상승할 뿐이다

❺ According to the U.S. Department of Labor,/ by the time/ *girls 앞 관계부사 생략
girls in middle school/ go
　　　　　　전명구　　　　　　　　　　　　전명구　　주어　　전명구　　　동사
to college,/ there will be one million more CS jobs/ than computer scientists/ to fill them.
　전명구　　유도부사　동사　　　　　주어　　　　　　　　　전명구　　　to부사 형용사적 용법　to부사 목적어

미국 노동부에 따르면/ ~할 무렵/ 중학교에 다니는 여학생이/ 대학에 갈 (무렵)/ 백만 개 이상의 더 많은 컴퓨터 공학 관련 직업들이 있을 것이다/ 컴퓨터 공학자들보다/ 그것들을 채울

Department of Labor
노동부

❻ CS jobs/ will be one/ of the fastest-growing and highest-paying sectors/ over the next decade,/
　주어　　동사　보어　　　　　　　　전명구　　　　　　　　　　　　　　전명구
earning the highest entry-level salary/ of any bachelor's degree.
분사구문　현재분사　목적어　　　　　　　전명구

컴퓨터 공학 관련 직업은/ 하나가 될 것이다/ 가장 빠르게 성장하고 가장 보수가 높은 영역 중의/ 향후 십 년 동안/ 가장 높은 초봉을 받으면서/ 학사 학위 전공자들 중

sector 영역
bachelor's degree 학사 학위

❼ At about $60K,/ that's almost $15K more/ than the average/ *college 앞 목적격 관계대명사 생략
college grad will make/ in their
　　전명구　　　주어 동사 부사　　보어　부사　　　전명구　　　　　주어　　　동사　　전명구
first year/ in the workforce.
　　　　　　전명구

약 6만 달러인데/ 그것은 거의 1만 5천 달러나 더 많다/ 평균보다/ 대학 졸업생이 벌/ 첫 해에/ 직장에서

다음 주어진 문장이 들어가기 가장 적절한 곳은?　　　　　　　　　　🕐 3분

> For most men, however, talk is primarily a means to preserve independence and negotiate and maintain status in a hierarchical social order.

For most women, the language of conversation is primarily a language of rapport: a way of establishing connections and negotiating relationships. Emphasis is placed on displaying similarities and matching experiences. From childhood, girls criticize peers who try to stand out or appear better than others. People feel their closest connections at home, or in settings where they feel at home — with one or a few people they feel close to and comfortable with — in other words, during private speaking. ① But even the most public situations can be approached like private speaking. ② This is done by exhibiting knowledge and skill, and by holding center stage through verbal performance such as storytelling, joking, or imparting information. ③ From childhood, men learn to use talking as a way to get and keep attention. ④ So they are more comfortable speaking in larger groups made up of people they know less well — in the broadest sense, "public speaking."

| 해석 | 대부분의 여성에게 대화의 언어는 사회적 관계를 쌓고 관계를 결정하는 하나의 방법인 주로 (조화로운) 인간관계의 언어이다. 중요한 것은 유사점들을 드러내고 경험을 맞추어보는 것이다. 어린 시절부터, 소녀들은 눈에 띄려고 노력하거나 다른 이들보다 나아 보이는 또래들을 비난한다. 사람들은 집 또는 그들이 편안하다고 느끼는 장소에(그들이 가깝게 느끼고 같이 있을 때 편안한 한 사람이나 몇몇 사람들과 함께 있는 장소에) 가장 가까운 관계가 있다고 생각한다. 다시 말해서, 사적인 대화 동안 말이다. 그러나 심지어 대부분의 공적인 상황들에서도 사적인 대화처럼 다가갈 수 있다. ② 그러나 대부분의 남성들에게 대화란 주로 자립을 유지하고 계층적 사회 질서 안에서 지위를 협상하고 유지하는 수단이다. 이것은 지식과 기량을 드러냄으로써 행해지며 이야기하기, 농담하기 또는 정보를 알리는 것과 같은 말로 하는 행위를 통해 중앙 무대를 유지한다. 어린 시절부터, 남성은 말하는 것을 관심을 받고 유지하는 방법으로 사용하는 것을 배운다. 그래서 그들은 그들이 잘 모르는 사람들로 구성되어 있는 큰 단체 안에서 말하는 것(넓은 의미에서, "공공 연설")이 더 편안하다.

| 해설 | ② 앞의 문장까지는 여성의 대화에 대해서 설명하고 있는데 ② 뒤의 문장에서는 남성의 대화에 대해 설명하고 있다. ② 뒤의 문장에서 'This'의 설명이 앞 문장의 내용과 어울리지 않는 것을 통해서도 답을 찾아낼 수 있다. 따라서 주어진 문장은 ②에 들어가야 한다.

정답 ②

❶ For most women,/ the language of conversation/ is primarily a language of rapport:/ a way/
<small>전명구　　　　　　주어　　　　　　전명구　　　동사　부사　　　보어　　　　전명구　명사(동격)</small>
*negotiating 앞 전치사 of 생략
of establishing connections/ and negotiating relationships.
<small>전명구1　　　　동명사 목적어　등위접속사 전명구2　　동명사 목적어</small>

대부분의 여성에게/ 대화의 언어는/ 주로 (조화로운) 인간관계의 언어이다/ 하나의 방법/ 사회적 관계를 쌓는/ 그리고 관계를 결정하는

rapport (조화로운) 인간 관계

❷ *matching 앞 전치사 on 생략
Emphasis is placed/ on displaying/ similarities/ and matching experiences.
<small>주어　　　동사　　　전명구1　　동명사 목적어　등위접속사 전명구2　동명사 목적어</small>

강조는 위치해 있다/ 유사점들을 드러내는 것에/ 그리고 경험을 맞추어보는 것

❸ *appear 앞 who try to 생략
From childhood,/ girls criticize peers/ who try to stand out/ or appear better than others.
<small>전명구　　　　주어　　동사　목적어　주·관·대 동사　목적어1 등위접속사목적어2　부사　　전명구</small>

어린 시절부터/ 소녀들은 또래들을 비난한다/ 눈에 띄려고 노력하는/ 혹은 다른 이들보다 나아 보이는

stand out 눈에 띄다

❹ People feel their closest connections at home,/ or in settings/ where they feel at home/ —
<small>주어　동사　　　목적어　　　　　　전명구　등위접속사 전명구　　관계부사 주어 동사　전명구</small>
*they 앞 목적격 관계대명사 생략
with one or a few people/ they feel close to and comfortable with —/ in other words,/ during
<small>전명구　　　　　　주어　동사　보어1 전치사등위접속사 보어2　　전치사　　　　접속부사　　　전명구</small>
private speaking.

사람들은 집에 가장 가까운 관계가 있다고 생각한다/ 또는 장소에/ 그들이 편안하다고 느끼는/ 한 사람이나 몇몇의 사람들과 함께/ 그들이 가깝게 느끼고 같이 있을 때 편안한/ 다시 말해서/ 사적인 대화 동안

❺ But even the most public situations/ can be approached/ like private speaking.
<small>등위접속사 부사　　　　　　주어　　　　　　동사　　　　　　전명구</small>

그러나 심지어 대부분의 공적인 상황들도/ 다가갈 수 있다/ 사적인 대화처럼

approach 다가가다

❻ ② For most men,/ however,/ talk is primarily a means/ to preserve independence/ and
<small>전명구　　　접속부사　주어 동사　부사　　　보어　to부정사 형용사적 용법1 to부정사 목적어　등위접속사</small>
*negotiate 앞 to 생략
negotiate and maintain status/ in a hierarchical social order.
<small>to부정사 형용사적 용법2　to부정사 목적어　　　　전명구</small>

② 대부분 남성들에게/ 그러나/ 대화란 주로 수단이다/ 자립을 유지하는/ 그리고 지위를 협상하고 유지하는/ 계층적 사회 질서 안에서

hierarchical 계층적인

❼ This is done/ by exhibiting knowledge and skill,/ and by holding center stage/ through
<small>주어　동사　　　전명구　　　　동명사 목적어　　　등위접속사　전명구　　　　동명사 목적어　전명구</small>
verbal performance/ such as storytelling, joking, or imparting information.
<small>전명구</small>

이것은 행해진다/ 지식과 기량을 드러냄으로써/ 그리고 중앙 무대를 유지하면서/ 말로 하는 행위를 통해/ 이야기하기, 농담하기 또는 정보를 알리는 것과 같은

exhibit 드러내다
verbal 말의
impart 알리다, 전하다

❽ From childhood,/ men learn to use talking/ as a way/ to get and keep attention.
<small>전명구　　　　주어　동사　목적어 to부정사 목적어　전명구　　to부정사　　to부정사 목적어</small>

어린 시절부터/ 남성은 말하는 것을 사용하는 것을 배운다/ 방법으로/ 관심을 받고 유지하는

❾ So they are more comfortable speaking/ in larger groups/ made up of people/
<small>등위접속사 주어 동사　　　보어　　　　현재분사　　　전명구　　　과거분사구　　전명구</small>
*they 앞 목적격 관계대명사 생략
they know less well/ — in the broadest sense,/ "public speaking."
<small>주어　동사　부사　　　　전명구　　　　　현재분사(동격)</small>

그래서 그들은 말하는 것이 더 편안하다/ 큰 단체 안에서/ 사람들로 구성되어 있는/ 그들이 잘 모르는/ 넓은 의미에서/ "공공 연설(공석에서 말하기)"

Warm Up 기출문제

주어진 글 다음에 이어질 글의 순서로 가장 적절한 것은? 2021 지방직 9급   ⏱ 2분 30초

Growing concern about global climate change has motivated activists to organize not only campaigns against fossil fuel extraction consumption, but also campaigns to support renewable energy.

(A) This solar cooperative produces enough energy to power 1,400 homes, making it the first large-scale solar farm cooperative in the country and, in the words of its members, a visible reminder that solar power represents "a new era of sustainable and 'democratic' energy supply that enables ordinary people to produce clean power, not only on their rooftops, but also at utility scale."

(B) Similarly, renewable energy enthusiasts from the United States have founded the Clean Energy Collective, a company that has pioneered "the model of delivering clean power-generation through medium-scale facilities that are collectively owned by participating utility customers."

(C) Environmental activists frustrated with the UK government's inability to rapidly accelerate the growth of renewable energy industries have formed the Westmill Wind Farm Co-operative, a community-owned organization with more than 2,000 members who own an onshore wind farm estimated to produce as much electricity in a year as that used by 2,500 homes. The Westmill Wind Farm Co-operative has inspired local citizens to form the Westmill Solar Co-operative.

① (C) – (A) – (B)   ② (A) – (C) – (B)   ③ (B) – (C) – (A)   ④ (C) – (B) – (A)

| 해석 | 지구 기후 변화에 대한 증가하는 우려는 활동가들이 화석연료 추출 소비에 반대하는 캠페인뿐만 아니라 재생 가능한 에너지를 지지하는 캠페인 또한 조직하도록 자극했다.

(C) 재생 가능한 에너지 산업의 성장을 빠르게 가속화하는 영국 정부의 무능함에 불만을 느낀 환경 운동가들은 1년에 2,500가구에서 사용하는 만큼의 전기를 생산하는 것으로 추정되는 육상 풍력 발전단지를 보유한 2,000명 이상의 회원을 소유한 공동체 소유의 조직인 Westmill Wind Farm Co-operative를 구성했다. Westmill Wind Farm Co-operative는 지역 시민들이 Westmill Solar Co-operative를 구성하도록 영감을 주었다.

(A) 이 태양열 협동조합은 1,400가구에 전력을 공급할 수 있는 충분한 에너지를 생산하는데, 이로써 그 조합은 국가에서 최초의 대규모의 태양광 발전소 협동조합이 되었고, 그리고 회원들의 말에 의하면, 태양열 발전이 "일반인들이 그들의 지붕에서 뿐만 아니라 공공 규모로도 깨끗한 전력을 생산할 수 있도록 해주는 지속 가능하고 '민주적인' 에너지 공급의 새로운 시대"를 대표한다는 가시적 신호가 된다.

(B) 유사하게, 미국의 재생 가능한 에너지 지지자들은 "참여하는 공공 설비 소비자들에 의해 공동으로 소유된 중간 규모의 설비를 통한 청정 전력 발전 제공 모델"을 개척한 기업인 Clean Energy Collective를 설립했다.

| 해설 | ① 재생 가능한 에너지를 지지하는 캠페인에 대한 글로 이 캠페인의 예인 Westmill Wind Farm Co-operative 설립을 말한 (C)가 첫 순서이다. (C) 후반에 제시된 태양력 발전 관련 단체인 the Westmill Solar Co-operative를 (A)의 'This solar cooperative'가 지칭하므로 (A)가 다음이고 이어서 'Similarly'를 이용해 앞서 설립된 단체들과 비슷한 양상으로 설립된 미국 단체를 설명하는 (B)가 적절하다.

정답 ①

❶ Growing concern/ about global climate change/ has motivated activists/ to organize/
　주어　　　　　　　　　전명구　　　　　　　　　　동사　　　　목적어　　　목적격 보어
*to부정사 형용사적 용법

not only campaigns/ against fossil fuel extraction consumption,/ but also campaigns/
to부정사 목적어1　　　　　　　전명구　　　　　　　　　　　　to부정사의 목적어2

to support renewable energy.
to부정사 형용사적 용법　to부정사 목적어

증가하는 우려는/ 지구 기후 변화에 대한/ 활동가들을 자극했다/ 조직하도록/ 캠페인뿐만 아니라/ 화석연료 추출
소비에 반대하는/ 캠페인을/ 또한 재생 가능한 에너지를 지지하는

motivate 자극하다, 동기
를 부여하다
fossil fuel 화석연료
extraction 추출
renewable 재생 가능한

❷ (C) Environmental activists/ frustrated/ with the UK government's inability/ to rapidly
　　　　주어　　　　　　　과거분사　　　　　　전명구　　　　　　　　to부정사 형용사적 용법

accelerate the growth/ of renewable energy industries/ have formed/ the Westmill Wind
　　　　　　　　　　　　전명구　　　　　　　　　동사　　　　　목적어

Farm Co-operative,/ a community-owned organization/ with more than 2,000 members/ who
　　　　목적어(동격)　　　　　　전명구　　　　　　　　　주·관·대
*a community-owned 앞 which is 생략

own an onshore wind farm/ estimated to produce as much electricity/ in a year/ as that used/
동사　　　목적어　　　　　과거분사　　to부정사 부사적 용법　　전명구　　전명구　과거분사
*as much ~ as …: ~만큼 많은 …

by 2,500 homes.
전명구

(C) 환경 운동가들은/ 불만을 느낀/ 영국 정부의 무능함에/ 성장을 빠르게 가속화하는/ 재생 가능한 에너지 산업의/
구성했다/ Westmill Wind Farm Co-operative를/ 공동체 소유의 조직/ 2,000명 이상의 회원을 보유한/ 육상 풍력 발
전단지를 소유한/ 전기를 생산하는 것으로 추정되는/ 1년에/ 사용되는 것만큼/ 2,500가구에서

❸ The Westmill Wind Farm Co-operative/ has inspired local citizens/ to form the Westmill
　　　　　　수어　　　　　　　　　　　동사　　　　목적어　　목적격 보어　to부정사 목적어
*to부정사 형용사적 용법

Solar Co-operative.

Westmill Wind Farm Co-operative는/ 지역 시민들에게 영감을 주었다/ Westmill Solar Co-operative를 구성하도록

❹ (A) This solar cooperative produces/ enough energy/ to power 1,400 homes,/ making it/
　　　主어　　　　　　　　　동사　　　　목적어　　　to부정사 부사적 용법　　현재분사 목적어

the first large-scale solar farm cooperative/ in the country/ and, in the words of its members,/
　　　　목적격 보어1　　　　　　　　전명구　　　접속사　　　　　전명구

a visible reminder/ that solar power represents/ "a new era of sustainable and 'democratic'
　목적격 보어2　　동격 접속사　　주어　　　동사　　　목적어　　　　　전명구

energy supply/ that enables ordinary people to produce clean power,/ not only on their
　　　　주·관·대　동사　　　목적이　　　목직격 보어　　　부사　　전명구

rooftops,/ but also at utility scale."
　　　　접속사　　전명구

(A) 이 태양열 협동조합은 생산한다/ 충분한 에너지를/ 1,400가구에 전력을 공급할 수 있는/ 그것을 만들면서/ 가장
대규모의 태양광 발전소 협동조합으로/ 국가에서/ 그리고 회원들의 말에 의하면/ 가시적 신호/ 태양열 발전이 대표
한다/ "지속 가능하고 '민주적인' 에너지 공급의 새로운 시대를/ 일반인들이 깨끗한 에너지를 생산할 수 있도록 해
주는/ 그들의 지붕에서 뿐만 아니라/ 공공 규모로"

visible 뚜렷한, 눈에 보
이는
reminder 신호, 암시
sustainable 지속 가능한
utility 공익 설비(전기·
가스·상하수도 ·교통 기
관 등)

❺ (B) Similarly,/ renewable energy enthusiasts/ from the United States/ have founded/
　　　부사　　　　　　주어　　　　　　　　　　전명구　　　　　　동사

the Clean Energy Collective,/ a company/ that has pioneered/ "the model of delivering clean
　　　　목적어　　　　　　　목적어(동격)　주·관·대　동사　　　　목적어　　　　전명구

power-generation/ through medium-scale facilities/ that are collectively owned/
　　　　　　　　전명구　　　　　　　주·관·대 동사　　부사　　과거분사

by participating utility customers."
　　　전명구

(B) 유사하게/ 재생 가능한 에너지 지지자들은/ 미국의/ 설립했다/ Clean Energy Collective를/ 기업인/ 개척한/ "청
정 전력 발전 제공 모델을/ 중간 규모의 설비를 통해/ 공동으로 소유된/ 참여하는 공공 설비 소비자들에 의해"

pioneer 개척하다, 선구
하다
collectively 공동으로,
집합적으로

다음 주어진 문장이 들어가기에 가장 적절한 곳은? ⏱ 3분

> Indeed, a social species based on the cooperative division of labor cannot survive without variation in natural capacities.

The notion of natural equality has been brought to the rescue of that grand old phrase in the Declaration of Independence: "We hold these truths to be self-evident; that all men are created equal." ① This phrase appears to be an empirical statement about human nature and is buttressed by the authority of Plato, Hobbes, and Rousseau. But suppose it were simply wrong? ② There is virtual unanimity among the human sciences that great variations in natural abilities exist among human beings. ③ Is it not therefore unwise to hold the Constitution hostage to an erroneous claim that equality is an empirical fact? ④ The wording of the phrase — we "hold" these truths to be truths — suggests a wiser alternative: that equality is something we stipulate as a ground rule, perhaps as a corrective to our natural inequality.

| 해석 | 타고난 평등 개념은 독립 선언문의 웅장하고 오래된 다음 구절을 구하기 위해 도입되었다. "우리는 모든 사람들은 평등하게 창조되었다는 진실을 지명하게 여긴다." 이 문구는 인간 본성에 대한 실증적 진술로 보이며 Plato와 Hobbes와 Rousseau의 권위에 의해 지지받고 있다. 그러나 그것이 단순히 잘못된 것이었다고 가정한다면? 인간들 사이에서 타고난 능력에는 큰 차이가 존재한다는 인문과학에서 사실상의 만장일치가 있다. ③ 정말로, 협동적인 노동 분업에 기초한 사회적인 종은 타고난 능력의 차이가 없으면 살아남을 수 없다. 헌법을 빌미로 평등이 실증적인 사실이라는 틀린 주장을 펴는 것은 어리석은 일이 아닐까? 우리는 이러한 진실을 진실이라고 "여긴다"는 문구의 표현은 더 현명한 대안을 제시한다. 즉 평등은 기본 원칙으로, 아마도 우리의 타고난 불평등을 바로잡는 것으로 우리가 규정하는 어떤 것이다.

| 해설 | ③ 제시된 문장의 'Indeed'는 주로 진술 내용을 덧붙일 때 사용되는 표현이다. 제시된 문장의 내용으로 미루어 보아 주어진 문장의 앞에는 타고난 능력의 차이가 있다는 내용이 서술되었을 것이라고 유추할 수 있다. 따라서 가장 적절한 위치는 ③이다.

정답 ③

❶ The notion of natural equality/ has been brought/ to the rescue/ of that grand old phrase/
　　주어　　　　　전명구　　　　　동사　　　　　전명구　　　　　전명구

in the Declaration of Independence:/ "We hold/ these truths to be self-evident;/ that all men
　　　　　전명구　　　　　　　　　주어　동사　목적어　　　　보어　　　　명사절 접속사 주어

are created/ equal."
　동사　　보어

타고난 평등 개념은/ 도입되었다/ 구조에/ 그 웅장하고 오래된 구절의/ 독립 선언문의/ "우리는 여긴다/ 이러한 진실을 자명하게/ 즉 모든 사람은 창조되었다/ 평등하게"

grand 장엄한, 웅장한

❷ This phrase/ appears to be an empirical statement/ about human nature/ and is buttressed/
　　　　　　　　　　*to부정사
　　주어　　동사1　보어　　to부정사 보어　　　　　전명구　　　　등위접속사　동사2

by the authority/ of Plato, Hobbes, and Rousseau.
　　전명구　　　　　　　　전명구

이 문구는/ 실증적 진술로 보인다/ 인간 본성에 대한/ 그리고 이것은 지지받고 있다/ 권위에 의해/ Plato와 Hobbes와 Rousseau의

empirical 경험에 의한, 실증적인
buttress 지지하다, 힘을 실어 주다

*suppose+(that): 만일 ~라고 한다면 (어떨까)? = If(가정)의 의미 *it 앞에 명사절 접속사 that 생략

❸ But suppose/ it were simply wrong?
　등위접속사 동사　주어 동사　부사　　보어

그러나 가정해 보자/ 그것이 단순히 잘못된 것이었다고?

❹ There is virtual unanimity/ among the human sciences/ that great variations/ in natural
　유도부사　동사　　주어　　　　　　전명구　　　명사절 접속사(동격)　주어　　　　전명구

abilities exist/ among human beings.
　　동사　　　　전명구

사실상의 만장일치가 있다/ 인문과학에서/ 큰 차이가/ 타고난 능력에서/ 존재한다는/ 인간들 사이에서

unanimity 만장일치

❺ ③ Indeed,/ a social species/ based on the cooperative division/ of labor/ cannot survive/
　　접속부사　　주어　　　과거분사　　　　전명구　　　　전명구　　　동사

without variation/ in natural capacities.
　　전명구　　　　　전명구

③ 정말로/ 사회적인 종은/ 협동적인 노동 분업에 기초한/ 살아 남을 수 없다/ 차이가 없으면/ 타고난 능력의

　　*가주어　　　　　*진주어
❻ Is it not therefore unwise/ to hold the Constitution hostage/ to an erroneous claim/
　동사 부사　접속부사　보어　　to부정사　목적어　　목적격 보어　　　전명구

that equality is an empirical fact?
명사절 접속사(동격)주어　동사　　보어

그래서 어리석은 일이 아닌가/ 헌법을 인질로 삼는 것은/ 틀린 수상에/ 평능이 실증적인 사실이라는

hostage 인질

❼ The wording of the phrase/ — we "hold" these truths to be truths —/ suggests a wiser
　　주어　　　　　전명구　　　주어 동사　　목적어　　목적격 보어　　동사　　목적어

　　　　*명사절 접속사(동격)　　　　*we 앞 목적격 관계대명사 생략
alternative:/ that equality is something/ we stipulate as a ground rule,/ perhaps as a corrective
　　　　　　　주어　동사　보어　　主어　동사　　전명구1　　　부사　　전명구2

to our natural inequality.
　　전명구

그 문구의 표현은/ 즉, 우리는 이러한 진실을 진실이라고 "여긴다"/ 더 현명한 대안을 제시한다/ 즉 평등은 어떤 것이다/ 우리가 기본 원칙으로서 규정하는/ 아마도 우리의 타고난 불평등을 바로잡는 것으로

stipulate 규정하다
corrective 바로잡는[수정하는] 것

주어진 글 다음에 이어질 글의 순서로 가장 적절한 것은?   ⏱ 3분

The bandwagon effect is when people go along with what everyone else is doing. Let's say Fruit Computers launches a cellphone that is popular with hipsters. It even talks.

(A) That makes everybody be a buyer of the stock. This is the bandwagon effect. Without much research or homework, people buy the stock because they "heard good things about it" or "think it's a neat company." In some cases, they just want to look like they know what they're doing.

(B) Because the product is so snazzy, people begin to believe that Fruit Computers is a great company, and they buy the stock. At cocktail parties and boardrooms far and wide, people are hearing about how so-and-so just bought a lot of Fruit Computers stock or how the latest analyst report says it's a good company.

(C) In this situation, the huge buying activity drives up the price of Fruit Computers beyond what the company is legitimately worth. Therefore, the bandwagon effect can be very dangerous even though it can sometimes create a lot of opportunity.

① (A) − (B) − (C)   ② (B) − (A) − (C)
③ (C) − (A) − (B)   ④ (A) − (C) − (B)

| 해석 | 밴드웨건 효과는 사람들이 다른 사람들이 하는 것에 동조할 때를 말한다. 유행을 쫓는 사람들에게 인기 있는 휴대폰을 Fruit Computers가 출시한다고 가정해 보자. 그것은 심지어 말도 한다.

(B) 제품이 너무 세련되었기 때문에 사람들은 Fruit Computers가 훌륭한 회사라고 믿기 시작하고 그들은 그 주식을 산다. 칵테일 파티와 중역 회의실 곳곳에서 사람들은 아무개가 Fruit Computers의 주식을 방금 어떻게 많이 샀는지, 그리고 최근의 분석 보고서가 그것이 어떻게 좋은 회사인지 말하는 것에 대해서 듣고 있다.

(A) 그것은 모두가 그 주식의 구매자가 되도록 한다. 이것이 밴드웨건 효과이다. 사람들은 "그것에 대해 좋은 소식을 듣기 때문에" 또는 "그것은 훌륭한 회사라고 생각하기 때문에" 많은 조사나 대비 없이 그 주식을 산다. 어떤 경우에, 그들은 단지 그들이 무엇을 하고 있는지 아는 것처럼 보이기를 원한다.

(C) 이 상황에서 거대한 구매 활동은 그 회사가 정당하게 가치가 있는 것 이상으로 Fruit Computers의 가격을 상승시킨다. 따라서 밴드웨건 효과는 때로는 많은 기회를 창출할 수 있을지라도 매우 위험할 수 있다.

| 해설 | ② 주어진 문장은 Fruit Computers가 출시한 인기 있는 휴대폰에 대해 가정하고 있다. 따라서 해당 휴대폰을 'the product(그 제품)'로 받아 서술을 이어가는 (B)가 이어지는 것이 가장 적절하다. (B)는 사람들이 Fruit Computers가 훌륭한 회사라고 믿고 그 주식을 사며, 그 회사에 대해 사람들이 좋은 말들을 해댄다는 내용이다. (B) 이후에는 그러한 현상을 'That'으로 지칭하며 결국 모두가 그 주식의 구매자가 되게 한다는 내용인 (A)로 이어지는 것이 가장 적절하다. (A)는 사람들이 많은 조사나 대비 없이 그 주식을 산다고 말하고 있는데, 이것을 (C)에서 'this situation(이 상황)'으로 받으며 밴드웨건 효과가 위험할 수 있다고 결론 내리고 있다. 따라서 ② '(B) − (A) − (C)'가 글의 순서로 가장 적절하다.

정답 ②

지문 구조분석

어휘 check

❶ The bandwagon effect is/ when people go along/ with what everyone else is doing.
*when 앞 선행사 the time 생략   *전치사 목적어
주어   동사 관계부사   주어   동사   부사   전치사 관계대명사   주어   동사

밴드웨건 효과는 ~이다/ 사람들이 동조할 때/ 다른 사람들이 하고 있는 것에

go along with ~에 찬
성[동조]하다

❷ Let's say/ Fruit Computers launches a cellphone/ that is popular with hipsters.
*Fruit 앞 명사절 접속사 that 생략   *주격 관계대명사
동사 목적어 목적격 보어   주어   동사   목적어   주어 동사   보어   전명구

가정해 보자/ Fruit Computers가 휴대폰을 출시한다고/ 유행을 쫓는 사람들에게 인기 있는

launch 출시하다
hipster 유행을 쫓는 사람

❸ It/ even talks. (B) Because the product is so snazzy,/ people begin to believe/ that Fruit
주어 부사 동사   접속사   주어   동사 부사   보어   주어   동사   목적어   명사절 접속사 주어
Computers/ is a great company,/ and they buy the stock.
          동사   보어   등위접속사 주어 동사   목적어

그것은/ 심지어 말도 한다// (B) 제품이 너무 세련되었기 때문에/ 사람들은 믿기 시작한다/ Fruit Computers가 훌륭
한 회사라고/ 그리고 그들은 그 주식을 산다

snazzy 세련된
stock 주식

❹ At cocktail parties and boardrooms far and wide,/ people are hearing/ about how so-and-so
                     전명구   주어   동사   전치사   의문사   주어
*how부터 stock까지 전치사 목적어1
just bought a lot of Fruit Computers stock/ or how the latest analyst report/ says it's a good
부사   동사   목적어   등위접속사 의문사   주어   동사 주어 동사   보어
*how부터 끝까지 전치사 목적어2   *it 앞 명사절 접속사 that 생략
company.

칵테일 파티와 중역 회의실 곳곳에서/ 사람들은 듣고 있다/ 아무 개가 Fruit Computers의 주식을 방금 어떻게 많이
샀는지에 대해/ 그리고 어떻게 최근의 분석 보고서가/ 그것이 좋은 회사인지 말하는 것(에 대해)

boardroom 중역회의실
far and wide 널리, 사방
에서
so-and-so 아무개

❺ (A) That makes/ everybody be a buyer of the stock. This is the bandwagon effect.
           주어   동사   목적어   목적격 보어   전명구   주어 동사   주격 보어
*원형부정사
(A) 그것은 만든다/ 모두가 그 주식의 구매자가 되도록// 이것이 밴드웨건 효과이다

❻ Without much research or homework,/ people buy the stock/ because they "heard good
                  전명구   주어   동사   목적어   접속사   주어   동사1   목적어
things about it"/ or "think it's a neat company."
     전명구   등위접속사 동사2 주어 동사   보어
*it 앞 명사절 접속사 that 생략
많은 조사나 대비 없이/ 사람들은 그 주식을 산다/ 왜냐하면 그들은 "그것에 대해 좋은 소식을 들었다"/ 또는 "그것
은 훌륭한 회사라고 생각한다"

homework 대비, 과제

❼ In some cases,/ they just want to look like/ they know/ what they're doing.
       부사구   주어   부사   동사   목적어   주어   동사   목적어 주어   동사
*접속사   *관계대명사
어떤 경우에/ 그들은 단지 ~처럼 보이기를 원한다/ 그들이 아는 (것처럼)/ 무엇을 하고 있는지

❽ (C) In this situation,/ the huge buying activity/ drives up the price of Fruit Computers/
         전명구   주어   동사구   목적어   전명구
beyond what the company is legitimately worth.
전치사 관계대명사   주어   동사   부사   보어
*전치사 목적어
(C) 이 상황에서/ 거대한 구매 활동은/ Fruit Computers의 가격을 상승시킨다/ 그 회사가 정당하게 가치가 있는 것
이상으로

legitimately 정당하게

❾ Therefore,/ the bandwagon effect can be very dangerous/ even though it can sometimes
   접속부사   주어   동사   부사   보어   접속사   주어   동사
create a lot of opportunity.
         목적어
따라서/ 밴드웨건 효과는 매우 위험할 수 있다/ 그것이 때로는 많은 기회를 창출할 수 있을지라도

DAY 25   **231**

다음 글의 내용과 일치하지 <u>않는</u> 것은? ⏱ 3분

Kant's ethics are organized around the notion of a "categorical imperative," which is a universal ethical principle stating that one should always respect the humanity in others, and that one should only act in accordance with rules that could hold for everyone. Kant argued that the moral law is a truth of reason, and hence that all rational creatures are bound by the same moral law. Thus in answer to the question, "What should I do?" Kant replies that we should act rationally, in accordance with a universal moral law. Kant also argued that his ethical theory requires belief in free will, God, and the immortality of the soul. Although we cannot have knowledge of these things, reflection on the moral law leads to a justified belief in them, which amounts to a kind rational faith. Thus in answer to the question, "What may I hope?" Kant replies that we may hope that our souls are immortal and that there really is a God who designed the world in accordance with principles of justice.

① Kant established his ethics based on a universal ethical principle, "categorical imperative".
② Kant's theory of knowledge is required reading for many branches of analytic philosophy.
③ Kant emphasized the moral law is rationality itself so that we, rational animals, should follow the rule.
④ Kant said that we should believe in the existence of God and immortality of our souls.

| **해석** | Kant의 윤리학은 보편적인 윤리 원칙인 "정언 명령"의 개념에 입각하여 정립되었다. 그 원칙은 사람은 항상 다른 사람의 인간성을 존중해야만 하고 항상 모두에게 유효한 규칙에 따라 행동해야만 한다고 말하는 보편적 윤리 원칙이다. Kant는 도덕 법칙은 순수 이성이라고 주장했고, 따라서 모든 이성적인 생명체들은 동일한 윤리 법칙에 묶인다고 주장했다. 그렇기 때문에, "어떻게 해야 할까?"라는 질문에 대한 답변으로, Kant는 보편적인 도덕 법칙에 따라 우리가 이성적으로 행동해야만 한다고 대답한다. Kant는 또한 그의 윤리적 이론이 자유의지, 신, 그리고 영혼의 불멸에 대한 믿음을 필요로 한다고 주장했다. 비록 우리는 이러한 것들에 대한 지식을 가지고 있을 수 없지만, 도덕 법칙에 대한 숙고는 그것들에 대한 정당한 믿음으로 이르게 하는데, 그것은 일종의 이성적 믿음에 이른다. 따라서 "무엇을 희망해야 할까?"라는 질문에 대한 대답으로 Kant는 우리가 우리의 영혼은 불멸하고 그래서 정의의 원칙에 따라 세상을 만든 신이 실제로 존재한다는 것을 희망해야 할지도 모른다고 대답한다.
① Kant는 그의 윤리학을 보편적인 윤리 법칙인 "정언 명령"에 기반하여 정립했다.
② Kant의 지식이론은 분석 철학의 많은 부문들을 위한 필독서이다.
③ Kant는 윤리 법칙이 이성 자체이기 때문에 이성적인 동물인 우리는 그 법칙을 따라야만 한다고 강조했다.
④ Kant는 우리가 신의 존재와 우리 영혼의 불멸을 믿어야 한다고 말했다.

| **해설** | ② Kant의 지식이론이 다른 많은 분야를 위해 꼭 읽어야 하는 책이라는 ②의 내용은 본문에서 찾을 수 없다.

정답 ②

① Kant's ethics/ are organized/ around the notion of a "categorical imperative,"/ which is
　　주어　　　　　동사　　　　　전명구　　　　　　　　　전명구　　　　　　　주격 관계대명사 동사
　　　　　　　　　　　　　　　　　　　　　*명사절 접속사
a universal ethical principle/ stating that one should always respect the humanity in others,/
　　　　　보어　　　　　　　　현재분사　주어　　　동사　　　　　목적어　　　전명구
　　　　*명사절 접속사2
and that one should only act/ in accordance with rules/ that could hold for everyone.
등위접속사 주어　　동사　　　　　전명구　　　　　전명구 주격 관계대명사 동사　　전명구

Kant의 윤리학은/ 정립되었다/ "정언 명령"의 개념에 입각하여/ 보편적인 윤리 원칙인/ 사람은 항상 다른 사람의 인간성을 존중해야만 한다고 말하는/ 그리고 사람은 항상 행동해야만 한다고 (말하는)/ 규칙에 따라/ 모두에게 유효한

categorical imperative
[윤리] 정언 명령, 근본적 도덕으로서의 양심의 명령(Kant의 용어)
in accordance with ~와 일치하여
hold for ~에게 유효하다

② Kant argued/ that the moral law is a truth of reason,/ and hence that all rational creatures/
　　주어　　동사　명사절 접속사1　주어　　동사　보어　전명구　등위접속사 부사 명사절 접속사2　주어
are bound by the same moral law.
　　동사　　　　　전명구

Kant는 주장했다/ 도덕 법칙은 순수 이성이라고/ 따라서 모든 이성적인 생명체들은/ 동일한 도덕 법칙에 묶인다고

reason 이성, 추론, 이유, 원인

③ Thus/ in answer to the question,/ "What should I do?"/ Kant replies/ that we should act
접속부사　전명구　　　　전명구　　　　의문사　조동사 주어 동사　　주어　　동사 명사절 접속사 주어　동사
rationally,/ in accordance with a universal moral law.
　부사　　　　　전명구　　　　　전명구

그렇기 때문에/ 질문에 대한 답변으로/ "어떻게 해야 할까?"라는/ Kant는 대답한다/ 우리가 이성적으로 행동해야만 한다고/ 보편적인 도덕 법칙에 따라서

④ Kant also argued/ that his ethical theory requires belief/ in free will, God, and the
　　주어　부사　동사　명사절 접속사　　주어　　　　　동사　목적어　　　전명구
immortality of the soul.
　　　　　전명구

Kant는 또한 주장했다/ 그의 윤리적 이론이 믿음을 필요로 한다고/ 자유의지, 신, 그리고 영혼의 불멸에 대한

immortality 불후, 영원, 불사

⑤ Although we cannot have knowledge of these things,/ reflection on the moral law/ leads
接속사　주어　　동사　　목적어　　　전명구　　　　주어　　　전명구　　　동사
to a justified belief in them,/ which amounts to a kind of rational faith.
　　전명구　　　　전명구　주격 관계대명사　동사　　　전명구

비록 우리는 이러한 것들에 대한 지식을 가지고 있을 수 없지만/ 도덕 법칙에 대한 숙고는/ 그것들에 대한 정당한 믿음으로 이르게 한다/ 일종의 이성적 믿음에 이르는

rational 이성적인, 합리적인

⑥ Thus/ in answer to the question,/ "What may I hope?"/ Kant replies/ that we may hope/ that
接속부사　전명구　　　　전명구　　　　의문사　조동사 주어 동사　　주어　　동사 명사절 접속사 주어　동사
　　　　　　　　　　　　　　　*명사절 접속사2　　　　　　　　　　　　　　*주격 관계대명사
　　　　　　　　　　　　　　　　　　　　　　　　　　　　　　　　*명사절 접속사
our souls are immortal/ and that there really is a God/ who designed the world/
　주어　　동사　　보어　등위접속사 유도부사 부사 동사 보어　　　　동사　　　목적어
in accordance with principles of justice.
　　전명구　　　　　전명구　　　전명구

따라서/ 질문에 대한 대답으로/ "무엇을 희망해야 할까?"라는/ Kant는 대답한다/ 우리가 희망해야 할지도 모른다고/ 우리의 영혼은 불멸하고/ 그래서 신은 실제로 존재한다라는 것을/ 세상을 만든/ 정의의 원칙에 따라

Warm Up 기출문제

주어진 문장이 들어갈 위치로 가장 적절한 곳은? 2017 국가직 9급(추가채용)   ⏱ 2분

Only New Zealand, New Caledonia and a few small islands peek above the waves.

Lurking beneath New Zealand is a long-hidden continent called Zealandia, geologists say. But since nobody is in charge of officially designating a new continent, individual scientists will ultimately have to judge for themselves. ① A team of geologists pitches the scientific case for the new continent, arguing that Zealandia is a continuous expanse of continental crust covering around 4.9 million square kilometers. ② That's about the size of the Indian subcontinent. Unlike the other mostly dry continents, around 94 percent of Zealandia hides beneath the ocean. ③ Except those tiny areas, all parts of Zealandia submerge under the ocean. "If we could pull the plug on the world's oceans, it would be quite clear that Zealandia stands out about 3,000 meters above the surrounding ocean crust," says a geologist. ④ "If it wasn't for the ocean level, long ago we'd have recognized Zealandia for what it was — a continent."

| 해석 | 뉴질랜드 아래에 질랜디아라고 불리는 오랫동안 숨겨진 대륙이 숨어 있다고 지질학자들은 이야기한다. 그러나 아무도 새로운 대륙을 공식적으로 표기하는 일을 맡고 있지 않으므로, 개개인의 과학자들은 결국 그들 스스로 판단해야 할 것이다. 지질학자로 구성된 어떤 팀은 그 새로운 대륙에 대해 과학적인 사례를 제시하는데, 질랜디아가 대략 490만 평방킬로미터를 덮는 대륙 지각의 지속적인 팽창이라고 주장한다. 그것은 대략 인도 아대륙의 크기에 해당한다. 다른 대체로 건조한 대륙들과는 달리, 질랜디아의 94퍼센트가 해양 아래에 숨어 있다. ③ 오로지 뉴질랜드, 뉴칼레도 니아 그리고 몇 개의 작은 섬들만이 바다 위로 보인다. 그러한 작은 지역들을 제외하고, 질랜디아의 모든 부분은 바다 아래에 잠겨 있다. "만약 우리가 전세계의 해양을 없앨 수 있다면, 질랜디아가 에워싸고 있는 대양 지각의 약 3,000미터 위로 솟아 있다는 점이 아주 명확할 것입니다,"라 고 한 지질학자는 말한다. "만약 해수면이 없다면, 우리는 아주 오래 전에 질랜디아를 그것이 대륙이라고 알아봤을 것입니다."

| 해설 | ③ 뒤의 문장의 'those tiny areas'는 주어진 문장의 'New Zealand, New Caledonia and a few small islands'를 지칭하는 것이므로 가장 적절한 위치는 ③이다. 또한 주어진 문장은 ③ 앞의 문장인 Zealandia의 94퍼센트가 해양 아래에 숨어 있다는 내용과 자연스럽게 연결되며 이 문장을 보충 설명을 하고 있다.

정답 ③

❶ *도치구문
Lurking beneath New Zealand is/ a long-hidden continent/ called Zealandia,/ geologists say.
주격 보어   전명구   동사   주어   과거분사구   주어 동사
*분사의 후치 수식

뉴질랜드 아래에 숨어있다/ 길고 숨겨진 대륙이/ 질랜디아라고 불리는/ 지질학자들은 이야기한다

lurk 숨다, 잠복하다
continent 대륙

❷ But/ since nobody is in charge of/ officially designating a new continent,/ individual
접속사 주어 동사   전치사   부사   동명사   동명사 목적어   주어
scientists will ultimately have to judge/ for themselves.
조동사   부사   동사   전명구

그러나/ 아무도 맡고 있지 않으므로/ 새로운 대륙을 공식적으로 표기하는 일을/ 개개인의 과학자들은 결국 판단해야 할 것이다/ 스스로

designate 지명하다, 표기하다

❸ A team of geologists/ pitches the scientific case/ for the new continent,/ arguing that/
주어   전명구   동사   목적어   전명구   분사구문   접속사
Zealandia is a continuous expanse/ of continental crust/ covering/ around 4.9 million square
주어 동사   주격 보어   전명구   현재분사   목적어
kilometers.
*분사구문

지질학자들로 구성된 어떤 팀은/ 과학적인 사례를 제시한다/ 새로운 대륙에 대해/ ~라고 주장하며/ 질랜디아가 지속적인 팽창이라고/ 대륙 지각의/ 덮고 있는/ 대략 490만 평방킬로미터를

pitch 내던지다, 던지다
expanse 팽창, 광활한 공간
continental crust 대륙 지각

❹ That's about the size/ of the Indian subcontinent.
주어 동사 부사   보어   전명구

그것은 대략 크기에 해당한다/ 인도 아대륙의

subcontinent 아대륙

❺ Unlike the other mostly dry continents,/ around 94 percent of Zealandia/ hides/ beneath the
선명구   부사   주어   동사   전명구
ocean.

다른 대체로 건조한 대륙들과는 달리/ 질랜디아의 약 94퍼센트가/ 숨어 있다/ 해양 아래에

❻ ③ Only New Zealand, New Caledonia and a few small islands/ peek/ above the waves.
주어1   주어2   접속사   주어3   동사   전명구

③ 오로지 뉴질랜드, 뉴칼레도니아, 그리고 몇 개의 작은 섬들만이/ 보인다/ 바다 위로

peek (살짝) 보이다

❼ Except those tiny areas,/ all parts of Zealandia/ submerge/ under the ocean.
전명구   주어   동사   전명구

그러한 작은 지역들을 제외하고/ 질랜디아의 모든 부분은/ 잠겨 있다/ 바다 아래에

submerge 침수하다, 물에 잠기다

❽ "If we could pull the plug/ on the world's oceans,/ it would be quite clear/ that Zealandia
접속사 주어 동사   목적어   전명구   동사   보어   주어
stands out about 3,000 meters/ above the surrounding ocean crust,"/ says a geologist.
동사   전명구   전명구   동사   주어
*가주어   *진주어

"만약 우리가 없앨 수 있다면/ 전세계의 해양을/ 아주 명확할 것입니다/ 질랜디아가 약 3,000미터 솟아 있다는 점이/ 에워싸고 있는 대양 지각의 위로"/ 한 지질학자는 말한다

pull the plug on ~을 제거하다, 중단시키다
surrounding 인근의, 주위의
ocean crust 대양 지각

❾ "If it wasn't/ for the ocean level,/ long ago/ we'd have recognized Zealandia/ for what it was
접속사 주어 동사   전명구   부사구   주어   동사   목적어   전명구   주어 동사
— a continent."
동격 명사

"만약 없다면/ 해수면이/ 아주 오래 전에/ 우리는 질랜디아를 알아봤을 것입니다/ 그것이 무엇인지 – 대륙이라고"

if it wasn't for ~이 아니라면[없다면]

다음 글의 요지로 가장 적절한 것은?

⏱ 4분

Political correctness (PC) is the term used to refer to language that seems intended to give the least amount of offense, especially when describing groups identified by external markers such as race, gender, culture, or sexual orientation. Linguistically, the practice of what is called "political correctness" seems to be rooted in a desire to eliminate exclusion of various identity groups based on language usage. According to a hypothesis, our perception of reality is determined by our thought processes, which are influenced by the language we use. In this way language shapes our reality and tells us how to think about and respond to that reality. Language also reveals and promotes our biases. Therefore, according to the hypothesis, using sexist language promotes sexism and using racial language promotes racism. Those who most strongly oppose to so-called "political correctness" view it as censorship and a curtailment of freedom of speech that places limits on debates in the public arena. They contend that such language boundaries inevitably lead to self-censorship and restrictions on behaviour. Nevertheless, political correctness is an indispensable element for society without discrimination.

① Political correctness doesn't allow freedom of speech.

② The grammatical structures of a language change according to how we use it.

③ Political correctness is more related with our behaviour than the language we use.

④ Political correctness is needed to achieve equality because language affects our thoughts.

| 해석 | 정치적 정당성(PC)은 특히 인종, 성별, 문화 또는 성적 성향과 같은 외적인 표식들에 의해 식별되는 그룹을 설명할 때 가장 적은 양의 무례함을 주기 위해 만들어진 것 같은 언어를 나타내기 위해 사용되는 용어이다. 언어학적으로, "정치적 정당성"이라고 불리는 것의 실행은 언어 사용에 근거한 다양한 정체성 그룹의 배제를 제거하려는 열망에 뿌리를 두고 있는 것 같다. 한 가설에 따르면, 현실에 대한 우리의 인식은 사고 과정에 의해 결정되고, 그 과정은 우리가 사용하는 언어에 의해 영향을 받는다. 이런 식으로 언어는 우리의 현실을 형성하고, 그 현실에 대해 어떻게 생각하고 반응할지 우리에게 말해준다. 언어는 또한 우리의 편견을 드러내고 조장한다. 따라서 그 가설에 따르면 성차별 언어를 사용하는 것은 성차별을 조장하고, 인종 언어를 사용하는 것은 인종차별을 조장한다. 소위 "정치적 정당성"에 가장 강하게 반대하는 사람들은 그것을 검열과 공공장소에서의 토론에 제한을 두는 언론 자유의 축소로 본다. 그들은 그러한 언어 경계가 불가피하게 자기 검열과 행동 제한으로 이어진다고 주장한다. 그럼에도 불구하고, 정치적 정당성은 차별 없는 사회를 위해서 필수 불가결한 요소이다.

① 정치적 정당성은 언론의 자유를 허락하지 않는다.

② 언어의 문법적 구조는 우리가 그것을 어떻게 사용하는지에 따라 변한다.

③ 정치적 정당성은 우리가 사용하는 언어보다는 우리의 행동과 더 관련이 있다.

④ 정치적 정당성은 언어가 우리의 사고에 영향을 미치기 때문에 평등성을 이루기 위해 필요하다.

| 해설 | ④ 정치적 정당성이 언론의 자유를 축소한다고 보는 사람들도 있지만, 언어가 인간의 사고에 영향을 주고, 그 사고가 우리의 행동에 영향을 주기 때문에 정치적 정당성은 차별 없는 사회를 위해 필수적이라고 말하고 있다. 따라서 ④가 글의 요지로 가장 적절하다. 정치적 정당성이 언론의 자유의 축소라고 보는 사람들도 있다고 했으나, 지문 전체를 아우르는 내용이 아니며, 언론의 자유 자체를 전혀 허락하지 않는다는 것은 아니므로 ①은 요지로 적절하지 않다. ②는 해당 지문에서 언급되지 않았다. 언어는 사고에 영향을 주고, 사고는 현실에서의 반응(행동)에 영향을 준다고 했으므로 정치적 정당성은 일차적으로는 행동보다는 언어와 더 관련이 있다고 볼 수 있으므로 ③은 틀리다.

정답 ④

❶ Political correctness (PC) is the term/ used to refer to language/ that seems intended to give
　　주어　　　　　　　　　　동사　보어　과거분사　　　　전명구　주격 관계대명사 동사　보어　목적어
＊to부정사 부사적 용법　　　　　　　　　　　　　　　＊to부정사
the least amount of offense,/ especially when describing groups/ identified by external
to부정사 목적어　　　전명구　　　부사　접속사　현재분사　현재분사목적어　과거분사　　전명구
＊describing 앞 주어(일반인 지칭)+be동사 생략
markers/ such as race, gender, culture, or sexual orientation.
　　　　　전명구
정치적 정당성(PC)은 용어이다/ 언어를 나타내기 위해 사용되는/ 가장 적은 양의 무례함을 주기 위해 만들어진 것
같은/ 특히 그룹을 설명할 때/ 외적인 표식들에 의해 식별되는/ 인종, 성별, 문화 또는 성적 성향과 같은

political correctness 정
치적 정당성
intended 만들어진, 계
획된
offense 공격, 모욕
external 외면적인

❷ Linguistically,/ the practice of what is called "political correctness"/ seems to be rooted
　　부사　　　　주어　　　전명구　동사　　　　보어　　　　　　동사　　보어
＊to부정사 형용사적 용법
in a desire/ to eliminate exclusion of various identity groups/ based on language usage.
　전명구　　to부정사 목적어　　　전명구　　　과거분사　　전명구
언어학적으로/ "정치적 정당성"이라고 불리는 것의 실행은/ 열망에 뿌리를 두고 있는 것 같다/ 다양한 정체성 그룹
의 배제를 제거하려는/ 언어 사용에 근거한

exclusion 제외, 배제

❸ According to a hypothesis,/ our perception of reality/ is determined by our thought processes,/
　　전명구　　　　　주어　　전명구　동사　　　　전명구
which are influenced/ by the language/ we use.
주격 관계대명사　동사　　전명구　주어 동사
＊we 앞 목적격 관계대명사 생략
한 가설에 따르면/ 현실에 대한 우리의 인식은/ 사고 과정에 의해 결정이 된다/ (그리고 과정은) 영향을 받는다/ 언
어에 의해/ 우리가 사용하는

❹ In this way/ language shapes our reality/ and tells us/ how to think about and respond to that
　전명구　　주어　동사　목적어　등위접속사 동사 간접목적어 직접목적어　전치사 등위접속사　전명구
＊to부정사 명사적 용법　＊respond 앞 to 생략
reality.
이런 식으로/ 언어는 우리의 현실을 형성하고/ 우리에게 말해준다/ 어떻게 생각하고 반응할지/ 그 현실에

❺ Language also reveals and promotes/ our biases.
　　주어　　부사　　동사　　　목적어
언어는 또한 드러내고 조장한다/ 우리의 편견을

❻ Therefore,/ according to the hypothesis,/ using sexist language/ promotes sexism/ and using
　　접속부사　　　전명구　　　　주어　동명사 목적어　　동사　목적어　등위접속사 주어
racial language/ promotes racism.
동명사 목적어　동사　목적어
따라서/ 그 가설에 따르면/ 성차별 언어를 사용하는 것은/ 성차별을 조장한다/ 그리고 인종 언어를 사용하는 것은/
인종차별을 조장한다

racism 인종차별(주의)

❼ Those who are most strongly opposed/ to so-called "political correctness"/ view it/ as censorship
주어 주격 관계대명사　동사　　　　　　전명구　　　　　동사 목적어　전명구
and a curtailment of freedom of speech/ that places limits on debates/ in the public arena.
　　전명구　　　전명구　주격 관계대명사 동사 목적어　전명구　　　전명구
가장 강하게 반대하는 사람들은/ 소위 "정치적 정당성"에/ 그것을 본다/ 검열과 언론 자유의 축소로/ 토론에 제한을
두는/ 공공장소에서의

censorship 검열
curtailment 축소, 박탈
arena 무대, 경기장

❽ They contend/ that such language boundaries inevitably lead/ to self-censorship and
주어　동사　명사절접속사　　　주어　　　　부사　　동사　　전명구
restrictions on behaviour.
　전명구
그들은 ~라고 주장한다/ 그러한 언어 경계가 불가피하게 이어진다/ 자기 검열과 행동 제한으로

contend 주장하다
inevitably 불가피하게,
필연적으로

❾ Nevertheless,/ political correctness is an indispensable element/ for society without discrimination.
　　접속부사　　　주어　　　동사　　보어　　　　전명구　　　　전명구
그럼에도 불구하고/ 정치적 정당성은 필수 불가결한 요소이다/ 차별 없는 사회를 위해서

indispensable 필수적인

다음 글과 일치하지 <u>않는</u> 것은? ⏱ 3분

Ernest Miller Hemingway was an American novelist, short story writer, and journalist. He started his career as a writer in a newspaper office in Kansas City at the age of seventeen. After the United States entered the First World War, he joined a volunteer ambulance unit as a driver in the Italian army. Serving at the front, he was wounded, was decorated by the Italian Government, and spent considerable time in hospitals. After his return to the United States, he became a reporter for Canadian and American newspapers and was soon sent back to Europe to cover such events as the Greek Revolution. During the twenties, Hemingway became a member of the group of expatriate Americans in Paris, which he described in his first important work, *The Sun Also Rises* (1926). Equally successful was *A Farewell to Arms* (1929), the study of an American ambulance officer's disillusionment in the war and his role as a deserter. Hemingway used his experiences as a reporter during the civil war in Spain as the background for his most ambitious novel, *For Whom the Bell Tolls* (1940). Among his later works, the most outstanding is the short novel, *The Old Man and the Sea* (1952), the story of an old fisherman's journey.

① Ernest Hemingway launched his writing career in his teens.
② Ernest Hemingway served in a field hospital as a driver during the First World War.
③ Ernest Hemingway got the makeup and was well groomed by Italian.
④ Ernest Hemingway wrote *For Whom the Bell Tolls* based on his experience as a reporter in Spain.

| 해석 | Ernest Miller Hemingway는 미국의 소설가이자, 단편 작가이며 기자였다. 그는 17살에 Kansas City의 신문사에서 작가로서의 경력을 시작했다. 미국이 1차 세계대전에 가담한 후에는 그는 이탈리아 군의 운전병으로 야전 병원 부대에 자원했다. 전선에서 근무하면서, 그는 부상을 입었고 이탈리아 정부로부터 훈장을 받았으며, 상당한 시간을 병원에서 보냈다. 미국에 돌아온 후에, 그는 캐나다와 미국의 신문사의 기자가 되었고 곧 그리스 혁명과 같은 사건들을 취재하기 위해 유럽으로 다시 보내지게 되었다. 20대 동안, Hemingway는 파리에서 이방인인 미국인의 단체의 일원이 되었고, 그는 그것을 그의 첫 번째로 큰 영향력을 가지는 작품인 「해는 또다시 떠오른다(1926)」에서 묘사했다. 「무기여 잘 있거라(1929)」는 전시에서 미국의 야전 병원에서 일하는 직원의 환멸, 탈영병으로서의 역할에 대한 습작이며 마찬가지로 성공적이었다. Hemingway는 스페인의 내전 동안 기자로서 그의 경험을 그의 가장 야망적인 소설 「누구를 위하여 종은 울리나(1940)」에서 배경으로 사용했다. 그의 후기 작품들 중에서, 늙은 어부의 여행 이야기인 단편 소설 「노인과 바다(1952)」는 가장 뛰어나다.

① Ernest Hemingway는 십대에 작가 경력을 시작했다.
② Ernest Hemingway는 1차 세계대전 동안 야전 병원의 운전병으로 복무했다.
③ Ernest Hemingway는 이탈리아인에 의해 메이크업을 받고 단정하게 차려 입혀졌다.
④ Ernest Hemingway는 스페인에서의 기자로서의 경험을 기반으로 「누구를 위하여 종은 울리나」를 집필했다.

| 해설 | ③ 네 번째 문장의 'decorate'에는 '치장하다, 꾸미다'라는 뜻도 있으므로, ③을 정답으로 오해할 수도 있다. 그렇지만 지문에 나오는 'decorate'는 '훈장을 수여하다'라는 의미로 쓰인 것이므로 ③은 지문의 내용과 일치하지 않는다.

정답 ③

❶ Ernest Miller Hemingway/ was an American novelist, short story writer, and journalist.
　　　주어　　　　　　 동사　　　　　보어1　　　　　　보어2　　　등위접속사 보어3

Ernest Miller Hemingway는/ 미국의 소설가이자, 단편 작가이며 기자였다

❷ He started his career/ as a writer/ in a newspaper office in Kansas City/ at the age of seventeen.
주어　동사　목적어　　전명구　　　　　　전명구　　　　　　전명구　　　　　　전명구

그는 경력을 시작했다/ 작가로서의/ Kansas City의 신문사에서/ 17살의 나이에

❸ After the United States entered the First World War,/ he joined a volunteer ambulance unit/
접속사　　　주어　　　　동사　　　　목적어　　　주어 동사　　　　목적어

as a driver in the Italian army.
　전명구　　　　전명구

미국이 1차 세계대전에 가담한 후에는/ 그는 야전 병원 부대에 자원했다/ 운전병으로/ 이탈리아 군의

ambulance unit 야전 병원 부대

❹ Serving at the front,/ he was wounded,/ was decorated by the Italian Government,/ and spent
분사구문　전명구　　주어　동사1　　동사2　　　　　전명구　　　　등위접속사동사3

considerable time/ in hospitals.
　　목적어　　　　전명구

전선에서 근무하면서/ 그는 부상을 입었고/ 이탈리아 정부로부터 훈장을 받았으며/ 상당한 시간을 보냈다/ 병원에서

serve 복무하다
decorate 훈장을 수여하다

❺ After his return/ to the United States,/ he became a reporter/ for Canadian and American
　전명구　　　　　 전명구　　　　주어　동사1　　보어　　　　전명구
　　　　　　　　　　　　　　　　　　　　　*to부정사 부사적 용법

newspapers/ and was soon sent/ back to Europe/ to cover such events/ as the Greek
　등위접속사　동사2　　부사　　전명구　　　to부정사 목적어　　　전명구

Revolution.

돌아온 후에/ 미국에/ 그는 기자가 되었고/ 캐나다와 미국의 신문사의/ 곧 보내졌다/ 유럽으로 다시/ 사건들을 취재하기 위해/ 그리스 혁명과 같은

❻ During the twenties,/ Hemingway became/ a member of the group/ of expatriate Americans/
　　전명구　　　　 주어　　　동사　　　보어　　　전명구　　　　　전명구

in Paris,/ which he described/ in his first important work,/ The Sun Also Rises (1926).
전명구　목적격 관계대명사주어　동사　　　　전명구　　　　　　　명사(동격)

이십 대 동안/ Hemingway는 되었다/ 모임의 일원이/ 이방인인 미국인들의/ 파리에서/ 그는 그것을 묘사했다/ 그의 최초로 큰 영향력을 가지게 된 작품에서/ 「해는 또다시 떠오른다(1926)」

expatriate 국적을 버린 사람; 고국을 떠나다

　　　　　　　　　*문두 보어 도치
❼ Equally successful/ was A Farewell to Arms (1929),/ the study/ of an American ambulance
　　부사　　보어　　동사　　　　주어　　　　　　　　　명사(동격)　　　　전명구
　　　　　　　　　　　　　　　　*his 앞 전치사 of 생략

officer's disillusionment/ in the war/ and his role/ as a deserter.
　　　전명구　　　　　전명구　등위접속사 전명구　　전명구

마찬가지로 성공적이었다/ 「무기여 잘 있거라(1929)」는/ 습작/ 미국의 야전 병원에서 일하는 직원의 환멸에 대한/ 전시에서/ 그리고 그의 역할/ 탈영병으로서의

farewell 작별, (문어 · 옛 투) 안녕, 잘 가거라
disillusionment 환멸
deserter 탈영병

❽ Hemingway used his experiences/ as a reporter/ during the civil war in Spain/ as the
　主어　　　동사　　목적어　　　전명구　　　전명구　　　　전명구　　전명구

background/ for his most ambitious novel,/ For Whom the Bell Tolls (1940).
　　　전명구　　　　　　　　　명사(동격)

Hemingway는 그의 경험을 이용했다/ 기자로서의/ 스페인의 내전 동안/ 배경으로/ 그의 가장 야망적인 소설을 위해/ 「누구를 위하여 종은 울리나 (1940)」

　　　　　　*문두 보어 도치
❾ Among his later works,/ the most outstanding/ is the short novel,/ The Old Man and the Sea
　　　전명구　　　　　　　보어　　　　　동사　주어　　　　　명사(동격)

(1952),/ the story of an old fisherman's journey.
　　명사(동격)　　　　전명구

그의 후기 작품들 중에서/ 가장 뛰어나다/ 단편 소설/ 「노인과 바다(1952)」는/ 늙은 어부의 여행 이야기인

outstanding 뛰어난

밑줄 친 부분에 들어갈 말로 가장 적절한 것은?　　　　　　　　　　　　　　🕐 2분

    John Locke who was considered as the father of liberalism claims that before the emergence of laws, regulations about private property was a natural law. His idea about the natural law is also related to his conception of state of nature, a period of time in history in which humans lived freely without any kind of central, binding power. Locke reveals that according to this natural law, the labour of a person's body should be his or her property. In other words, if a person mixes his/her labour with a thing that nature has offered for humans, he/she has right to possess this thing. "The labour of his body, and the work of his hands, we may say are properly his. Whatsoever, then, he removes out of the state that nature has provided and left it in, he has mixed his labour with, and joined it to something that is his own, and thereby makes it his property." In Locke's idea, nature provided everything for humans; fruits, animals, water etc. and humans are free to acquire what they need from nature by mixing their labour to that specific thing. Natural materials are common to all people and the mixture of labour of a person _____.

① will destroy the nature
② become property for others
③ cannot be his/her private property
④ will make that material a private property

| 해석 | 자유주의의 아버지로 여겨졌던 John Locke는 법의 출현 이전에 사유 재산에 관한 규정은 자연법이었다고 주장한다. 자연법에 대한 그의 생각은 또한 자연 상태, 즉 인간이 어떠한 종류의 중심적이고 구속력 있는 힘 없이 자유롭게 살았던 역사의 기간에 대한 그의 이해와도 관련이 있다. 이 자연법에 따라 Locke는 한 개인의 신체 노동은 그 사람의 재산이 되어야만 한다고 밝힌다. 다시 말해서, 한 사람이 자신의 노동을 자연이 인간에게 제공한 것과 섞는다면, 그 사람은 이것을 소유할 권리를 갖는다. "그의 신체 노동과 그의 손의 일은 당연히 그의 것이라고 우리는 말할 수 있다. 그러면 그는 자연이 제공하고 남겨둔 상태로부터 그가 옮기는 것은 무엇이든지 그것을 그의 노동과 섞고 그의 소유인 뭔가를 결합시키며, 그렇게 함으로써 그것을 그의 재산으로 만든다." Locke의 견해에서 자연은 인간에게 과일, 동물, 물 등 모든 것을 제공했고 인간은 그들의 노동을 그 특정한 것에 섞음으로써 그들이 필요로 하는 것을 자연으로부터 자유롭게 얻는다. 자연 재료들은 모든 사람에게 공통적이고 어떤 사람의 노동과의 결합은 ④ 그 재료를 사유 재산으로 만들 것이다.
　　① 자연을 파괴할 것이다
　　② 다른 사람들을 위한 재산이 된다
　　③ 그의/그녀의 사유 재산이 될 수 없다
　　④ 그 재료를 사유 재산으로 만들 것이다

| 해설 | ④ Locke가 말하는 사유 재산 이론에 대한 글이다. 지문 전체적으로 한 개인의 신체 노동은 그 사람의 재산이 되어야 하고, 누군가가 자신의 노동을 자연이 인간에게 제공한 것과 섞는다면 그 사람은 이것을 소유할 권리를 가진다는 Locke의 견해를 서술하고 있다. 빈칸에는 자연 재료들과 사람의 노동이 혼합되었을 때의 결과가 들어가야 하므로 ④ '그 재료를 사유 재산으로 만들 것이다'가 가장 적절하다.

정답 ④

지문 구조분석

어휘 check

① John Locke/ who was considered as the father of liberalism/ claims/ that before the emergence of laws,/ regulations about private property/ was a natural law.

John Locke는/ 자유주의의 아버지로 여겨졌던/ 주장한다/ 법의 출현 이전에/ 사유 재산에 관한 규정은/ 자연법이었다고

consider 여기다, 생각하다
liberalism 자유주의, 진보주의
emergence 출현, 발생
regulation 규정, 규제

② His idea/ about the natural law/ is also related/ to his conception of state of nature,/ a period of time in history/ in which humans lived freely/ without any kind of central, binding power.

그의 생각은/ 자연법에 대한/ 또한 관련이 있다/ 자연 상태에 대한 그의 이해와도/ 역사의 기간/ 즉 인간이 자유롭게 살았던/ 어떠한 종류의 중심적이고 구속력 있는 힘 없이

conception 이해, 개념, 신념
binding 법적 구속력이 있는

③ Locke reveals that/ according to this natural law,/ the labour of a person's body/ should be his or her property.

Locke는 ~라고 밝힌다/ 이 자연법에 따라서/ 한 개인의 신체 노동은/ 그 사람의 재산이 되어야만 한다고

reveal 밝히다, 드러내다

④ In other words,/ if a person mixes his/her labour/ with a thing/ that nature has offered for humans,/ he/she has right/ to possess this thing.

다시 말해서/ 한 사람이 자신의 노동을 섞는다면/ 것과/ 자연이 인간에게 제공한/ 그 사람은 권리를 갖는다/ 이것을 소유할

possess 소유하다

⑤ "The labour of his body,/ and the work of his hands,/ we may say/ are properly his.

"그의 신체 노동/ 그리고 그의 손의 일은/ 우리는 말할 수 있다/ 당연히 그의 것이다

properly 당연히

⑥ Whatsoever, then,/ he removes out of the state/ that nature has provided and left it in,/ he has mixed his labour with/ and joined it to something that is his own,/ and thereby makes it his property."

그러면 무엇이든지/ 그는 상태로부터 옮긴다/ 자연이 제공하고 남겨둔/ 그리고 그는 노동과 함께 섞고/ 그의 소유인 무언가와 그것을 결합시키며/ 그리고 그렇게 함으로써 그것을 그의 재산으로 만든다"

thereby 그렇게 함으로써

⑦ In Locke's idea,/ nature provided everything for humans;/ fruits, animals, water etc./ and humans are free to acquire/ what they need/ from nature/ by mixing their labour/ to that specific thing.

Locke의 견해에서/ 자연은 인간에게 모든 것을 제공했다/ 과일, 동물, 물 등/ 그리고 인간은 자유롭게 얻는다/ 그들이 필요로 하는 것을/ 자연으로부터/ 그들의 노동을 섞음으로써/ 그 특정한 것에

acquire 얻다

⑧ Natural materials/ are common/ to all people/ and the mixture/ of labour of a person/ ④ will make that material a private property.

자연 재료들은/ 공통적이다/ 모든 사람에게/ 그리고 결합은/ 한 사람의 노동과의 ④ 그 재료를 사유 재산으로 만들 것이다

material 재료, 소재

DAY 27

Warm Up 기출문제

글의 흐름상 가장 어색한 문장은? 2020 지방직 9급   ⏱ 2분 30초

Philosophers have not been as concerned with anthropology as anthropologists have with philosophy. ① Few influential contemporary philosophers take anthropological studies into account in their work. ② Those who specialize in philosophy of social science may consider or analyze examples from anthropological research, but do this mostly to illustrate conceptual points or epistemological distinctions or to criticize epistemological or ethical implications. ③ In fact, the great philosophers of our time often drew inspiration from other fields such as anthropology and psychology. ④ Philosophy students seldom study or show serious interest in anthropology. They may learn about experimental methods in science, but rarely about anthropological fieldwork.

| 해석 | 철학자들은 인류학자들이 철학에 관심을 가진 것만큼 인류학에 관심을 갖지 않았다. 자신들의 연구에 인류학 연구들을 참작하는 영향력 있는 현대 철학자들은 거의 없다. 사회 과학에 대한 철학을 전문으로 하는 사람들이 인류학 연구로부터의 예를 고려하거나 분석할 수도 있으나, 주로 개념적인 요점이나 인식론적 차이를 보여주기 위해서, 아니면 인식론적 또는 윤리적 의미를 비판하기 위해 이것을 한다. ③ 사실, 우리 시대의 훌륭한 철학자들은 인류학과 심리학과 같은 다른 분야로부터 종종 영감을 얻었다. 철학을 공부하는 학생들은 인류학을 공부하거나 심각한 관심을 거의 보이지 않는다. 그들은 과학의 실험적 방법에 대해 배울지는 모르지만, 인류학적인 현장 연구에 대해서는 거의 배우지 않는다.

| 해설 | ③ 글 전체적으로 철학자들은 인류학에 관심을 갖고 고려하거나 분석하지 않는다는 내용이다. 그런데 ③에서 우리 시대의 훌륭한 철학자들이 인류학으로부터 영감을 얻었다고 언급하는 것은 이전의 주장과는 대치되는 내용이다. 따라서 글의 흐름상 어색한 문장은 ③이다. ④ 이전에 '철학자들'에 대해 설명하다가, '철학을 배우는 학생들(Philosophy students)'에 대해 언급되는데, 마지막 문장에서 'They'가 해당 문장의 'Philosophy students'를 가리키고 있으며, 학생들이 배우는 것에 대해 설명하고 있으므로, ④에서 '학생들'에 대해 언급되는 것은 자연스럽다.

정답 ③

구문독해 연습노트에서 직접 분석해보세요. ▶ p.50

❶ Philosophers/ have not been/ as concerned/ with anthropology/ as anthropologists have with
＊as＋형용사＋as 원급 비교
주어　　　　　　동사　　　　보어　　　　　　전명구　　　　　　　주어　　　　　동사　전명구
philosophy.

철학자들은/ 관심을 갖지 않았다/ 인류학에/ 인류학자들이 철학에 관심을 가진 것만큼

concerned with ~에 관심 있는
anthropology 인류학
anthropologist 인류학자

❷ Few influential contemporary philosophers/ take anthropological studies into account/ in
주어　　　　　　　　　　　　　　　동사　　　목적어　　　　　　　전명구　　　전명구
their work.

영향력 있는 현대 철학자들은 거의 ~ 않는다/ 인류학 연구들을 참작한다/ 자신들의 연구에

influential 영향력 있는
contemporary 현대의
take into account 참작하다, 고려하다, 계산에 넣다

❸ Those/ who specialize in philosophy of social science/ may consider or analyze examples/
＊주격 관계대명사
주어　，　動사　　　　전명구　　　전명구　　　동사　　　　　　목적어
from anthropological research,/ but do this/ mostly to illustrate/ conceptual points
전명구　　　　　接속사 동사 목적어　부사　to부정사(부사적 용법)　to부정사 목적어
or epistemological distinctions/ or to criticize/ epistemological or ethical implications.
접속사 to부정사2(부사적 용법)　　　　to부정사 목적어

사람들이/ 사회 과학에 대한 철학을 전문으로 하는/ 예를 고려하거나 분석할 수도 있다/ 인류학 연구로부터/ 그러나 이것을 한다/ 주로 보여주기 위해서/ 개념적인 요점이나 인식론적 차이를/ 아니면 비판하기 위해/ 인식론적 또는 윤리적 의미를

specialize in ~을 전문으로 하다
illustrate 보여주다
conceptual 개념의
epistemological 인식론의
distinction 차이, 구분
implication 의미, 함축

❹ ③ In fact,/ the great philosophers/ of our time/ often drew inspiration/ from other fields/
전명구　　　　　주어　　　　　전명구　　　부사　동사　목적어　　　　전명구
such as anthropology and psychology.
전명구

③ 사실/ 훌륭한 철학자들은/ 우리 시대의/ 종종 영감을 얻었다/ 다른 분야로부터/ 인류학과 심리학과 같은

draw inspiration from ~로부터 영감을 받다

❺ Philosophy students/ seldom study or show/ serious interest/ in anthropology.
주어　　　　　부사　　동사　　　목적어　　　전명구

철학을 공부하는 학생들은/ 공부하거나 관심을 거의 보이지 않는다/ 심각한 관심을/ 인류학에

seldom 좀처럼[거의] ~ 않는

❻ They may learn/ about experimental methods in science,/ but rarely/ about anthropological
주어 동사　　　　전명구　　　　　　　전명구　　接속사 부사　　　전명구
fieldwork.

그들은 배울지는 모른다/ 과학의 실험적 방법에 대해/ 그러나 거의 (배우지) 않는다/ 인류학적인 현장 연구에 대해서는

fieldwork 현장 연구

빈칸에 들어갈 가장 적절한 것은?

🕐 1분 45초

Somewhere between 1860 and 1890, the dominant emphasis in American literature was radically changed. But it is obvious that this change was not necessarily a matter of conscious concern to all writers. In fact, many writers may seem to have been actually unaware of the shifting emphasis. Moreover, it is not possible to trace the steady march of the realistic emphasis from the first feeble notes to its dominant trumpet-note of unquestioned leadership. The progress of realism is, to change the figure, rather that of a small stream, receiving accessions from its tributaries at unequal points along its course, its progress now and then checked by the sand bars of opposition or the diffusing marshes of error and compromise. Again it is apparent that any attempts to classify rigidly, as romanticists or realists, the writers of this period are _____, since it is not by virtue of the writer's conscious espousal of the romantic or realistic creed that he does much of his best work, but by virtue of the writer's sincere surrender to the atmosphere of the subject.

① doomed to failure　　　　　　② welcomed by critics
③ against our taste　　　　　　　④ considered reasonable

| 해석 | 1860년과 1890년 사이 언제쯤인가 미국 문학에 있어 지배적인 강조가 근본적으로 바뀌었다. 그러나 이런 변화가 모든 작가들에게 반드시 의식적인 관심의 문제는 아니었던 것이 분명하다. 사실 많은 작가들은 변화하는 강조에 대해 실제로 의식하고 있지 않았던 것처럼 보일지도 모른다. 더구나 사실주의적 강조가 처음에는 약한 여러 어조로 논해지던 데에서 의심할 바 없는 통솔력에 대한 지배적인 자화자찬하는 어조 쪽으로 지속적으로 이동해 간 것을 추적하기란 불가능하다. 사실주의의 발전은, 말을 좀 바꾸어 표현하자면, 오히려 작은 하천의 발전 같은 것인데, 반대의 모래톱이나 여기저기 산재해 있는 오류와 타협의 늪지에 의해 과정이 때때로 방해받아가며 흘러가는 도중 이곳저곳 일정치 않은 곳에서 그 지류들로부터 강물이 유입되어 들어오는 것이다. 이 시기의 작가들을 낭만주의자나 사실주의자로 엄격히 분류하려는 그 어떤 시도도 ① 실패할 운명이라는 것 또한 명백하다. 왜냐하면, 작가의 최고 작품의 많은 부분은 그 작가가 의식적으로 낭만주의 또는 사실주의 신조를 지지해서가 아니라 주제의 분위기에 대한 작가의 진정한 항복에 의한 것이기 때문이다.
① 실패할 운명인
② 비평가들에 의해 환영받는
③ 우리의 취향에 반하는
④ 이성적이라고 간주되는

| 해설 | ① 빈칸 직후 부분에서 작가의 최고 작품의 많은 부분은 그 작가가 의식적으로 낭만주의나 사실주의 신조를 지지해서가 아니라 주제의 분위기에 열중해서 쓰이는 것이기 때문이라는 내용이 나온다. 즉, 어떤 신조를 엄격하게 분류하는 것이 큰 의미가 없음을 유추할 수 있다. 따라서 작가들을 낭만주의자나 사실주의자로 엄격히 분류하려는 시도가 실패할 것이라는 흐름이 되도록 ①이 빈칸에 오는 것이 가장 알맞다.

정답 ①

❶ Somewhere/ between 1860 and 1890,/ the dominant emphasis/ in American literature/ was
부사　　　　전명구　　　　　　　　　주어　　　　　　　전명구　　　　동사
radically changed.

언제쯤인가/ 1860년과 1890년 사이/ 지배적인 강조가/ 미국 문학에 있어/ 근본적으로 바뀌었다

dominant 지배적인, 우
월한
radically 급진적으로

<small>＊가주어　　　　＊진주어</small>
❷ But/ it is obvious/ that this change/ was not necessarily a matter/ of conscious concern/ to all
등위접속사 동사 보어　that 주어　　　동사 부사　　부사　　보어　　　　전명구　　　　　전명구
writers.

그러나/ 분명하다/ 이런 변화가/ 반드시 문제는 아니었던 것이/ 의식적인 관심의/ 모든 작가들에게

<small>＊to부정사</small>
❸ In fact,/ many writers may seem/ to have been actually unaware/ of the shifting emphasis.
접속부사　　　주어　　　　동사　　　보어　　　　부사　　to부정사 보어　　　　전명구

사실/ 많은 작가들은 보일지도 모른다/ 실제로 의식하고 있지 않았던 것처럼/ 변화하는 강조에 대해

<small>＊가주어　　　　＊진주어</small>
❹ Moreover,/ it is not possible/ to trace/ the steady march/ of the realistic emphasis/
접속부사　　動사 부사　　보어　 to부정사　 to부정사 목적어　　　　전명구
from the first feeble notes/ to its dominant trumpet-note/ of unquestioned leadership.
　　전명구　　　　　　　　　　전명구　　　　　　　　　　전명구

더구나/ 불가능하다/ 추적하기란/ 지속적 이동을/ 사실주의적 강조의/ 처음에는 약한 여러 어조로 논해지던 데에
서/ 그것의 지배적인 자화자찬하는 어조 쪽으로/ 의심할 바 없는 통솔력에 대한

march 행진
realistic 현실적인
feeble 약한

<small>＊to부정사 부사적 용법</small>
❺ The progress of realism is,/ to change the figure,/ rather that of a small stream,/ receiving
주어　　　 전명구　　 동사　　to부정사 목적어　　부사　보어　　　전명구　　　　　　분사구문
accessions/ from its tributaries/ at unequal points/ along its course,/ its progress now and
현재분사 목적어　　　전명구　　　　　　전명구　　　　　　전명구　　　　분사구문 의미상 주어　부사구
then checked/ by the sand bars of opposition/ or the diffusing marshes/ of error and
　　분사구문　　　　전명구　　　　　전명구　　　　　　전명구　　　　　　　전명구
compromise.

사실주의의 발전은 ~이다/ 말을 좀 바꾸어 표현하자면/ 오히려 작은 하천의 발전 같은 것인데/ 유입을 받는 것이
다/ 그 지류들로부터/ 이곳저곳 일정치 않은 곳들에서/ 흘러가는 도중에/ 과정이 때때로 방해받아가며/ 반대의 모
래톱에 의해/ 또는 여기저기 산재해 있는 늪지(에 의해)/ 오류와 타협의

accession 추가, 증가
tributary 지류, 지맥
compromise 타협, 절충

<small>＊가주어　　　　＊진주어　　　　　＊to부정사 형용사적 용법</small>
❻ Again/ it is apparent/ that any attempts/ to classify rigidly,/ as romanticists or realists,/
부사　동사　보어　that 주어　　　　부사　　　　　　전명구
<small>＊가주어</small>
the writers of this period/ are ① doomed to failure,/ since it is/ not by virtue of the writer's
to부정사 목적어　　　　선명구　　　동사　　　보어　　접속사 동사 부사　전명구　　　전명구
<small>＊진주어</small>
conscious espousal/ of the romantic or realistic creed/ that he does much of his best work,/
　　　　　　　전명구　　　　　　　　　　주어 동사　목적어　　　전명구
but by virtue of the writer's sincere surrender/ to the atmosphere of the subject.
등위접속사 전명구　　　　　　전명구　　　　　　　　　　전명구　　　　　　전명구

또한/ 명백하다/ 그 어떤 시도도/ 엄격히 분류하려는/ 낭만주의자나 사실주의자로/ 이 시기의 작가들을/ ① 실패할
운명이라는 것은/ 왜냐하면 ~하기 때문이다/ 그 작가가 의식적으로 지지해서가 아니라/ 낭만주의 신조나 사실주의
신조를/ 작가의 최고 작품의 많은 부분은/ 작가의 진정한 항복에 의해서/ 주제의 분위기에 대한

classify 분류하다
rigidly 엄격하게, 딱딱하게
doom 불행한 운명을 맞
게 하다
espousal 지지, 옹호
creed 종교적 교리
by virtue of ~라는 이
유로, ~ 덕분으로
surrender 항복, 굴복

다음 글의 내용과 일치하는 것은?　　　　　　　　　　🕐 2분 30초

Picasso's most famous work, Guernica shows the tragedies of war and the suffering it inflicts upon individuals, particularly innocent civilians. This work has gained a monumental status, becoming a perpetual reminder of the tragedies of war, an anti-war symbol, and an embodiment of peace. On completion Guernica was displayed around the world in a brief tour, becoming famous and widely acclaimed. This tour helped bring the Spanish Civil War to the world's attention. This work is seen as an amalgmation of pastoral and epic styles. The discarding of color intensifies the drama, producing a reportage quality as in a photographic record. Guernica is blue, black and white, 3.5 metre tall and 7.8 metre wide, a mural-size canvas painted in oil. This painting can be seen in the Museo Reina Sofia in Madrid. Guernica, Picasso's most important political painting, has remained relevant as a work of art and as a symbol of protest, and it kept the memory of the Basque town's nightmare alive.

① Guernica is a kind of a resistance movement rather than an art work.

② Picasso didn't use many colors in his painting to express well about the war.

③ Guernica was not initially recognized, but later became widely famous and got a monument position.

④ Picasso's watercolor painting, Guernica, expresses the tragedy of Spanish Civil War.

| 해석 | Picasso의 가장 유명한 작품인 게르니카는 전쟁의 비극과 그것이 개인, 특히 무고한 민간인에게 가하는 고통을 보여준다. 이 작품은 전쟁의 비극과 반전의 상징 그리고 평화의 화신을 끊임없이 상기시키는 것이 되면서 기념비적인 지위를 얻었다. 완성되자 게르니카는 짧은 순회 동안 전 세계에 전시되며 유명해지고 널리 인정받게 되었다. 이 순회는 스페인 내란에 세계가 주목하도록 하는 데 도움이 되었다. 이 작품은 목가적이고 서사적인 스타일의 융합으로 보여진다. 색상의 포기는 사진 기록에서처럼 보도적 특징을 만들어내며 극적인 효과를 강화한다. 게르니카는 푸른색, 검정색, 흰색이며 3.5미터 높이에 7.8미터 넓이이며, 오일로 그려진 벽화 크기의 유화이다. 이 그림은 마드리드의 Museo Reina Sofia에서 볼 수 있다. Picasso의 가장 중요한 정치적 그림인 게르니카는 미술 작품으로, 그리고 시위의 상징으로 여전히 유의미하게 남아 있으며, 바스크 도시의 악몽에 대한 기억이 생생하도록 했다.

① 게르니카는 예술 작품이라기보다 일종의 저항 운동이다.

② Picasso는 전쟁에 대해 잘 표현하기 위해 그의 그림에 많은 색깔을 사용하지 않았다.

③ 게르니카는 처음에는 인정받지 못했지만, 후에는 널리 유명해졌고 기념비적인 위치를 얻었다.

④ Picasso의 수채화인 게르니카는 스페인 내전의 비극을 표현한다.

| 해설 | ② 글 중반 이후 'The discarding of color ~ photographic record.'에서 색상의 포기가 극적인 효과를 강화한다고 했으므로 ②가 글의 내용과 일치한다.

① 마지막 문장에서 Picasso의 가장 중요한 정치적 그림인 게르니카는 여전히 미술 작품이자 시위의 상징으로 남아 있다고 했다.

③ 글 중반에 'On completion Guernica was displayed ~ famous and widely acclaimed.'를 통해 완성되자마자 유명세를 얻었다고 했으므로 글의 내용과 일치하지 않는다.

④ 글 후반부에서 게르니카가 'a mural-size canvas'라고 했으므로 'watercolor painting(수채화)'이 아닌 'canvas(유화)'임을 알 수 있다.

정답 ②

❶ Picasso's most famous work,/ Guernica/ shows/ the tragedies of war and the suffering/ it
  주어   명사(동격)   동사   목적어   주어
*it 앞 목적격 관계대명사 생략
inflicts upon individuals, particularly innocent civilians.
  동사   전명구   부사   명사(동격)

Picasso의 가장 유명한 작품인/ 게르니카는/ 보여준다/ 전쟁의 비극과 고통을/ 그것이 개인, 특히 무고한 민간인들에게 가하는

tragedy 비극
inflict (고통을) 가하다
innocent 무고한

❷ This work/ has gained a monumental status,/ becoming/ a perpetual reminder of the
  주어   동사   목적어   분사구문   현재분사 보어1   전명구
tragedies of war,/ an anti-war symbol,/ and an embodiment of peace.
  전명구   현재분사 보어2   등위접속사 현재분사 보어3   전명구

이 작품은/ 기념비적인 지위를 얻었다/ 되면서/ 전쟁의 비극을 끊임없이 상기시키는 것/ 반전의 상징/ 그리고 평화의 화신이

monumental 기념비적인, 대단한
perpetual 끊임없이 계속되는
anti-war 반전
embodiment 전형, 화신

❸ On completion/ Guernica was displayed/ around the world/ in a brief tour,/ becoming
  전명구   주어   동사   전명구   전명구   분사구문
famous and widely acclaimed.
  보어

완성되자/ 게르니카는 전시되었다/ 전 세계에/ 짧은 순회 동안/ 유명해지고 널리 인정받게 되면서

acclaim 칭송하다, 환호를 보내다

❹ This tour helped/ bring the Spanish Civil War/ to the world's attention.
  주어   동사   원형부정사 목적어   전명구
*원형부정사

이 순회는 도움이 되었다/ 스페인 내란을 가져가는 데/ 세계의 주목에

❺ This work is seen/ as an amalgmation/ of pastoral and epic styles.
  주어   동사   전명구   전명구

이 작품은 보여진다/ 융합으로/ 목가적이고 서사적인 스타일의

amalgmation 융합
pastoral 목가적인
epic 서사적인

❻ The discarding of color/ intensifies the drama,/ producing a reportage quality/ as in a
  주어   전명구   동사   목적어   분사구문 현재분사 목적어   전명구
photographic record.

색상의 포기는/ 극적인 효과를 강화한다/ 보도적 특징을 만들어내며/ 사진 기록에서처럼

discard 버리다, 포기하다
intensify 강화하다, 심화시키다

❼ Guernica is blue, black and white,/ 3.5 metre tall and 7.8 metre wide,/ a mural-size canvas/
  주어   동사   보어   보어   등위접속사 보어   주어 동격 명사
painted in oil.
과거분사 전명구

게르니카는 푸른색, 검정색, 흰색이며/ 3.5미터 높이에 7.8미터 넓이이며/ 벽화 크기의 유화이다/ 오일로 그려진

mural 벽화
canvas 유화

❽ This painting can be seen/ in the Museo Reina Sofia/ in Madrid.
  주어   동사   전명구   전명구

이 그림은 볼 수 있다/ Museo Reina Sofia에서/ 마드리드의

❾ Guernica,/ Picasso's most important political painting,/ has remained relevant/ as a work of
  주어   명사(동격)   동사   보어   전명구   전명구
art/ and as a symbol of protest,/ and it kept the memory/ of the Basque town's nightmare/
전명구 등위접속사 전명구   등위접속사 주어 동사 목적어   전명구
alive.
목적격 보어

게르니카는/ Picasso의 가장 중요한 정치적 그림인/ 여전히 유의미하게 남아 있다/ 미술 작품으로/ 그리고 시위의 상징으로/ 그리고 그것은 기억을 유지했다/ 바스크 도시의 악몽에 대한/ 생생하도록

protest 항위, 시위

다음 주어진 글 다음으로 이어질 순서로 가장 알맞은 것은? 🕐 2분 30초

In 1770, the first version of the rubber eraser was sold by an English optician and engineer named Edward Nairne. Edward got his invention by accident — he meant to pick up bread crumbs to erase some pencil markings, as was common at the time, but his hands landed on a nearby piece of rubber. After he discovered how well it worked, Nairne began marketing and selling rubber cubes as erasers.

(A) Yet in the next decade, Lipman did get a patent, and his Faber company started producing pencils with pink rubber ends.

(B) Charles Goodyear, the man most associated with rubber, solved both problems in 1839 by adding sulfur, a process he called "vulcanization." Rubber erasers first found their way onto pencils in 1858, but the US denied Hymen L. Lipman a patent for the combination because it simply joined two existing inventions.

(C) Later that year, coincidentally, British chemist Joseph Priestly made the same observation about rubber's properties. It was Priestly who named the substance for its ability to rub out pencil marks. Early versions of the rubber eraser were perishable and smelled foul.

① (C) – (B) – (A) ② (C) – (A) – (B)
③ (A) – (C) – (B) ④ (A) – (B) – (C)

| 해석 | 1770년 첫 번째 고무 지우개가 한 영국인 안경사이자 엔지니어였던 Edward Nairne에 의해 판매되었다. Edward는 우연히 지우개를 발명했다. 그는 연필 자국을 지우기 위해 당시에 일반적으로 통용되었던 방식으로 빵 부스러기를 집으려 했지만 그의 손은 근처에 있던 고무 조각에 닿았다. 그것이 얼마나 잘 작용했는지를 발견한 후 Nairne은 고무 조각을 지우개로서 영업하고 판매하기 시작했다.

(C) 그 해 후반 동시적으로 영국의 화학자인 Joseph Priestly는 고무의 속성에 대한 동일한 관찰을 했다. 연필 자국을 지우는 그것의 능력에 대해 그 물질의 이름을 지은 사람은 Presitly였다. 고무 지우개의 초기 형태는 잘 상하며 냄새가 고약했다.

(B) 고무와 대표적으로 연상되는 사람인 Charls Goodyear는 1839년에 그가 "가황"이라고 명명한 과정인 황을 추가하는 방법으로 이러한 두 가지 문제를 해결했다. 고무 지우개는 1858년에 처음으로 연필에 달리는 방법을 찾았지만 미국에서는 Hymen L. Lipman의 특허를 거부했다. 왜냐하면 그것은 단순히 존재하는 두 개의 발명을 합친 것이기 때문이었다.

(A) 그러나 10년 뒤 Lipman은 정말로 특허를 받게 되었고 그의 Faber 회사는 끝에 분홍 고무가 달린 연필을 생산하기 시작했다.

| 해설 | ① 먼저 (C)의 'Later that year'에서 'that year'는 주어진 글에 나온 Nairne이 고무 조각 영업과 판매를 시작한 해이므로 가장 먼저 온다. 또한 (C)의 마지막 문장에 나온 지우개의 두 가지 문제인 잘 상하는 것과 냄새가 고약한 문제는 (B)에서의 'Charles Goodyear ~ solved both problems'에서 다시 언급되므로 (B)가 이어져야 한다. 그리고 (B)에서 Lipman의 특허가 거절당했지만, 이후 (A)의 'Yet in the next decade, Lipman did indeed get a patent'를 통해서 그의 특허가 10년 뒤 승인되었음을 알 수 있으므로 '(C) – (B) – (A)'의 순서가 가장 적절하다.

정답 ①

❶ In 1770,/ the first version/ of the rubber eraser/ was sold/ by an English optician and
　전명구　　　　　주어　　　　　　전명구　　　　　동사　　　　　　전명구
engineer/ named Edward Nairne.
　　　　　　과거분사　　　보어

1770년에/ 첫 번째 형태가/ 고무 지우개의/ 판매되었다/ 한 영국인 안경사이자 엔지니어에 의해/ Edward Nairne라
는 이름의

rubber 고무
optician 안경사

❷ Edward/ got his invention/ by accident/ ― he meant *to부정사 명사적 용법* to pick up bread crumbs/ *to부정사 부사적 용법* to erase some
　주어　　동사　　목적어　　　　전명구　　　주어　동사　　　　to부정사 목적어　　　　　to부정사 목적어
pencil markings,/ *유사관계대명사* as was common at the time,/ but his hands landed on a nearby piece of rubber.
　　　　　　　　　　　동사　　보어　　전명구　　등위접속사　주어　　동사　　　　전명구　　　　　전명구

Edward는/ 그것을 발명했다/ 우연히/ 그는 빵 부스러기를 집으려 했었다/ 연필 자국을 지우기 위해/ 당시에 일반적
으로 통용되었던 방식으로/ 그러나 그의 손은 근처에 있던 고무 조각에 닿았다

by accident 우연히
mean to ~할 셈이다
crumb 부스러기
land on ~에 내려앉다

❸ After he discovered/ *의문부사* how well it worked,/ Nairne began/ marketing and selling rubber cubes/
　접속사　주어　　동사　　　　목적어　　부사　주어　동사　　　　주어　　동사　　　　목적어　　　　　　동명사 목적어
as erasers.
　전명구

그가 발견한 후에/ 그것이 얼마나 잘 작용했는지를/ Nairne은 시작했다/ 고무 조각을 영업하고 판매하는 것을/ 지우개로서

❹ (C) Later that year, coincidentally,/ British chemist Joseph Priestly/ made the same
　　　부사구　　　　　　부사　　　　　　주어　　　　명사(동격)　　　동사　　목적어
observation/ about rubber's properties.
　　　　　　　전명구

(C) 그해 후반 동시적으로/ 영국의 화학자인 Joseph Priestly는/ 동일한 관찰을 했다/ 고무의 속성에 대한

coincidentally 동시에
property 속성, 재산

❺ *It ~ that[who] … 강조 용법: …한 것은 바로 ~이다* It was Priestly/ who named the substance/ for its ability/ *to부정사 형용사적 용법* to rub out pencil marks.
　　　동사　　보어　　동사　　목적어　　　　전명구　　　　to부정사 목적어

Priestly였다/ 그 물질의 이름을 지은 사람은/ 그것의 능력에 대한/ 연필 자국을 지우는

substance 물질

❻ Early versions/ of the rubber eraser/ were perishable/ and smelled foul.
　　주어　　　　　전명구　　　　　동사1　　보어　등위접속사동사2　　보어

초기 형태는/ 고무 지우개의/ 잘 상하며/ 냄새가 고약했다

perishable 잘 상하는
foul 고약한

❼ (B) Charles Goodyear,/ the man most associated with rubber,/ solved both problems/
　　　주어　　　　　명사(동격)　　　과거분사　　　전명구　　　동사　　목적어
in 1839/ by adding sulfur,/ a process/ *he 앞 목적격 관계대명사 생략* he called "vulcanization."
　전명구　　　전명구　　　동명사목적어　명사(동격)　주어　동사　　　보어

(B) Charles Goodyear는/ 고무와 대표적으로 연상되는 사람인/ 그 두 가지 문제를 해결했다/ 1839년에/ 황을 추가
함으로써/ 그 과정인/ 그가 "가황"이라고 명명한

sulfur 황
vulcanization 가황

❽ Rubber erasers/ first found their way/ onto pencils/ in 1858,/ but the US denied/ Hymen L.
　　주어　　　부사　　동사　　목적어　　　전명구　　전명구　등위접속사　주어　　동사　　간접목적어
Lipman a patent/ for the combination/ because it simply joined two existing inventions.
　직접목적어　　　　전명구　　　　접속사　주어　부사　동사　　　　목적어

고무 지우개는/ 처음으로 방법을 찾았다/ 연필에 달리는/ 1858년에/ 그러나 미국은 거절했다/ Hymen L. Lipman의
특허를/ 그 조합에 대한/ 왜냐하면 그것은 단순히 존재하는 두 가지 발명을 합친 것이기 때문에

invention 발명

❾ (A) *강조의 do* Yet in the next decade,/ Lipman did get a patent,/ and his Faber company started/
　　부사　　전명구　　　주어　　동사　　목적어　등위접속사　　주어　　　동사
producing pencils/ with pink rubber ends.
　목적어　　동명사 목적어　　전명구

(A) 그러나 10년 뒤/ Lipman은 정말로 특허를 받게 되었다/ 그리고 그의 Faber 회사는 시작했다/ 연필을 생산하는
것을/ 끝에 분홍 고무가 달린

Warm Up 기출문제

다음 글의 내용과 일치하는 것은? 2017 국가직(사회복지직) 9급   ⏱ 3분

Taste buds got their name from the nineteenth-century German scientists Georg Meissner and Rudolf Wagner, who discovered mounds made up of taste cells that overlap like petals. Taste buds wear out every week to ten days, and we replace them, although not as frequently over the age of forty-five: our palates really do become jaded as we get older. It takes a more intense taste to produce the same level of sensation, and children have the keenest sense of taste. A baby's mouth has many more taste buds than an adult's, with some even dotting the cheeks. Children adore sweets partly because the tips of their tongues, more sensitive to sugar, haven't yet been blunted by trying to eat hot soup before it cools.

① Taste buds were invented in the nineteenth century.

② Replacement of taste buds does not slow down with age.

③ Children have more sensitive palates than adults.

④ The sense of taste declines by eating cold soup.

| 해석 | 맛봉오리는 19세기 독일 과학자 Georg Meissner와 Rudolf Wagner로부터 이름을 얻었는데, 그들은 꽃잎과 같이 겹쳐 있는 미각 세포로 구성된 더미들을 발견했다. 맛봉오리는 일주일에서 10일 마다 소모되며, 45세가 넘어가면 그렇게 자주 교체되지는 않지만, 우리는 그것들을 교체한다. 즉, 우리의 미각은 나이가 들수록 실제로 약해지게 된다. 같은 수준의 감각을 내기 위해서는 더 강렬한 맛이 필요하며, 어린이들이 가장 예민한 미각을 갖는다. 아기의 입에는 성인의 입보다 더 많은 맛봉오리가 있으며, 심지어 일부는 뺨에 흩어져 있다. 아이들은 단것을 매우 좋아하는데 부분적으로는 설탕에 더 예민한 그들의 혀끝이 수프가 식기 전에 뜨거운 수프를 먹으려는 시도로 아직 둔화되지 않았기 때문이다.

    ① 맛봉오리는 19세기에 발명되었다.

    ② 맛봉오리의 교체는 세월이 지남에 따라 느려지지 않는다.

    ③ 어린이는 성인보다 미각이 더 민감하다.

    ④ 차가운 수프를 먹으면 미각이 떨어진다.

| 해설 | ③ 세 번째 문장 중 'children have the keenest sense of taste'로 보아 글의 내용과 일치하는 것은 ③이다.

    ① 맛봉오리는 19세기에 Georg Meissner와 Rudolf Wagner에 의해 이름이 붙여졌는데, '발명된' 것이이 아니라 '발견된' 것이다.

    ② 45세가 넘으면 맛봉오리가 자주 교체되지는 않는다고 했으므로 일치하지 않는다.

    ④ 뜨거운 스프를 먹었을 때 감각이 둔화된다고 했으므로 일치하지 않는다.

정답 ③

❶ Taste buds got their name/ from the nineteenth-century German scientists/
　　주어　　동사　목적어　　　　　　　　　전명구

Georg Meissner and Rudolf Wagner,/ who discovered mounds/ made up of taste cells/
　　　　　　　동격　　　　　　　　　주·관·대　동사　　목적어　　　목적격 보어
*be made up of: ~로 구성되다

that overlap like petals.
주·관·대 동사　　전명구

맛봉오리는 이름을 얻었다/ 19세기 독일 과학자들로부터/ Georg Meissner와 Rudolf Wagner/ 더미들을 발견했던/
미각 세포로 구성된/ 꽃잎과 같이 겹쳐 있는

taste bud 맛봉오리[미뢰]
mound 더미
overlap 겹치다

❷ Taste buds wear out/ every week to ten days,/ and we replace them,/
　　주어　　동사　　　　부사　　　　　주어 동사　목적어
*연결사
*원래 문장: although they don't wear out as frequently as every week to ten days
although not as frequently over the age of forty-five:/ *as + 형용사/부사 + as + 명사: ~만큼 …한[하게]
接속사　　부사　　부사　　　　　전명구

our palates really do become jaded/ as we get older.
　주어　　부사　　동사　　보어 접속사 주어 동사　보어
*do동사 + 동사원형: 강조용법

맛봉오리는 소모된다/ 일주일에서 10일 마다/ 그리고 우리는 그것들을 교체한다/ 45세가 넘어가면 그렇게 자주 교
체하지는 않지만/ 즉, 우리의 미각은 실제로 약해지게 된다/ 나이가 들수록

wear out 소모되다
jaded 약한, 감퇴한

❸ It takes a more intense taste/ to produce the same level of sensation,/ and children have
　동사　　목적어　　　　　　　　진주어　　　　　　　接속사　주어　동사
*가주어

the keenest sense of taste.
　　　목적어
*최상급 표현

더 강렬한 맛이 필요하다/ 같은 수준의 감각을 내기 위해서는/ 그리고 어린이들이 가장 예민한 미각을 갖는다

❹ A baby's mouth has/ many more taste buds/ than an adult's,/ with some even dotting the
　주어　　　동사　　　목적어　　　전치사 목적어(비교 대상)　　전명구
*more ~ than …(비교급)

cheeks.

아기의 입에는 있다/ 더 많은 맛봉오리가/ 성인의 입보다/ 심지어 일부는 뺨에 흩어져 있는 채로

❺ Children adore sweets/ partly because/ the tips of their tongues,/ more sensitive to sugar,/
　주어　　동사　　목적어　부사　接속사　　　　주어　　　　삽입구(주어 보충 설명)

haven't yet been blunted/ by trying to eat hot soup/ before it cools.
　동사(현재완료)　　　　　전명구　　　　接속사 주어 동사

아이들은 난것을 좋아한다/ 부분석으로 ~이기 때문이다/ 그늘의 혀 끝이/ 설탕에 더 예민한/ 아직 눈화되지 않았
다/ 뜨거운 수프를 먹으려는 시도로/ 수프가 식기 전에

blunt 둔화시키다

다음 글의 내용과 일치하지 <u>않는</u> 것은?　　　　　🕐 3분

Thomas Stearns Eliot OM, better known by his pen name T. S. Eliot, was born in St. Louis, Missouri, on September 26, 1888. He lived in St. Louis during the first eighteen years of his life and attended Harvard University. In 1910, he left the United States for the Sorbonne, having earned both undergraduate and master's degrees and having contributed several poems to the Harvard Advocate. After a year in Paris, he returned to Harvard to pursue a doctorate in philosophy, but returned to Europe and settled in England in 1914. It was in London that Eliot came under the influence of his contemporary Ezra Pound, who recognized his poetic genius at once, and assisted in the publication of his work in a number of magazines, most notably *The Love Song of J. Alfred Prufrock* in Poetry in 1915. His first book of poems, *Prufrock and Other Observations*, was published in 1917, and immediately established him as a leading poet of the avant-garde. With the publication of *The Waste Land* in 1922, now considered by many to be the single most influential poetic work of the twentieth century, Eliot's reputation began to grow to nearly mythic proportions.

① Thomas Stearns Eliot was born in the U.S. but settled in England in 1914.
② Thomas Stearns Eliot earned both undergraduate and masters degrees in Paris.
③ Thomas Stearns Eliot's poetry was recognized by Ezra Pound.
④ Thomas Stearns Eliot's first book of poems was gotten out in 1917.

| 해석 | 필명인 T. S. Eliot으로 더 잘 알려진 Thomas Stearns Eliot OM은 1888년 9월 26일 Missouri 주 St. Louis에서 태어났다. 그는 18살 때까지 St. Louis에서 살았고 Harvard 대학교에 다녔다. 1910년에, 그는 미국을 떠나 Sorbonne 대학으로 갔는데, (이미) 학사 학위와 석사 학위를 얻었던 상태였고, 몇몇 시를 Harvard Advocate(Harvard 학부생 잡지)에 기고했었다. Paris에서의 1년 후에, 철학에서 박사 학위를 계속하기 위해 그는 Harvard로 돌아갔으나, 유럽으로 (다시) 되돌아 왔고 1914년에 영국에 정착했다. Eliot이 그의 동시대 사람 Ezra Pound의 영향을 받았던 곳은 London이었는데, 그(Ezra Pound)는 단번에 그의 시적 영재성을 알아봤고, 수많은 잡지에서 그의 작품의 출간을 도왔다. 가장 뚜렷하게는 1915년에 「J. Alfred Prufrock의 연가」라는 시가 그러했다. 그의 첫 번째 시집, 「Prufrock과 그 밖의 관찰」은 1917년도에 출간되었는데, 즉시 아방가르드의 선두적인 시인으로서 명성을 그에게 주었다. 현재 많은 이들에게서 20세기의 단연 가장 영향력 있는 시 작품으로 여겨지는 1922년작 「황무지」의 출간으로, Eliot의 명성은 거의 신화적인 비율로 성장하기 시작했다.

① Thomas Stearns Eliot은 미국에서 태어났지만 1914년에 영국에 정착했다.
② Thomas Stearns Eliot은 학사 학위와 석사 학위 둘 다 Paris에서 땄다.
③ Thomas Stearns Eliot의 시는 Ezra Pound에 의해 인정받았다.
④ Thomas Stearns Eliot의 첫 번째 시집은 1917년에 출간되었다.

| 해설 | ② 세 번째 문장인 'In 1910, he left the United States for the Sorbonne, having earned both undergraduate and masters degrees and having contributed several poems to the Harvard Advocate.'에서 분사구문 해석에 유의해야 한다. 분사구문에서 주절보다 이전인 완료 시제를 사용한 것으로 보아 이미 Harvard에서 학사 학위와 석사 학위를 받고 Sorbonne 대학으로 떠났다는 것을 알 수 있다. 뒤에 박사 학위를 받기 위해 Harvard로 다시 간다는 말에서 확인할 수 있듯이 학위에 관한 것은 Harvard와 관련이 있으며, Paris와 관련 있다는 말은 본문에 언급되지 않았다. 따라서 ②가 일치하지 않는다.

정답 ②

❶ Thomas Stearns Eliot OM,/ better known/ by his pen name T. S. Eliot,/ was born in St. Louis,
　　주어　　　　　　　부사　과거분사　　전명구　　　　명사(동격)　　동사　　　전명구
Missouri,/ on September 26, 1888.
　　　　　　전명구

Thomas Stearns Eliot OM은/ 더 잘 알려진/ 그의 필명인 T. S. Eliot으로/ Missouri 주 St. Louis에서 태어났다/ 1888
년 9월 26일에

❷ He lived in St. Louis/ during the first eighteen years/ of his life/ and attended Harvard
　주어　동사1　전명구　　　　　　전명구　　　　　　　전명구　등위접속사 동사2　　목적어
University.

그는 St. Louis에서 살았다/ 그의 일생의 첫 18년 동안/ 그리고 Harvard 대학교에 다녔다

attend (규칙적으로) 다니
다, 출석하다

❸ In 1910,/ he left the United States for the Sorbonne,/ having earned both undergraduate and
　전명구　주어 동사　　목적어　　　　전명구　　　　분사구문1　　　　현재분사　목적어
master's degrees/ and having contributed several poems/ to the Harvard Advocate.
　등위접속사　　분사구문2　　　　현재분사　목적어　　　　　전명구

1910년에/ 그는 미국을 떠나 Sorbonne 대학으로 갔다/ 학사 학위와 석사 학위를 얻었던 채로/ 그리고 몇몇 시를
기고했던 채로/ Harvard Advocate(Harvard 학부생 잡지)에

undergraduate degree
학사 학위
master's degree 박사
학위
contribute 기고하다, 공
헌하다
advocate 지지자, 옹호자

*to부정사 부사적 용법
❹ After a year in Paris,/ he returned to Harvard/ to pursue a doctorate in philosophy,/ but
　　전명구　　　　전명구　주어　동사　　전명구　　to부정사 목적어　　전명구　　등위접속사
returned to Europe/ and settled in England in 1914.
　동사2　　전명구　등위접속사 동사3　전명구　　전명구

Paris에서의 1년 후에/ 그는 Harvard로 돌아갔다/ 철학에서 박사 학위를 계속하기 위해서/ 그러나 유럽으로 되돌아
왔다/ 그리고 1914년에 영국에 정착했다

doctorate 박사 학위

*it ~ that … 강조 용법: …한 것은 바로 ~이다
❺ It was in London/ that Eliot came under the influence of his contemporary Ezra Pound,/ who
　주어동사　전명구　　주어　동사　　전명구　　　　전명구　　　명사(동격)　주격 관계대명사
recognized his poetic genius at once,/ and assisted in the publication of his work/ in a
　동사1　　목적어　　전명구　등위접속사 동사2　　전명구　　　　전명구　　전명구
number of magazines,/ most notably The Love Song of J. Alfred Prufrock in Poetry/ in 1915.
　　　　　　　　부사　　　　명사(동격)　　　　　　　전명구

(그것은) London에서였다/ Eliot이 그의 동시대 사람 Ezra Pound의 영향을 받았던 곳은/ 그는 단번에 그의 시적 영
재성을 알아봤다/ 그리고 그의 작품의 출판하는 데 도움을 줬다/ 수많은 잡지 들에서/ 시에 있어서 「J. Alfred
Prufrock의 연가」로 가장 뚜렷이/ 1915년에

under the influence 영
향 아래에
notably 명백히, 특히

❻ His first book of poems,/ Prufrock and Other Observations,/ was published in 1917,/ and
　　주어　　전명구　　　　명사(동격)　　　　　　동사1　　　전명구　등위접속사
immediately established him/ as a leading poet of the avant-garde.
　　부사　　　동사2　목적어　전명구　　　　　전명구

그의 첫 번째 시집「Prufrock과 그 밖의 관찰」은/ 1917년에 출간되었다/ 그리고 즉시 그에게 명성을 주었다/ 아방
가르드의 선두적인 시인으로서

observation 관찰
establish oneself as (재
귀 용법) ~으로서 명성을
얻다
avant-garde 아방가르드

*to부정사
❼ With the publication of The Waste Land in 1922,/ now considered by many/ to be the single
　　　전명구　　　　　전명구　　　　전명구　　부사　과거분사　　전명구　보어 to부정사 보어
most influential poetic work/ of the twentieth century,/ Eliot's reputation began/ to grow
　　　　전명구　　　　　　　전명구　　　　주어　　　동사　목적어
to nearly mythic proportions.
　　전명구

1922년에 「황무지」 출간으로/ 현재는 많은 이들에 의해 여겨지는/ 단연 가장 영향력 있는 시 작품으로/ 20세기의/
Eliot의 명성은 시작되었다/ 거의 신화적인 비율로 성장하기

mythic 상상의, 신화적인
proportion 비율

밑줄 친 부분에 들어갈 말로 가장 적절한 것을 고르시오.

🕐 1분 45초

Archilochus said something like, "the fox knows many things but the hedgehog knows one big thing." Berlin then expounded on the analogy saying that the world could be divided into two categories: the hedgehog _____; the fox, who draws upon wide experiences and for whom the world cannot be boiled down to a single idea. The strength of the hedgehog is in his focus and central vision. The power of the fox is in his flexibility and openness to experience. The hedgehog never wavers, never doubts. The fox is more cautious, more pragmatic, and more inclined to see complexity and nuance. Collins in his book *Good to Great* took the simple comparison and applied it to the business world in a unique way. Clearly, a cheerleader for hedgehogs, Collins says, "All good-to-great leaders, it turns out, are hedgehogs. They know how to simplify a complex world into a single, organizing idea — the kind of basic principle that unifies, organizes, and guides all decisions." Collins tends to see foxes as flighty, distracted and inconsistent.

① that focuses on various experiences
② who thinks he is better than the fox
③ who views the world through a single defining idea
④ which studies the world through many different eyes

| 해석 | Archilochus는 "여우는 많은 것을 알고 있지만 고슴도치는 한 가지 큰 것을 알고 있다."와 같은 말을 했다. 그 후 Berlin은 세계가 두 가지 범주로 나뉠 수 있다고 말하면서 비유에 대해 자세히 설명했는데, 그것은 ③ 하나의 규정된 생각으로 세상을 보는 고슴도치 그리고 넓은 경험을 이용하며 세상이 하나의 아이디어로 요약될 수 없다는 여우이다. 고슴도치의 강점은 그의 집중과 중심 시야에 있다. 여우의 힘은 경험에 대한 그의 유연성과 열린 마음에 있다. 고슴도치는 결코 흔들리지 않고, 의심하지도 않는다. 여우는 더 신중하고, 더 실용적이며, 복잡성과 뉘앙스를 보는 경향이 더 있다. Collins는 그의 저서 "Good to Great"에서 이 간단한 대조를 하여 그것을 비즈니스 세계에 독특한 방식으로 적용했다. 분명히 고슴도치의 지지자인 Collins는 말한다. "모든 훌륭한 지도자들은 고슴도치들인 것으로 밝혀졌다. 그들은 복잡한 세계를 하나의 조직적인 생각, 즉 모든 결정을 통일하고 조직하고 인도하는 일종의 기본 원칙으로 단순화하는 방법을 알고 있다." Collins는 여우를 변덕이 심하고 산만하고 일관성이 없다고 보는 경향이 있다.
① 다양한 경험에 초점을 맞추는
② 그가 여우보다 더 낫다고 생각하는
③ 하나로 규정하는 생각으로 세상을 보는
④ 다양한 시각을 통해 세상을 연구하는

| 해설 | ③ Isaiah Berlin의 「고슴도치와 여우」에 대한 글이다. 빈칸이 있는 문장 이전에 Berlin이 세계를 두 가지 범주로 나눌 수 있다고 했는데, 그 첫 번째는 고슴도치이고 두 번째는 여우라고 하며, 여우는 세상을 하나의 아이디어로 요약하지 못한다고 했다. 이어서 고슴도치와 여우의 다른 점을 계속 서술하고 있으므로 빈칸에는 넓은 경험을 이용하며 세상이 하나의 아이디어로 요약될 수 없는 여우의 특징과 대조를 이루는 내용이 서술됨을 유추할 수 있다. 따라서, ③이 빈칸에 가장 적절하다.

정답 ③

❶ Archilochus said something like,/ "the fox knows many things/ but the hedgehog knows one

   주어   동사   목적어   전치사   주어   동사   목적어   등위접속사   주어   동사   목적어

big thing."

Archilochus는 ~와 같은 말을 했다/ "여우는 많은 것을 알고 있다/ 그러나 고슴도치는 한 가지 큰 것을 알고 있다"

*분사구문

❷ Berlin then/ expounded on the analogy/ saying that/ the world could be divided/ into two

   주어   접속부사   동사   전명구   명사절접속사   주어   동사   전명구

categories:/ the hedgehog/ ③ who views the world/ through a single defining idea;/ the fox,/

           명사1(동격)   주·관·대 동사   목적어   전명구   명사2(동격)

who draws upon wide experiences/ and for whom the world cannot be boiled down/ to a

주·관·대 동사   전명구   등위접속사 전치사 목·관·대   주어   동사   전명구

single idea.

그 후 Berlin은/ 비유에 대해 자세히 설명했다/ ~라고 말하면서/ 세계가 나뉠 수 있다/ 두 가지 범주로/ 고슴도치/ ③ 세상을 보는/ 하나의 규정된 생각으로/ 여우/ 넓은 경험을 이용하며/ 세상이 요약될 수 없는/ 하나의 아이디어로

expound 자세히 설명하다
analogy 비유
draw upon ~을 이용하다
boil down to ~으로 요약하다

❸ The strength of the hedgehog/ is in his focus and central vision.

     주어   전명구   동사   전명구

고슴도치의 강점은/ 그의 집중과 중심 시야에 있다

❹ The power of the fox/ is in his flexibility and openness/ to experience.

    주어   전명구   동사   전명구   전명구

여우의 힘은/ 그의 유연성과 열린 마음에 있다/ 경험에 대한

flexibility 유연성
openness 마음이 열려 있음

❺ The hedgehog/ never wavers, never doubts.

     주어   동사

고슴도치는/ 결코 흔들리지 않고, 의심하지도 않는다

*be inclined to 동사원형에서 be 생략

❻ The fox is more cautious, more pragmatic,/ and more inclined/ to see complexity and nuance.

   주어 동사   보어1   보어2   등위접속사   동사   to부정사 부사적 용법   to부정사 목적어

여우는 더 신중하고, 더 실용적이며/ 그리고 더 경향이 더 있다/ 복잡성과 뉘앙스를 보는

pragmatic 실용적인
be inclined to ~하는 경향이 있다

❼ Collins/ in his book *Good to Great*/ took the simple comparison/ and applied it/ to the

    주어   전명구   명사(동격)   동사1   목적어   등위접속사 동사2 목적어 전명구

business world/ in a unique way.

                전명구

Collins는/ 그의 저서 "Good to Great"에서/ 간단한 대조를 한다/ 그리고 그것을 적용했다/ 비즈니스 세계에/ 독특한 방식으로

❽ Clearly,/ a cheerleader for hedgehogs,/ Collins says,/ "All good-to-great leaders,/ it turns

    부사   명사(동격)   전명구   주어   동사   주어   삽입절

out,/ are hedgehogs.

동사   보어

분명히/ 고슴도치의 지지자인/ Collins는 말한다/ "모든 훌륭한 지도자들은/ 밝혀졌다/ 고슴도치들이다

cheerleader 지지자

❾ They know/ how to simplify a complex world/ into a single, organizing idea/ — the kind of

주어   동사   의문사   to부정사   to부정사 목적어   전명구   명사(동격)   전명구

basic principle/ that unifies, organizes, and guides/ all decisions."

      주격 관계대명사   동사   목적어

그들은 알고 있다/ 복잡한 세계를 단순화하는 방법을/ 하나의 조직적인 생각으로/ 일종의 기본 원칙으로/ 통일하고 조직하고 인도하는/ 모든 결정을

*to부정사

❿ Collins tends/ to see foxes/ as flighty, distracted and inconsistent.

   주어   동사   보어 to부정사 목적어   전명구

Collins는 ~하는 경향이 있다/ 여우를 보는/ 변덕이 심하고 산만하고 일관성이 없다고

flighty 변덕이 심한

다음 빈칸에 들어갈 말로 가장 적절한 것은? ⏱ 2분 30초

Red herring is a fallacy that people commonly use. The term red herring means a kind of dried red fish, which has a pungent smell. In fox hunting, hounds are prevented from catching the fox by distracting them with the strong scent of red herring. Similarly, it has occasionally been applied in human life. Let us consider a simple example of a red herring. A red herring is a common device used in mystery and thriller stories to distract the reader from identifying the real culprit. The red herring in a story can take the form of characters that the reader suspect, but who turn out to be innocent when the real murderer is identified. Moreover, for politicians, red herrings come in handy as they use them frequently to dodge difficult questions in a discussion or an argument. They do it by referring to a different issue, which of course is _____.

① immaculate, to institute a new law
② insufficient, to score points with the public
③ imperative, to control themselves in a certain situation
④ irrelevant, to sidetrack from the original issue under discussion

| 해석 | 붉은 청어는 사람들이 흔히 사용하는 (인식상의) 오류이다. 붉은 청어라는 용어는 코를 찌르는 냄새를 가지고 있는 말린 붉은 생선의 한 종류를 의미한다. 여우 사냥에서, 붉은 청어의 강한 냄새로 사냥개들에게 혼란을 주어 여우를 잡지 못하도록 한다. 비슷하게 그것은 종종 인간 생활에 적용된다. 붉은 청어의 간단한 예를 생각해보자. 붉은 청어는 미스터리와 스릴러 이야기에서 독자들이 진짜 범인을 밝히지 못하도록 혼란시키기 위해 사용되는 흔한 장치이다. 한 이야기에서 붉은 청어는 독자가 의심하고는 있지만 진짜 살인자가 밝혀지면서 무죄가 증명되는 등장인물들의 형태를 취할 수 있다. 또한, 정치인들에게 붉은 청어는 그들이 토의나 논쟁에서 어려운 질문들을 피하기 위해서 자주 사용하기 때문에 유용하다. 그들은 다른 문제를 언급함으로써 그것을 사용하는데, 물론 그것은 ④ 관련이 없는 것이며, 토론 중에 있던 원래의 문제를 피하기 위한 것이다.
① 오류가 없는 것이며, 새로운 법안을 실시하기 위한 것
② 불충분한 것이며, 대중에게 점수를 얻기 위한 것
③ 긴급한 것이며, 특정 상황에서 그들을 통제하기 위한 것
④ 관련이 없는 것이며, 토론 중에 있던 원래의 문제를 피하기 위한 것

| 해설 | ④ 붉은 청어는 강한 냄새가 나는 생선으로, 사냥개들에게 혼란을 주어 여우를 잡지 못하게 하고, 미스터리와 스릴러에서 독자에게 글의 전개에 혼란을 주는 목적으로 사용되는 용어이다. 정치인들은 원래의 문제를 해결하기 위함이 아니라 피하기 위해서 붉은 청어의 오류를 사용한다고 했으므로 정답은 ④이다.

정답 ④

① Red herring is a fallacy/ that people commonly use.
　　주어　　　　동사　　보어　　목적격 관계대명사주어　　부사　　동사

붉은 청어는 (인식상의) 오류이나/ 사람들이 흔히 사용하는

② The term red herring/ means a kind of dried red fish,/ which has a pungent smell.
　　주어　　　명사(동격)　　동사　　목적어　　　전명구　　주격 관계대명사 동사　　목적어

붉은 청어라는 용어는/ 말린 붉은 생선의 한 종류를 의미한다/ 코를 찌르는 냄새를 가지고 있는

pungent (코·혀를) 찌르 듯이 자극하는

③ In fox hunting,/ hounds are prevented/ from catching the fox/ by distracting them/ with the
　　전명구　　　　주어　　　동사　　　전명구　　동명사 목적어　　전명구　　동명사 목적어 전명구
strong scent of red herring.
　　　　전명구

여우 사냥에서/ 사냥개들은 방해받는다/ 여우를 잡지 못하도록/ 그들에게 혼란을 줌으로써/ 붉은 청어의 강한 냄새로

hound 사냥개
scent 냄새

④ Similarly,/ it has occasionally been applied/ in human life.
　　접속부사　　주어　　　　동사　　　　　전명구

비슷하게/ 그것은 종종 적용된다/ 인간 생활에

　　　　*원형부정사
⑤ Let us consider/ a simple example of a red herring.
　　동사 목적어 목적격 보어　원형부정사 목적어　　　전명구

생각해보자/ 붉은 청어의 간단한 예를

　　　　　　　　　　　　　　　　　　　　　　　　　*to부정사 부사적 용법
⑥ A red herring is a common device/ used in mystery and thriller stories/ to distract the reader
　　주어　　　동사　　보어　　　過去분사　　　　전명구　　　　to부정사 목적어
from identifying the real culprit.
　　전명구　　　　동명사 목적어

붉은 청어는 흔한 장치이다/ 미스터리와 스릴러 이야기에서 사용되는/ 독자들을/ 혼란시키기 위해/ 진짜 범인을 밝히지 못하도록

culprit 범인

⑦ The red herring in a story/ can take the form of characters/ that the reader suspect,/ but
　　주어　　　전명구　　　동사　　목적어　　전명구　　목적격 관계대명사　주어　　동사　등위접속사
who turn out to be innocent/ when the real murderer is identified.
주격 관계대명사 동사 to부정사　보어　　접속사　　주어　　　동사

한 이야기에서 붉은 청어는/ 등장인물들의 형태를 취할 수 있다/ 독자가 의심하고 있는/ 그러나 무죄로 밝혀지는/ 진짜 살인자가 밝혀졌을 때

turn out 드러나다, 판명되다
identify 확인하다, 식별하다

⑧ Moreover, for politicians,/ red herrings/ come in handy/ as they use them frequently/
　　접속부사　　전명구　　　주어　　　동사　　전명구　접속사 주어 동사 목적어　부사
to dodge difficult questions/ in a discussion or an argument.
to부정사 부사적 용법　to부정사 목적어　　　　전명구

또한 정치인들에게/ 붉은 청어는/ 유용하다/ 그들이 그것들(붉은 청어)을 자주 사용하기 때문에/ 어려운 질문들을 피하기 위해서/ 토의나 논쟁에서

come in handy (~에) 도움이 되다, 쓸모가 있다
dodge 피하다

⑨ They do it/ by referring to a different issue,/ which of course is ④ irrelevant,/ to sidetrack
　　주어 동사 목적어　전명구　　　전명구　　주격 관계대명사　전명구　　동사　　보어　to부정사 부사적 용법
from the original issue/ under discussion.
　　전명구　　　　　전명구

그들은 그것을 한다/ 다른 문제를 언급함으로써/ 물론 그것은 ④ 관련이 없는 것이다/ 원래의 문제를 피하기 위해서/ 토론 중에 있던

sidetrack (하던 말·일에서) 곁길로 새다

DAY 29

Warm Up 기출문제

다음 글의 내용과 일치하지 <u>않는</u> 것을 고르시오. 2017 지방직 9급(추가채용)　⏱ 2분

　　There is a basic principle that distinguishes a hot medium like radio from a cool one like the telephone, or a hot medium like the movie from a cool one like TV. A hot medium is one that extends one single sense in "high definition." High definition is the state of being well filled with data. A photograph is visually "high definition." A cartoon is "low definition," simply because very little visual information is provided. Telephone is a cool medium, or one of low definition, because the ear is given a meager amount of information. And speech is a cool medium of low definition, because so little is given and so much has to be filled in by the listener. On the other hand, hot media do not leave so much to be filled in or completed by the audience.

① Media can be classified into hot and cool.
② A hot medium is full of data.
③ Telephone is considered high definition.
④ Cool media leave much to be filled in by the audience.

| 해석 | 라디오와 같은 핫 미디어를 전화와 같은 쿨 미디어로부터, 혹은 영화와 같은 핫 미디어를 TV와 같은 쿨 미디어로부터 구분하는 기본적인 원칙이 있다. 핫 미디어는 단일한 감각을 "고도의 해상도"에서 확장하는 것이다. 고도의 해상도는 데이터로 충분히 잘 채워져 있는 상태를 의미한다. 사진은 시각적으로 "고도의 해상도"에 해당한다. 만화는 단지 아주 조금의 시각적인 정보만 제공된다는 이유로 "낮은 해상도"이다. 전화는 귀에게 불충분한 양의 정보만이 주어지기 때문에 쿨 미디어, 혹은 낮은 해상도의 미디어이다. 그리고 말은 아주 적은 양이 주어지고 듣는 사람에 의해 많은 부분이 채워져야 하기 때문에 낮은 해상도의 쿨 미디어이다. 반면에, 핫 미디어는 청중에 의해 채워지거나 성취되어야 할 여지를 많이 남겨두지 않는다.
① 미디어는 핫과 쿨로 분류될 수 있다.
② 핫 미디어는 데이터로 가득하다.
③ 전화는 고도의 해상도로 여겨진다.
④ 쿨 미디어는 청중에 의해 채워져야 할 많은 부분을 남겨둔다.

| 해설 | ③ 본문의 'Telephone is a cool medium, or one of low definition, because the ear is given a meager amount of information.(전화는 귀가 불충분한 양의 정보만을 받기 때문에 쿨 미디어, 혹은 낮은 해상도의 하나이다.)'에서 전화는 낮은 해상도(low definition)라고 서술하고 있으므로 ③은 본문과 일치하지 않는 내용이다.

정답 ③

지문 구조분석

❶ *유도부사
There is a basic principle/ that distinguishes a hot medium like radio/ from a cool one
　동사　　주어　　주·관·대　　동사　　　목적어1　　전명구　　전명구
like the telephone,/ or a hot medium like the movie/ from a cool one like TV.
　전명구　　접속사　　목적어2　　　전명구　　　전명구　　전명구

기본적인 원칙이 있다/ 라디오와 같은 핫 미디어를 구분하는/ 전화와 같은 쿨 미디어로부터/ 혹은 영화와 같은 핫
미디어를/ TV와 같은 쿨 미디어로부터

principle 원칙
medium 매체, 매개, 미디어

❷ A hot medium is one/ that extends one single sense/ in "high definition."
　주어　　동사 보어 주·관·대 동사　　목적어　　　전명구

핫 미디어는 ~이다/ 단일한 감각을 확장하는/ "고도의 해상도"에서

definition 해상도, 선명도

❸ *동명사
High definition is the state/ of being well filled with data.
　주어　　동사　보어　전명구 부사 과거분사 전명구

고도의 해상도는 상태이다/ 데이터로 충분히 잘 채워져 있는

be filled with ~로 가득 차다

❹ A photograph/ is visually "high definition."
　주어　　동사 부사　　주격 보어

사진은/ 시각적으로 "고도의 해상도"이다

❺ A cartoon is "low definition,"/ simply because very little visual information is provided.
　주어 동사　주격 보어　　부사 접속사　　　주어　　　동사

만화는 "낮은 해상도"이다/ 단지 아주 조금의 시각적인 정보만 제공된다는 이유로

❻ Telephone is a cool medium,/ or one of low definition,/ because the ear is given/
　주어　 동사 주격 보어1 접속사 주격보어2 전명구　　接속사　　주어　 동사
a meager amount of information.
　목적어　　　전명구

전화는 쿨 미디어이다/ 혹은 낮은 해상도의 미디어/ 귀에게 주어지기 때문에/ 불충분한 양의 정보만이

meager 빈약한, 불충분한

❼ *부정대명사 　　　　　　　　　　　　　　　　　　　　 *부정대명사
And speech is a cool medium/ of low definition,/ because so little is given/ and so much
接속사 주어 동사　　주격 보어　　전명구　　　接속사 주어 동사 接속사 주어
has to be filled in/ by the listener.
　동사　　전명구

그리고 말은 쿨 미디어이다/ 낮은 해상도의/ 왜냐하면 아주 적은 양이 주어지고/ 많은 부분이 채워져야 하기 때문에/
듣는 사람에 의해

❽ On the other hand,/ hot media do not leave so much/ to be filled in or completed/
　接속부사　　　주어　　동사　　목적어　 to부정사 형용사적 용법
by the audience.
　전명구

반면에/ 핫 미디어는 많이 남겨두지 않는다/ 채워지거나 성취되어야 할/ 청중에 의해

audience 청중

다음 주어진 문장에 이어질 순서로 알맞은 것은? ⏱ 2분

In science, buoyancy, known as upthrust, is an upward force exerted by a fluid that opposes the weight of an immersed object.

(A) The magnitude of that force exerted is proportional to that pressure difference, and is equivalent to the weight of the fluid that would otherwise occupy the volume of the object, i.e. the displaced fluid.

(B) Similarly, the pressure at the bottom of an object submerged in a fluid is greater than at the top of the object. This pressure difference results in a net upwards force on the object.

(C) In a column of fluid, pressure increases with depth as a result of the weight of the overlying fluid. Thus the pressure at the bottom of a column of fluid is greater than at the top of the column.

① (A) – (B) – (C)　　　　　　　② (C) – (B) – (A)

③ (B) – (A) – (C)　　　　　　　④ (C) – (A) – (B)

| 해석 | 과학에서 밀어 올리는 힘으로 알려진 부력은 담겨진 물체의 무게에 반대되는, 액체에 의해 가해지는 위로 밀어 올리려는 힘이다.

(C) 액체 기둥에서, 깊어짐에 따라 위에 놓인 액체의 무게의 결과로 압력은 증가한다. 따라서 액체 기둥에서 아랫부분의 압력은 윗부분보다 높다.

(B) 마찬가지로 물에 잠긴 물체에 가해지는 아랫부분의 압력은 물체의 윗부분보다 더 높다. 이러한 압력의 차이는 물체에 윗방향으로의 알짜 힘을 만들어낸다.

(A) 가해지는 힘의 크기는 그 압력의 차이에 비례하고 그렇지 않으면 물체. 즉 대체된 액체의 부피를 차지하는 액체의 무게와 같다.

| 해설 | ② 주어진 문장은 부력에 대한 일반적인 설명만을 제시하고 있어서, 첫 번째 단락을 고르는 것이 가장 어려울 수 있다. (A)의 'The magnitude'와 (B)의 'Similarly, the pressure'는 앞서 언급한 것을 지칭하기에 시작으로 적절하지 않다. 우선 (C)를 선택하면, 'a column of fluid'에 대한 실험이 소개가 되고, 이후 (B)에서 'the pressure at the bottom of an object'로 물체의 바닥에서의 압력을 소개하고, 그 압력을 다시 (A)에서 'that force'로 지칭해주고 있기에, '(C) – (B) – (A)'의 순서가 가장 적절하다. 따라서 정답은 ②이다.

정답 ②

❶ In science,/ buoyancy,/ known as upthrust,/ is an upward force/ exerted by a fluid/ that
전명구　　　주어　　　과거분사　　　전명구　　　　동사　　보어　　　　과거분사　　　전명구　주격 관계대명사
opposes the weight of an immersed object.
동사　　　목적어　　　　　전명구

과학에서/ 부력은/ 밀어 올리는 힘으로 알려진/ 위로 밀어 올리려는 힘이다/ 액체에 의해 가해지는/ 담겨진 물체의
무게에 반대되는

buoyancy **부력, 부양성**
exerted **가해지는**

❷ (C) In a column of fluid,/ pressure increases/ with depth/ as a result of the weight/
전명구　　　전명구　　　주어　　　동사　　　전명구　　　　전명구
of the overlying fluid.
전명구

(C) 액체 기둥에서/ 압력은 증가한다/ 깊어짐에 따라/ 무게의 결과로/ 위에 놓인 액체의

a column of fluid **물기둥**

*at 앞 중복 명사 the pressure 생략

❸ Thus the pressure/ at the bottom of a column of fluid/ is greater than at the top
접속부사　　주어　　　　　전명구　　　　전명구　　　전명구　동사　보어　전치사　　전명구
of the column.
전명구

따라서 압력은/ 액체 기둥에서 아랫부분에서의/ 기둥의 윗부분보다 더 높다

❹ (B) Similarly,/ the pressure/ at the bottom of an object submerged in a fluid/ is greater than
접속부사　　　주어　　　　전명구　　　　전명구　　　과거분사　　　전명구　　동사　보어　전치사
*at 앞 중복 명사 the pressure 생략
at the top of the object.
전명구　　　전명구

(B) 마찬가지로/ 압력은/ 물에 잠긴 물체에 가해지는 아랫부분의/ 물체의 윗부분보다 더 높다

❺ This pressure difference/ results in a net upwards force/ on the object.
주어　　　　　　　동사　　　　　전명구　　　　　전명구

이러한 압력의 차이는/ 윗방향으로의 알짜 힘을 만들어낸다/ 물체에

❻ (A) The magnitude of that force exerted/ is proportional to that pressure difference,/ and is
주어　　　　전명구　　　과거분사　동사　보어　　　전명구　　　등위접속사 동사
equivalent to the weight of the fluid/ that would otherwise occupy the volume of the object,/
보어　　　전명구　　　　전명구　주격 관계대명사　　　동사　　　　목적어　　　　전명구
i.e. the displaced fluid.
전명구

(A) 가해지는 힘의 크기는/ 그 압력의 차이에 비례한다/ 그리고 액체의 무게와 같다/ 그렇지 않으면 물체의 부피를
차지하는/ 즉, 대체된 액체

proportional **비례하는**

다음 빈칸에 들어갈 가장 적절한 것은?

⏱ 4분

The earliest mammals, like the earliest birds, were creatures driven by competition and pursuit into a life of hardship and adaptation to cold. With them also the scale became quill-like, and was developed into a heat-retaining covering; and they too underwent modifications, similar in kind though different in detail, to become warm-blooded and independent of basking. Instead of feathers they developed hairs, and instead of guarding and incubating their eggs they kept them warm and safe by retaining them inside their bodies until they were almost mature. Most of them became altogether viviparous and brought their young into the world alive. And even after their young were born they tended to maintain a protective and nutritive association with them. _____ Two mammals still live which lay eggs and which have not proper mammae, though they nourish their young by a nutritive secretion of the under skin; these are the duck-billed platypus and the echidna. The echidna lays leathery eggs and then puts them into a pouch under its belly, and so carries them about warm and safe until they hatch.

① But it is not that they have never hit upon survival conditions.

② Most but not all mammals today have mammae and suckle their young.

③ But they were altogether too small and obscure and remote for attention.

④ But once the feather was developed, the possibility of flight led inevitably to the wing.

| 해석 | 최초의 새들과 같이 최초의 포유류들은 경쟁과 추격에 의해 삶의 고난과 추위에의 적응에 내몰린 생명체들이었다. 그로 인해 또한 비늘은 (새의) 깃 모양과 같이 되었고, 열을 보존하는 덮개로 발전했다. 그리고 그들은 또한 세세한 것에서는 다르지만 종류에 있어서 비슷한 온혈동물이 되고 햇빛을 쬐지 않아도 되도록 변화를 겪게 되었다. 깃털 대신에 그들은 털을 발달시켰고, 알을 지키고 품는 것 대신 새끼가 거의 다 자랄 때까지 몸 안에 새끼를 보유하면서 새끼들을 따뜻하고 안전하게 유지했다. 그들 중 대부분은 (난생(卵生)이 아닌) 완전히 태생(胎生)이 되었고, 그들의 어린 개체(새끼)를 세상에 살아있는 채로 낳았다. 그리고 그들의 새끼가 태어난 후에도 그들은 새끼를 보호하고 영양물을 공급하는 유대를 유지하는 경향을 보였다. ② 대부분은 그렇지만 오늘날의 모든 포유류가 유방이 있고 그들의 어린 개체에게 젖을 먹이는 것은 아니다. 비록 어린 개체에게 피부 아래에 영양분을 제공하는 분비물로 영양분을 제공하기는 하지만 알을 낳고 제대로 된 유방이 없는 두 종의 포유류가 여전히 살고 있다. 이것들은 오리 부리를 가진 오리 너구리와 바늘 두더지이다. 바늘 두더지는 가죽과 같은 알들을 낳는다. 그리고 그런 다음 그것들을 배 아래 주머니에 넣는다. 그래서 알들이 부화할 때까지 따뜻하고 안전하게 지니고 다닌다.

① 그러나 그들이 생존 조건을 전혀 떠올리지 못했던 것은 아니다.

② 대부분은 그렇지만 오늘날의 모든 포유류가 유방을 가지며 그들의 어린 개체에게 젖을 먹이는 것은 아니다.

③ 그러나 그들은 완전히 너무 작고 눈에 띄지 않아서 관심을 받기 어려웠다.

④ 그러나 일단 깃털이 발달되자 비행의 가능성은 필연적으로 날개에 이르게 했다.

| 해설 | ② 빈칸 앞에서는 오늘날의 포유류가 알 대신 어린 개체를 낳는 태생이며, 낳고 나서도 새끼를 보호하고 영양분을 공급하는 유대를 갖는다고 했는데, 빈칸 뒤에서는 알을 낳고 제대로 된 유방이 없는 포유류가 있다고 언급하고 있다. 따라서 빈칸에 들어갈 말은 대부분의 포유류가 지닌 특성을 부정하는 말일 것이다. 따라서 정답으로는 ②가 가장 적절하다.

정답 ②

❶ The earliest mammals,/ like the earliest birds,/ were creatures/ driven
주어 　　　　　　　전명구 　　　　동사 　　보어 　　과거분사
by competition and pursuit/ into a life of hardship and adaptation to cold.
전명구 　　　　　　　전명구 　　　　　　　전명구 　　　　　　전명구

최초의 포유류들은/ 최초의 새들과 같은/ 생명체들이었다/ 경쟁과 추격에 의해/ 고된 삶과 추위에 내몰린

mammal 포유류
hardship 고난
adaptation 적응

❷ With them/ also the scale became quill-like,/ and was developed/ into a heat-retaining
전명구 　부사 　주어 　동사1 　　보어 　등위접속사 　동사2 　　　　전명구
　　　　　　　　　　　　　　　　　　　*similar 앞 분사구문 being 생략 　*different 앞 주어 + be동사 생략
covering;/ and they too underwent modifications,/ similar in kind/ though different in detail,/
등위접속사 주어 부사 　동사 　　목적어 　　　형용사 　전명구 　접속사 　형용사 　전명구
to become warm-blooded and independent of basking.
to부정사 부사적용법 　보어1 　등위접속사 　보어2 　　전명구

그것들과 함께(그로 인해)/ 또한 비늘은 (새의) 깃 모양과 같이 되었다/ 그리고 발전했다/ 열을 보존하는 덮개로/ 그리고 그들은 또한 변화를 겪어/ 종류에 있어서 비슷한/ 세세한 것에서는 다르지만/ 온혈동물이 되고 햇빛을 쬐지 않아도 되게 되었다

warm-blooded 온혈 동물의
bask 햇빛을 쬐다

❸ Instead of feathers/ they developed hairs,/ and instead of guarding and incubating their eggs/
전명구 　　　주어 　동사 　목적어 등위접속사 　　　　전명구 　　　　동명사 목적어
they kept them warm and safe/ by retaining them inside their bodies/ until they were almost
주어 동사 목적어 　목적격 보어 　　전명구 　　동명사 목적어 　전명구 　접속사 주어 동사 부사
mature.
보어

깃털 대신에/ 그들은 털을 발달시켰다/ 그리고 알을 지키고 품는 것 대신/ 그들은 새끼들을 따뜻하고 안전하게 유지했다/ 그들의 몸 안에 새끼를 보유하면서/ 새끼가 거의 다 자랄 때까지

incubate (알 등을) 품다

❹ Most of them/ became altogether viviparous/ and brought their young into the world/ alive.
주어 　전명구 　동사1 　부사 　보어 　등위접속사 동사2 　목적어 　　전명구 　목적격 보어

그들 중 대부분은/ (난생(卵生)이 아닌) 완전히 태생(胎生)이 되었다/ 그리고 그들의 어린 개체(새끼)를 세상에 낳았다/ 살아있는 채로

viviparous 태생의

❺ And even after their young were born/ they tended to maintain/
등위접속사 부사 접속사 　주어 　동사 　주어 　동사 　보어
a protective and nutritive association with them.
to부정사 목적어 　　　　전명구

그리고 그들의 새끼가 태어난 후에도/ 그들은 유지하는 경향을 보였다/ 새끼를 보호하고 영양물을 공급하는 유대를

❻ ② Most but not all mammals today/ have mammae/ and suckle their young.
주어 　　　　　부사 　동사1 　목적어 　등위접속사 동사2 　목적어

② 대부분은 그렇지만 오늘날의 모든 포유류가 ~은 아니다/ 유방이 있고/ 그들의 어린 개체에게 젖을 먹인다

mammae 유방
suckle 젖을 먹이다, 기르다

❼ 　　　　　　　　　　*주격 관계대명사 　　　　　*주격 관계대명사
Two mammals still live/ which lay eggs/ and which have not proper mammae,/ though they
주어 　　　부사 동사 　동사 목적어 　등위접속사 　동사 　　목적어 　　접속사 주어
nourish their young/ by a nutritive secretion of the under skin;/ these are the duck-billed
동사 　목적어 　　　전명구 　　　　전명구 　　주어 동사 　보어
platypus and the echidna.

두 종류의 포유류가 여전히 살고 있다/ 알을 낳는/ 그리고 제대로 된 유방이 없는/ 비록 그들이 어린 개체에게 영양분을 제공하더라도/ 피부 아래에 영양분을 제공하는 분비물로/ 이것들은 오리 부리를 가진 오리 너구리와 바늘 두더지이다

nourish 영양분을 공급하다
nutritive 영양이 되는
secretion 분비물
billed 부리가 가진

❽ The echidna/ lays leathery eggs/ and then puts them into a pouch/ under its belly,/ and so
주어 　　동사1 　목적어 　등위접속사 부사 동사2 목적어 　전명구 　　　전명구 　등위접속사 부사
carries them about/ warm and safe/ until they hatch.
동사3 목적어 부사 　목적격 보어 　접속사 주어 동사

바늘 두더지는/ 가죽과 같은 알들을 낳는다/ 그리고 그런 다음 그것들을 주머니에 넣는다/ 배 아래/ 그래서 그것들을 지니고 다닌다/ 따뜻하고 안전하게/ 그것들이 부화할 때까지

leathery 가죽과 같은
pouch 주머니

다음 글의 요지로 가장 적절한 것은?　　　　　　　　　　　　　　🕐 2분

According to Freud, we are born with our id. The id is an important part of our personality because as newborns, it allows us to get our basic needs met. Freud believed that the id is based on our pleasure principle. In other words, the id wants whatever feels good at the time, with no consideration for the reality of the situation. When a child is hungry, the id wants food, and therefore the child cries. When the child needs to be changed, the id cries. When the child is uncomfortable, in pain, too hot, too cold, or just wants attention, the id speaks up until his or her needs are met. If you think about it, babies are not really considerate of their parents' wishes. They have no care for time, whether their parents are sleeping, relaxing, eating dinner, or bathing. When the id wants something, nothing else is important.

① The id is the component of personality that is present from birth.

② The id doesn't care about reality and the needs of anyone else, but only cares about its own satisfaction.

③ According to Freud, the id is the source of all psychic energy, making it the primary component of personality.

④ The id acts according to the "pleasure principle" — the psychic force that motivates the tendency to seek long-term gratification of any impulse.

| 해석 | Freud에 따르면, 우리는 id(이드: 본능적 충동의 원천)를 가지고 태어난다. id는 우리의 성격에서 하나의 중요한 부분이다. 왜냐하면, 신생아 때 그것은 우리로 하여금 기본적인 욕구를 만족시켜주기 때문이다. Freud는 id가 우리의 쾌락 원리에 기반한다고 생각했다. 즉, id는 그 상황의 현실에 대한 고려 없이 그 당시 기분을 좋게 만드는 것이라면 무엇이든 원한다. 아이가 배가 고프다면, id는 음식을 원하고, 따라서 그 아이는 운다. 아이가 기저귀를 갈아줄 필요가 있다면, id는 울 것이다. 아이가 불편하고, 고통스럽고, 너무 덥고, 너무 춥고 또는 그냥 관심을 받고 싶다면, id는 아이의 욕구가 만족될 때까지 목소리를 높인다. 그것을 생각해본다면, 아기들은 그들 부모의 바람에 대하여 진짜 배려를 하지 못하는 것이다. 그들은 시간에 대해 신경 쓰지 않는다. 그들 부모가 잠을 자든, 휴식을 취하든, 저녁을 먹든, 또는 목욕을 하든지 말이다. id가 무언가를 원한다면, 그 어느 것도 중요하지 않은 것이다.

　① id는 태어날 때부터 존재하는 성격의 구성요소이다.

　② id는 현실과 다른 다른 누군가의 욕구에 대해서 신경 쓰지 않으며 오직 그 자신의 만족에만 신경 쓸 뿐이다.

　③ Freud에 의하면, id는 모든 초자연적 에너지의 원천이며 그것을 성격의 주요한 구성요소로 만든다.

　④ id는 "쾌락 원리", 즉, 어떤 충동이든 장기적인 만족을 찾는 경향에 동기부여를 하는 초자연적 힘에 따라 행동한다.

| 해설 | ② id(이드)는 태어나면서부터 누구나 가지고 태어나는 본능으로, 자신의 만족을 위해서라면 현실이나 주변 상황들은 신경 쓰지 않는다는 것이 전체적인 내용이므로 ②가 이 글의 요지이다.

정답 ②

❶ According to Freud,/ we are born/ with our id.
　　전명구　　　　　　주어　　동사　　　전명구

Freud에 따르면/ 우리는 태어난다/ id(이드: 본능적 충동의 원천)를 가지고

❷ The id/ is an important part/ of our personality/ because as newborns,/ it allows us
　　주어　동사　　보어　　　　　　전명구　　　　접속사　　　전명구　　주어 동사 목적어
to get our basic needs met.
목적격 보어　to부정사 목적어　to부정사 목적격 보어

id는/ 하나의 중요한 부분이다/ 우리의 성격의/ 왜냐하면, 신생아 때/ 그것은 우리로 하여금 기본적인 욕구를 만족시켜 주기 때문이다

❸ Freud believed/ that the id is based/ on our pleasure principle.
　　주어　　동사　　명사절접속사주어　동사　　　　전명구

Freud는 믿었다/ id가 기반한다고/ 우리의 쾌락 원리에

❹ In other words,/ the id wants whatever feels good/ at the time,/ with no consideration/
　　접속부사　　　　주어　　동사　복합관계대명사 동사　보어　　전명구　　　　　전명구
*타동사 목적어
for the reality of the situation.
　　전명구　　　　　　전명구

즉/ id는 기분을 좋게 만드는 것이라면 무엇이든 원한다/ 그 당시/ 고려 없이/ 그 상황의 현실에 대한

❺ When a child is hungry,/ the id wants food,/ and therefore the child cries.
　　접속사　주어　동사 보어　　　주어　　동사　목적어 등위접속사 부사　　주어　　동사

아이가 배가 고프다면/ id는 음식을 원하고/ 따라서 그 아이는 운다

❻ When the child needs to be changed,/ the id cries.
　　접속사　　주어　　동사　　　목적어　　　　주어　동사

아이의 기저귀를 갈아야 할 때가 되면/ id는 운다

❼ When the child is uncomfortable, in pain, too hot, too cold, or just wants attention,/ the id
　　접속사　　주어　　동사1　　보어1　　보어2　　보어3　　보어4 등위접속사 부사 동사2　목적어　　　주어
speaks up/ until his or her needs are met.
　동사구　　　접속사　　　주어　　　동사

아이가 불편하거나, 고통스럽거나, 너무 덥거나, 너무 춥거나, 또는 그냥 관심을 받고 싶다면/ id는 목소리를 높인다/ 아이의 욕구가 만족될 때까지

❽ If you think about it,/ babies are not really considerate/ of their parents' wishes.
　接속사 주어 동사　전명구　　　주어　　동사　부사　　　보어　　　　　전명구

그것을 생각해본다면/ 아기들은 진짜 배려를 하지 못하는 것이다/ 그들 부모의 바람에 대하여

❾ They have no care for time,/ whether their parents are sleeping, relaxing, eating dinner, or
　　주어　동사　동사　전명구　　接속사　　　주어　　　동사
bathing.

그들은 시간에 대해 신경 쓰지 않는다/ 그들 부모가 잠을 자든, 휴식을 취하든, 저녁을 먹든, 또는 목욕을 하든지 말이다

❿ When the id wants something,/ nothing else is important.
　　접속사　주어　　동사　　목적어　　　주어　　동사　보어

id가 무언가를 원한다면/ 그 어느 것도 중요하지 않은 것이다

Warm Up 기출문제

다음 글의 제목으로 가장 적절한 것은? 2020 국가직 9급   ⏱ 2분

The future may be uncertain, but some things are undeniable: climate change, shifting demographics, geopolitics. The only guarantee is that there will be changes, both wonderful and terrible. It's worth considering how artists will respond to these changes, as well as what purpose art serves, now and in the future. Reports suggest that by 2040 the impacts of human-caused climate change will be inescapable, making it the big issue at the centre of art and life in 20 years' time. Artists in the future will wrestle with the possibilities of the post-human and post-Anthropocene — artificial intelligence, human colonies in outer space and potential doom. The identity politics seen in art around the #MeToo and Black Lives Matter movements will grow as environmentalism, border politics and migration come even more sharply into focus. Art will become increasingly diverse and might not 'look like art' as we expect. In the future, once we've become weary of our lives being visible online for all to see and our privacy has been all but lost, anonymity may be more desirable than fame. Instead of thousands, or millions, of likes and followers, we will be starved for authenticity and connection. Art could, in turn, become more collective and experiential, rather than individual.

① What will art look like in the future?

② How will global warming affect our lives?

③ How will artificial intelligence influence the environment?

④ What changes will be made because of political movements?

| 해석 | 미래는 불확실할지 모르지만, 어떤 것들은 부인할 수 없다. 기후 변화, 변화하는 인구 통계, 지정학. 유일한 보장은 멋지면서 동시에 끔찍한 변화가 있을 것이라는 것이다. 어떠한 목적을 예술이 추구하는지 뿐만 아니라 지금, 그리고 미래에 예술가들이 어떻게 이러한 변화에 반응할 것인지를 고려해 보는 것은 가치가 있다. 보고서는 2040년쯤에는 인간이 유발한 기후 변화의 영향은 피할 수 없게 될 것이며, 20년 후 예술과 삶의 중심에서 커다란 문제가 될 것이라고 말한다. 미래의 예술가들은 포스트 인간과 포스트 인류세의 가능성, 즉 인공지능, 우주 공간에서의 인간 식민지, 그리고 잠재적인 멸망과 싸울 것이다. 예술에서 보이는 #MeToo와 Black Lives Matter 운동을 둘러싼 정체성 정치학은 환경견정론, 국경 정치 그리고 이주가 훨씬 더 급격하게 뚜렷해지면서 증가할 것이다. 예술은 점점 더 다양해지고 우리가 예상하는 것처럼 '예술처럼 보이지' 않을지도 모른다. 미래에, 모든 사람이 보도록 우리의 삶이 온라인에서 보여지는 것에 일단 우리가 싫증이 나고, 우리의 사생활이 거의 상실된다면, 익명성은 명성보다 더욱 매력적이 될지도 모른다. 수천 또는 수백만의 좋아요와 팔로워 대신에, 우리는 진정성과 연결성에 굶주릴 것이다. 결국, 예술은 개인적이기보다는 더욱 집단적이고 경험적이 될 수도 있다.

① 미래의 예술은 어떠할까?   ② 지구 온난화가 우리의 삶에 어떻게 영향을 미칠 것인가?

③ 인공지능이 환경에 어떻게 영향을 줄 것인가?   ④ 정치 운동 때문에 어떠한 변화가 만들어질 것인가?

| 해설 | ① 전체적으로 예술의 측면에서 미래의 변화를 예측하는 글이므로 ① '미래의 예술은 어떠할까?'가 제목으로 알맞다.

정답 ①

✏️ 구문독해 연습노트에서 직접 분석해보세요. ▶ p.55

① The future may be uncertain,/ but some things are undeniable:/ climate change,/ shifting
주어　　동사　주격 보어　접속사　　주어　　동사　주격 보어　　　　　　　부연 설명
demographics,/ geopolitics.

미래는 불확실할지 모른다/ 그러나 어떤 것들은 부인할 수 없다/ 기후 변화/ 변화하는 인구 통계/ 지정학

undeniable 부인[부정]
할 수 없는
demographics 인구 통계
geopolitics 지정학

*명사절 이끄는 접속사
② The only guarantee is that/ there will be changes,/ both wonderful and terrible.
　　　주어　　　　동사　　　부사　동사　　주어　　　부사　형용사　접속사　형용사

유일한 보장은 ~라는 것이다/ 변화가 있을 것이다/ 멋지면서 동시에 끔찍한

*가주어　　　　　　　*how부터 끝까지 진주어
③ It's worth considering/ how artists will respond/ to these changes,/ as well as what purpose
동사　　주격 보어　　　　부사　주어　　　동사　　　　전명구　　　　접속사　　　목적어
art serves,/ now and in the future.
주어　동사　　부사　접속사　　전명구

고려해 볼 가치가 있다/ 예술가들이 어떻게 반응할 것인지를/ 이러한 변화에/ 어떠한 목적을 예술이 추구하는지 뿐
만 아니라/ 현재 그리고 미래에

*명사절 이끄는 접속사
④ Reports suggest that/ by 2040/ the impacts of human-caused climate change/ will be
주어　　동사　　전명구　　　　主어　　　　　전명구　　　　　　　동사
inescapable,/ making it the big issue/ at the centre of art and life/ in 20 years' time.
주격 보어　　현재분사 목적어 목적격 보어　　　전명구　　　　　전명구　　　　　　전명구

보고서는 ~라고 말한다/ 2040년쯤에는/ 인간이 유발한 기후 변화의 영향은/ 피할 수 없게 될 것이다/ 그것을 큰
문제로 만들며/ 예술과 삶의 중심에서/ 20년 후에

inescapable 피할 수 없
는, 불가피한

⑤ Artists in the future/ will wrestle/ with the possibilities/ of the post-human and post-
주어　　전명구　　　　동사　　　　전명구　　　　　　　전명구
Anthropocene/ — artificial intelligence,/ human colonies in outer space/ and potential doom.
　　　　　　　　　名詞句　　　　　　　　　명사구　　　　　　　　　전명구

미래의 예술가들은/ 싸울 것이다/ 가능성과/ 포스트 인간과 포스트 인류세의/ 인공지능/ 우주 공간에서의 인간 식
민지/ 그리고 잠재적인 멸망

wrestle 맞붙어 싸우다
Anthropocene 인류세
artificial intelligence 인
공지능
doom 멸망, 붕괴, 파멸

⑥ The identity politics/ seen in art/ around the #MeToo and Black Lives Matter movements/
주어　　　　　　과거분사 전명구　　　　　　전명구
will grow/ as environmentalism, border politics and migration/ come even more sharply into focus.
동사　　접속사　　　　　　주어　　　　　　　　　　동사　부사　부사　　부사　　전명구

정체성 정치학은/ 예술에서 보이는/ #MeToo와 Black Lives Matter 운동을 둘러싼/ 증가할 것이다/ 환경결정론, 국
경 정치 그리고 이주가 ~하면서/ 훨씬 더 급격하게 뚜렷해지다

identity politics 정체성
정치학
environmentalism 환
경결정론
come into focus (상황
따위가) 뚜렷해지다

*부사절 이끄는 접속사
⑦ Art/ will become increasingly diverse/ and might not 'look like art'/ as we expect.
주어　　동사　　　　부사　　　　보어　접속사　　　동사　　　전명구　　접속사 주어 동사

예술은/ 점점 더 다양해질 것이다/ 그리고 '예술처럼 보이지' 않을지도 모른다/ 우리가 예상하는 것처럼

*부사절 이끄는 접속사
⑧ In the future,/ once we've become weary of our lives/ being visible online/ for all/ to see/
전명구　　　　접속사　주어1　동사1　주격 보어　　전명구　　　　分사구　　　　전명구　부정사
and our privacy has been all but lost,/ anonymity may be more desirable/ than fame.
접속사　　주어2　　　　동사2　　　　주어　　동사　　주격 보어　　　전명구

미래에/ 일단 우리가 우리의 삶에 싫증이 나면/ 온라인에서 보여지는 것에/ 모든 사람이/ 보도록/ 그리고 우리의 사
생활이 거의 상실된다면/ 익명성은 더욱 매력적이 될지도 모른다/ 명성보다

anonymity 익명성
desirable 매력 있는, 탐
나는, 갖고 싶은

⑨ Instead of thousands, or millions, of likes and followers,/ we will be starved/
　　　　　　　　전명구　　　　　　　　　　주어　　　동사
for authenticity and connection.
전명구

수천 또는 수백만의 좋아요와 팔로워 대신에/ 우리는 굶주릴 것이다/ 진정성과 연결성에

⑩ Art could,/ in turn,/ become/ more collective and experiential,/ rather than individual.
주어 조동사　전명구　　동사　　　　　　주격 보어　　　　　　　

예술은 ~할 수도 있다/ 결국/ 되다/ 더욱 집단적이고 경험적이/ 개인적이기보다는

밑줄 친 (A), (B)에 들어갈 말로 가장 적절한 것은? ⏱ 1분 45초

One of the major problems that arise due to non regulation of educational institutions in India is that of qualification and status of educators. Since the institutions are free to decide upon the qualifications required for the post of a teacher of a particular subject, they may not give regard to the credentials of an applicant and the post may be given to a non deserving candidate due to connections. This is arbitrary and also a compromise with the quality of education.   (A)   , since there is no binding mandate for the salary of teachers, it completely depends on the discretion of the institution.   (B)   , in most places, the educators are underpaid. This directly and severely affects the standard of education as best brains don't opt for teaching.

	(A)	(B)		(A)	(B)
①	For instance	Thus	②	Moreover	However
③	Otherwise	Consequently	④	Further	Therefore

| 해석 | 인도 교육기관에 대한 비규제에 따라 발생하는 주요 문제들 중 하나는 교사의 자질과 자격에 대한 문제이다. 교육기관들은 특정한 과목의 교사 직에 요구되는 자격을 결정하는 것에 자유롭기 때문에 지원자의 자격 증명서를 고려하지 않을 수 있고 그 직책은 인맥에 의해 자격이 없는 후보자에게 돌아갈 수도 있다. 이것은 임의적이며 또한 교육의 질에 대한 타협이다. (A) 더 나아가 교사의 급여에 대한 구속력이 있는 규정이 없기 때문에 온전히 교육기관의 재량에 의해 결정된다. (B) 따라서 대부분의 지역에서 교사들은 저임금을 받는다. 최상의 인재들이 교직을 택하지 않게 되므로 이것은 직접적이고 심각하게 교육 수준에 영향을 미친다.

① 예를 들어 – 따라서 　　　　　　　② 게다가 – 그러나
③ 그렇지 않으면 – 결과적으로 　　　④ 더 나아가 – 따라서

| 해설 | ④ 인도의 교육기관에 대한 규제의 부재에 따른 문제점에 대한 글이다. (A)에는 빈칸 이전에서 'Since the institutions are free to decide upon the qualifications required ~ the post may be given to a non deserving candidate due to connections.'라고 언급하며, '인맥에 따라 교사의 직책이 자격이 없는 사람에게 주어진다'는 문제점을 지적한 후, 빈칸 이후에서는 '교사의 급여에 대한 구속력 있는 규정이 없기 때문에 교사의 급여가 매우 낮다'는 또 다른 문제점을 언급하고 있으므로 빈칸에는 '첨가, 추가'를 나타낼 수 있는 'Moreover(게다가)', 또는 'Further(더 나아가)'가 들어가는 것이 자연스럽다. (B)에는 빈칸 이전에서 'since there is no binding mandate for the salary of teachers, it completely depends on the discretion of the institution.'라고 '급여에 대한 규정 부재'에 대해 언급한 후, 'in most places, the educators are underpaid.'라고 그에 따른 결과를 나타내고 있으므로, 인과관계를 나타내는 연결사가 적합하므로 빈칸에는 ④가 가장 알맞다.

정답 ④

❶ One of the major problems/ that arise due to non regulation/ of educational institutions
주어　　　　　　　전명구　　　　　주격 관계대명사동사　　　　전명구　　　　　　　　전명구
in India/ is that of qualification and status/ of educators.
전명구　　동사 보어　　　　　전명구　　　　　　전명구

주요 문제들 중 하나는/ 비규제에 따라 발생하는/ 인도 교육기관에 대한/ 그것이다/ 자질과 자격에 대한/ 교사의

arise 일어나다, 생기다
qualification 자격, 자질

❷ Since the institutions are free/ to decide upon the qualifications/ required for the post
접속사　　　　주어　　　동사 보어 to부정사 부사적 용법　　　전명구　　　　　과거분사　　전명구
of a teacher/ of a particular subject,/ they may not give regard/ to the credentials
전명구　　　　　　전명구　　　　주어　　동사　　목적어　　　전명구
of an applicant/ and the post may be given/ to a non deserving candidate/ due to connections.
전명구　　등위접속사 주어　　동사　　　　　전명구　　　　　　전명구

교육기관들은 자유롭기 때문에/ 자격을 결정하는 것에/ 교사직에 요구되는/ 특정한 과목의/ 고려하지 않을 수 있고/ 지원자의 자격 증명서를/ 그 직책은 돌아갈 수도 있다/ 자격이 없는 후보자에게/ 인맥에 의해

post 직책, 일자리
give regard to ~을 고려하다
credential 자격증
applicant 지원자
deserving 마땅히 ~을 받을 만한
candidate 후보자, 지원자

❸ This is arbitrary/ and also a compromise/ with the quality of education.
주어 동사 보어1 등위접속사 부사　　보어2　　　　전명구　　　　전명구

이것은 임의적이며/ 또한 타협이다/ 교육의 질에 대한

arbitrary 임의적인, 제멋대로인
compromise 타협

❹ (A) Further,/ since there is no binding mandate/ for the salary of teachers,/ it completely
접속부사　접속사 유도부사 동사　　주어　　　　전명구　　　전명구　　주어　　부사
depends on the discretion/ of the institution.
동사　　　전명구　　　　전명구

(A) 더 나아가/ 구속력이 있는 규정이 없기 때문에/ 교사의 급여에 대한/ 온전히 재량에 의해 결정된다/ 교육기관의

binding 법적 구속력이 있는
mandate 명령, 지시, 칙령
discretion (자유) 재량(권)

❺ (B) Therefore,/ in most places,/ the educators are underpaid.
접속부사　　　전명구　　　　주어　　　동사

(B) 따라서/ 대부분의 지역에서/ 교사들은 저임금을 받는다

❻ This/ directly and severely affects/ the standard of education/ as best brains/ don't opt
주어　　　　부사　　　　동사　　　목적어　　　전명구　　접속사　주어　　　동사
for teaching.
전명구

이것은/ 직접적이고 심각하게 영향을 미친다/ 교육 수준에/ 최상의 인재들이 ~하면서/ 교직을 택하지 않는다

brain 우수한 두뇌의 소유자, 똑똑한 사람
opt for ~을 선택하다

다음 글에 이어질 내용을 순서에 맞게 배열한 것으로 가장 적절한 것은?　⏱ 3분

Rogue waves were once considered to be myth, thought of in the same fashion as fire-breathing dragons. Sea captains of old that spoke of these freak waves were considered to be raving lunatics, and this led to some seaman remaining silent about experiences with rogue waves for fear of ridicule.

(A) Yet the thought of encountering these rogue waves on a ship and having no recourse whatsoever is unsettling, to say the least. It is suspected that rogue waves have been responsible for many unsolved oceanic disappearances.

(B) This wave came to be known as the Draupner Wave, and it was twice as high and steep as any other waves that were measured that day. The study also measured one of the steepest waves ever recorded. Known as the Andrea Wave, this rogue wave was 100 meters wide and at least 49 feet in height, and it moved at about 40 miles per hour.

(C) However, a recent study published by the University of Miami suggests that rogue waves are much more common than we had thought. The first scientific evidence for rogue waves was found in 1995 when a gas pipeline support complex about 160 miles off the coast of Norway measured a wave of an astounding 85 feet in height.

*rogue waves: 거대 파도

① (A) – (B) – (C)　　② (B) – (C) – (A)　　③ (C) – (B) – (A)　　④ (A) – (C) – (B)

| 해석 | 거대 파도들은 불을 뿜는 용과 같이 생각되어져 한때 신화로 여겨졌다. 이 기이한 파도들에 대해 이야기했던 옛 선장들은 광기 어린 미친 사람으로 간주되었고, 조롱을 두려워하며 기이한 파도들에 대한 경험에 관해 일부 선원들이 침묵을 지키도록 했다.

(C) 그러나 마이애미 대학에서 발표한 최근의 한 연구는 거대 파도들은 우리가 생각했던 것보다 훨씬 흔히 나타남을 제시한다. 거대 파도들에 대한 최초의 과학적 증거는 노르웨이 연안에서 약 160마일 떨어진 가스관 지원 단지가 높이 85피트의 믿기 어려운 파도를 측정했던 1995년에 발견되었다.

(B) 이 파도는 Draupner Wave로 알려지게 되었고, 그것은 그날 측정된 다른 어떤 파도들보다 두 배 높고 가파른 파도였다. 그 연구는 또한 지금까지 기록된 가장 가파른 파도들 중 하나를 측정했다. Andrea Wave로 알려진 이 거대 파도는 너비가 100미터였고 높이가 적어도 49피트 이상이었으며, 시간당 약 40마일을 이동했다.

(A) 그러나 배 위에서 이런 파도들을 맞닥뜨리고 어떤 기략노 갖시 않는나는 생각은 조금도 과징하지 않고 불안하게 만든다. 기대 피도들은 많은 미해결 해양 실종에 대해 책임이 있다고 의심된다.

| 해설 | ③ 주어진 문장은 거대 파도가 예전에는 단지 신화로 여겨졌고 이것에 대해 이야기했던 선장들은 미친 사람으로 간주되었기 때문에 침묵을 지켰다는 내용이다. 따라서 역접의 접속사 'However(그러나)'를 사용하여 그와 반대로 거대 파도는 흔히 나타나는 것이라는 최근의 연구 결과에 대해 도입하고 있는 (C)가 이어지는 것이 가장 적절하다. (C)는 후반부에 거대 파도에 대한 최초의 과학적 증거(1995년에 발견된 높이 85피트의 파도)로 마무리하고 있다. 따라서 (C)에서 언급된 이 파도를 'This wave(이 파도)'로 받아 내용을 이어가는 (B)가 이어진다. 앞에서 언급된 이 두 거대 파도들을 (A)에서 'these rogue waves(이런 거대 파도들)'로 받고 있으므로 (B) 이후에는 (A)가 이어지는 것이 가장 적절하다. 따라서 ③ '(C) – (B) – (A)'가 글의 순서로 가장 적절하다.

정답 ③

❶ Rogue waves were once considered to be myth,/ thought of in the same fashion as fire-
주어 / 동사 / 보어 / 과거분사 / 전명구 / 전명구
breathing dragons.
거대 파도들은 한때 신화로 여겨졌다/ 불을 뿜는 용과 같이 생각되어져

rogue 독자적으로 행동하는, 해를 끼치는
in the same fashion as 대체로 ~와 같이

❷ Sea captains of old/ that spoke of these freak waves/ were considered to be raving lunatics,/
주어 / 전명구 주격 관계대명사 동사 / 전명구 / 동사 / 보어 to부정사 보어
and this led to some seaman remaining silent/ about experiences with rogue waves/ for fear
등위접속사 주어 동사 전명구 현재분사 현재분사 보어 / 전명구 / 전명구 / 전명구
of ridicule.
전명구
옛 선장들은/ 이 기이한 파도들에 대해 이야기했던/ 광기 어린 미친 사람으로 간주되었다/ 그래서 이것은 일부 선원들이 침묵을 지키도록 했다/ 기이한 파도들에 대한 경험에 관해/ 조롱에 대한 두려움 때문에

freak 기이한
raving 광기 어린
lunatic 미친 사람
ridicule 조롱, 조소

❸ (C) However,/ a recent study/ published by the University of Miami/ suggests/ that rogue
접속부사 / 주어 / 과거분사 / 전명구 / 동사 명사절 접속사 주어
waves are much more common/ than we had thought.
동사 보어 / 접속사 주어 동사
(C) 그러나,/ 최근의 연구는/ 마이애미 대학에 의해 발표된/ ~임을 제시한다/ 거대 파도들은 훨씬 흔히 나타난다/ 우리가 생각했던 것보다

❹ The first scientific evidence for rogue waves/ was found in 1995/ when a gas pipeline
주어 / 전명구 / 동사 / 전명구 / 관계부사 주어
support complex/ about 160 miles off the coast of Norway/ measured a wave of an
전명구 / 전명구 / 전명구 / 동사 목적어 전명구
astounding 85 feet in height.
전명구
거대 파도들에 대한 최초의 과학적 증거는/ 1995년에 발견되었다/ 가스관 지원 단지가 ~ 한/ 노르웨이 연안에서 약 160마일 떨어진/ 높이 85피트의 믿기 어려운 파도를 측정한

gas pipeline 가스관
astounding 믿기 어려운

❺ (B) This wave came to be known as the Draupner Wave,/ and it was twice as high and steep/
주어 동사 보어 / 전명구 / 등위접속사 주어 동사 부사 보어
as any other waves/ that were measured that day.
전명구 / 주격 관계대명사 동사 부사구
(B) 이 파도는 Draupner Wave로 알려지게 되었다/ 그리고 그것은 두 배 높고 가파른 파도였다/ 다른 어떤 파도들보다/ 그날 측정된

steep 가파른

❻ The study also measured/ one of the steepest waves/ ever recorded.
주어 부사 동사 목적어 전명구 부사 과거분사
그 연구는 또한 측정했다/ 가장 가파른 파도들 중 하나를/ 지금까지 기록된

❼ Known as the Andrea Wave,/ this rogue wave was 100 meters wide/ and at least 49 feet in
분사구문 전명구 주어 동사 보어1 등위접속사 보어2 전명구
height,/ and it moved at about 40 miles/ per hour.
등위접속사 주어 동사 전명구 전명구
Andrea Wave로 알려진/ 이 거대 파도는 너비가 100미터였다/ 그리고 높이가 적어도 49피트 이상/ 그리고 그것은 약 40마일을 이동했다/ 시간당

❽ (A) Yet the thought/ of encountering these rogue waves on a ship/ and having no recourse
접속부사 주어 전명구 전명구 등위접속사 전명구 동명사 목적어
*동명사 목적어   *having 앞 전치사 of 생략
whatsoever/ is unsettling,/ to say the least.
부사 동사 보어 to부정사 부사적 용법 to부정사 목적어
(A) 생각은/ 배 위에서 이러한 거대 파도들을 맞닥뜨리고/ 어떤 기략도 갖지 않는다는/ 불안하게 만든다/ 조금도 과장하지 않고

encounter 맞닥뜨리다
unsettling 불안하게 만드는
to say the least 조금도 과장하지 않고

❾ *가주어   *진주어
It is suspected/ that rogue waves have been responsible/ for many unsolved oceanic
동사 명사절 접속사 주어 동사 보어 전명구
disappearances.
의심된다/ 거대 파도들이 책임이 있다고/ 많은 미해결 해양 실종에 대한

suspect 의심하다

빈칸에 들어갈 가장 적절한 것은?　　　　　🕐 2분 30초

It was discovered that when participants were individually tested their estimates on how far the light moved varied considerably (e.g. from 20cm to 80cm). The participants were then tested in groups of three. Sherif manipulated the composition of the group by putting together two people whose estimate of the light movement when alone was very similar, and one person whose estimate was very different. Each person in the group had to say aloud how far they thought the light had moved. Sherif found that over numerous estimates (trials) of the movement of light, the group converged to a common estimate. The person whose estimate of movement was greatly different to the other two in the group conformed to the view of the other two. Sherif said that this showed that _____.

① this visual illusion can be of particular danger to pilots at night
② this phenomenon can occur, making it appear as if the light source were moving
③ people would always tend to conform rather than make individual judgments
④ although there is no universally accepted explanation, the most commonly investigated explanation for the apparent movement of a light involves eye movements

| 해석 | 참가자들이 개인적으로 테스트되었을 때 빛이 얼마나 멀리 움직였는지에 대한 그들의 판단은 상당히 다양했다는(예를 들어 20cm~80cm) 것이 발견되었다. 그 참가자들은 3인이 한 조로 실험되었다. Sherif는 그 빛의 움직임에 대한 판단이 혼자 있을 때 매우 비슷했던 두 사람과 판단이 매우 달랐던 한 사람을 한데 모음으로써 그 그룹의 조성을 조작했다. 그룹에 있는 각각의 사람은 그들이 생각하기에 그 빛이 얼마나 멀리 움직였는지에 대해 크게 말해야만 했다. Sherif는 그 빛의 움직임에 대한 수많은 판단들 동안 그 그룹은 공통의 판단으로 수렴된다는 것을 알아냈다. 그 그룹의 다른 두 명과 움직임에 대한 판단이 크게 달랐던 사람은 다른 그 두 명의 의견에 따랐다. Sherif는 이것이 ③ 사람들은 개인적인 판단을 내리는 것보다 항상 순응하는 경향을 보인다는 것을 보여준다고 말했다.
① 이러한 시각적 착각은 야간에 파일럿에게 특별히 위험할 수 있다
② 이러한 현상은 그 빛의 원천이 움직이는 것처럼 보이게 만들며 일어날 수 있다
③ 사람들은 개인적인 판단을 내리는 것보다 항상 순응하는 경향을 보인다
④ 보편적으로 받아들여지는 설명이 없지만, 가장 흔하게 조사된 분명한 빛의 움직임에 대한 설명은 눈의 움직임과 관련이 있다

| 해설 | ③ 빛이 얼마나 움직였는지에 대해 사람들에게 실험을 한 결과 개개인의 결과치가 모두 달랐는데, 판단이 비슷했던 두 명, 그리고 그들과 판단이 전혀 달랐던 한 명을 한 그룹으로 묶었을 때 결과치가 서로 비슷해졌다. 이는 판단이 홀로 달랐던 한 명이 나머지 둘의 의견에 순응해버린 것이다. 따라서 정답은 ③이다. 참고로 ②와 ④ 모두 빛 움직임에 대한 관련성을 언급하였지만, 본문에는 언급되지 않은 사항이며, 파일럿에 대한 ①의 내용도 관련이 없다.

정답 ③

❶ *가주어
*that부터 끝까지 진주어
It was discovered/ that when participants were individually tested/ their estimates/ on
　동사　　　명사절접속사 접속사　　　주어　　　　동사　　　　　　주어　　　전치사
*전치사 목적어
how far the light moved/ varied considerably/ (e.g. from 20cm to 80cm).
의문부사 부사　주어　　동사　　　동사　　　　부사　　　　　전명구

발견되었다/ 참가자들이 개인적으로 테스트되었을 때/ 그들의 판단은/ 빛이 얼마나 멀리 움직였는지에 대한/ 상당히 다양했다는 것이/ (예를 들면 20cm에서 80cm까지)

estimate 추정(치)
considerably 상당히

❷ The participants were then tested/ in groups of three.
　　주어　　　　　　동사　　　　　전명구　　전명구

그 참가자들은 실험되었다/ 3인이 한 조로

❸ Sherif manipulated/ the composition of the group/ by putting together two people/
　주어　　동사　　　　　목적어　　　전명구　　　　　부사　　　동명사 목적어1
*소유격 관계대명사　　　　　　　　　　*alone 앞 주격 관계대명사+be동사 생략
whose estimate of the light movement/ when alone/ was very similar,/ and one person
　주어　　　　　　전명구　　　　　　접속사 형용사　동사　보어　등위접속사 동명사 목적어2
*소유격 관계대명사
whose estimate was very different.
　주어　　동사　　보어

Sherif는 조작했다/ 그 그룹의 조성을/ 두 사람을 한데 모음으로써/ 그 빛의 움직임에 대한 판단이/ 혼자 있을 때/ 매우 비슷했던/ 그리고 판단이 매우 달랐던 한 사람을

❹ Each person/ in the group/ had to say aloud/ *삽입절
how far they thought the light had moved.
　주어　　　　전명구　　　동사　부사　의문부사 부사 주어　동사　　주어　　동사

각각의 사람은/ 그룹에 있는/ 크게 말해야만 했다/ 그들이 생각하기에 그 빛이 얼마나 멀리 움직였는지에 대해

❺ Sherif found/ that over numerous estimates (trials) of the movement of light,/ the group
　주어　　동사　명사절접속사　　　　전명구　　　　　　　전명구　　　전명구　　주어
converged to a common estimate.
　동사　　　　전명구

Sherif는 알아냈다/ 그 빛의 움직임에 대한 수많은 판단들 (시도들) 동안/ 그 그룹은 공통의 판단으로 수렴[통합]되었음을

numerous 수많은
converge 한 점에 모으다,
한 점에 모이다

❻ The person/ whose estimate of movement was greatly different/ to the other two in the
　주어　　　소유격 관계대명사 주어　　전명구　　　동사　부사　보어　　　　전명구　　　전명구
group/ conformed to the view/ of the other two.
　　　　　동사　　　전명구　　　전명구

사람은/ 움직임에 대한 판단이 크게 달랐던/ 그 그룹의 다른 두 명과/ 의견에 따랐다[순응했다]/ 다른 그 두 명의

conform 순응하다, 부합
하다

❼ Sherif said/ that this showed that/ ③ people would always tend to conform/ rather than
　주어　　동사　명사절접속사 주어　동사　명사절접속사　　주어　　　동사　　　보어1　　부사　전치사
*make 앞 to 생략
make individual judgments.
　보어2　　to부정사 목적어

Sherif는 말했다/ 이것은 ~을 보여준다고/ ③ 사람들은 항상 순응하는 경향을 보인다/ 개인적인 판단을 내리는 것보다

01 밑줄 친 (A), (B)에 들어갈 말로 가장 적절한 것은?

Active listening refers to a pattern of listening that keeps you engaged with your conversation partner in a positive way. It is the process of listening attentively while someone else speaks and paraphrasing and reflecting back what is said. When you practice active listening, you make the other person feel heard and valued. In this way, active listening is the foundation for any successful conversation.   (A)   , it serves the purpose of earning the trust of others and helping you to understand their situations. Active listening comprises both a desire to comprehend as well as to offer support and empathy to the speaker. However, it differs from critical listening, in that you are not evaluating the message of the other person with the goal of offering your own opinion.   (B)   , the goal is simply for the other person to be heard, and perhaps to solve their own problems.

(A)	(B)
① To take an example	Conversely
② On the other hand	Indeed
③ At the same time	Rather
④ In contrast	Moreover

02 다음 글의 내용과 일치하지 <u>않는</u> 것은?

The glycemic index is a value that is assigned to foods based on how slowly or how quickly those foods cause increases in blood glucose levels. Foods low on the glycemic index (GI) scale tend to release glucose slowly and steadily. Foods high on the glycemic index release glucose rapidly. Low GI foods tend to foster weight loss, while foods high on the GI scale help with energy recovery after exercise, or to offset hypoglycemia. Long-distance runners would tend to favor high GI foods, while people with pre- or full-blown diabetes would need to concentrate on foods low on the glycemic index. Why? People with type 1 diabetes can't produce sufficient quantities of insulin and those with type 2 diabetes are resistant to insulin. With both types of diabetes, faster glucose release from high GI foods leads to spikes in blood sugar levels. The slow and steady release of glucose in low-glycemic foods helps maintain good glucose control.

① The glycemic index is related to the rate of glucose uptake in the blood.

② When trying to lose weight, low GI diets can be more beneficial than high GI diets.

③ People with hypoglycemia are recommended to eat foods high on the GI scale.

④ High GI foods are more detrimental to type 2 diabetes sufferers than to those with type 1 diabetes.

Vitamin D plays a role in regulating adrenaline, noradrenaline, and dopamine production in the brain through vitamin D receptors in the adrenal cortex, as well as protecting against the depletion of serotonin and dopamine. This is the possible link with vitamin D's role in depression. The research is new in this area, and only the associations have been shown so far. Vitamin D deficiency has been associated with an 8% – 14% increase in depression. Research is also finding a relationship with low vitamin D levels and increased risk of suicide. In a study done on the Department of Defense Serum Repository personnel, researchers compared the vitamin D levels of 495 verified suicide cases versus 495 controls. They found the lowest 25(OH) D level are associated with an increased risk for suicide. Another study compared vitamin D levels in 59 suicide attempters, 17 nonsuicide depressed patients, and 14 healthy controls. The suicide attempters had significantly lower vitamin D than depressed nonsuicidal patients and healthy controls.

① Recent Trends in Suicide and Depression
② What Happens When You Have Low Vitamin Levels
③ Link Between Vitamin D Deficiency and Depression and Suicide
④ Similarities Between Vitamin D Deficiency and Suicide

Equipotentiality — a notion developed by Karl Spencer Lashley positing that all areas of the brain are equally able to perform a task. This contrasts with the theory of localization, according to which neurocognitive functions are specifically referable to discrete areas of the brain; hence, damage to restricted regions would be expected to produce selective cognitive deficits. Equipotentiality theory, however, hypothesized that the severity of cognitive dysfunction was directly related to the total amount of tissue damage. For example, memory functioning was thought to be diffusely distributed throughout the cortex rather than related to defined circuits or pathways. Under this theory, intact areas of the cortex could assume responsibility for discrete cognitive functions following injury.

① history of equipotentiality premise
② how each area of the brain functions
③ description of equipotentiality premise
④ two different approaches to functional areas of the brain

Special pleading is applying a rule to one person, thing or process, but not applying it to another. For example, the rich woman tells her badly paid employees that money brings unhappiness and they are better off without it. She steps into her big car and drives back to her mansion after spending a lot of money in the shops, just because she felt like it. Clearly, she is using one rule for herself and another for her employees. This is special pleading. Let me put it this way. People are most tempted to engage in special pleading when they are subject to a law or moral rule that they wish to evade. _____

_____, which makes an exception to the rule for themselves — or people like them — but applies it to others. They usually do not argue that they, or their group, should be exempt from the rule simply because of who they are; this would be such obvious special pleading that no one would be fooled. Instead, they invoke some characteristic that they have that sets them apart; however, if the characteristic is not a relevant exception to the rule, then they are engaged in special pleading.

① Definitely, it is a "double-edged sword"

② The obvious fraud is violative of the law

③ People often attempt to apply a "double standard"

④ People sometimes hesitate to give up even though it is of little interest

The global temperature record represents an average over the entire surface of the planet. The temperatures we experience locally and in short periods can fluctuate significantly due to predictable cyclical events (night and day, summer and winter) and hard-to-predict wind and precipitation patterns. ① But the global temperature mainly depends on how much energy the planet receives from the Sun and how much it radiates back into space — quantities that change very little. ② Generally, warming is greater over land than over the oceans because water is slower to absorb and release heat. ③ The amount of energy radiated by the Earth depends significantly on the chemical composition of the atmosphere, particularly the amount of heat-trapping greenhouse gases. ④ A one-degree global change is significant because it takes a vast amount of heat to warm all the oceans, atmosphere, and land by that much. In the past, a one- to two-degree drop was all it took to plunge the Earth into the Little Ice Age. A five-degree drop was enough to bury a large part of North America under a towering mass of ice 20,000 years ago.

However, some people are more deeply affected by its consequences, depending on their personal, psychosocial, professional and health background.

Our ancestors used to say that "work is health," but we now realize that this way of thinking is not so true anymore. These days, society and the workplace put an unparalleled level of pressure on people. The signs of stress are omnipresent, and its consequences are numerous. ① The stress that we experience every day is essentially caused by several phenomena that are inherent to today's society, including, among others: intensified workload to increase productivity gains; constant search for perfection; obsession with competition; difficulty balancing work, personal life and family life; major changes in values and social standards. ② Also stress touches all social groups and all age categories; no one can truly escape it. ③ Stress is a problem that infiltrates our society in countless ways. ④ It manifests itself at the office, at home and in our relationships with others, and it can also affect our loved ones.

Diseases such as covid-19 and influenza can be fatal to a healthy person due to an overreaction of the body's immune system called a cytokine storm.

(A) For example, when SARS-CoV-2 — the virus behind the covid-19 pandemic — enters the lungs, it triggers an immune response, attracting immune cells to the region to attack the virus, resulting in localized inflammation.

(B) But in some patients, excessive or uncontrolled levels of cytokines are released, which then activate more immune cells, resulting in hyperinflammation. This can seriously harm or even kill the patient.

(C) Cytokines are small proteins released by many different cells in the body, including those of the immune system where they coordinate the body's response against infection and trigger inflammation. Sometimes the body's response to infection can go into overdrive.

① (A) – (B) – (C)　　② (A) – (C) – (B)
③ (B) – (A) – (C)　　④ (C) – (A) – (B)

09 다음 글의 내용과 일치하는 것은?

Adeline Virginia Stephen was born on 25 January 1882 in London. Her parents had been married before: her father, Leslie Stephen, to the daughter of the novelist, Thackeray, by whom he had a daughter Laura who was intellectually backward; and her mother, Julia, to a barrister, Herbert Duckworth, by whom she had three children, George, Stella, and Gerald. Julia and Leslie Stephen had four children: Vanessa, Thoby, Virginia, and Adrian. All eight children lived with the parents and a number of servants at 22 Hyde Park Gate, Kensington. Leonard Woolf had joined the Ceylon Civil Service in 1904 and returned in 1911 on leave. He soon decided that he wanted to marry Virginia, and she eventually agreed. They were married in St. Pancras Registry Office on 10 August 1912. They decided to earn money by writing and journalism. Since about 1908, Virginia had been writing her first novel *The Voyage Out*. It was finished by 1913 but, owing to severe mental breakdown after her marriage, it was not published until 1915. In 1917 the Woolfs had bought a small hand printing-press in order to take up printing as a hobby and as therapy for Virginia. The Woolfs continued handprinting until 1932, but in the meantime they increasingly became publishers rather than printers. In 1925 *Mrs. Dalloway* was published, followed by *To the Lighthouse* in 1927, and *The Waves* in 1931. These three novels are generally considered to be her greatest claim to fame as a modernist writer.

① Virginia's parents got married even younger than others in their time.
② Virginia had 8 siblings including half-brothers and sisters.
③ The Woolfs were married in a church, because they were both British.
④ *Mrs. Dalloway* is a modernism novel which was published in 1925.

10 빈칸에 들어갈 표현으로 가장 적절한 것은?

Individuals with hyperthymesia can recall almost every day of their lives in near-perfect detail, as well as public events that hold some personal significance to them. Those affected describe their memories as uncontrollable associations: when they encounter a date, they "see" a vivid depiction of that day in their heads. Recollection occurs without ____(A)____ effort. It is important to draw a distinction between those with hyperthymesia and those with other forms of exceptional memory, who generally use mnemonic or similar rehearsal strategies to memorize long strings of subjective information. Memories recalled by hyperthymestic individuals tend to be personal, autobiographical accounts of both significant and mundane events in their lives. This extensive and highly unusual memory does not derive from the use of mnemonic strategies; it is encoded ____(B)____ and retrieved automatically.

	(A)	(B)
①	conscious	intermittently
②	unconscious	unintentionally
③	conscious	involuntarily
④	unconscious	inadvertently

정답과 해설 p.30

끝이 좋아야 시작이 빛난다.

– 마리아노 리베라(Mariano Rivera)

여러분의 작은 소리
에듀윌은 크게 듣겠습니다.

본 교재에 대한 여러분의 목소리를 들려주세요.
공부하시면서 어려웠던 점, 궁금한 점,
칭찬하고 싶은 점, 개선할 점, 어떤 것이라도 좋습니다.

에듀윌은 여러분께서 나누어 주신 의견을
통해 끊임없이 발전하고 있습니다.

에듀윌 도서몰 book.eduwill.net
- 부가학습자료 및 정오표: 에듀윌 도서몰 → 도서자료실
- 교재 문의: 에듀윌 도서몰 → 문의하기 → 교재(내용, 출간) / 주문 및 배송

에듀윌 공무원 영어 매일 3문 독해 4주 완성

발 행 일	2022년 11월 24일 초판 | 2023년 6월 21일 2쇄
편 저 자	성정혜
펴 낸 이	김재환
펴 낸 곳	(주)에듀윌
등록번호	제25100-2002-000052호
주 소	08378 서울특별시 구로구 디지털로34길 55 코오롱싸이언스밸리 2차 3층

www.eduwill.net
대표전화 1600-6700

에듀윌에서 꿈을 이룬
합격생들의 진짜 합격스토리

에듀윌 강의·교재·학습시스템의 우수성을
2022년도에도 입증하였습니다!

김○은 국가직 9급 일반행정직 최종 합격

에듀윌만의 커리큘럼과 학습 관리 프로그램 덕분에 공시 3관왕 달성

혼자서 공부하다 보면 지금쯤 뭘 해야 하는지, 내가 잘하고 있는지 걱정이 될 때가 있는데 에듀윌 커리큘럼은 정말 잘 짜여 있어 고민할 필요 없이 그대로 따라가면 되는 시스템이었습니다. 또한 학습 매니저님이 요즘 공부는 어떻게 하고 있는지, 어려운 점은 없는지 전화로 관리해 주셔서 학원에 다니지 않고 인강만으로도 국가직, 지방직, 군무원 3개 직렬에 충분히 합격할 수 있었습니다. 혼자 공부하다 보면 내 위치를 스스로 가늠하기 어려운데, 매달 제공되는 에듀윌 모의고사를 통해서 제 수준이 어느 정도인지 파악할 수 있어서 좋았습니다.

황○규 국가직 9급 세무직 최종 합격

아케르 시스템으로 생활 패턴까지 관리해 주는 에듀윌

공무원 시험을 준비하려고 마음먹었을 때 에듀윌이 가장 먼저 떠올랐습니다. 특히 에듀윌 학원은 교수님 선택 폭도 넓고 세무직은 현강에서 스터디까지 해 주기 때문에 선택했습니다. 학원에서는 옆에 앉은 학생들의 공부하는 모습을 보면서 자극을 받고 집중해서 공부할 수 있었습니다. 무엇보다 잘 짜인 에듀윌 학원 커리큘럼과 매니저님들의 스케줄 관리, 아케르 출석 체크를 활용한 규칙적인 생활 패턴 덕분에 합격할 수 있었다고 생각합니다.

편○혁 일반 순경 최종 합격

에듀윌의 강의 + 교재 + 집중 관리로 경찰 공무원 합격

에듀윌 학원의 매니저님과 파트장님이 일대일로 밀착 관리해 주시고 게을러지지 않게끔 도움을 많이 주셨습니다. 그리고 교수님들이 수업 시간에 친절하고 자세하게 설명해 주셔서 초반에 어려움 없이 학업을 이어갈 수 있었습니다. 또한, 에듀윌 경찰 교재의 내용이 좋아서 다른 교재를 학습하지 않고도 합격할 수 있었습니다. 열심히 하다 보면 붙는다는 말이 처음에는 미덥지 않았지만, 열심히 하다 보니까 합격까지 오게 되었습니다. 여러분들도 에듀윌을 믿고 따라가다 보면 분명히 합격할 수 있을 것입니다.

다음 합격의 주인공은 당신입니다!

더 많은
합격스토리

합격자 수 2,100% 수직 상승!
매년 놀라운 성장

에듀윌 공무원은 '합격자 수'라는 확실한 결과로 증명하며
지금도 기록을 만들어 가고 있습니다.

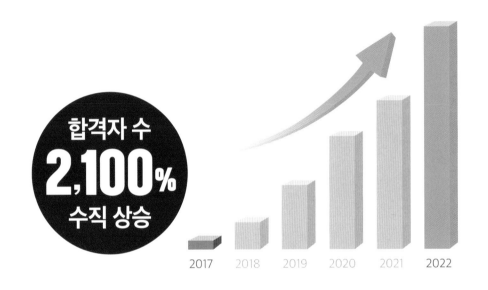

합격자 수를 폭발적으로 증가시킨 합격패스

합격 시 수강료 평생 0원 최대 300% 환급 (최대 432만 원 환급)	+	합격할 때까지 전 강좌 무제한 수강	+	1타 교수진의 집중 관리 제공

※ 환급내용은 상품페이지 참고. 상품은 변경될 수 있음.

상품
페이지

* 2017/2022 에듀윌 공무원 과정 최종 환급자 수 기준

에듀윌 공무원 영어

정답과 해설
매일 3문 독해 4주 완성

성정혜 편저

Basic 3주 + Level Up 1주

공무원 영어 독해
단기 완성

- 필수 기출문제로 워밍업
- 매일 3문제로 독해 습관 형성
- 매주 위클리 모의고사로 실력 점검
- 구문독해 연습노트+플래너+영단어 무료제공

Basic 3주 + Level Up 1주
공무원 영어 독해 단기 완성

에듀윌 공무원 영어

매일 3문 독해 4주 완성

정답과 해설

문제편 p.70

01 ②	02 ①	03 ②	04 ③	05 ②
06 ④	07 ④	08 ④	09 ②	10 ④

풀이 시간	분 / 20분
맞힌 개수	개 / 10개

1 주제 찾기　　　　　　　　정답 ②

지문 끊어읽기

Sea foam is probably created/ by a combination/ of different factors.
바다 거품은 아마도 만들어진다/ 조합으로/ 여러 가지 요소들의

Decaying organic matter/ such as fish, plant life and microscopic organisms, seaweed (a microorganism that grows in oceans) excretions, and other proteins, and in some cases pollutants,/ is all carried on tiny air bubbles/ whipped up/ by tidal movements.
썩어가는 유기체는/ 물고기, 식물, 그리고 미생물, 해초(바다에서 자라는 미생물)의 배설물, 그리고 다른 단백질, 그리고 일부 경우에는 오염물질들과 같은/ 모두 작은 기포들에 운반된다/ 휘저어진/ 조수의 움직임에 의해

As currents reach the shore and wave forms,/ the air bubbles/ well up to the surface/ sticking together.
해류들이 해안과 파도 형태에 닿으면/ 기포들은/ 표면에 솟아난다/ 서로 달라붙어서

Also,/ the quantity of foam/ produced on a shore/ at any given period/ can differ/ as factors alter.
또한/ 거품의 양은/ 해안에서 생산되는/ 주어진 기간 동안에/ 달라질 수 있다/ 요인들이 변경되면서

For example,/ one of the microscopic algae,/ called phytoplankton bloom,/ could reproduce so rapidly,/ when conditions are appropriate,/ so that the biomass can be viewed/ from space.
예를 들어/ 미세한 조류들 중 하나는/ 식물성 플랑크톤 대량발생이라 불리는/ 아주 빠르게 번식할 수 있다/ 조건이 적절할 때/ 그래서 그 생물량이 보일 수 있다/ 우주에서도

But detrimental algae blooms/ will produce natural toxins/ and reduce dissolved oxygen levels/ in the area,/ triggering an unexpected peter-out/ of local marine life.
그러나 유해한 조류의 대량발생은/ 자연 독성을 생산할 것이다/ 그리고 용존 산소 수준을 감소시킬 것이다/ 그 지역에서/ 예상치 못한 감소를 유발하면서/ 지역 해양 생물의

The rapid increase/ in organic waste/ can donate to superior amounts/ of sea foam or ocean foam.
그러한 빠른 증가는/ 유기 폐기물에서의/ 많은 양에 기여할 수 있다/ 바다 거품이나 해양 거품의

| 해석 | 바다 거품은 아마도 여러 가지 요소들의 조합으로 만들어질 것이다. 물고기, 식물, 그리고 미생물, 해초(바다에서 자라는 미생물)의 배설물, 그리고 다른 단백질, 그리고 일부 경우에는 오염물질과 같은 썩어가는 유기체는 모두 조수의 움직임에 의해 휘저어진 작은 기포들에 운반된다. 해류들이 해안과 파도 형태에 닿으면, 기포들은 서로 달라붙은 채로 표면에 솟아난다. 또한, 주어진 기간 동안에 해안에서 생산되는 거품의 양은 요인들이 바뀌면서 달라질 수 있다. 예를 들어, 식물성 플랑크톤 대량발생이라 불리는 미세한 조류들 중 하나는, 조건이 적절할 때 아주 빠르게 번식할 수 있다. 그래서 그 생물량을 우주에서도 볼 수 있을 정도로. 그러나 유해한 조류의 대량발생은 자연 독성을 생산할 것이며, 그 지역에서 용존 산소 수준을 감소시켜, 지역 해양 생물의 예상치 못한 감소를 유발할 것이다. 유기 폐기물에서의 그러한 빠른 증가는 많은 양의 바다 거품이나 해양 거품을 만드는 데 기여할 수 있다.

① 플랑크톤 대량발생이 일어나는 방식
② 바다 거품을 유발하는 요인들
③ 바다 거품에 의해 만들어지는 바다 오염물질
④ 미세한 조류들이 유해한 이유

| 정답해설 | ② 이 글은 바다 거품을 유발하는 요인들과 그것의 결과를 다루고 있다. 따라서 주제로는 ②가 가장 적절하다.

| 오답해설 | 글 후반부에 바다 거품을 유발하는 요인이 변하는 예로 플랑크톤의 대량발생을 들었는데, 이 때문에 ①을 골랐다면 적절하지 않다. 키워드는 '바다 거품'임에 유의한다. 또한 오염물질들이 운반되며

바다 거품이 생겨난다고 했으므로 ③ 역시 답이 될 수 없다.

| 어휘 |

decaying 썩어가는　　　　　　organic matter 유기체
microscopic organism 미생물
seaweed 해초　　　　　　　　excretion 배설물
whip up 휘저어 거품을 일게 하다
current 해류　　　　　　　　　well 솟아나다
phytoplankton bloom 식물성 플랑크톤 대량발생
biomass 생물량　　　　　　　detrimental 해로운
peter-out 감소

---

2 연결사　　　　　　　　　　정답 ①

지문 끊어읽기

Commentators/ point to another increasingly important role/ for the media:/ "setting the agenda."
시사 해설자들은/ 또 하나의 점차 중요해진 역할을 지적한다/ 매체의/ "의제 설정"이라는

Since they can't report everything,/ the news media must choose/ which issues to report/ and which to ignore.
그들은 모든 것을 보도할 수 없기 때문에/ 뉴스 매체는 선택해야만 한다/ 어떤 문제를 보도하고/ 어떤 것을 무시해야 할지

(A) In short,/ they decide/ what is news/ and what isn't.
(A) 요컨대/ 그들은 결정한다/ 무엇이 뉴스가 되고/ 무엇이 되지 않는지

These decisions,/ in turn,/ influence the public's perception/ of what issues are most important.
이러한 결정들은/ 결과적으로/ 대중의 인식에 영향을 미친다/ 어떠한 문제가 가장 중요한지에 대한

Unlike countries/ where the news media are government-controlled,/ (B) however,/ in a democracy/ they cannot simply manipulate or disregard issues/ at will.
국가들과는 달리/ 뉴스 매체가 정부 통제 아래 있는/ (B) 그러나/ 민주주의에서는/ 그들은 문제를 단순히 조작하거나 또는 묵살할 수 없다/ 마음대로

Their competitors,/ after all,/ as well as the government itself,/ are free to call attention/ to their own list of important issues.
그들의 경쟁자들은/ 결국/ 정부뿐만 아니라/ 주의를 환기시킬 자유가 있다/ 그들 자신의 중요한 사안 목록에

| 해석 | 시사 해설자들은 매체의 점차 중요해진 "의제 설정"이라는 또 하나의 역할을 지적한다. 그들은 모든 것을 보도할 수 없기 때문에

뉴스 매체는 어떤 문제를 보도하고 어떤 것을 무시해야할지 선택해야만 한다. (A) 요컨대, 그들은 무엇이 뉴스가 되고 무엇이 되지 않는지를 결정한다. 이러한 결정들은 결과적으로, 어떠한 문제가 가장 중요한지에 대한 대중의 인식에 영향을 미친다. (B) 그러나, 뉴스 매체가 정부 통제 아래 있는 국가들과는 달리 민주주의에서는 그들은 마음대로 문제를 단순히 조작하거나 또는 묵살할 수 없다. 정부뿐만 아니라, 결국, 그들의 경쟁자들도 그들 자신의 중요한 사안 목록에 주의를 환기시킬 자유가 있다.

① 요컨대 - 그러나　　　　② 그러나 - 예를 들어
③ 예를 들어 - 요컨대　　　④ 그럼에도 불구하고 - 게다가, 더욱이

| 정답해설 | ① 알맞은 연결사를 찾으면 되는 문제이다. (A)가 있는 문장은 앞 문장을 요약 정리하고 있기 때문에 (A)에는 'In short(요컨대)'가 적절하다. 앞부분에서는 매체의 결정(의제 설정)이 어떤 문제가 중요한지에 대한 대중의 인식의 영향을 미친다고 했으나, (B)가 포함된 문장에서는 매체가 마음대로 이슈를 조작하거나 묵살할 수 없다고 했으므로 (B)에는 역접의 연결사 'however(그러나)'가 필요하다.

| 어휘 |

commentator 시사 해설자　　agenda 의제
in turn 결과적으로　　　　　　perception 인식
government-controlled 정부 통제 아래의
manipulate 조작하나　　　　　disregard 무시하다

---

3 제목 찾기　　　　　　　　　정답 ②

지문 끊어읽기

What Einstein called his worst mistake,/ scientists are now depending on/ to help explain the universe.
아인슈타인이 그의 최악의 실수라고 일컫던 것/ 과학자들은 현재 ~에 의존하고 있다/ 우주를 설명하는 것을 돕기 위해

In 1917,/ Albert Einstein inserted a term/ called the cosmological constant/ into his theory of general relativity/ to force the equations/ to predict a stationary universe/ in keeping with physicists' thinking/ at the time.
1917년에/ 앨버트 아인슈타인은 용어를 삽입했다/ 우주상수라고 불리는/ 그의 일반 상대성 이론에/ 그 방정식을 억지로 맞추기 위해/ 정적인 우주를 전제하도록/ 물리학자들의 생각과 맞추어/ 당시에

When it became clear/ that the universe wasn't actually static,/ but was expanding instead,/ Einstein abandoned the constant,/ calling it the "biggest blunder" of his life.
명확해졌을 때/ 우주가 실제로 정적인 상태가 아니다/ 그러나 사실은 팽창하고 있었음이/ 아인슈타인은 그 상수를 포기했다/ 그것을 그의 생에서 "가장 큰 실수"라고 부르며

But lately scientists/ have revived Einstein's cosmological constant/ (denoted by the Greek capital letter lambda)/ to explain a mysterious force/ called dark energy/ that seems to be counteracting gravity,/ causing the universe to expand/ at an accelerating pace.
그러나 최근에 과학자들은/ 아인슈타인의 우주상수를 다시 되살렸다/ (그리스 대문자 람다로 표기된)/ 불가사의한 힘을 설명하기 위해/ 암흑 에너지라고 불리는/ 중력에 대항하는 듯이 보이는/ 우주가 팽창하도록 만드는/ 증가하는 속도로

A new study confirms/ that the cosmological constant is the best fit/ for dark energy,/ and offers the most precise and accurate estimate yet of its value,/ researchers said.
새로운 연구 결과는 확인한다/ 우주상수가 가장 부합하는 것이라고/ 암흑 에너지에/ 그리고 그것의 값이 지금까지 가장 정교하고 정확한 추정치를 제공한다고/ 연구원들은 말했다.

The finding/ comes from a measurement of the universe's geometry/ that suggests our universe is flat,/ rather than spherical or curved.
그 결과는/ 우주의 기하학적 구조의 측정으로부터 온다/ 우리의 우주가 평평하다는 점을 시사하는/ 구형이나 곡선이기보다는

| 해석 | 과학자들은 현재 우주를 설명하는 것을 돕기 위해 아인슈타인이 그의 최악의 실수라고 일컫던 것에 의존하고 있다. 1917년에 당시 물리학자들의 생각과 일치하는 정적인 우주를 전제하도록 그 방정식을 억지로 맞추기 위해, 아인슈타인은 우주상수라고 불리는 용어를 그의 일반 상대성 이론에 삽입했다. 우주가 실제로 정적인 상태가 아니라 사실은 팽창하고 있다는 사실이 명확해졌을 때, 아인슈타인은 그것을 그의 생에서 "가장 큰 실수"라고 부르며, 그 상수를 포기했다. 그러나 최근에 과학자들은 증가하는 속도로 우주가 팽창하도록 만들며, 중력에 대항하는 듯이 보이는 암흑 에너지라고 불리는 불가사의한 힘을 설명하기 위해서 (그리스 대문자 람다로 표기된) 아인슈타인의 우주상수를 다시 되살렸다. 새로운 연구 결과는 우주상수가 암흑 에너지에 가장 부합하며, 그것의 값이 가장 정교하고 정확한 추정치를 제공한다는 점을 확인한다고 연구원들은 말했다. 그 연구 결과는 우리의 우주가 구형이나 곡선이기보다는 평평하다는 점을 시사하는 우주의 기하학적 구조의 측정으로부터 나온다.
① 우주의 팽창, 평형 상태 이론
② 사실로 밝혀진 아인슈타인의 '가장 큰 실수'
③ 우주의 암흑 에너지라는 신비한 현상
④ 아인슈타인, 과학계의 금세기 유일한 완벽주의자

| 정답해설 | ② 글의 도입부를 통해 현재 과학자들이 아인슈타인이 최악의 실수라고 일컫던 우주상수를 다시 사용하고 있음을 알 수 있다. '우주상수'라고 하는 것이 분명한 실수라고 아인슈타인이 인정했지만, 결국 우주의 불가사의한 힘, '암흑 에너지'를 밝혀내기 위해서 다시 활용되고 있다는 점이 글의 요지이다. 또한 'A new study confirms ~ researchers said.'를 통해 우주상수가 가장 정교하고 정확한 추정

치를 제공한다는 것을 알 수 있다. 그러므로 글의 전체 내용을 아우르는 제목으로 가장 적절한 것은 ②이다.

| 오답해설 | ① 글의 핵심은 '우주의 팽창'이 아니라 그것을 설명하기 위한 '우주상수'이다.
③ 본문에서 언급된 내용임은 분명하지만, 지엽적인 내용이므로 제목으로는 적절하지 않다.
④ 아인슈타인이 완벽주의자였다는 내용은 나와있지 않으며 아인슈타인은 우주상수를 자신의 가장 큰 실수로 여겼다.

| 어휘 |
constant 상수
in keeping with ~와 일치하여, 어울려
blunder (어리석은) 실수   geometry 기하학적 구조

4 무관한 문장 삭제   정답 ③

지문 끊어읽기

Air pollution/ is by far the most harmful form of pollution/ in our environment.
대기 오염은/ 단연코 가장 위험한 형태의 오염이다/ 우리 환경에서

Air pollution is caused/ by the injurious smoke/ emitted by cars, buses, trucks, trains, and factories,/ namely sulphur dioxide, carbon monoxide and nitrogen oxides.
대기 오염은 발생한다/ 유해 연기에 의해/ 자동차, 버스, 트럭, 기차, 그리고 공장에 의해 방출되는/ 즉, 이산화황, 일산화탄소, 그리고 질소 산화물과 같은

Even smoke/ from burning leaves and cigarettes/ is harmful to the environment/ causing a lot of damage/ to man and the atmosphere.
심지어 연기도/ 나뭇잎이나 담배 연소로부터 발생하는/ 환경에 유해하다/ 막심한 손해를 야기하며/ 인간과 대기에

Evidence of increasing air pollution/ is seen/ in lung cancer, asthma, allergies, and various breathing problems/ along with severe and irreparable damage/ to flora and fauna.
대기 오염 증가의 증거는/ 발견된다/ 폐암, 전식, 알레르기, 그리고 다양한 호흡 장애들에서/ 심각하고 되돌릴 수 없는 피해와 함께/ 동식물들에의

③ Asthma is thought to be caused/ almost by genetic factors.
③ 천식은 야기되는 것으로 알려져 있다/ 거의 유전성 인자들에 의해

Even the most natural phenomenon of migratory birds/ has been hampered,/ with severe air pollution/ preventing them from reaching/ their seasonal metropolitan destinations of centuries.
심지어 철새들의 가장 자연적인 현상도/ 방해받아 왔다/ 심각한 대기 오염으로/ 그들을 도착하지 못하게 막은/ 수 세기 동안의 그들의 계절적 고향인 목적지에

| 해석 | 대기 오염은 우리 환경에서 단연코 가장 위험한 형태의 오염이다. 대기 오염은 이산화황, 일산화탄소, 그리고 질소산화물과 같은, 자동차, 버스, 트럭, 기차, 그리고 공장에 의해 방출되는 유해 연기에 의해 발생한다. 심지어 나뭇잎이나 담배 연소로부터 발생하는 연기도 환경에 유해하며 인간과 대기에 막심한 손해를 야기한다. 대기 오염 증가의 증거는 동식물들에의 심각하고 되돌릴 수 없는 피해와 함께 폐암, 천식, 알레르기, 그리고 다양한 호흡 장애에서 발견된다. ③ 천식은 거의 유전성 인자들에 의해 야기되는 것으로 알려져 있다. 심지어 철새들의 가장 자연적인 현상도 수 세기 동안의 그들의 계절적 고향인 목적지에 도착하지 못하게 막은 심각한 대기 오염으로 방해받아 왔다.

| 정답해설 | ③ 대기 오염의 원인과 그 폐해에 대한 글이다. 대기 오염의 증거로 천식이 언급되었으나, 천식이 거의 유전적 요인으로 발병된다고 한 ③은 전체 흐름과 알맞지 않다.

| 어휘 |

by far 단연코	namely 즉
lung cancer 폐암	asthma 천식
allergy 알레르기	irreparable 회복할 수 없는
flora and fauna 동식물상	genetic 유전의
hamper 방해하다	metropolitan 본국의, 모국의

5 내용 일치/불일치 정답 ②

지문 끊어읽기

The Scientific Revolution/ represented/ a shift in thinking/ in a handful of academics/ from the 16th to the 18th centuries.
과학 혁명은/ 나타냈다/ 사고 변화를/ 소수 학자들에서/ 16세기에서 18세기까지

Each of these scientists/ was the product/ of their own cultural traditions and modes of thought.
이 과학자들 각각은/ 산물이었다/ 그들 자신의 문화적 전통과 생각의 방식의

From our modern perspective,/ they held/ onto some mystical ideas/ that we would identify/ as Medieval.
우리의 현대 관점에서 볼 때/ 그들은 매달렸다/ 몇몇 신비한 아이디어들에/ 우리가 확인한/ 중세의 것으로

However,/ their discoveries paved the way/ for a more rational understanding/ of the universe/ and for the development of the scientific method.
그러나/ 그들의 발견은 길을 열었다/ 보다 합리적인 이해를 위한/ 우주에 대한/ 그리고 과학적 방법의 발달을 위한

This new understanding/ of the mechanics of the universe,/ especially Newton's principles of motion,/ encouraged many intellectuals/ as a whole/ to think about themselves, society, government, and the universe/ in rational, scientific terms,/ which helped pave the way to the Enlightenment/ in the 18th Century.
이러한 새로운 이해는/ 우주 역학에 대한/ 특히 뉴턴의 운동 원리는/ 많은 지식인들을 장려했다/ 전체적으로/ 그들 자신, 사회, 정부 및 우주에 대해 생각하도록/ 이성적이고 과학적인 관점에서/ 이는 계몽주의에 이르는 길을 여는 것을 도왔다/ 18세기에

| 해석 | 과학 혁명은 16세기에서 18세기까지 소수 학자들에서의 사고 변화를 보여주었다. 이 과학자들 각각은 그들 자신의 문화적 전통과 생각의 방식의 산물이었다. 우리의 현대 관점에서, 그들은 우리가 중세의 것으로 확인한 몇몇 신비한 아이디어들에 매달렸다. 그러나 그들의 발견은 우주에 대한 보다 합리적인 이해와 과학적 방법의 발달을 위한 길을 열었다. 우주 역학에 대한 이러한 새로운 이해, 특히 뉴턴의 운동 원리는 많은 지식인들이 전체적으로 그들 자신, 사회, 정부 및 우주에 대해 이성적이고 과학적인 관점에서 생각하도록 장려했고, 이는 18세기에 계몽주의에 이르는 길을 열도록 도왔다.
① 뉴턴의 발견은 계몽주의로부터 나왔다.
② 과학 혁명은 사람들이 우주에 대해서 더 잘 이해하는 것을 가능하게 했다.
③ 심지어 18세기에도 모든 과학자들이 우주에 대한 잘못된 이해를 고수했다.
④ 과학 혁명에서의 발견들은 너무 추상적이어서 현대시대와 관계가 없다.

| 정답해설 | ② 네 번째 문장인 'However, their discoveries ~ the scientific method.'를 통해서 과학 혁명에서의 발견들이 우주에 대한 보다 합리적인 이해와 과학적 방법의 발달을 위한 길을 열었다고 서술하고 있으므로 ②는 일치한다.

| 오답해설 | ① 16세기와 18세기 사이의 뉴턴의 과학 혁명은 18세기에 계몽주의에 이르는 길을 열었다고 했으므로 글의 내용과 일치하지 않는다.
③ 18세기에는 계몽주의에 이르는 길과 연관되었으므로 옳지 않다.
④ 과학 혁명은 이성적이고 과학적인 관점을 장려했으므로 옳지 않다.

| 어휘 |

represent 나타내다   shift 변화
academic 학자, 학문, 교수   mode 방식, 방법
perspective 관점, 시각   hold onto ~에 매달리다
mystical 신비주의의   Medieval 중세의
pave the way (~을 위한) 길을 닦다
rational 합리적인, 이성적인   mechanics 역학
motion 운동
Enlightenment (18세기의) 계몽주의 (시대)

6 빈칸 절 완성   정답 ④

지문 끊어읽기

Our sense of smell/ is key to the enjoyment of food,/ so it may be no surprise/ that in experiments at the University of California, Berkeley,/ obese mice/ who lost their sense of smell/ also lost weight.
우리의 후각은/ 음식을 즐기는 데에 중요하다/ 그래서 놀랍지도 않을 것이다/ UC버클리에서의 실험에서/ 비만 쥐가/ 후각을 상실한/ 체중 또한 감소했다

What's weird,/ however,/ is that these slimmed-down but smell-deficient mice ate/ the same amount of fatty food/ as mice/ that retained their sense of smell/ and ballooned to twice their normal weight.
이상한 것은/ 그러나/ 이렇게 날씬해졌으나 후각이 결핍된 쥐들은 먹었다는 것이다/ 동일한 양의 기름진 음식을/ 쥐들과/ 후각을 가지고 있고/ 그리고 그들의 정상 체중의 두 배만큼 부푼

In addition,/ mice with a boosted sense of smell/ — super-smellers —/ got even fatter/ on a high-fat diet/ than did mice/ with normal smell.
게다가/ 증폭된 후각을 가진 쥐는/ 절대 후각을 가진 쥐/ 훨씬 뚱뚱해졌다/ 고지방 식사 시/ 쥐가 그런 것보다/ 일반적인 후각을 가진

The findings suggest/ that ④ the odor of what we eat/ may play an important role/ in how the body deals with calories.
그 발견은 암시한다/ ④ 우리가 먹는 것의 냄새는/ 중요한 역할을 한다/ 어떻게 우리 신체가 칼로리를 처리하는가에서

If you can't smell your food,/ you may burn it/ rather than store it.
만약 당신이 당신의 음식 냄새를 맡지 못한다면/ 당신은 아마도 태울 것이다/ 그것을 저장하기보다는

These results/ point to a key connection/ between the olfactory or smell system and regions of the brain/ that regulate metabolism,/ in particular the hypothalamus,/ though the neural circuits are still unknown.
이러한 결과들은/ 핵심적인 연결을 시사한다/ 후각 또는 후각 체계와 뇌 영역 사이의/ 물질대사를 규제하는/ 특히 시상하부/ 비록 신경 회로들은 여전히 알려지지 않았으나

| 해석 | 우리의 후각은 음식을 즐기는 데에 중요하고, 그래서 UC버클리에서의 실험에서 후각을 상실한 비만 쥐가 체중 또한 감소한 것은 놀랍지 않다. 그러나 이상한 것은 이렇게 날씬해졌으나 후각이 결핍된 쥐들은 후각을 가지고 있고 정상 체중의 두 배만큼 살이 찐 쥐들과 동일한 양의 기름진 음식을 먹었다는 것이다. 게다가, 증폭된 후각을 가진 쥐(절대 후각을 가진 쥐)는 고지방 식사 시 일반적인 후각을 가진 쥐가 그런 것보다 훨씬 더 뚱뚱해졌다. 그 발견은 ④ 우리가 먹는 것의 냄새는 어떻게 우리 신체가 칼로리를 처리하는가에서 중요한 역할을 한다는 것을 암시한다. 만약 당신이 당신의 음식 냄새를 맡지 못한다면, 당신은 아마도 그것을 저장하기보다 태울 것이다. 이러한 결과들은 비록 신경 회로들은 여전히 알려지지 않았으나, 후각 또는 후각 체계와 물질대사를 규제하는 뇌 영역, 특히 시상하부 사이의 핵심적인 연결을 시사한다.

① 우리가 먹은 대부분의 칼로리들은 소비되지 않는다
② 후각 세포들의 손상으로 인한 체중 감소는 가장 바람직하다
③ 후각 세포들의 손상은 신체의 물질대사와 직접적으로 관련되지 않는다
④ 우리가 먹는 것의 냄새는 어떻게 우리 신체가 칼로리를 처리하는가에서 중요한 역할을 한다

| 정답해설 | ④ 빈칸에는 앞의 실험 결과가 의미하는 바를 넣어야 한다. 쥐의 후각이 상실되면 체중이 감소했고, 증폭된 후각을 가진 쥐가 일반적인 후각을 가진 쥐보다 훨씬 더 뚱뚱해졌다는 부분 등을 통해 후각 능력에 따라서 체중의 변화가 생긴다는 것을 유추할 수 있다. 따라서 ④가 빈칸에 알맞다.

| 어휘 |

be key to ~에 중요하다   slim-down 날씬해지다
retain 보유하다, 유지하다   balloon 부풀다
point to ~을 시사하다, 나타내다   olfactory 후각의
metabolism 물질대사   hypothalamus 시상하부

지문 끊어읽기

There are many roads to greatness,/ but logging 10,000 hours of practice/ to help you perfect a skill/ may not be sufficient.
위대함(성공)으로 가는 길은 많이 있다/ 그러나 10,000시간의 연습을 기록하는 것은/ 당신이 그 기술에 완벽해지도록/ 충분하지 않을 수도 있다

(C) Based on research/ suggesting that practice is the essence of genius,/ best-selling author Malcolm Gladwell popularized the idea/ that 10,000 hours of appropriately guided practice/ was "the magic number of greatness,"/ regardless of a person's natural aptitude.
(C) 연구에 근거하여/ 연습이 천재의 본질이라고 암시하는/ 베스트셀러 작가 Malcolm Gladwell은 그 생각을 대중화시켰다/ 10,000시간이라는 적합하게 유도된 연습 시간이/ "위대함(성공)으로 가는 마법적인 숫자"였다/ 개인 천성에 관계없이

(B) With enough practice,/ he claimed in his book *Outliers*,/ anyone could achieve a level of proficiency/ that would rival that of a professional.
(B) 충분한 연습으로/ 그는 그의 책 「아웃라이어」에서 주장했다/ 누구나 숙달 수준을 달성할 수 있다고/ 전문가의 그것과 견줄 수 있는

It was just a matter/ of putting in the time.
그저 문제인 것이었다/ 시간을 투자하느냐의

(A) But in the years/ since Gladwell first pushed the "10,000-hours rule,"/ researchers have engaged in a spirited debate/ over what that rule entails.
(A) 그러나 수년 후에/ Gladwell이 처음으로 "10,000시간의 법칙"을 주장한 이래로/ 연구자들은 활발한 토론에 참여했나/ 그 법칙이 필요로 하는 것에 대한

It's clear/ that not just any practice,/ but only dedicated and intensive honing of skills/ that counts.
분명하다/ 단지 연습이 아니라/ 헌신적이고 집중적인 기술의 연마가/ 중요하다는 것은

| 해석 | 위대함(성공)으로 가는 길은 많이 있다. 그러나 당신이 그 기술에 완벽해지도록 10,000시간의 연습을 기록하는 것은 충분하지 않을 수도 있다.
(C) 연습이 천재의 본질이라고 암시하는 연구에 근거하여, 베스트셀러 작가 Malcolm Gladwell은 10,000시간이라는 적합하게 유도된 연습 시간이 개인 천성에 관계없이 "위대함(성공)으로 가는 마법적인 숫자"라는 생각을 대중화시켰다.
(B) 충분한 연습으로, 그는 그의 책 「아웃라이어」에서 누구나 전문가와 견줄 수 있는 숙달 수준을 달성할 수 있다고 주장했다. 그저 시

간을 투자하느냐의 문제인 것이었다.
(A) 그러나 Gladwell이 처음으로 "10,000시간의 법칙"을 주장한 수년 후에, 연구자들은 그 법칙이 필요로 하는 것에 대한 활발한 토론에 참여했다. 단지 연습이 아니라, 헌신적이고 집중적인 기술의 연마가 중요하다는 것은 분명하다.

| 정답해설 | ④ 주어진 문장은 10,000시간의 연습을 기록하는 것만이 (어떠한 일의) 성공을 위한 충분조건은 아니라는 내용이다. 따라서 이러한 10,000시간의 연습에 대한 설명과 Gladwell에 대한 소개가 처음으로 나오고 있는 (C)가 가장 먼저 나와야 한다. 그런 뒤 Gladwell을 'he'로 지칭하며 부연설명을 하는 (B)가 와야 한다. 마지막으로는 앞의 내용을 반전시키는 (A)의 내용이 나와야 자연스럽다. 따라서 '(C)-(B)-(A)'의 순서가 알맞다.

| 어휘 |
greatness 위대, 중요, 탁월   log 달성하다, 기록하다, 기입하다
engage in ~에 참가하다, 관여하다
spirited debate 활발한 토론   dedicated 헌신적인
intensive 집중적인, 강도 높은   hone (기능을) 연마하다
count 중요하다, 가치가 있다   popularize 대중화하다
appropriately 적합하게

지문 끊어읽기

Anthropology/ as a subject/ is not well known/ amongst the general population/ in Britain.
인류학은/ 교과 과목으로서/ 잘 알려져 있지 않다/ 일반 대중들 사이에서/ 영국의

As anthropology has not until now been taught/ at secondary school level/ (except as an option/ within the International Baccalaureate),/ the British general public's exposure/ to anthropology/ tends to be limited/ to museums, occasional newspaper articles,/ or TV programmes/ whose primary aim is entertainment.
인류학이 지금까지 가르쳐지지 않아왔기 때문에/ 중학교 수준에서/ (선택 과목을 제외하고/ 국제 학력 평가 시험 내에서의)/ 영국의 일반 대중의 노출은/ 인류학에 대한/ 제한되는 경향이 있다/ 박물관, 가끔 나오는 신문 기사에/ 또는 TV 프로그램에/ 주요 목표가 오락인

The result is that/ many ④ misconceptions about anthropology/ persist.
결과는 ~이다/ 인류학에 대한 많은 ④ 오해들이/ 지속된다

A common one is/ that anthropology is mainly about 'bones and fossils'.
흔한 것은 ~이다/ 인류학은 주로 '뼈와 화석'에 관한 것이라는

These are indeed the special concern/ of biological and evolutionary anthropologists,/ who use the evidence of human remains and living sites/ to reconstruct the bodies, diets and environments/ of our prehuman ancestors.
이것들은 실제로 특별한 관심사이다/ 생물학과 진화학의 인류학자들의/ 인간 유적과 거주 장소들의 증거를 사용하는/ 신체와 식단 그리고 환경을 재현해내기 위해/ 우리 인간 이전의 조상들의

Social and cultural anthropology,/ however,/ is concerned with social relations/ in the 'here and now'.
사회 문화 인류학은/ 그러나/ 사회적 관계와 관련이 있다/ '여기 그리고 현재의'

| 해석 | 영국의 일반 대중들 사이에서 교과 과목으로서 인류학은 잘 알려져있지 않다. (국제 학력 평가 시험 내에서의 선택 과목을 제외하고) 인류학은 중학교 수준에서 지금까지 가르쳐지지 않아 왔기 때문에, 인류학에 대한 영국의 일반 대중의 노출은 박물관, 가끔 나오는 신문 기사, 또는 주요 목표가 오락인 TV 프로그램에 제한되는 경향이 있다. 결과는 인류학에 대한 많은 ④ 오해들이 지속된다는 것이다. 흔한 것은 인류학이 주로 '뼈와 화석'에 관한 것이라는 것이다. 이것들은 실제 우리 인간 이전의 조상들의 신체와 식단 그리고 환경을 재현해내기 위해 인간 유적과 거주 장소들의 증거를 사용하는 생물학과 진화학의 인류학자들의 특별한 관심사이다. 그러나, 사회 문화 인류학은 사회적 관계와 관련이 있다.

① 감정들 ② 자만심
③ 기분전환 하게 하는 것들 ④ 오해들

| 정답해설 | ④ 영국 국민들이 중학교 수준에서 인류학을 배우지 않았고, 일반 대중들에게도 이것이 잘 노출되지 않은 결과로 어떤 것이 지속될지 생각해본다. 인류학이 단순히 '뼈와 화석'의 내용이 아니라 현 시점의 사회적 관계와 관련이 있는 것이라고 했으므로 사람들은 부족한 지식으로 오해를 하고 있다는 흐름이 되어야 한다. 따라서, 빈칸에는 '오해들'이 알맞다.

| 어휘 |
anthropology 인류학   secondary school 중학교
International Baccalaureate 국제 학력 평가 시험
reconstruct 재건하다   misconception 오해

---

9 주어진 문장 삽입   정답 ②

지문 끊어읽기

Some philosophers/ such as Plato and Descartes/ suggested/ that certain things are inborn,/ or that they occur naturally/ regardless of environmental influences.
일부 철학가들은/ Plato와 Descartes와 같은/ 제시했다/ 특정의 것들이 선천적인 것이라고/ 또는 그것들은 자연적으로 일어난다고/ 환경적(후천적) 영향과는 관계없이

Nativists take the position/ that all or most behaviors and characteristics/ are the result of inheritance.
선천론자들은 입장을 취한다/ 모든 또는 대부분의 행동과 특성은/ 유전의 결과라고

Advocates/ of this point of view/ believe/ that all of our characteristics and behaviors/ are the result of evolution.
옹호하는 사람들은/ 이러한 관점을/ 믿는다/ 우리의 모든 특성과 행동이/ 진화의 결과이다

Genetic traits/ handed down from parents/ influence the individual differences/ that make each person unique.
유전적 특징들은/ 부모로부터 물려받은/ 개개인의 특성에 영향을 미친다/ 각각의 사람을 고유하게 만드는

② Other well-known thinkers/ such as John Locke/ believed in/ what is known as tabula rasa,/ which suggests/ that the mind begins/ as a blank slate.
② 다른 유명한 사상가들은/ John Locke와 같은/ 믿었다/ 백지상태로 알려진 것을/ 그것은 시사한다/ 사고(생각)는 시작된다/ 백지상태로

According to this notion,/ everything that we are/ and all of our knowledge/ is determined/ by our experience.
이러한 개념에 따르면/ 우리가 되는 모든 것/ 그리고 우리의 모든 지식은/ 결정된다/ 우리의 경험에 의해서

Empiricists take the position/ that all or most behaviors and characteristics/ result from learning.
경험주의자들은 입장을 취한다/ 모든 또는 대부분의 행동과 특성이/ 학습에 의해서 비롯된다는

Behaviorism/ is a good example of a theory/ rooted in empiricism.
행동과학주의는/ 이론의 적절한 예이다/ 경험론에 뿌리를 둔

Behaviorists believe/ that all actions and behaviors/ are the results of conditioning.
행동 심리학자들은 믿는다/ 모든 활동과 행동은/ 조건(주위의 상황)의 결과이다

| 해석 | Plato와 Descartes와 같은 일부 철학가들은 특정의 것들이 선천적인 것이라고 또는 환경적(후천적) 영향과는 관계없이 자연적으

로 일어난다고 제시했다. 선천론자들은 행동과 특성의 모두 또는 대부분이 유전의 결과라고 주장한다. 이러한 관점을 옹호하는 사람들은 우리의 모든 특성과 행동이 진화의 결과라고 믿는다. 부모로부터 물려받은 유전적 특징들은 각각의 사람을 고유하게 만드는 개개인의 특성에 영향을 미친다. ② John Locke와 같은 다른 유명한 사상가들은 '백지상태'로 알려진 것을 믿었다. 그것은 사고(생각)는 백지상태로 시작됨을 시사한다. 이러한 개념에 따르면 우리가 되는 모든 것과 우리의 모든 지식은 우리의 경험에 의해서 결정된다. 경험주의자들은 행동과 특성의 모두 또는 대부분이 학습에 의해서 비롯된다는 입장을 취한다. 행동과학주의는 경험론에 뿌리를 둔 이론의 적절한 예이다. 행동 심리학자들은 모든 활동과 행동은 조건(주위의 상황)의 결과라고 믿는다.

| 정답해설 | ②의 앞 문장까지는 행동의 선천성과 유전에 관련된 내용이 나오고 ② 이후부터 행동의 후천성에 관련된 내용이 나오고 있다. ② 뒤의 'this notion'은 주어진 문장에서 설명한 사고(생각)이다. 따라서 ②의 위치가 알맞다.

| 어휘 |
tabula rasa 백지상태, 정신이 때묻지 않은 상태
inborn 선천적인, 타고난
nativist 선천론자, 이민 배척주의자
take the position ~라는 의견을 주장하다, ~의 입장을 취하다
inheritance 유전, 상속　　　　empiricist 경험주의자

---

⑩ 내용 일치/불일치　　　　정답 ④

지문 끊어읽기

To maintain/ a high constant body temperature/ is energy expensive/ — mammals therefore/ need a nutritious and plentiful diet.
유지하는 것은/ 높은 체온을 일정하게/ 에너지를 많이 소모한다/ 포유류들은 그러므로 양분이 많고 풍부한 음식물을 필요로 한다

While the earliest mammals/ were probably predators,/ different species have since adapted/ to meet their dietary requirements/ in a variety of ways.
초기 포유류들은/ 아마도 포식 동물이었지만/ 다른 종들은 줄곧 적응해왔다/ 그들의 필수 섭취 요건들을 충족시키도록/ 다양한 방법으로

Some/ eat other animals/ — this is a carnivorous diet/ (and includes insectivorous diets).
일부는/ 다른 동물들을 잡아 먹는다/ 이것을 육식이라 한다/ (그리고 이것은 식충을 포함한다)

Other mammals,/ called herbivores,/ eat plants.
다른 포유류들은/ 초식이라고 불리는/ 식물을 먹는다

An herbivorous diet/ includes subtypes/ such as/ granivory (seed eating),/ folivory (leaf eating),/ frugivory (fruit eating),/ nectivory (nectar eating),/ gummivory (gum eating)/ and mycophagy (fungus eating).
초식 동물의 식단은/ 다음 하위 분류를 포함한다/ ~와 같은/ 곡식성의(곡식류를 먹는)/ 초식성의(잎사귀를 먹는)/ 과식성의(과일을 먹는)/ 과즙성의(과일즙을 먹는)/ 고무를 먹는 식성의(고무를 먹는)/ 그리고 식균성의(균류를 먹는)

Some mammals/ may be coprophagous,/ and consume feces,/ usually to consume more nutrients.
일부 포유류들은/ 분식성이다/ 그리고 배설물을 먹는다/ 주로 더 많은 영양분을 섭취하기 위해

An omnivore eats/ both prey and plants.
잡식 동물들은 먹는다/ 사냥감들과 식물들을 모두

Carnivorous mammals/ have a simple digestive tract/ because the proteins, lipids and minerals/ found in meat/ require little/ in the way of specialized digestion.
육식 동물들은/ 단순한 소화관을 갖는다/ 왜냐하면 단백질, 지방질, 그리고 무기물들은/ 육류에서 발견되는/ 거의 요구하지 않는다/ 특별한 소화 방법이라고 할만한 것을

Plants,/ on the other hand,/ contain complex carbohydrates,/ such as cellulose.
식물은/ 반면/ 복잡한 탄수화물을 포함한다/ 셀룰로오스 같은

The digestive tract/ of an herbivore/ is therefore host to bacteria/ that ferment these substances,/ and make them available for digestion.
소화관은/ 초식 동물들의/ 그러므로 박테리아를 수용한다/ 이러한 물질들을 발효하는/ 그리고 그것들을 소화를 위해 이용 가능하도록 한다

The bacteria are either housed/ in the multichambered stomach/ or in a large cecum.
박테리아들은 자리한다/ 장 내부나/ 큰 맹장에

| 해석 | 높은 체온을 일정하게 유지하는 것은 에너지를 많이 소모하므로, 포유류들은 양분이 많고 풍부한 음식물을 필요로 한다. 초기 포유류들은 아마도 포식 동물이었지만 다른 종들은 줄곧 다양한 방법으로 그들의 필수 섭취 요건들을 충족시키도록 적응해왔다. 일부는 다른 동물들을 잡아 먹으며 이것을 육식이라 한다. (그리고 이것은 식충을 포함한다.) 초식이라고 불리는 다른 포유류들은 식물을 먹는다. 초식 동물의 식단에는 곡식성의(씨앗을 먹는), 초식성의(줄기를 먹는), 과식성의(과일을 먹는), 과즙성의(과즙이나 꿀을 먹는), 고무진을 주로 먹는(고무를 먹는) 그리고 식균성의(균을 먹는) 하위 분류가 있다. 일부 포유류들은 분식성으로 주로 더 많은 영양분을 섭취하기 위해 배설물을 먹는다. 잡식 동물들은 사냥감들과 식물들을 모두 먹는다. 육류에 포함된 단백질, 지방질, 그리고 무기물들은 특별한 소화 방법을 요하지 않아 육식 동물들은 단순한 소화관을 갖는다. 그러나 식물은 셀룰로오스 같은 복잡한 탄수화물을 포함한다. 초식 동물들의 소화관은 이러한

물질들을 발효하고 소화를 돕는 박테리아를 수용한다. 박테리아들은 장 내부 또는 큰 맹장에 자리한다.

① 포유류는 많은 영양가가 있는 식이를 섭취해야 한다.
② 식물은 셀룰로오스 같은 복합 탄수화물로 구성된다.
③ 초식동물은 씨앗, 잎사귀, 과일, 과즙, 고무, 진균을 먹는 경향이 있다.
④ 초식동물의 소화관은 커다란 맹장 안에서 박테리아를 발효되게 만든다.

| 정답해설 | ④ 초식동물의 박테리아는 음식물들을 발효시키는 역할을 하지, 소화관에서 박테리아가 발효되게 하는 것이 아니므로 옳지 않다.

| 오답해설 | 단어가 생소하다보니, 지문이 부담이 될 수 있는 경우이다. 하지만, 전문 용어들의 정의를 반드시 알아야 하기보다는 문맥을 통해서 충분히 그 의미를 추론할 수 있는 문제이므로 주의를 기울여서 읽는다면 ③을 정답으로 고르지 않았을 것이다. 선택지 ③의 내용은 본문 중 'granivory(seed eating), folivory(leaf eating), frugivory(fruit eating), nectivory(nectoar eating), gummivory(gum eating), mycophagy(fungus eating)'에 담겨 있다.

| 어휘 |

mammal 포유 동물
carnivorous 육식성의
herbivores 초식 동물
granivory 곡식을 먹는
frugivory 과일을 상식하는
gummivory 고무를 주식으로 먹는
mycophagy 식균성의
coprophagou 똥을 먹고 사는
omnivore 잡식 동물
carbohydrate 탄수화물
multichambered stomach 장 내부
cecum 맹장

predator 포식 동물
insectivorous 식충 동물
subtype 아류형
folivory 초식의
nectivory 과즙을 먹는

fungus 균류
feces 배설물
digestive tract 소화관
ferment 발효되다

문제편 p.132

| 01 ③ | 02 ② | 03 ③ | 04 ② | 05 ③ |
| 06 ④ | 07 ③ | 08 ③ | 09 ③ | 10 ④ |

| 풀이 시간 | 분 / 22분 |
| 맞힌 개수 | 개 / 10개 |

1 주제 찾기
정답 ③

지문 끊어읽기

The United States/ has 120.5 guns per 100 people,/ or about 393,347,000 guns,/ which is the highest total and per capita number/ in the world.
미국은/ 매 100명당 120.5정의 총기를 지니고 있다/ 즉 약 393,347,000정의 총기/ 이는 가장 높은 총합이며 1인당 수이다/ 전 세계에서

Twenty-two percent of Americans/ own one or more guns.
22%의 미국인들이/ 하나 또는 그 이상의 총을 소유하고 있다

America's pervasive gun culture/ stems/ in part/ from its colonial history, revolutionary roots, frontier expansion, and the Second Amendment,/ which states:/ "A well regulated militia,/ being necessary to the security of a free State,/ the right of the people/ to keep and bear Arms,/ shall not be infringed."
미국의 만연한 총기 문화는/ 기인한다/ 부분적으로/ 식민지 역사, 혁명적 기원, 국경 확장, 그리고 헌법 수정 제2조에서/ 그것은 언명한다/ "잘 규율된 민병대는/ 자유로운 주(州)의 안보에 필요하므로/ 국민의 권리는/ 무기를 소지하고 휴대하는/ 침해되어서는 안 된다"

Proponents/ of more gun control laws/ state/ that the Second Amendment/ was intended for militias;/ that gun violence would be reduced;/ that gun restrictions have always existed;/ and that a majority of Americans,/ including gun owners,/ support new gun restrictions.
지지하는 사람들은/ 더 많은 총기 규제법을/ 말한다/ 헌법 수정 제2조는/ 민병대를 위한 것이었다/ 총기 폭력은 감소될 것이다/ 총기 규제는 항상 존재해 왔다/ 그리고 미국인 대부분은/ 총기 소유자를 포함한/ 총기 규제를 지지한다고

Opponents say/ that the Second Amendment/ protects an individual's right/ to own guns;/ that guns are needed/ for self-defense/ from threats/ ranging from local criminals to foreign invaders;/ and that gun ownership/ deters crime/ rather than causes more crime.
반대자들은 말한다/ 헌법 수정 제2조는/ 개인의 권리를 보호한다/ 총기를 소유할/ 총기는 필요하다/ 자기방어를 위해/ 위협으로부터/ 지역의 범죄자부터 외국인 침략자들에 달하는/ 그리고 총기 소유는/ 범죄를 억제한다/ 더 많은 범죄를 야기하기보다는

| 해석 | 미국은 매 100명 당 120.5정의 총기, 즉 약 393,347,000정의 총기를 지니고 있는데, 이는 전 세계에서 가장 높은 총합이며 1인당 수이다. 22%의 미국인들이 하나 또는 그 이상의 총을 소유하고 있다. 미국의 만연한 총기 문화는 부분적으로 식민지 역사, 혁명적 기원, 국경 확장, 그리고 헌법 수정 제2조에서 기인하는데, 그것은 "잘 규율된 민병대는 자유로운 주(州)의 안보에 필요하므로, 무기를 소지하고 휴대하는 국민의 권리는 침해되어서는 안 된다"라고 언명한다. 더 많은 총기 규제법을 지지하는 사람들은 헌법 수정 제2조는 민병대를 위한 것이었고, 총기 폭력은 감소될 것이며, 총기 규제는 항상 존재해 왔고, 총기 소유자를 포함한 미국인 대부분은 새로운 총기 규제를 지지한다고 말한다. 반대자들은 헌법 수정 제2조는 총기를 소유할 개인의 권리를 보호하고, 총기는 지역의 범죄자부터 외국인 침략자들에 달하는 위협으로부터 자기방어를 위해 필요하며, 총기 소유는 더 많은 범죄를 야기하기보다는 범죄를 억제한다고 말한다.

① 미국의 총기 폭력의 심각성
② 미국인들이 총기를 소유하길 원하는 이유
③ 더 많은 총기 규제법에 관한 찬반양론
④ 미국에서의 총기 규제의 필요성

| 정답해설 | ③ 지문의 초반에는 미국의 높은 총기 보유율에 관해 도입하며, 본문 중반 이후부터 이러한 높은 총기 보유율과 관련해 총기 규제법에 대한 찬성 측 주장과 반대 측 주장을 비교하여 서술하고 있다. 따라서, 전체적인 글의 주제로 가장 적절한 것은 ③ 'pros and cons on more gun restriction laws(더 많은 총기 규제법에 관한 찬반양론)'이다. 'pros and cons'는 '장단점' 이외에도 '찬반양론'이라는 의미가 있음을 알아두어야 한다.

| 어휘 |
per capita 1인당
pervasive 널리 퍼진, 어디에나 있는
stem from ~에서 기인[유래]하다
revolutionary 혁명의, 혁명적인 frontier 국경, 영역
Second Amendment 헌법 수정 제2조

militia 국민군, 시민군, 민병대　　bear 가지다, 지니다
infringe 침해하다　　proponent 지지자, 옹호자
restriction 규제, 제한　　opponent 반대자
self-defense 자기방어　　invader 침입자, 침략군
deter 방지하다, 방해하다
pros and cons 찬반양론, 장단점

2 내용 일치/불일치　　정답 ②

지문 끊어읽기

Researchers have found/ the key/ to a happy marriage.
연구자들은 발견했다/ 열쇠를/ 행복한 결혼의/

This secret ingredient/ could be a difference in height/ between the two partners.
이 비밀 요소는/ 신장의 차이가 될 수 있다/ 두 배우자들 간의

An Asian professor said/ that a greater height difference in a couple/ was positively related to the wife's happiness.
한 아시아인 교수는 말했다/ 부부의 더 큰 신장 차는/ 아내의 행복에 긍정적으로 관련이 있었다

He added/ that the attraction of a tall husband/ does not last forever.
그는 덧붙였다/ 키 큰 남편의 매력이/ 영원히 지속되지는 않는다

He said/ it disappears/ after 18 years or so of marriage.
그는 말했다/ 그것이 사라진다/ 결혼하고 18년 혹은 그 이후에

Meanwhile the Asian professor did not know/ why women preferred taller men.
한편 그 아시아인 교수는 알지 못했다/ 왜 여성이 더 키 큰 남자를 선호하는지

He said:/ "Although it has been known/ that women prefer tall men/ in mating/ for evolutionary reasons,/ no study has investigated/ whether a taller husband makes his wife happier."
그는 말했다/ "비록 알려져 있지만/ 여성이 키 큰 남자를 선호하는 것으로/ 짝을 짓는 데에/ 진화적인 이유로/ 어떠한 연구도 알아내지 못했다/ 더 키 큰 남편이 그의 아내를 더 행복하게 하는지"

He wrote:/ "Women simply like tall men…/ This is similar to people/ favoring fatty, salty and sugary foods/ without knowing exactly why."
그는 적었다/ "여성은 단순히 키 큰 남자를 좋아한다/ 이것은 사람과 유사하다/ 기름지고, 짜고, 그리고 단 음식을 선호하는/ 정확히 왜인지 모르지만"

| 해석 | 연구자들은 행복한 결혼의 열쇠를 발견했다. 이 비밀 요소는 두 배우자들 사이의 키 차이일 수 있다. 한 아시아인 교수는 부부의 더 큰 키 차이는 아내의 행복에 긍정적으로 관련되어 있었다고 말했다. 그는 키가 큰 남편의 매력이 영원히 지속되지는 않는다고 덧붙였다. 그는 그것이 결혼 18년쯤이면 사라진다고 말했다. 한편 그 아시아인 교수는 왜 여성들이 더 키 큰 남성들을 선호하는지 알지 못했다. 그는 "여성이 진화적인 이유로 짝을 지을 때 키가 큰 남성을 선호하는 것으로 알려져 왔으나 더 키 큰 남편이 아내를 더 행복하게 만드는지 아닌지에 대해서 조사한 연구는 없다"고 말했다. 그는 "여성은 단순히 키 큰 남성을 좋아한다… 이것은 마치 사람들이 기름지고, 짜고, 단 음식들을 정확히 왜 좋아하는지 모르는 채로 좋아하는 것과 같다"고 서술했다.
① 부부의 더 큰 신장차는 아내의 행복에 긍정적으로 관련되어 있다.
② 키가 더 큰 남자를 선호하는 여성은 진화론적인 이유를 갖지 않는다.
③ 자신의 남편보다 작은 아내가 훨씬 더 행복하다.
④ 부부의 키 차이가 더 클수록 아내는 더 행복하다.

| 정답해설 | ② 'Although it has been known that women prefer tall men in mating for evolutionary reasons'를 통해 여성이 키 큰 남성을 선호하는 것은 진화론적인 이유 때문임이 알려져 왔다고 했으므로, ②가 글의 내용과 일치하지 않는다.

| 어휘 |
attraction 매력, 끄는 힘　　mate 짝을 이루다, 짝짓기
fatty 지방의, 지방으로 된
affirmatively 긍정적으로, 확정적으로

3 내용 일치/불일치　　정답 ③

지문 끊어읽기

King Louis XIV/ was very fond of meat dishes/ and began many of his meals/ with braised beef cheeks.
왕 Louis 14세는/ 육류 요리를 매우 좋아했고/ 많은 식사를 시작했다/ 삶은 소 볼살 요리로

His diet included/ pigeons, swans, hawks, turkeys and almost any bird/ that you could imagine,/ as well as a variety of other meats and, of course, oysters and other seafood.
그의 식단은 포함했다/ 비둘기, 백조, 매, 칠면조, 그리고 거의 모든 조류도/ 당신이 상상할 수 있는/ 다양한 다른 육류와, 물론 굴 및 다른 해물뿐만 아니라

The King's favorite dessert/ was oranges/ which were poured over with caramel/ and sprinkled with edible gold.
그 왕이 가장 좋아한 디저트는/ 오렌지였다/ 캐러멜이 부어지고/ 식용 금이 흩뿌려진

Despite obvious problems/ with the King's teeth/ (it is believed that/ he didn't have any/ by the time he turned 40),/ King Louis's appetite/ remained the same/ throughout his entire life.
분명한 문제에도 불구하고/ 그 왕의 치아의/ (~라고 믿어진다/ 그는 (치아가) 하나도 없었다고/ 그가 40세가 되었을 무렵)/ 왕 Louis의 식성은/ 동일했다/ 그의 평생에 걸쳐

When he lost the ability to chew food,/ he would swallow it/ in pieces.
그가 음식을 씹는 능력을 상실했을 때/ 그는 그것을 삼키곤 했다/ 조각으로

The King would always eat/ with his hands/ and those/ whom he shared his dinners with/ were forbidden/ to use sharp knives.
그 왕은 항상 먹었다/ 손을 이용해/ 그리고 사람들은/ 그가 저녁 식사를 함께한/ 금지되었다/ 날카로운 나이프를 사용하는 것이

This was due to/ his fear/ of conspiracies.
이것은 ~ 때문이었다/ 그의 공포/ 음모에 대한

| 해석 | Louis 14세는 육류 요리를 매우 좋아했고, 삶은 소 볼살 요리로 많은 식사를 시작했다. 그의 식단은 다양한 다른 육류와, 물론 굴 및 다른 해물뿐만 아니라 비둘기, 백조, 매, 칠면조, 그리고 당신이 상상할 수 있는 거의 모든 조류도 포함했다. 그 왕이 가장 좋아한 디저트는 캐러멜이 부어지고 식용 금이 흩뿌려진 오렌지였다. 그 왕의 치아의 분명한 문제에도 불구하고(그가 40세가 되었을 무렵, 그는 치아가 하나도 없었다고 믿어진다), Louis의 식성은 그의 평생에 걸쳐 동일했다. 그가 음식을 씹는 능력을 상실했을 때, 그는 그것을 조각으로 삼키곤 했다. 그 왕은 항상 손을 이용해 먹었으며 그가 저녁 식사를 함께한 사람들은 날카로운 나이프를 사용하는 것이 금지되었다. 이것은 음모에 대한 그의 공포 때문이었다.
① Louis 14세는 삶은 소 볼살 요리를 그의 식사에서 배제시켰다.
② Louis 14세는 해산물에 알레르기가 있었다.
③ 그의 40대에, Louis 14세는 음식을 씹을 수 없었을지도 모른다.
④ Louis 14세는 그의 치아 문제로 인해 고기 섭취를 삼갔다.

| 정답해설 | ③ 지문은 'Louis 14세의 식습관'에 대한 내용이다. 네 번째 문장 괄호 안의 내용에서 알 수 있는 내용은 ③ 'In his forties, Louis XIV might not chew food(그의 40대에, Louis 14세는 음식을 씹을 수 없었을지도 모른다).'이다.

| 오답해설 | ① 첫 문장에서 Louis 14세는 육류 요리를 매우 좋아했고, 삶은 소 볼살 요리로 많은 식사를 시작했다고 했으므로 글의 내용과 일치하지 않는다.
② 두 번째 문장에서 그의 식단은 조류, 육류, 해물을 포함했다고 했으므로 글의 내용과 일치하지 않는다.
④ 네 번째와 다섯 번째 문장에서 그에게 치아가 하나도 없었을 때 그는 음식을 조각으로 삼켰다고 했으므로 글의 내용과 일치하지 않는다.

| 어휘 |
be fond of ~을 좋아하다
braise (고기, 채소를) 푹 삶다[찌개처럼 만들다]
pour 붓다, 따르다   sprinkle 뿌리다
edible 식용의   appetite 식성, 기호, 식욕
forbid 금하다   conspiracy 음모
exclude 제외하다, 배제하다   refrain from ~을 삼가다

4 연결사   정답 ②

지문 끊어읽기

What is seasickness?
뱃멀미란 무엇인가?

Seasickness,/ also called motion sickness,/ is a common disturbance/ of the inner ear.
뱃멀미는/ 멀미라고도 불리는/ 흔한 장애이다/ 내이(內耳)의

This is the area of the body/ that affects your sense/ of balance and equilibrium.
이것은 신체의 부위이다/ 당신의 감각에 영향을 주는/ 균형과 평형 상태의

(A) Therefore,/ motion sickness happens/ when your brain receives conflicting messages/ about motion and your body's position/ in space.
(A) 그러므로/ 멀미는 발생한다/ 당신의 뇌가 상충되는 메시지를 받을 때/ 움직임과 당신 몸의 위치에 대해/ 공간에서

The conflicting messages/ are delivered/ from your inner ear,/ your eyes — what you see,/ your skin receptors — what you feel,/ and muscle and joint sensors.
상충되는 메시지는/ 전달된다/ 당신의 내이로부터 당신의 눈/ 당신이 보는 것을/ 피부 수용기/ 당신이 느끼는 것을/ 그리고 근육과 관절 수용기로부터

(B) For example,/ you might become airsick/ because your eyes cannot see the turbulence/ that is tossing the plane/ from side to side.
(B) 예를 들어/ 당신은 비행기 멀미를 할지도 모른다/ 당신의 눈이 난기류를 볼 수 없기 때문에/ 비행기를 흔들고 있는/ 양옆으로

Motion sickness can occur/ with any mode of travel:/ on a ship, plane, train, bus, or car.
멀미는 발생할 수 있다/ 여행의 어떤 상태에서든지/ 배, 비행기, 기차, 버스 또는 차에서

| 해석 | 뱃멀미란 무엇인가? 멀미라고도 불리는 뱃멀미는 내이의 흔한 장애이다. 이것은 당신의 균형과 평형 상태의 감각에 영향을 주는

신체의 부위이다. (A) 그러므로, 멀미는 당신의 뇌가 공간에서 움직임과 뇌의 위치에 대해 상충되는 메시지를 받을 때 발생한다. 상충되는 메시지는 내이로부터, 그리고 당신이 보는 것은 눈으로부터, 그리고 당신이 느끼는 것은 감각 수용기로부터, 그리고 근육과 관절 수용기로부터 전달된다. (B) 예를 들어, 당신은 비행기를 양옆으로 흔들고 있는 난기류를 눈으로 볼 수 없기 때문에 비행기 멀미를 할지도 모른다. 멀미는 배, 비행기, 기차, 버스, 또는 차에서 여행의 어떤 상태에서든지 발생할 수 있다.

① 그래서 - 그러나
② 그러므로 - 예를 들어
③ 그렇지 않으면 - 예를 들어
④ 그에 반해 - 반면

| 정답해설 | ② (A) 앞에서 균형과 평형 상태에 영향을 준다는 내용이 나오고 이후로 'motion sickness'가 일어난다고 했으니 (A)에는 인과관계를 나타내는 'Therefore'가 적절하다. (B) 이후에서는 'airsick'에 대한 구체적인 예를 들고 있으므로 (B)에는 'For example'이 적절하다. 따라서 정답은 ②이다.

| 어휘 |
motion sickness 멀미, 차멀미, 구역질
equilibrium 평형[균형]   conflicting 싸움, 충돌
receptor 수용기[감각기]   turbulence 난기류
tossing 흔들리는   occur 발생하다

---

5 빈칸 구 완성   정답 ③

지문 끊어읽기

Each new idea/ in mathematics/ involves the children/ in learning/ in three areas/ — linguistic, conceptual and procedural.
각각의 새로운 개념은/ 수학에서/ 어린이들을 관련시킨다/ 학습에서/ 세 가지 영역에/ 언어적, 개념적 그리고 절차적인 영역

The children learn/ in that order.
어린이들은 학습한다/ 그 순서에 따라서

This means/ that if the children are unsure of the language of maths/ they will not understand the concept/ and, as a result,/ they definitely will not be able to do/ anything with that concept.
이것은 의미한다/ 만약 어린이가 수학 용어를 확실히 알지 못한다면/ 그들은 개념을 이해하지 못할 것이다/ 그리고 그 결과/ 그들은 절대로 할 수 없을 것이다/ 그 개념과 관련된 어떤 것도

For example,/ when learning about shape,/ words such as quadrilateral and even triangle/ can be difficult/ for some pupils.
예를 들어/ 도형에 대해 학습하는 경우/ 사각형 그리고 심지어 삼각형과 같은 단어도/ 어려울 수 있다/ 어떤 학생들에게는

Taking the time to make a link/ between those words and something/ the children already know/ is important/ to enable them to use the words/ appropriately.
연결고리를 형성하기 위한 시간을 가지는 것은/ 이 단어들과 어떤 것 사이의/ 학생들이 이미 알고 있는/ 중요하다/ 그들이 그 단어들을 사용할 수 있게 하기 위해/ 적절하게

By linking triangle/ to tricycles/ and quadrilateral/ to quad bikes/ they then have that link/ which will result in learning.
삼각형을 연결지음으로써/ 세발 자전거와/ 그리고 사각형을/ 네발 자전거와 (연결함으로써)/ 그들은 그러고 나서 그 연결고리를 가지게 된다/ 학습이라는 결과를 가지고 올

Remember also/ that even simple words,/ which may not seem worthy of any time/ to explain,/ could cause ③ confusion.
또한 기억하라/ 심지어 간단한 단어라도/ 어떤 시간적 가치도 없어 보이는/ 설명할/ ③ 혼란을 유발할 수 있다는 것을

| 해석 | 수학에서 각각의 새로운 개념은 어린이들을 학습에서 세 가지 영역인 언어적, 개념적 그리고 절차적인 영역에 관련시킨다. 어린이들은 그 순서에 따라서 학습한다. 이것은 만약 어린이가 수학 용어를 확실히 알지 못한다면, 그들은 개념을 이해하지 못할 것이고, 그 결과 그들은 그 개념과 관련된 어떤 것도 절대로 할 수 없다는 것을 의미한다. 예를 들어, 도형에 대해 학습하는 경우, 사각형 그리고 심지어 삼각형과 같은 단어도 어떤 학생들에게는 어려울 수 있다. 이 단어들과 학생들이 이미 알고 있는 어떤 것 사이의 연결고리를 형성하기 위한 시간을 가지는 것은 그들이 그 단어를 적절하게 사용할 수 있게 하기 위해 중요하다. 삼각형을 세발 자전거와 연결 짓고 사각형을 네발 자전거와 연결함으로써 그들은 학습이라는 결과를 가지고 올 연결고리를 가지게 된다. 심지어 설명할 어떤 시간적 가치도 없어 보이는 간단한 단어라도 ③ 혼란을 유발할 수 있다는 것 또한 기억하라.

① 조화   ② 일치
③ 혼란   ④ 불화

| 정답해설 | ③ 어린이들의 학습 순서에 대한 글로, '이미 알고 있는 것과 단어와의 연결고리', 즉 언어적 영역이 학습의 시작 단계라고 했다. 따라서 간단한 단어라도 언어와의 연결고리가 정립되어 있지 않으면 학습자에게 ③ '혼란'을 줄 수 있다는 사실을 유추할 수 있다.

| 오답해설 | 빈칸에는 학습되어 있지 않은 단어와 학습과의 관계가 불러올 수 있는 단어가 들어가야 하는데, ④ 'strife(갈등, 불화)'라는 표현은 적절치 않다.

linguistic 언어학의
procedural 절차적인
quadrilateral 사각형
pupil 학생
accordance 일치, 합치, 조화
strife 다툼, 불화

conceptual 개념적인
definitely 절대로
triangle 삼각형
reconciliation 화해, 조화
confusion 혼동, 혼란

6 제목 찾기　　　　　정답 ④

지문 끊어읽기

Particulate matter/ is responsible/ for reduction in visibility.
미세먼지는/ 책임이 있다/ 가시성 감소에

Visibility/ is principally affected/ by fine particles/ that are formed in the atmosphere/ from gas-phase reactions.
가시성은/ 주로 영향을 받는다/ 미세한 입자에 의해/ 대기 중에 형성되는/ 기체상 반응으로부터

Although these particles are not directly visible,/ carbon dioxide, water vapor, and ozone/ in increased concentrations/ change/ the absorption and transmission characteristics of the atmosphere.
이러한 입자들은 직접적으로 보이지는 않지만/ 이산화탄소, 수증기, 오존은/ 증가된 농도의/ 변화시킨다/ 대기의 흡수 및 전달 특성을

Particulate matter/ can cause damage/ to materials/ depending upon its chemical composition and physical state.
미세먼지는/ 손상을 일으킬 수 있다/ 물질에/ 화학적 구성과 물리적 상태에 따라

Particles/ will soil/ painted surfaces, clothing, and curtains/ merely by settling on them.
입자들은/ 더럽힐 것이다/ 색칠된 표면, 옷, 커튼을/ 단지 그 위에 있는 것만으로

Particulate matter/ can cause corrosive damage to metals/ either by intrinsic corrosiveness/ or by the action of corrosive chemicals/ absorbed or adsorbed by inert particles.
미세먼지는/ 금속을 부식시킬 수 있다/ 내적인 부식에 의해/ 또는 부식성 화학물질의 작용에 의해/ 불활성 입자에 의해 흡수되거나 흡착된

The combination/ of particulate matter and other pollutants/ such as sulfur dioxide/ may affect plant growth.
조합은/ 미세먼지와 다른 오염물질의/ 이산화황같은/ 식물 성장에 영향을 미칠 수 있다

Coarse particles,/ such as dust,/ may be deposited directly onto leaf surfaces/ and reduce gas exchange,/ increase leaf surface temperature,/ and decrease photosynthesis.
거친 입자는/ 먼지와 같은/ 잎 표면에 직접 침전되어/ 가스 교환을 줄일 수 있다/ 잎 표면 온도를 높이며/ 광합성을 감소시킬 수 있다

Toxic particles/ containing elements/ such as arsenic or fluorine/ can fall/ onto agricultural soils or plants/ that are ingested by animals/ and thus can affect the animal's health.
독성 입자는/ 성분을 함유하고 있는/ 비소나 불소와 같은/ 떨어질 수 있다/ 농업용 토양이나 식물에/ 동물에 의해 섭취되는/ 그러므로 동물의 건강에 영향을 미칠 수 있다

| 해석 | 미세먼지는 가시성 감소에 책임이 있다. 가시성은 주로 기체상 반응으로부터 대기 중에 형성되는 미세한 입자에 의해 영향을 받는다. 이러한 입자들은 직접적으로 보이지는 않지만, 증가된 농도의 이산화탄소, 수증기, 오존은 대기의 흡수 및 전달 특성을 변화시킨다. 미세먼지는 화학적 구성과 물리적 상태에 따라 물질에 손상을 일으킬 수 있다. 입자들은 단지 그 위에 있는 것만으로 색칠된 표면, 옷, 커튼을 더럽힐 것이다. 미세먼지는 내적인 부식 또는 불활성 입자에 의해 흡수되거나 흡착된 부식성 화학물질의 작용에 의해 금속을 부식시킬 수 있다. 미세먼지와 이산화황같은 다른 오염물질의 조합은 식물 성장에 영향을 미칠 수 있다. 먼지와 같은 거친 입자는 잎 표면에 직접 침전되고 가스 교환을 줄일 수 있으며 잎 표면 온도를 높이고 광합성을 감소시킬 수 있다. 비소나 불소와 같은 성분을 함유하고 있는 독성 입자는 동물에 의해 섭취되는 농업용 토양이나 식물에 떨어질 수 있으므로 동물의 건강에 영향을 미칠 수 있다.
① 미세먼지를 측정하는 방법
② 미세먼지의 원인은 무엇인가?
③ 미세먼지의 주요한 구성성분
④ 미세먼지가 환경에 미치는 영향

| 정답해설 | ④ 미세먼지가 대기, 생활, 식물 및 동물에 미치는 영향에 대해서 서술하고 있다. 따라서 ④ 'The Effects of Particulate Matter on the Environment'가 글의 제목으로 가장 적절하다.

| 어휘 |
particulate matter 미립물질, 미세먼지

visibility 가시성	principally 주로
fine 미세한	atmosphere 대기
gas-phase 기체상	carbon dioxide 이산화탄소
concentration 농도	absorption 흡수
soil 더럽히다	corrosive 부식을 일으키는
adsorb 흡착하다	inert 불활성의
sulfur dioxide 이산화황	coarse 거친
deposit 침전시키다	photosynthesis 광합성
arsenic 비소	fluorine 불소

7 빈칸 절 완성 정답 ③

지문 끊어읽기

Pragmatic and visionary/ are two words/ between which a clear difference can be identified/ based on their perspective.
'실용적인'과 '공상적인'은/ 두 단어이다/ 명확한 차이가 구분될 수 있는/ 그것들의 관점에 근거하여

Pragmatic is an adjective/ that refers to being concerned/ with factual data and real life occurrences.
'실용적인'은 형용사이다/ 관련이 있는 것을 지칭하는/ 사실적 데이터와 실생활의 사건과

A pragmatist person/ focuses on the available opportunities and obstacles/ and based on these factual data/ approaches the problem/ and chooses the correct path.
실용주의적 사람은/ 이용 가능한 기회와 장애물에 초점을 맞춘다/ 그리고 이러한 사실적 데이터를 바탕으로/ 문제에 접근하여/ 올바른 경로를 선택한다

Visionary,/ on the other hand,/ is also an adjective/ that refers to utopian ideals.
'공상적인'은/ 반면에/ 또한 형용사이다/ 유토피아적 이상을 지칭하는

A visionary individual/ would have aims/ that are almost dreamlike.
공상적인 사람은/ 목표를 가지고 있을 것이다/ 거의 꿈 같은

This is the key difference/ between pragmatic and visionary.
이것이 중요한 차이점이다/ '실용적인'과 '공상적인'의

When it comes to leadership,/ pragmatic leaders can be extremely valuable/ in organizational contexts/ as ③ they can come up with quick solutions/ to daily problems.
리더십에 있어서/ 실용적인 지도자들은 매우 가치있을 수 있다/ 조직의 상황에서/ ③ 그들은 빠른 해결책을 내놓을 수 있기 때문에/ 일상적인 문제들에 대해

However,/ a visionary leader is able to foresee the future,/ although he may not be successful/ in providing practical solutions/ to the problems/ that people undergo/ on a daily basis.
그러나/ 공상적인 지도자들은 미래를 예측할 수 있다/ 비록 그가 성공하지 못할 수도 있지만/ 실용적인 해결책을 제공하는 데/ 문제들에 대해/ 사람들이 겪는/ 매일

Visionary thoughts are governed/ by philosophical ideals and theories.
공상적인 생각은 지배된다/ 철학적 이상들과 이론들에 의해

| 해석 | '실용적인'과 '공상적인'은 그것들의 관점에 근거하여 명확한 차이가 구분될 수 있는 두 단어이다. '실용적인'은 사실적 데이터와 실생활의 사건과 관련이 있는 것을 지칭하는 형용사이다. 실용주의적 사람은 이용 가능한 기회와 장애물에 초점을 맞추고 이러한 사실적 데이터를 바탕으로 문제에 접근하여 올바른 경로를 선택한다. 반면에 '공상적인'은 유토피아적 이상을 지칭하는 형용사이다. 공상적인 사람은 거의 꿈 같은 목표를 가지고 있을 것이다. 이것이 '실용적인'과 '공상적인'의 중요한 차이점이다. 리더십에 있어서 실용적인 지도자들은 ③ 그들이 일상적인 문제들에 대해 빠른 해결책을 내놓을 수 있기 때문에 조직의 상황에서 매우 가치있을 수 있다. 그러나 공상적인 지도자들은 비록 사람들이 매일 겪는 문제에 대해 실용적인 해결책을 제공하는 데 성공하지 못할 수도 있지만 미래를 예측할 수 있다. 공상적인 생각은 철학적 이상들과 이론들에 의해 지배된다.

① 그들은 항상 모든 것이 괜찮을 거라고 생각한다
② 그들은 이상적인 목표를 세움으로써 사람들에게 동기를 부여할 수 있다
③ 그들은 일상적인 문제들에 대해 빠른 해결책을 내놓을 수 있다
④ 그들은 그들의 동료들이 문제에 부딪혔을 때 이상적인 해결책을 준다

| 정답해설 | ③ 실용적인 지도자들에 대해 서술하는 빈칸이 포함된 문장 이후에 'However(그러나)'를 이용하여 이와 반대로 공상적인 지도자들은 매일 겪는 문제에 실용적인 해결책을 제공하지 못할 수도 있지만 미래를 예측할 수 있다고 서술하고 있으므로, 빈칸에는 그 반대로 실용적인 지도자들은 문제에 대해 실용적인 해결책을 제공할 수 있다는 흐름이 되는 것이 적절하다. 따라서 빈칸에는 ③이 들어가는 것이 가장 적절하다.

| 오답해설 | ①, ②, ④ 모두 공상적인 사람들의 특징에 대한 서술이며, 빈칸 이후의 문장과 대조를 이루지 못하므로 적절하지 않다.

| 어휘 |
pragmatic 실용적인
perspective 관점, 시각
be concerned with ~와 관계가 있다, ~에 관심이 있다
obstacle 장애물
organizational 조직(상)의
undergo 겪다
come up with ~을 제시[제안]하다
visionary 공상적인, 공상가
adjective 형용사
approach 접근하다
foresee 예측하다

8　무관한 문장 삭제

정답 ③

지문 끊어읽기

Listening well/ is important/ for a number of reasons.
잘 듣는 것은/ 중요하다/ 여러 가지 이유로

There's the obvious practical side/ – you can't do well academically/ if you don't pay attention to instructions,/ and you won't keep a job/ if you ignore your boss's orders.
분명한 실용적인 측면이 있다/ 당신은 학업적으로 잘 할 수 없다/ 당신이 설명에 주의를 기울이지 않는다면/ 그리고 당신은 직업을 유지하지 못할 것이다/ 당신이 상사의 지시를 무시하면

Good listening/ connects you/ to the world around you/ and helps you understand/ your responsibilities.
좋은 경청은/ 당신을 연결시킨다/ 당신 주변의 세상과/ 그리고 당신이 이해하도록 돕는다/ 당신의 의무를

Second,/ it is important/ for the quality of your social life.
둘째/ 그것은 중요하다/ 당신의 사회생활의 질에

If you're talking/ without listening/ in return,/ that's no relationship.
만약 당신이 말한다면/ 듣지 않고/ 답례로/ 그것은 관계가 아니다

Being a good listener/ fosters meaningful relationships/ with those/ around you.
좋은 경청자가 되는 것은/ 의미 있는 관계를 조성한다/ 사람들과/ 당신 주변의

③ Finally,/ it is important/ for your personal development/ because it keeps you/ from expanding your horizon.
③ 마지막으로/ 그것은 중요하다/ 당신의 개인적인 발전에/ 왜냐하면 그것은 당신을 막아준다/ 당신의 시야를 넓히는 것으로부터

We each/ have a world/ of our own,/ filled with our thoughts, experiences and perspectives.
우리 각자는/ 세계를 가지고 있다/ 우리만의/ 우리의 생각, 경험, 관점으로 가득 찬

Collectively,/ these/ make up our horizon.
집합적으로/ 이것들이/ 우리의 시야를 만든다

One of the best ways/ to expand that horizon/ is to expose ourselves/ to others.
가장 좋은 방법 중 하나는/ 그 시야를 넓히는/ 우리 자신을 노출시키는 것이다/ 다른 사람들에게

We do this/ by opening our ears and minds/ and listening to them.
우리는 이것을 한다/ 우리의 귀와 마음을 여는 것에 의해/ 그리고 그들에게 귀를 기울이는 것(에 의해)

| 해석 | 잘 듣는 것은 여러 가지 이유로 중요하다. 분명한 실용적인 측면이 있다. 당신이 설명에 주의를 기울이지 않는다면 학업적으로 잘 할 수 없고, 상사의 지시를 무시하면 직업을 유지하지 못할 것이다. 좋은 경청은 당신을 당신 주위의 세상과 연결시켜 주고 당신의 의무를 이해하도록 도와준다. 둘째, 그것은 당신의 사회생활의 질에 중요하다. 만약 당신이 답례로 듣지 않고 말하기만 한다면, 그것은 관계가 아니다. 좋은 경청자가 되는 것은 당신 주위 사람들과의 의미 있는 관계를 조성한다. ③ 마지막으로, 그것은 당신의 시야가 넓어지는 것을 막아주기 때문에 당신의 개인적인 발전에 중요하다. 우리는 각자 자신의 생각, 경험, 관점으로 가득 찬 자신만의 세계를 가지고 있다. 집합적으로 이것들이 우리의 시야를 만든다. 그 시야를 넓히는 가장 좋은 방법 중 하나는 우리 자신을 다른 사람들에게 노출시키는 것이다. 우리는 이것을 우리의 귀와 마음을 열고 그들에게 귀 기울임으로써 한다.

| 정답해설 | ③ 잘 듣는 것은 실용적인 측면에서, 사회생활에서, 그리고 개인적 발전에 있어서 매우 중요하다는 내용의 글이다. 마지막 세 문장에서는 우리들 각자가 자신만의 세계를 가지고 있는데, 그 세계(시야)를 넓히는 가장 좋은 방법 중 하나는 잘 들음으로써 다른 사람들에게 우리 자신을 노출시키는 것이라고 서술하고 있다. 그런데 그 앞의 ③ 문장에서는 '그것(잘 듣는 것)이 시야를 넓히는 것을 막는다'라고 했으므로 글의 전체 흐름에 부합하지 않는다. 따라서 정답은 ③이다.

| 어휘 |

obvious 분명한　　　　　practical 실용적인
academically 학문적으로　　responsibility 맡은 일, 책임
foster 조성하다, 발전시키다　horizon 시야
perspective 관점
collectively 집합적으로, 총괄하여

9　주어진 문장 삽입

정답 ③

지문 끊어읽기

Floods are a major hazard/ to crops worldwide.
홍수는 주요한 위험요소이다/ 전 세계적인 농작물에

This year alone,/ billions of dollars worth of crops/ came to waste/ after catastrophic floods,/ and famines have hit millions of people/ worldwide/ as a result of ruined agriculture.
올해에만/ 수십억 달러 가치의 농작물들이/ 낭비가 되었다/ 큰 재앙의 홍수 이후/ 그리고 기근이 수백만 명의 사람에게 닥쳤다/ 전 세계적으로/ 엉망이 된 농업의 결과로

What if you could, however, engineer crops/ that could resist floods/ and steadily return to their usual cycle/ after waters retreat?
그러나 당신이 농작물의 유전자를 조작할 수 있다면/ 홍수에 견딜 수 있는/ 그리고 점차 그들의 일상 사이클로 돌아오는/ 물이 빠져나간 후에

Scientists made a breakthrough/ in this sense,/ as they may have stumbled across the key/ to engineering flood-resistant crops.
과학자들은 돌파구를 마련했다/ 이런 의미에서/ 비결을 우연히 발견했을지도 모르기 때문에/ 홍수에 견디는 농작물들이 되도록 유전자 조작하는

"We have identified the mechanism/ through which reduced oxygen levels are sensed.
"우리는 메커니즘을 찾았다/ 감소된 산소 수준이 감지되는

The mechanism/ controls key regulatory proteins/ called transcription factors/ that can turn other genes on and off.
그 메커니즘은/ 주요한 조절 단백질을 조절한다/ 전사 인자라고 불리는/ 다른 유전자들을 작동시키고 끌 수 있는

It is the unusual structure of these proteins/ that destines them for destruction/ under normal oxygen levels,/ but when oxygen levels decline,/ they become stable.
이런 단백질의 특별한 구조이다/ 그것들을 파괴하도록 하는 것은/ 정상적인 산소 수준에서/ 그러나 산소 수준이 감소할 때/ 그것들은 안정된다

③ Their stability results in/ changes in gene expression and metabolism/ that enhance survival/ in the low oxygen conditions/ brought on by flooding.
③ 그것들의 안정성은 초래한다/ 유전자 발현과 신진대사의 변화를/ 생존을 향상시키는/ 낮은 산소 상태에서/ 홍수에 의해 발생한

When the plants return to normal oxygen levels,/ the proteins are again degraded,/ providing a feedback control mechanism,"/ explained the crop scientist Michael Holdsworth.
식물들이 정상적인 산소 수준으로 돌아오면/ 단백질은 다시 분해된다/ 피드백 조절 메커니즘을 제공하면서"/ 농작물 과학자인 Michael Holdsworth는 설명했다

| 해석 | 홍수는 전 세계적인 농작물에 주요한 위험요소이다. 올해에만 큰 재앙과 같은 홍수 이후 수십억 달러 가치의 농작물들이 낭비가 되었고, 엉망이 된 농업의 결과로 기근이 전 세계적으로 수백만 명의 사람에게 닥쳤다. 그러나 당신이 홍수에 견딜 수 있고 물이 빠져나간 후에 점차 일상 사이클로 돌아올 수 있는 농작물의 유전자를 조작할 수 있다면? 과학자들은 홍수에 견디는 농작물들이 되도록 유전자 조작하는 비결을 우연히 발견했을지도 모르기 때문에 이런 의미에서 돌파구를 마련했다. "우리는 감소된 산소 수준이 감지되는 메커니즘을 찾았습니다. 그 메커니즘은 다른 유전자들을 작동시키고 끌 수 있는 전사 인

자라고 불리는 주요한 조절 단백질을 조절합니다. 정상적인 산소 수준에서 그것들을 파괴하는 것은 이런 단백질의 특이한 구조이지만 산소 수준이 감소할 때 그것들은 안정됩니다. ③ 그것들의 안정성은 홍수에 의해 발생한 낮은 산소 상태에서 생존을 향상시키는 유전자 발현과 신진대사의 변화를 가져옵니다. 식물들이 정상적인 산소 수준으로 돌아오면, 단백질은 피드백 조절 메커니즘을 제공하면서 다시 분해됩니다." 라고 농작물 과학자인 Michael Holdsworth는 설명했다.

| 정답해설 | ③ 해당 지문은 '홍수에 잘 견디는 농작물 유전자 발견'에 대해서 서술하고 있다. 주어진 문장의 'Their stability'는 ③ 앞의 'they become stable'을 받고 있다. 또한 낮은 산소 상태가 되고 (oxygen levels decline) 이어 그로 인해 변화가 초래된 뒤 다시 정상적인 산소 수준으로 돌아온다(return to normal oxygen levels)는 흐름이 논리적이다. 따라서 주어진 문장이 들어갈 위치로는 ③이 가장 적절하다.

| 어휘 |

gene expression 유전자 발현   metabolism 신진대사
hazard 위험(요소)   catastrophic 큰 재앙의
engineer 유전자를 조작하다   resist 참다, 견디다
retreat 빠져나가다
make a breakthrough 돌파구를 마련하다
stumble across ~을 우연히 발견하다
regulatory protein 조절 단백질
transcription factor 전사 인자
destine 예정해 두다, 정해지다
degrade 분해되다[하다], 저하시키다

10 글의 순서 배열   정답 ④

지문 끊어읽기

In a conventional oven,/ heat has to pass from electric heating elements/ positioned in the bottom and sides of the cooker/ into the food,/ which cooks mostly by conduction from the outside in/ — from the outer layers to the inner ones.
전통적인 오븐에서/ 열은 전기 발열체로부터 옮겨져야 한다/ 오븐의 바닥과 벽면에 위치한/ 음식으로/ 그리고 이 음식은 대부분 겉에서 안쪽으로의 전도에 의해 요리된다/ 바깥층에서 안쪽층으로

(C) That's why/ a cake/ cooked in a conventional oven/ can be burned/ on the edges/ and not cooked at all/ in the middle.
(C) 그것이 이유이다/ 케이크가/ 전통적인 오븐에서 요리되는/ 탈 수 있는/ 그 가장자리가/ 그리고 전혀 익지 않는/ 그 가운데는

However,/ people sometimes say/ microwave ovens cook food/ from the "inside out".

그러나/ 사람들은 종종 말한다/ 전자레인지가 음식을 익힌다고/ "안에서 바깥으로"

(B) Microwaves excite/ the liquids in foods/ more strongly,/ so something like a fruit pie/ (with a higher liquid content in the center)/ will indeed cook/ from the inside out,/ because the inside has the highest water content.

(B) 전자레인지(극초단파)는 들뜨게 한다/ 음식 안의 수분을/ 더 강력하게/ 그래서 과일 파이와 같은 것은/ (가운데에 고도의 수분 함량을 가지는)/ 정말로 익을 것이다/ 안에서 바깥으로/ 왜냐하면 안에는 가장 높은 수분 함량을 가지기 때문이다

(A) You have to be very careful/ because the inside may be boiling hot,/ while the outside crust/ is barely even warm.

(A) 당신은 매우 조심해야 한다/ 그 안쪽은 펄펄 끓을 수도 있기 때문에/ 반면 그 바깥쪽의 껍질은/ 심지어 거의 따뜻하지도 않지만

With other foods,/ where the water content is more evenly dispersed,/ you'll probably find/ they cook from the outside in,/ just like in a conventional oven.

다른 음식들의 경우에는/ 수분 함량이 더 고르게 분산되어 있는/ 당신은 아마도 확인할 수 있을 것이다/ 그들이 바깥에서 안쪽으로 익는다는 것을/ 전통적인 오븐 안에서처럼

| 해석 | 전통적인 오븐에서, 열은 오븐의 바닥과 벽면에 위치한 전기 발열체로부터 음식으로 옮겨져야 한다. 이 음식은 대부분 겉에서 안쪽으로, 바깥층에서 안쪽층으로의 전도에 의해 요리된다.

(C) 이것은 전통적인 오븐에서 케이크가 그 가장자리가 탈 수 있지만 그 가운데는 전혀 익지 않을 수 있는 이유이다. 그러나, 사람들은 종종 전자레인지가 "안에서 바깥으로" 음식을 익힌다고 말한다.

(B) 전자레인지(극초단파)는 음식 안의 수분을 더 강력하게 들뜨게 한다. 그래서 (가운데에 고도의 수분 함량을 가지는) 과일 파이와 같은 것은 정말로 안에서 바깥으로 익을 것이다. 왜냐하면 안에는 가장 높은 수분 함량을 가지기 때문이다.

(A) 그 안쪽은 펄펄 끓을 수도 있는 반면, 그 바깥쪽의 껍질은 심지어 거의 따뜻하지도 않을 수 있기 때문에 매우 조심해야 한다. 수분 함량이 더 고르게 분산되어 있는 다른 음식들의 경우에는, 전통적인 오븐 안에서처럼 바깥에서 안쪽으로 익는다는 것을 아마도 확인할 수 있을 것이다.

| 정답해설 | ④ 주어진 문장은 전통적인 오븐에 대해 이야기하고 있다. 전통적인 오븐에서는 열이 가해지는 바깥에서 안쪽으로 음식이 익어간다. 따라서 그러한 전통적인 방식에 대한 이야기가 이어지도록 하기 위해서는 (C)가 주어진 문장 다음 순서로 와야 한다. 또한 (C)의 마지막 문장에서 전자레인지에서는 반면에 안쪽에서부터 음식이 익는다고 하였는데, 그 이유를 (B)에서 밝히고 있으므로 (B)가 그 다음 순서로 오게 된다. 마지막으로, (B)에서 말한 이유를 근거로 (A)에서는

조심하라는 주의를 주고 있으므로 '(C)-(B)-(A)'의 순서가 가장 적절하다.

| 어휘 |
conventional 전통적인   crust 껍질
excite 들뜨게 하다   content 함유량

Weekly 모의고사

01 ②	02 ②	03 ③	04 ③	05 ③
06 ①	07 ④	08 ④	09 ②	10 ③

풀이 시간	분 / 20분
맞힌 개수	개 / 10개

---

1 빈칸 절 완성
정답 ②

지문 끊어읽기

A varying genetic make-up/ has now been found/ to be the cause/ behind ② why some people are taller/ than others.
가지각색의 유전적 구성은/ 이제 발견되었다/ 원인이 되는 것으로/ ② 왜 어떤 사람들은 더 큰지/ 다른 사람들보다

The largest ever study of height/ — an international collaboration of scientists/ involving more than 300 institutions and more than 250,000 subjects/ has raised the number of known gene regions/ influencing height/ to more than 400.
키에 대한 가장 규모가 큰 연구는/ 과학자들의 국제적인 협업/ 300개 이상의 기관과 250,000명 이상의 대상자들을 포함하는/ 알려진 유전자 영역의 수를 끌어올렸다/ 키에 영향을 미치는/ 400개 이상으로

The study,/ from the international Genetic Investigation of Anthropometric Traits (GIANT) Consortium/ has revealed/ that more than half of the factors/ involved in determining height/ are explained/ by simple common genetic variation/ — the sort of genetic variation/ that exists in more than 1/ in 10 people.
연구는/ 국제적인 GIANT 컨소시엄으로부터의/ 밝혔다/ 요인들의 절반 이상이/ 키를 결정하는 데 관련된/ 설명된다/ 간단하고 흔한 유전적 변화에 의해서/ 유전적 변화의 일종인/ 1명 이상에 존재하는/ 10명 중

| 해석 | 가지각색의 유전적 구성은 ② 왜 어떤 사람들은 다른 사람들보다 더 큰지에 대한 원인이 되는 것으로 이제 발견되었다. 300개 이상의 기관과 250,000명 이상의 대상자들을 포함하는 과학자들의 국제적인 협업인 키에 대해 가장 규모가 큰 연구는 키에 영향을 미치는 유전자 영역의 수를 400개 이상으로 끌어올렸다. 국제적인 GIANT 컨소시엄으로부터의 연구는 키를 결정하는 데 관련된 요인들의 절반 이상이 10명 중 1명 이상에 존재하는 간단하고 흔한 유전적 변화에 의해서 설명된다는 것을 밝혔다.

① 어떻게 사람들은 지금보다 더 커질지
② 왜 어떤 사람들은 다른 사람들보다 더 큰지
③ 어떤 사람들은 더 키가 크기 위해서 어떻게 식이를 하는지
④ 왜 어떤 사람들은 자신의 가족보다 더 키가 작은지

| 정답해설 | ② 양괄식 지문이다. 마지막 문장에서 키에 대한 대규모 연구를 통해 키를 결정하는 원인의 절반 이상이 유전적 변화에 의해 설명된다고 했으므로 정답은 ②가 된다.

| 오답해설 | ④ 가족 간의 키 차이에 대한 글이 아니므로 답이 될 수 없다.

| 어휘 |

collaboration 공동 작업	subject 피실험자
gene 유전자	variation 변화

---

2 내용 일치/불일치
정답 ②

지문 끊어읽기

Pragmatic leaders/ focus on the practical,/ "how do we get this done,"/ side of any task, initiative or goal.
실용주의 지도자들은/ 실질적 측면에 초점을 맞춘다/ "우리가 이것을 어떻게 해낼 것인가"라는/ 어떤 업무, 계획이나 목표든

They can erroneously be viewed/ as negative/ in their approach/ when in fact they simply view the entire picture/ to get to the end result.
그들은 잘못 보여질 수 있다/ 부정적인 것으로/ 그들의 접근방식에서/ 실제로는 그들이 단순히 전체적인 그림을 바라볼 때/ 최종 결과에 도달하기 위해

It's a linear, practical way/ of thinking and "doing."
그것은 순차적이고 실용적인 방법이다/ 생각하고 "실행"하는

Idealist leaders/ focus on the visionary, big ideas.
이상주의 지도자들은/ 공상적이고 큰 아이디어에 초점을 맞춘다

It could be argued/ that they focus more on the end result/ than the path to get there,/ and they can erroneously be viewed/ as looking through rose-colored glasses/ when, in fact, they simply "see" the end goal/ and truly believe there is a way to get there.
주장될 수 있다/ 그들이 최종 결과에 더 초점을 맞춘다고/ 그곳에 도달하는 길보다/ 그리고 그들은 잘못 보여질 수 있다/ 낙관적으로 보는 것처럼/ 실제로 그들이 단순히 최종 목표를 "보기"만 하고/ 그곳에 도달하는 방법이 있다고 진정으로 믿을 때

In reality,/ they're both essential/ to building a strong team.
사실/ 둘 다 필수적이다/ 강한 팀을 만들기 위해서는

In other words,/ the best teams/ include pragmatic and idealist employees/ from the top down.
다시 말해서/ 가장 좋은 팀은/ 실용주의와 이상주의 직원들을 포함하고 있다/ 상부에서부터

Therefore,/ by mixing these different ways/ of thinking and working,/ a team will be well-balanced/ and ultimately capable of creating the best outputs.
그러므로/ 이러한 다른 방식들을 섞음으로써/ 생각하고 일하는/ 팀은 균형이 잘 잡힐 것이다/ 그리고 궁극적으로는 최고의 결과물을 만들 수 있을 것이다

| 해석 | 실용주의 지도자들은 어떤 업무, 계획이나 목표든 "우리가 이 것을 어떻게 해낼 것인가"라는 실질적인 측면에 맞춘다. 실제로는 그들이 단순히 최종 결과에 도달하기 위해 전체적인 그림을 바라볼 때 그들은 그들의 접근방식이 부정적인 것으로 잘못 보여질 수 있다. 그것은 생각하고 실행하는 순차적이고 실용적인 방법이다. 이상주의 지도자들은 공상적이고 큰 아이디어에 초점을 맞춘다. 그들이 그곳에 도달하는 길보다 최종 결과에 더 초점을 맞춘다고 주장될 수 있고, 실제로 그들이 단순히 최종 목표를 "보기"만 하고 그곳에 도달하는 방법이 있다고 진정으로 믿을 때, 그들은 낙관적으로 보는 것처럼 잘못 보여질 수 있다. 사실, 강한 팀을 만들기 위해서는 둘 다 필수적이다. 다시 말해서, 가장 좋은 팀은 상부에서부터 실용주의와 이상주의 직원들을 포함하고 있다. 그러므로, 생각하고 일하는 이러한 다른 방식들을 섞음으로써 팀은 균형이 잘 잡히고 궁극적으로는 최고의 결과물을 만들 수 있을 것이다.
① 이상주의자들은 그들이 문제에 직면할 때 항상 첫 번째로 그것을 어떻게 해결할지에 대해 생각한다.
② 실용주의자들은 결과보다는 과정을 훨씬 중시한다.
③ 최고의 성과를 위해서는 팀 구성원들이 같은 사고방식을 가져야 한다.
④ 문제에 대한 실용주의자들의 접근은 너무 부정적이어서 그들은 잘못된 판단을 한다.

| 정답해설 | ② 첫 문장인 'Pragmatic leaders focus on ~ initiative or goal.'에서 실용주의 지도자들은 어떤 업무, 계획이나 목표든 "우리가 이것을 어떻게 해낼 것인가"라는 실질적인 측면에 초

점을 맞춘다고 했으므로, 실용주의자들은 과정을 중시함을 알 수 있다. 따라서 ② 'Pragmatists attach great importance to the process rather than an outcome.(실용주의자들은 결과보다는 과정을 훨씬 중시한다.)'이 글의 내용과 일치한다.

| 오답해설 | ① 'It could be argued ~ to get there.'에서 이상주의 지도자들은 결과에 도달하는 길보다 최종 결과 자체에 더 초점을 맞춘다고 했으므로 글의 내용과 일치하지 않는다.
③ 끝의 두 문장에서 최고의 팀은 이 둘을 모두 포함하고 있으며 다른 사고와 업무 방식을 섞음으로써 팀의 균형이 잘 잡히고 최고의 결과 물을 만들어낼 수 있게 될 것이라고 했으므로 글의 내용과 일치하지 않는다.
④ 실용주의 지도자들의 접근방식이 부정적인 것처럼 잘못 보여질 수 있다는 내용은 나오지만 접근방식이 부정적이어서 잘못된 판단을 한다는 내용은 아니므로 글의 내용과 일치하지 않는다.

| 어휘 |
pragmatic 실용적인, 실용주의의
initiative 계획   erroneously 잘못되게
linear 순차적인, 단계적인
rose-colored glasses 낙관적 견해
employee 직원   ultimately 궁극적으로
output 결과물

---

3 주어진 문장 삽입   정답 ③

지문 끊어읽기

We can liken the difference/ between formal and informal learning/ to travelling on a bus vs. riding a bike:
우리는 차이를 비유할 수 있다/ 형식적인 학습과 비형식적인 학습 사이의/ 버스를 타고 이동하는 것과 자전거를 타는 것에

Once you jump on the formal training bus,/ your options are limited.
일단 한번 형식적인 학습인 버스에 뛰어들게 되면/ 당신의 선택들은 제한된다

You can hop on and off/ when the bus stops,/ but the driver picks the route and the speed.
당신은 타고 내릴 수 있다/ 버스가 정차할 때/ 그러나 운전사가 갈 길과 그 속도를 선택한다

When you're on the informal learning bike,/ on the other hand,/ you're on your own/ and are free to make as many detours/ as you like.
당신이 비형식적인 학습인 자전거에 탄다면/ 반면에/ 당신은 혼자이며/ 많은 우회를 자유롭게 할 수 있다/ 당신이 좋아하는 만큼

As you can see,/ there is a huge difference/ between formal and informal learning.
이와 같이/ 큰 차이가 있다/ 형식적 학습과 비형식적 학습 사이에

But one point of importance/ to note/ is that/ although riding your bike is freeing,/ it's also lonely,/ at least in this scenario.
그러나 한 가지 중요사항은/ 주목해야 할/ ~이다 비록 자전거를 타는 것이 자유롭더라도/ 그것은 또한 외롭다/ 적어도 이러한 시나리오에서

③ But informal learning/ doesn't have to be solitary.
③ 그러나 비형식적인 학습은/ 혼자일 필요가 없다

In fact,/ we use informal learning and social learning/ interchangeably.
사실/ 우리는 비형식적 학습과 사회적 학습을 사용한다/ 상호 교환적으로

Really,/ it's more like you're part of a cycling club/ — you can pick and choose/ which bike rides you take part in,/ you can alter the route,/ you can race with people or hang back and chat,/ you can take off on your own for a while/ and suggest a new destination halfway through.
실제로/ 그것은 오히려 자전거 동호회의 일부가 되는 것에 가깝다/ 당신은 고르고 선택할 수 있다/ 어떤 자전거로 참가를 할지/ 당신은 길을 변경할 수 있고/ 당신은 사람들과 경주하거나 뒤로 물러나서 대화를 할 수도 있다/ 당신은 잠시 동안 혼자서 쉴 수 있다/ 그리고 중간에 새 목적지를 제안할 수 있다

| 해석 | 우리는 형식적인 학습과 비형식적인 학습 사이의 차이를 버스를 타고 이동하는 것과 자전거를 타는 것에 비유할 수 있다. 일단 한 번 형식적인 학습인 버스에 뛰어들게 되면, 당신의 선택들은 제한된다. 당신은 버스가 정차할 때 타고 내릴 수 있다. 그러나 운전사가 갈 길과 그 속도를 선택한다. 반면에, 당신이 비형식적인 학습인 자전거에 탔다면, 당신은 혼자이며 당신이 좋아하는 만큼 많은 우회를 자유롭게 할 수 있다. 이와 같이, 형식적 학습과 비형식적 학습 사이에 큰 차이가 있다. 그러나 주목해야 할 한 가지 중요사항은 비록 자전거를 타는 것이 자유롭더라도, 적어도 이러한 시나리오에서 그것은 또한 외롭다는 것이다. ③ 그러나 비형식적인 학습이 혼자일 필요는 없다. 사실, 우리는 비형식적 학습과 사회적 학습을 상호 교환적으로 사용한다. 실제로, 그것은 오히려 자전거 동호회의 일부가 되는 것에 가깝다. 당신은 어떤 자전거로 참가를 할지 고르고 선택할 수 있다. 당신은 길을 변경할 수 있고, 사람들과 경주하거나 뒤로 물러나서 대화를 할 수도 있으며, 잠시 동안 혼자서 쉴 수 있다. 그리고 중간에 새 목적지를 제안할 수 있다.

| 정답해설 | ③ 주어진 문장은 'But'으로 시작하며 비형식적인 학습이 꼭 혼자일 필요는 없다고 했으므로, 자전거를 타는 것(비형식적 학습)이 외롭다고 서술한 문장 뒤인 ③에 오는 것이 적절하다. 또한 ③ 뒤의 문장에서 비형식적 학습과 사회적 학습을 상호 교환적으로 사용한다는 내용은 주어진 문장에서 서술한 혼자일 필요가 없다는 내용을 뒷받침할 수 있으므로 가장 적절한 위치는 ③이다.

| 어휘 |
informal 비형식의, 비공식의   solitary 혼자서 하는
hop (버스, 기차 등에) 타다   on and off 때때로, 불규칙하게
on one's own 혼자서, 단독으로
detour 우회로, 둘러 가는 길
interchangeably 교환가능하게, 상호 교환적으로
take off 쉬다, 이륙하다, 벗다   halfway through 중간에

4 제목 찾기   정답 ③

지문 끊어읽기

A heavy metal is usually regarded/ as a metal/ with a relatively high density, atomic weight or atomic number,/ and is often assumed to be toxic.
중금속은 보통 간주된다/ 금속으로/ 비교적 높은 밀도, 원자 무게 또는 원자기호를 가진/ 그리고 종종 독이 있는 것으로 가정된다

The criteria used,/ and whether metalloids or alloys are included,/ vary/ depending on the author and context.
사용되는 기준은/ 그리고 비금속이나 합금이 포함되는지는/ 달라진다/ 창시자와 상황에 따라

More specific definitions/ have been published,/ including those/ based on chemical behavior or periodic table position,/ but none of these/ have obtained widespread acceptance.
더 구체적인 정의는/ 공표되어 왔다/ 어떤 것들을 포함하여/ 화학적 행동이나 주기율표에 기초한/ 그러나 이것들 중 어떤것도/ 널리 수용되지 못했다

Despite this lack of agreement,/ the term is widely used in science.
이 합의의 결핍에도 불구하고/ 그 용어는 과학에서 광범위하게 사용된다

Some heavy metals,/ such as cadmium, mercury and lead,/ are notably toxic.
일부 중금속들은/ 카드뮴, 수은, 납과 같은/ 특히 독성이 있다

Others are essential nutrients/ in trace amounts/ or are relatively harmless,/ but can be toxic/ in large amounts or certain forms.
다른 것들은 필수적인 요소들이다/ 소량으로는/ 또는 상대적으로 해롭지 않다/ 그러나 독성이 있을 수도 있다/ 다량이거나 특정 형태에서

Potential causes/ of heavy metal poisoning/ include/ mining and industrial wastes,/ agricultural runoff,/ occupational exposure/ and contact with lead-based paints.
가능한 원인은/ 중금속 중독의/ 포함한다/ 광업과 산업 폐기물/ 농업 유수/ 직업적인 노출/ 납을 포함한 페인트와의 접촉을

Heavy metals are relatively scarce/ in the Earth's crust/ but pervade many aspects of economic activity.
중금속들은 비교적 드물다/ 지구의 표면에서/ 그러나 경제 활동의 여러 방면에 널리 퍼져있다

They are used in,/ for example,/ manufacturing and construction, fertilisers, electronics, and jewellery;/ sport, mechanical engineering, military ordnance and nuclear science;/ and soap chemistry, glass making, pyrotechnics and medicine.
그것들은 ~에서 사용된다/ 예를 들어/ 제조업과 건설, 화학비료, 전자, 보석/ 스포츠, 기계 엔지니어링, 군대 무기와 핵 과학/ 알칼리 금속염 화학, 유리 공정, 불꽃 제조와 의약품

| 해석 | 중금속은 보통 비교적 높은 밀도, 원자 무게 또는 원자기호를 가진 금속으로 간주되고 종종 독이 있는 것으로 가정된다. 사용되는 기준은, 그리고 비금속이나 합금이 포함되는지는 창시자와 상황에 따라 달라진다. 더 구체적인 정의는 화학적 행동이나 주기율표에 기초한 것들을 포함하면서 공표되어왔다. 그러나 이것들 중 어떤것도 널리 수용되지 못했다. 이 합의의 결핍에도 불구하고, 그 용어는 과학에서 광범위하게 사용된다. 카드뮴, 수은, 납과 같은 일부 중금속들은 특히 독성이 있다. 다른 것들은 소량으로는 필수적인 요소들이거나 상대적으로 해롭지 않지만 다량이거나 특정 형태에서 독성이 있을 수도 있다. 중금속 중독의 가능한 원인은 광업과 산업 폐기물, 농업 유수, 직업적인 노출, 납을 포함한 페인트와의 접촉을 포함한다. 중금속들은 지구의 표면에서 비교적 드물지만 경제 활동의 여러 방면에 널리 퍼져있다. 예를 들어, 그것들은 제조업과 건설, 화학비료, 전자, 보석, 스포츠, 기계 엔지니어링, 군대 무기와 핵 과학, 알칼리 금속염 화학, 유리 공정, 불꽃 제조와 의약품에서 사용된다.
① 금속 원소의 희소성과 위험성
② 중금속의 경제적 활용
③ 중금속의 정의와 사용
④ 초미량 원소의 위험성

| 정답해설 | ③ 중금속의 정의와 특징, 사용되는 분야 등에 대해서 설명하고 있는 글이다.

| 어휘 |
metalloid 비금속, 반금속
runoff 유출, 유수
ordnance 군수품, 대포
alloy 합금
pervade 만연하다
pyrotechnics 불꽃 제조술

5 무관한 문장 삭제 정답 ③

지문 끊어읽기

The Austrian psychologist Alfred Adler (1870-1937) found/ that if a person feels inferior, or weak,/ he is likely to try to compensate/ to hide the weakness,/ by doing something else really well.
오스트리아의 심리학자 Alfred Adler(1870~1937)는 발견했다/ 만약 어떤 사람이 열등감 또는 약함을 느낀다면/ 그는 보상하려고 노력할 것이다/ 약함을 숨기기 위해/ 정말 잘하는 다른 것을 함으로써

According to Adler,/ inferiority is a feeling/ that stems from the childhood.
Adler에 따르면/ 열등감은 감정이다/ 어린 시절로부터 발생되는

Since infants are small, incomplete, and weak,/ they feel inferior and powerless.
유아들은 작고, 불완전하고, 그리고 약하기 때문에/ 그들은 열등감과 무력감을 느낀다

③ Although the goal is never completely conscious,/ healthy individuals understand it/ and pursue it/ with a high level of awareness.
③ 비록 목표는 절대로 완전하게 의식적이지 않지만/ 건강한 개인들은 그것을 이해하며/ 그것을 추구한다/ 높은 수준의 의식으로

To compensate for this deficiency,/ they set a fictional goal/ that is big, complete and strong.
이러한 결함을 보상하기 위하여/ 그들은 가상의 목표를 설정한다/ 크고, 완벽하고 강한

Thus,/ a person's final goal/ reduces the pain of inferiority feelings/ and directs that person/ towards either superiority or success.
그래서/ 사람의 최종 목표는/ 열등하다는 감정의 고통을 줄이고/ 그 사람을 이끈다/ 우월 또는 성공 둘 중 하나로

People/ may in such cases not even be aware/ that they are compensating.
사람들은/ 이러한 경우에 아마도 심지어 인식하지 못할 수도 있다/ 그들이 보상하고 있다는 것을

| 해석 | 오스트리아의 심리학자 Alfred Adler(1870~1937)는 만약 어떤 사람이 열등감 또는 약함을 느낀다면, 그는 약함을 숨기기 위

해 정말 잘하는 다른 것을 함으로써 보상하려고 노력할 것이라는 것을 발견했다. Adler에 따르면, 열등감은 어린 시절로부터 발생된 감정이다. 유아들은 작고, 불완전하고, 그리고 약하기 때문에, 그들은 열등감과 무력감을 느낀다. ③ 비록 목표는 절대로 완전하게 의식적이지 않지만, 건강한 개인들은 그것을 이해하며 높은 수준의 의식으로 그것을 추구한다. 이러한 결함을 보상하기 위하여, 그들은 크고, 완벽하고 그리고 강한 가상의 목표를 설정한다. 그래서 사람의 최종 목표는 열등하다는 감정의 고통을 줄이고 그 사람을 우월 또는 성공 둘 중 하나로 이끈다. 아마도 이러한 경우에 사람들은 심지어 그들이 보상하고 있다는 것을 인식하지 못할 수도 있다.

| 정답해설 | ③ 지문의 첫 문장에서 이 글의 주제가 '약함을 숨기기 위한 보상 노력 심리'에 관한 글이라는 것을 알 수 있다. 그런데 ③의 문장에서 갑자기 목표와 의식에 관련된 내용이 등장하므로 글의 주제에서 벗어난다.

| 어휘 |
inferior 열등감
deficiency 결핍, 결함
stem from ~로부터 발생되다
compensate 보상하다

6 빈칸 절 완성 　정답 ①

지문 끊어읽기

What does it mean/ to live fully in the present moment?
무엇을 의미하는가/ 현재의 순간에 완전히 산다는 것은

It means/ that your awareness is completely centered/ on the here and now.
그것은 의미한다/ 당신의 의식이 완전히 집중되어 있다는 것을/ 지금 여기에

You are not worrying about the future/ or thinking about the past.
당신은 미래에 대해 걱정하고 있지 않다/ 또는 과거에 대해 생각하거나

When you live in the present,/ you are living/ where life is happening.
당신이 현재에 살 때/ 당신은 살고 있는 것이다/ 인생이 일어나고 있는 곳에서

The past and future are illusions,/ they don't exist.
과거와 미래는 환상이며/ 그것들은 존재하지 않는다

If you're not living in the present;/ ① you're living in illusion.
당신이 현재에 살고 있지 않다면/ ① 당신은 환상 속에 살고 있는 것이다

That seems to be a pretty good reason/ to live in the present,/ doesn't it?
그것은 꽤 좋은 이유인 것처럼 보인다/ 현재에 살기 위한/ 그렇지 않은가?

But how often are we worrying about things/ that have yet to come,/ how often do we beat ourselves up for mistakes/ that we've made,/ no matter how much time has passed?
그러나 우리는 얼마나 자주 일들에 대해 걱정하는가/ 아직 오지 않은/ 우리는 얼마나 자주 실수에 대해 자책하는가/ 우리가 저지른/ 아무리 오랜 시간이 지났어도

The answer/ is too much.
답은/ 너무 많다

Not only will living in the present/ have a dramatic effect/ on your emotional well-being,/ but it can also impact your physical health.
현재에 사는 것은/ 놀라운 효과를 줄 뿐만 아니라/ 당신의 감정적인 행복에/ 신체 건강에도 영향을 줄 수 있다

| 해석 | 현재의 순간에 완전히 산다는 것은 무엇을 의미하는가? 그것은 당신의 의식이 지금 여기에 완전히 집중되어 있다는 것을 의미한다. 당신은 미래에 대해 걱정하거나 과거에 대해 생각하고 있지 않다. 당신이 현재에 살 때, 당신은 인생이 일어나고 있는 곳에서 살고 있는 것이다. 과거와 미래는 환상이며 존재하지 않는다. 당신이 현재에 살고 있지 않다면, ① 당신은 환상 속에 살고 있는 것이다. 그것은 현재에 살기 위한 꽤 좋은 이유인 것처럼 보인다. 그렇지 않은가? 그러나 우리는 얼마나 자주 아직 오지 않은 일에 대해서 걱정하고, 아무리 오랜 시간이 지났어도 얼마나 자주 우리가 저지른 실수에 대해 자책하는가? 정답은 너무 많다. 현재에 사는 것은 감정적인 행복에 놀라운 효과를 줄 뿐만 아니라 신체 건강에도 영향을 줄 수 있다.
① 당신은 환상 속에 살고 있는 것이다
② 당신은 현재에 초점을 맞추고 있는 것이다
③ 그것은 당신의 건강에 좋다
④ 당신은 어떤 것에 대해서도 걱정할 필요 없다

| 정답해설 | ① 해당 지문은 '현재에 살아야 하는 이유'에 대해서 서술하고 있다. 'If you're not living in the present(당신이 현재에 살고 있지 않다면)'라는 조건 뒤의 빈칸 문장은 과거와 미래를 사는 것과 관련 있는 내용이라고 유추할 수 있다. 빈칸 이전에 과거와 미래는 환상이며 존재하지 않는다고 했으므로 빈칸에는 ① 'you're living in illusion(당신은 환상 속에 살고 있는 것이다)'이 들어가는 것이 가장 적절하다.

| 오답해설 | 빈칸에는 '과거와 미래를 사는 것'과 관련 있는 내용이 들어가야 하는데 ②, ③, ④는 현재에 살아가는 것과 관련된 내용이므로 빈칸에 들어갈 말로 적절하지 않다.

| 어휘 |

awareness 의식, 관심
center on ~에 집중하다, 중심을 두다
illusion 환상, 착각　　　　beat up 책망하다, 자책하다
dramatic 극적인　　　　well-being 행복, 웰빙
impact 영향을 주다

7　글의 순서 배열　　　정답 ④

지문 끊어읽기

Sixty-six million years ago,/ an asteroid/ more than five miles wide/ smashed into the Earth/ at 70,000 miles per hour,/ instantly vaporizing upon impact.
6600만 년 전,/ 한 소행성이/ 5마일 너비보다 큰/ 지구에 충돌했다/ 시속 70,000마일의 속도로/ 그 충돌로 즉각적으로 증발하면서

The strike obliterated most terrestrial life,/ including the dinosaurs,/ in a geological instant.
그 충돌은 대부분의 지구에 사는 생물의 흔적을 지워버렸다/ 공룡을 포함하여/ 지질학적으로 삽시간에

(C) But now/ scientists at MIT and elsewhere/ have found evidence/ that a major volcanic eruption began/ just before the impact,/ possibly also playing a role in the extinction.
(C) 그러나 오늘날/ MIT와 다른 곳의 과학자들이/ 증거를 찾아냈다/ 주요한 화산 분출이 시작되었다는/ 그 충돌 바로 전에/ 어쩌면 또한 그 멸종에 주요한 역할을 하며

(B) The team precisely dated/ rocks from the Deccan Traps/ — a region of west-central India/ that preserves remnants/ of one of the largest volcanic eruptions/ on Earth.
(B) 그 팀은 연대를 정확하게 추정했다/ Deccan 용암대지에 있는 바위들의/ 인도의 서 중앙구의 한 지역인/ 잔존물들을 보유하고 있는/ 가장 큰 화산 폭발들 중 하나의/ 지구상의

(A) Based on their analysis,/ the researchers determined that/ the eruption began/ 250,000 years before the asteroid strike/ and continued for 500,000 years/ after the giant impact,/ spewing a total of 1.5 million square kilometers of lava.
(A) 그들의 분석에 기초하여/ 연구자들은 결론내렸다/ 그 폭발이 시작되었다/ 그 소행성이 충돌하기 250,000년 전에/ 그리고 500,000년 동안 계속되었다고/ 그러한 큰 충돌 이후/ 150만 평방킬로미터의 용암을 분출하면서

| 해석 |　6600만 년 전, 5마일 너비보다 큰 한 소행성이 시속 70,000마일의 속도로 지구에 충돌했고, 충돌로 즉각적으로 증발했다. 그 충돌은 지질학적으로 삽시간에 공룡을 포함하여 대부분의 지구에

사는 생물의 흔적을 지워버렸다.
(C) 그러나 오늘날 MIT와 다른 곳의 과학자들은 주요한 화산 분출이 그 충돌 바로 전에 시작되었고, 어쩌면 또한 그 멸종에 주요한 역할을 했다는 증거를 찾아냈다.
(B) 그 팀은 지구상의 가장 큰 화산 폭발들 중 하나의 잔존물들을 보유하고 있는 Deccan 용암대지(인도의 서 중앙구의 한 지역)에 있는 바위들의 연대를 정확하게 추정했다.
(A) 그들의 분석에 기초하여, 연구자들은 그 폭발이 그 소행성이 충돌하기 250,000년 전에 시작되었고 그러한 큰 충돌 이후에도 150만 평방킬로미터의 용암을 분출하면서 500,000년 동안 계속되었다고 결론을 내렸다.

| 정답해설 |　④ 지구 생명체의 멸종의 이유를 주어진 문장에서는 소행성의 충돌로 보고 있다. 하지만, (C)에서 오늘날 과학자들을 소행성의 충돌이 아닌 그 충돌 이전의 화산 폭발이 멸종의 주요한 역할이라는 증거를 발견했다고 반박하고 있으므로 첫 순서가 된다. 이후 결정해야 할 것은 (A)와 (B)의 순서이다. (B)에서는 연구자들이 Deccan 용암대지의 바위의 연대 측정을 했다고 했는데, (A)에서는 그러한 연구 결과로 얻은 내용을 토대로 결론을 내렸다. 따라서 '(C)-(B)-(A)'의 순서가 알맞다.

| 오답해설 |　③ 주어진 문장에 (C)가 이어진 이후, (B) 대신에 (A)를 연결하여, 정답을 ③으로 선택하는 경우가 있는데, (A)의 'their analysis'에 해당되는 내용을 (C)에서 찾을 수 없기 때문에 '(C)-(A)-(B)'의 순서는 틀리다.

| 어휘 |

asteroid 소행성　　　　smash 충돌하다
obliterate 삭제하다, 지우다　　terrestrial 지구의
eruption 화산 분출　　　spew 분출하다, 유출하다
remnant 잔존물　　　　extinction 멸종

8　연결사　　　정답 ④

지문 끊어읽기

Ice sheets, deserts, rivers, islands, coasts and oceans/ — the features of Earth's surface/ are wildly different,/ spread across a vast geography.
대륙 빙하, 사막, 강, 섬, 해안과 바다/ 지구 표면의 특징은/ 매우 다르다/ 광대한 지역에 걸쳐 펼쳐져 있다

(A) Although the details are invisible to human eyes,/ the same is true/ for Earth's thin film of atmosphere/ and the mix of gases it holds.
인간의 눈에는 세부사항들이 보이지 않을 (A) 지라도/ 마찬가지이다/ 지구 대기의 얇은 막/ 그리고 지구가 갖고 있는 가스의 혼합도

Pollutants/ emitted to the atmosphere/ — soot, hydrocarbons, nitrogen oxides —/ are dispersed over the whole globe,/ (B) but remote regions are cleaner,/ by factors of 1,000 or more,/ than areas near the continents.
오염 물질은/ 대기로 방출되는/ 매연, 탄화수소, 질소 산화물/ 전 세계에 걸쳐 분산되어 있다/ (B) 그러나 외딴 지역은 더 깨끗하다/ 1,000배 이상/ 대륙 주변부보다

A new NASA airborne campaign/ aims to map/ the contours of the atmosphere/ as carefully as explorers/ once traced/ the land and oceans below.
새로운 NASA 공수 캠페인은/ 지도화하는 것을 목표로 하고 있다/ 대기의 윤곽을/ 항해자처럼 조심스럽게/ 한때 추적했던/ 아래의 땅과 바다를

| 해석 | 대륙 빙하, 사막, 강, 섬, 해안과 바다 등 지구 표면의 특징은 매우 다르며, 광대한 지역에 걸쳐 펼쳐져 있다. 인간의 눈에는 그 세세한 것이 보이지 않을 (A) 지라도 지구 대기의 얇은 막 그리고 지구가 갖고 있는 가스의 혼합도 그러하다. 대기로 방출되는 오염 물질인 매연, 탄화수소, 질소 산화물은 전 세계에 걸쳐 분산되어 있다. (B) 그러나 외딴 지역은 1,000배 이상 대륙 주변부보다 깨끗하다. 새로운 NASA 공수 캠페인은 아래에 있는 땅과 바다를 추적했던 항해자처럼 조심스럽게 대기의 윤곽을 지도화하는 것을 목표로 하고 있다.
① 그렇지 않으면 — 반면에
② 게다가 — 비록 ~일지라도
③ 비록 ~일지라도 — 그래서
④ 비록 ~일지라도 — 그러나

| 정답해설 | ④ (A)에는 지표면의 특징이 모두 다른 것처럼, 우리 눈에는 보이지 않지만 지구 대기와 그 안에 있는 가스의 혼합 역시 모두 다르다는 내용으로 연결되는 것이 알맞으므로 'Although'나 'Even if'가 적절하다. (B)에는 앞서 'dispersed over the whole globe'에서 오염 물질이 전 세계에 흩어져 있다고 했는데 이후에 'remote regions are cleaner' 즉, 외딴 지역은 더 깨끗하다고 하였으므로, 역접의 'but'이 적절하다. 따라서 정답은 ④이다.

| 어휘 |
vast 방대한
film 얇은 막, 영화
hydrocarbon 탄화수소
disperse 흩어지다
airborne 공중의, 공수 훈련을 받은
contour 윤곽, 등고선

geography 지리학
soot 그을음, 매연
nitrogen oxide 질소 산화물

지문 끊어읽기

According to guidelines from a physician group,/ insomnia is difficulty falling asleep or staying asleep,/ even when a person has the chance to do so.
내과 의사 그룹의 지침에 따르면/ 불면증은 잠이 들거나 수면을 유지하는 데 어려움이 있다/ 심지어 어떤 사람이 그렇게 할 기회가 있더라도

People with insomnia/ can feel dissatisfied with their sleep/ and usually experience one or more/ of the following symptoms:/ fatigue, low energy, difficulty concentrating, mood disturbances, and decreased performance/ in work or at school.
불면증이 있는 사람들은/ 수면에 불만을 느낄 수 있다/ 그리고 대개 하나 이상을 경험한다/ 다음 증상들 중/ 피곤함, 낮은 에너지, 집중력 장애, 기분 장애, 수행 능력 저하/ 직장 또는 학교에서의

Insomnia may be characterized/ based on its duration.
불면증은 특징지어질 수 있다/ 그 지속 기간에 따라

Acute insomnia is brief/ and often happens/ because of life circumstances/ (for example, when you can't fall asleep the night/ before an exam,/ or after receiving stressful or bad news).
급성 불면증은 잠시 동안 나타난다/ 그리고 종종 발생한다/ 생활 환경 때문에/ (예를 들어, 밤에 잠들지 못할 때/ 시험 전에/ 또는 스트레스를 주거나 나쁜 소식을 받은 후)

Many people may have experienced/ this type of passing sleep disruption,/ and it tends to resolve/ without any treatment.
많은 사람들은 경험했을 수 있다/ 이러한 유형의 일시적인 수면 장애를/ 그리고 그것은 해결되는 경향이 있다/ 치료 없이

Chronic insomnia is disrupted sleep/ that occurs/ at least three nights/ per week/ and lasts at least three months.
만성 불면증은 수면 장애이다/ 발생하는/ 최소 3일 밤/ 일주일에/ 그리고 적어도 3개월 지속되는

Chronic insomnia disorders/ can have many causes.
만성 불면증 장애에는/ 많은 원인이 있을 수 있다

Changes in the environment,/ unhealthy sleep habits,/ shift work,/ other clinical disorders,/ and certain medications/ could lead/ to a long-term pattern of insufficient sleep.
환경의 변화/ 건강에 좋지 않은 수면 습관/ 교대 근무/ 다른 임상 장애/ 그리고 특정 약물은/ 이끌 수 있다/ 장기간에 걸친 불충분한 수면으로

People/ with chronic insomnia/ may benefit/ from some forms of treatment/ to help them get back to healthy sleep patterns.
사람들은/ 만성 불면증이 있는/ 도움을 받을 수 있다/ 몇 가지 형태의 치료법을 통해/ 그들이 건강한 수면 패턴으로 돌아가는 것을 돕는

Chronic insomnia/ can be comorbid,/ meaning it is linked/ to another medical or psychiatric issue,/ although sometimes it's difficult/ to understand/ this cause and effect relationship.
만성 불면증은/ 합병될 수 있다/ 그것이 관련이 있음을 의미하며/ 다른 의학적 또는 정신 의학적 문제와/ 때로는 어렵지만/ 이해하는 것이/ 이것의 원인과 결과의 관계를

| 해석 | 내과 의사 그룹의 지침에 따르면 불면증은 심지어 어떤 사람이 그렇게 할 기회가 있음에도 잠이 들거나 수면을 유지하는 데 어려움이 있는 것이다. 불면증이 있는 사람들은 수면에 불만을 느낄 수 있으며 대체로 피곤함, 낮은 에너지, 집중력 장애, 기분 장애, 직장 또는 학교에서의 수행 능력 저하 등의 증상 중 하나 이상을 경험한다. 불면증은 그 지속 기간에 따라 특징지어질 수 있다. 급성 불면증은 잠시 동안 나타나며 종종 생활 환경 때문에 발생한다. (예를 들어, 시험 전날 밤에 잠들지 못할 때 혹은 스트레스를 주거나 나쁜 소식을 받은 후) 많은 사람들은 이러한 유형의 일시적인 수면 장애를 경험했을 수 있는데, 그것은 치료 없이 해결되는 경향이 있다. 만성 불면증은 일주일에 최소 3일 밤 발생하며 적어도 3개월 지속되는 수면 장애이다. 만성 불면증 장애에는 많은 원인이 있을 수 있다. 환경의 변화, 건강에 좋지 않은 수면 습관, 교대 근무, 다른 임상 장애 및 특정 약물은 장기간에 걸친 불충분한 수면으로 이끌 수 있다. 만성 불면증이 있는 사람들은 건강한 수면 패턴으로 돌아가는 것을 돕는 몇 가지 형태의 치료법을 통해 도움을 받을 수 있다. 만성 불면증은 합병될 수 있는데, 때로는 이것의 원인과 결과의 관계를 이해하는 것이 어렵지만 다른 의학적 또는 정신 의학적 문제와 그것이 관련이 있음을 의미한다.
① 만성 불면증은 보통 저절로 사라진다.
② 급성 불면증은 보통 일시적인 상황과 관련이 있다.
③ 불면증의 유형은 그것들의 주요 원인에 따라 구분된다.
④ 당신이 급성 불면증을 겪고 있다면 약을 먹어야 한다.

| 정답해설 | ② 네 번째 문장에서 급성 불면증은 'brief(잠시 동안 나타나는)'라고 하며 시험 전날 밤에 잠들지 못하는 것과 같은 일시적 생활 환경 때문에 종종 발생한다고 했으므로 ②가 글의 내용과 일치한다. 'for example' 뒤에 제시된 시험 전날 밤에 잠들지 못하거나 스트레스를 주거나 나쁜 소식을 받은 후와 같은 상황이 일시적 상황임을 파악할 수 있어야 정답을 찾을 수 있다.

| 오답해설 | ① 다섯 번째 문장을 보면 치료 없이 해결되는 것은 만성 불면증이 아닌 급성 불면증이라고 했다.
③ 세 번째 문장에서 불면증은 그것의 원인이 아닌 지속 기간(duration)에 따라 나뉨을 알 수 있다. 급성 불면증과 만성 불면증의 원인이 길

게 서술되어 있어 이를 정답으로 착각할 수 있으니 주의한다.
④ 다섯 번째 문장에서 급성 불면증의 경우 치료 없이 치유되는 경향이 있다고 했고, 끝에서 두 번째 문장에서는 만성 불면증이 있는 사람들은 치료법을 통해서 도움을 받을 수 있다고 했다.

| 어휘 |
physician 내과의사
fatigue 피곤
performance 실적, 성과
brief 짧은, 잠시 동안의
disruption 붕괴, 혼란
chronic 만성적인
medication 약(물)
psychiatric 정신의학[질환]의

insomnia 불면증
mood disturbance 기분장애
acute 급성의
passing 잠깐의, 일시적인
resolve 치료하다
clinical 임상의
insufficient 불충분한

10 요지 찾기

정답 ③

지문 끊어읽기

In the 1970s,/ Nobel laureate Linus Pauling/ popularized the idea/ that vitamin C could prevent colds.
1970년대에/ 노벨상 수상자 Linus Pauling은/ 생각을 대중화시켰다/ 비타민 C가 감기를 예방할 수 있다는

Today,/ drugstores are full/ of vitamin C–based remedies.
오늘날/ 약국은 넘쳐나고 있다/ 비타민 C를 기반으로 한 의약품들이

In 2007,/ researchers analyzed/ a raft of studies going back several decades/ and involving more than 11,000 subjects/ to arrive at a disappointing conclusion:/ Vitamin C didn't ward off colds,/ except among marathoners, skiers, and soldiers on subarctic exercises.
2007년에/ 연구자들은 분석했다/ 다량의 수십 년 전의 연구들을/ 그리고 11,000명이 넘는 피험자들을 포함한/ 실망스러운 결과에 도달한/ 비타민 C는 감기를 물리치지 못했다는/ 마라톤 선수들, 스키 선수들, 그리고 북극의 훈련 중인 군인들 사이를 제외하고

Of course,/ prevention/ isn't the only game in town.
당연히/ 예방은/ 가장 좋은 유일한 방법이 아닌 것이다

On the other hand,/ can the vitamin C cut the length of colds?
반면에/ 비타민 C가 감기의 지속 기간을 줄여줄 수 있을까?

Yes/ and no.
그렇기도 하고/ 아니기도 하다

Taking vitamin C daily/ does seem to reduce the time/ you'll spend sniffling/ — but not enough to notice.
비타민 C를 매일 복용하는 것은/ 시간을 분명히 줄여주는 것으로 보인다/ 당신이 훌쩍거리게 될/ 그러나 주목할 만한 수준은 아니다

Adults typically have cold symptoms/ for 12 days a year;/ a daily pill/ could cut that/ to 11 days.
어른은 통상 감기 증상을 가진다/ 1년에 12일 정도를/ 매일 복용하는 알약은/ 그것을 줄여줄 수 있다/ 11일 정도로

Kids might go/ from 28 days of runny noses/ to 24/ per year.
아이들은 될 수도 있다/ 코를 흘리는 28일에서/ 24일 정도로/ 1년에

The researchers conclude that/ minor reductions like these/ don't justify the expense and bother/ of year-round pill-popping.
연구자들은 결론을 내린다/ 이러한 사소한 감소가/ 비용과 성가심을 정당화시키지 않는다/ 1년 동안의 알약 사용의

| 해석 | 1970년대에, 노벨상 수상자 Linus Pauling은 비타민 C가 감기를 예방할 수 있다는 생각을 대중화시켰다. 오늘날, 약국에는 비타민 C를 기반으로 한 의약품들이 넘쳐나고 있다. 2007년에, 연구자들은 11,000명이 넘는 피험자들을 포함한 다량의 수십 년 전의 연구들을 분석했고 실망스러운 결과에 도달했다. 마라톤 선수들, 스키 선수들, 그리고 북극의 훈련 중인 군인들 사이를 제외하고 비타민 C는 감기를 물리치지 못했다. 당연히 예방은 가장 좋은 유일한 방법이 아닌 것이다. 반면에, 비타민 C가 감기의 지속 기간을 줄여줄 수 있을까? 그렇기도 하고 아니기도 하다. 비타민 C를 매일 복용하는 것은 당신이 훌쩍거리게 될 시간을 분명히 줄여주는 것으로 보이지만 주목할 만한 수준은 아니다. 어른은 통상 1년에 12일 정도 감기 증상을 가진다. 매일 복용하는 알약은 11일 정도로 기간을 줄여줄 수 있다. 아이들은 코를 흘리게 되는 기간이 1년에 28일에서 24일 정도가 될 수 있다. 연구자들은 이러한 사소한 감소가 1년 동안의 먹는 알약 사용의 지출과 성가심을 정당화시킬 수 없다는 결론을 내린다.
① 비타민 C는 감기 예방에 도움을 준다.
② 비타민 C는 감기 회복에 도움을 준다고 한다.
③ 감기에 대한 비타민 C의 효과는 사실이지만 주목할 만한 가치가 없다.
④ 비타민 C의 섭취는 완전히 무용지물이며 우리의 건강에 해로울 수 있다.

| 정답해설 | ③ 비타민 C 섭취가 훌쩍거리는 시간을 분명히 줄여주지만 주목할만한 정도는 아니라고 한 일곱 번째 문장인 'Taking vitamin C daily does seem to ∼'가 주제문이다. 따라서 정답은 ③이다. 지문의 'not enough to notice'가 선택지에서는 'beneath our notice'로 바꿔 표현되었다.

| 오답해설 | 비타민 C의 감기 예방 효과는 미미하다고 했으므로 ① 은 오답이며, ②의 내용도 맞지만 큰 효과가 없다는 내용이 지문의 포

인트이므로 답이 되기에는 부족하다. ④는 한 쪽으로 너무 치우쳐 결론을 잘못 도출한 경우이므로 정답과는 거리가 멀다.

| 어휘 |
laureate 명예를 얻은 사람, 수상자 raft 많음, 다수
ward off 물리치다   subarctic 북극에 가까운
the only game in town 가장 괜찮은 것

에듀윌이
너를
지지할게
ENERGY

모든 시작에는
두려움과 서투름이
따르기 마련이에요.

당신이 나약해서가 아니에요.

Weekly 모의고사

문제편 p.274

01 ③	02 ④	03 ③	04 ③	05 ③
06 ②	07 ③	08 ④	09 ④	10 ③

풀이 시간	분 / 25분
맞힌 개수	개 / 10개

1 연결사

정답 ③

지문 끊어읽기

Active listening/ refers to a pattern of listening/ that keeps you engaged/ with your conversation partner/ in a positive way.
적극적 듣기는/ 듣기 양식을 가리킨다/ 당신이 집중하도록 하는/ 당신의 대화 상대에게/ 긍정적인 방식으로

It is the process/ of listening attentively/ while someone else speaks/ and paraphrasing/ and reflecting back/ what is said.
그것은 과정이다/ 주의 깊게 듣는/ 다른 사람이 말하는 동안/ 그리고 다른 말로 표현하며/ 다시 반응해주는/ 말해진 것을

When you practice/ active listening,/ you/ make the other person feel heard and valued.
당신이 행할 때/ 적극적 듣기를/ 당신은/ 다른 사람이 귀 기울여지고 존중되고 있다고 느끼도록 만든다

In this way,/ active listening/ is the foundation/ for any successful conversation.
이리하여/ 적극적 듣기는/ 기초이다/ 어느 성공적인 대화에서나

(A) At the same time,/ it serves the purpose/ of earning the trust of others/ and helping you to understand/ their situations.
(A) 동시에/ 그것은 목적에 도움이 된다/ 타인의 신뢰를 얻는/ 그리고 당신이 이해하도록 돕는/ 그들의 상황을

Active listening comprises/ both a desire to comprehend/ as well as to offer support/ and empathy/ to the speaker.
적극적 듣기는 구성된다/ 이해하고자 하는 바람/ 지지하는 것뿐만 아니라/ 그리고 공감/ 화자에 대한

However,/ it differs/ from critical listening,/ in that you are not evaluating/ the message of the other person/ with the goal/ of offering your own opinion.
그러나/ 그것은 다르다/ 비판적 듣기와/ 당신이 평가를 하지 않는다는 점에서/ 다른 사람의 메시지를/ 목표를 가지고/ 당신 자신의 의견을 제공한다는

(B) Rather,/ the goal is simply/ for the other person to be heard,/ and perhaps to solve/ their own problems.
(B) 오히려/ 그 목표는 단순히 ~이다/ 다른 사람이 귀 기울여지기 위함/ 그리고 아마도 해결하는 것/ 자신들의 문제를

| 해석 | 적극적 듣기는 당신이 긍정적인 방식으로 당신의 대화 상대에게 집중하도록 하는 듣기 양식을 가리킨다. 그것은 다른 사람이 말하는 동안 주의 깊게 듣고, 말해진 것을 다른 말로 표현하며 다시 반응해주는 과정이다. 당신이 적극적 듣기를 행할 때, 당신은 다른 사람이 귀 기울여지고 존중되고 있다고 느끼도록 만든다. 이리하여, 적극적 듣기는 어느 성공적인 대화에서나 기초이다. (A) 동시에, 그것은 타인의 신뢰를 얻고 당신이 그들의 상황을 이해하도록 돕는다는 목적에 도움이 된다. 적극적 듣기는 지지하는 것뿐만 아니라 이해하고자 하는 바람 그리고 화자에 대한 공감으로 구성된다. 그러나, 그것은 당신 자신의 의견을 제공한다는 목표로 다른 사람의 메시지를 평가하고 있지 않는다는 점에서 비판적 듣기와는 다르다. (B) 오히려, 그 목표는 단순히 다른 사람이 귀 기울여지고, 아마도 그들 자신의 문제를 해결하기 위함이다.

① 예를 들어 – 정반대로
② 반면에 – 사실
③ 동시에 – 오히려
④ 그에 반해서 – 게다가

| 정답해설 | ③ (A) 빈칸 이전에는 '적극적 듣기(active listening)'의 과정을 설명하며, 그것의 긍정적인 역할을 청자의 입장에서 설명하고 있다. 또한 빈칸 이후에서는 '적극적 듣기'의 긍정적 역할을 화자의 입장에서 설명하고 있으므로, 빈칸 전후 모두 적극적 듣기의 긍정적 역할에 대한 내용이라는 것을 알 수 있다. 따라서, 빈칸에 가장 적절한 것은 순접의 접속부사 'At the same time(동시에)'이다. (B) 이전에서는 '적극적 듣기'와 '비판적 듣기(critical listening)'의 차이점을 언급하며, '자신의 의견을 제공하는 것'이 '적극적 듣기'의 진정한 목표가 아님을 먼저 제시하고 있다. 빈칸 이후에서는 '적극적 듣기의 진정한 목표'에 대해 언급하고 있으므로, 빈칸에는 이전의 내용과 대조적인 것을 언급할 때 사용하는 'Rather(오히려, 도리어, 반대로)'가 들어가는 것이 자연스럽다. 따라서 정답은 ③ 'At the same time(동시에) - Rather(오히려)'이다.

engaged 몰두한, 열중한   attentively 주의 깊게

paraphrase (특히 이해를 더 쉽게 하기 위해) 다른 말로 바꾸어 표현하다

reflect 반영하다, 반사하다   valued 존중되는, 소중한

serve the purpose of ~의 목적에 도움이 되다[유용하다]

comprehend 이해하다   empathy 감정 이입, 공감

evaluate 평가하다

2 내용 일치/불일치   정답 ④

지문 끊어읽기

The glycemic index is a value/ that is assigned to foods/ based on/ how slowly or how quickly those foods cause increases/ in blood glucose levels.
글리세믹 지수는 값이다/ 음식에 할당되는/ ~에 기초하여/ 그 음식이 얼마나 천천히 또는 얼마나 빨리 증가를 유발하는지/ 혈당 수치에서

Foods/ low on the glycemic index (GI) scale/ tend to release glucose/ slowly and steadily.
음식들/ 글리세믹 지수(GI) 등급이 낮은/ 포도당을 배출하는 경향이 있다/ 천천히 그리고 꾸준히

Foods/ high on the glycemic index/ release glucose/ rapidly.
음식은/ 글리세믹 지수가 높은/ 포도당을 배출한다/ 빠르게

Low GI foods/ tend to foster weight loss,/ while foods high on the GI scale/ help with energy recovery/ after exercise,/ or to offset hypoglycemia.
낮은 GI 음식은/ 체중 감소를 도와주는 경향이 있다/ 반면 GI 등급이 높은 음식은/ 에너지 회복을 돕는다/ 운동 후/ 또는 저혈당증을 상쇄시키는 데

Long-distance runners/ would tend to favor high GI foods,/ while people with pre- or full-blown diabetes/ would need to concentrate on foods/ low on the glycemic index.
장거리 주자들은/ 높은 GI 음식을 선호하는 경향이 있다/ 반면 당뇨병 전증 또는 완전한 당뇨병을 앓는 사람들은/ 음식에 집중할 필요가 있을 것이다/ 글리세믹 지수가 낮은

Why?
왜?

People with type 1 diabetes/ can't produce sufficient quantities of insulin/ and those with type 2 diabetes/ are resistant to insulin.
제1형 당뇨병 환자들은/ 충분한 양의 인슐린을 생성해낼 수 없다/ 그리고 제2형 당뇨병 환자들은/ 인슐린에 대한 저항성이 있다

With both types of diabetes,/ faster glucose release/ from high GI foods/ leads to spikes/ in blood sugar levels.
두 유형의 당뇨병에 있어서/ 더 빠른 포도당 배출은/ 높은 GI 음식으로부터의/ 급증으로 이어진다/ 혈당치의

The slow and steady release/ of glucose/ in low-glycemic foods/ helps maintain good glucose control.
느리고 꾸준한 배출은/ 포도당의/ 낮은 글리세믹 음식의/ 적절한 포도당 조절을 유지하는 데 도움이 된다

| 해석 | 글리세믹 지수는 음식이 얼마나 천천히 또는 얼마나 빨리 혈당 수치를 증가하게 하는지 기초하여 음식에 할당되는 값이다. 글리세믹 지수(GI) 등급이 낮은 음식은 포도당을 천천히 그리고 꾸준히 배출하는 경향이 있다. 글리세믹 지수가 높은 음식은 포도당을 빠르게 배출한다. 낮은 GI 음식은 체중 감소를 도와주는 반면, GI 등급이 높은 음식은 운동 후 에너지 회복 또는 저혈당증을 상쇄시키는 데 도움을 준다. 장거리 주자들은 높은 GI 음식을 선호할 것인 반면, 당뇨병 전증 또는 완전한 당뇨병을 앓는 사람들은 글리세믹 지수가 낮은 음식에 집중할 필요가 있을 것이다. 왜냐? 제1형 당뇨병 환자들은 충분한 양의 인슐린을 생성해낼 수 없고, 제2형 당뇨병 환자들은 인슐린에 대한 저항성이 있다. 두 유형의 당뇨병에 있어서, 높은 GI 음식으로부터의 더 빠른 포도당 배출은 혈당치의 급증으로 이어진다. 낮은 글리세믹 음식의 느리고 꾸준한 포도당 배출은 적절한 포도당 조절을 유지하는 데 도움이 된다.
① 글리세믹 지수는 혈액 내의 포도당 흡수 속도와 관련되어 있다.
② 체중을 줄이려 할 때, 높은 GI 식단보다 낮은 GI 식단이 더 도움이 될 수 있다.
③ 저혈당을 앓는 사람들은 GI 등급이 높은 음식을 섭취하는 것이 권고된다.
④ 높은 GI 음식은 제1형 당뇨병 환자들보다 제2형 당뇨병 환자들에게 더 해롭다.

| 정답해설 | ④ 지문은 '글리세믹 지수(GI)'의 정의와 GI 지수를 기준으로 분류된 음식이 미치는 영향에 대해 설명하는 글이다. 끝에서 두 번째 문장에서, 높은 GI 음식은 제1형 당뇨병과 제2형 당뇨병 환자 모두에게 혈당 상승을 유발한다고 언급하며 두 유형 모두에게 유해함을 설명하고 있는데, 두 당뇨병 유형 중 어느 것에 더 유해한지는 언급하고 있지 않다. 따라서 ④ 'High GI foods are more detrimental to type 2 diabetes sufferers than to those with type 1 diabetes(높은 GI 음식은 제1형 당뇨병 환자들보다 제2형 당뇨병 환자들에게 더 해롭다).'는 글의 내용과 일치하지 않는다.

| 오답해설 | ① 첫 번째 문장에 언급된 내용이다.
② 네 번째 문장을 통해, 글의 내용과 일치하는 것을 알 수 있다.
③ 네 번째 문장 중 'foods high on the GI scale help with energy recovery after exercise, or to offset hypoglycemia (GI 등급이 높은 음식은 운동 후 에너지 회복 또는 저혈당증을 상쇄시키는 데 도움을 준다).'로 보아 글의 내용과 일치하는 것을 알

수 있다.

| 어휘 |

assign 할당하다, 배정하다 blood glucose 혈당
glucose 포도당 foster 촉진하다, 조장하다, 돕다
offset 상쇄하다, 벌충하다 hypoglycemia 저혈당(증)
full-blown 완전히 진행된 diabetes 당뇨병
concentrate 집중하다 sufficient 충분한
resistant 저항성이 있는 uptake 흡수, 섭취
detrimental 해로운

3 제목 찾기   정답 ③

지문 끊어읽기

Vitamin D plays a role/ in regulating adrenaline, noradrenaline, and dopamine production in the brain/ through vitamin D receptors/ in the adrenal cortex,/ as well as protecting/ against the depletion of serotonin and dopamine.
비타민 D는 역할을 한다/ 뇌에서 아드레날린, 노르아드레날린, 그리고 도파민 생산을 조절하는 데에/ 비타민 D의 수용체를 통해서/ 부신 피질에서/ 보호하는 것뿐 아니라/ 세로토닌과 도파민의 감소로부터

This is the possible link with vitamin D's role/ in depression.
이것이 비타민 D의 역할과의 가능한 연관성이다/ 우울증에 있어서

The research is new/ in this area,/ and only the associations have been shown/ so far.
그 연구는 새로운 것이다/ 이러한 분야에서/ 그리고 연관성만이 제시되었다/ 지금까지

Vitamin D deficiency/ has been associated/ with an 8%-14% increase/ in depression.
비타민 D 부족은/ 연관이 되어왔다/ 8~14% 증가와/ 우울증의

Research is also finding a relationship/ with low vitamin D levels and increased risk of suicide.
연구는 또한 관계를 찾아내고 있다/ 낮은 비타민 D 수치와 증가하는 자살 위험과의

In a study/ done on the Department of Defense Serum Repository personnel,/ researchers compared the vitamin D levels/ of 495 verified suicide cases/ versus 495 controls.
한 연구에서/ 국방부 혈청 저장 담당부서에 의해 실시된/ 연구자들은 비타민 D 수준을 비교했다/ 495건의 입증된 자살 사건의/ 495건의 대조군에 대해서

They found/ the lowest 25(OH)D level are associated/ with an increased risk for suicide.
그들은 발견했다/ 가장 낮은 수준의 25(OH)D(비타민 D의 중간 활성형 화학명)가 관련이 있다고/ 증가하는 자살 위험과

Another study/ compared vitamin D levels/ in 59 suicide attempters, 17 nonsuicide depressed patients, and 14 healthy controls.
또 다른 연구는/ 비타민 D 수준을 비교했다/ 59명의 자살 시도자, 17명의 비자살 우울증 환자, 그리고 14명의 건강한 대조군들에서

The suicide attempters/ had significantly lower vitamin D/ than depressed nonsuicidal patients and healthy controls.
자살 시도자들은/ 현저하게 낮은 비타민 D를 가졌다/ 비자살 우울증 환자와 건강한 대조군들보다

| 해석 | 비타민 D는 부신 피질에서 비타민 D의 수용체를 통해서 뇌에서 아드레날린, 노르아드레날린, 그리고 도파민 생산을 조절하는 역할을 한다. 뿐만 아니라 세로토닌과 도파민의 감소로부터 보호한다. 이것이 우울증에 있어서 비타민 D의 역할과의 가능한 연관성이다. 그 연구는 이러한 분야에서 새로운 것이고 지금까지는 연관성만이 제시되었다. 비타민 D 부족은 우울증의 8~14% 증가와 연관이 되어왔다. 연구는 또한 낮은 수준의 비타민 D와 증가하는 자살 위험과의 관계를 찾아내고 있다. 국방부 혈청 저장 담당 부서에 의해 실시된 한 연구에서, 연구자들은 495건의 입증된 자살 사건의 비타민 D 수준을 495건의 대조군에 대해서 비교했다. 그들은 가장 낮은 수준의 25(OH)D(비타민 D의 중간 활성형 화학명)가 자살의 증가된 위험성과 관련이 있다는 것을 발견했다. 또 다른 연구는 59명의 자살 시도자, 17명의 비자살 우울증 환자, 그리고 14명의 건강한 대조군들에서 비타민 D 수준을 비교했다. 자살 시도자들은 비자살 우울증 환자와 건강한 대조군들보다 현저하게 낮은 비타민 D를 가졌다.
① 자살과 우울증의 최근 경향
② 비타민 수준이 낮을 때 무슨 일이 일어나는가
③ 비타민 D 부족과 우울증과 자살과의 관계
④ 비타민 D 부족과 자살 사이의 유사성

| 정답해설 | ③ 이 글은 비타민 D의 부족으로 인한 우울증 발병 그리고 자살 발현에 관해 다룬 지문이다. 비타민 D가 아드레날린 등의 호르몬 조절을 하게 됨으로써 기분 조절과 같은 우울증 장애에 관여를 한다는 것이다. 또한 자살 시도를 한 사람들을 역추적해보니 공통적으로 비타민 D가 부족했다는 내용이었다. 따라서 이 글의 제목으로 가장 적절한 것은 ③이다.

| 오답해설 | 정답에 보다 가까워지려면 '우울증'과 '자살'이라는 키워드가 '비타민 D'와 함께 열거되어야 한다. ②는 '비타민'이 아니라 '비타민 D'를 지칭하여야 하고 ④는 유사성이 존재하는 것이 아니라 서로의 상호 연관성이 존재하는 것이기 때문에 적절하지 않다.

receptor 수용체   adrenal cortex 부신 피질
depletion 감소, 고갈   deficiency 부족
depression 우울증
control (과학 실험에서 소견 비교용의) 대조 표준

4 주제 찾기   정답 ③

지문 끊어읽기

Equipotentiality/ — a notion/ developed by Karl Spencer Lashley/ positing that/ all areas of the brain/ are equally able to perform a task.
동등 잠재력은/ 개념/ Karl Spencer Lashley에 의해 밝혀진/ 가정을 하는/ 뇌의 모든 영역이/ 하나의 임무를 동일하게 수행할 수 있다

This contrasts/ with the theory of localization,/ according to which/ neurocognitive functions/ are specifically referable to discrete areas of the brain;/ hence,/ damage to restricted regions/ would be expected/ to produce selective cognitive deficits.
이것은 대조를 이룬다/ 국재(局在)화 이론과/ ~에 따라/ 신경 인지적 기능이/ 구체적으로 뇌의 개별 영역과 관련될 수 있는/ 따라서/ 제한된 영역에의 손상은/ 예상된다/ 선택적인 인지적 결손을 만들도록

Equipotentiality theory,/ however,/ hypothesized/ that the severity of cognitive dysfunction/ was directly related to/ the total amount of tissue damage.
동등 잠재력 이론은/ 그러나/ 가정했다/ 인지 기능 장애의 강도는/ 관련이 직접적으로 있었다는 것을/ 조직 손상의 전체적 양과

For example,/ memory functioning was thought/ to be diffusely distributed/ throughout the cortex/ rather than related to/ defined circuits or pathways.
예를 들면/ 기억 기능은 여겨졌다/ 널리 퍼져 분포되어 있다고/ 피질 전체에 걸쳐/ ~와 관련되어 있기보다는/ 한정된 순환로나 좁은 경로

Under this theory,/ intact areas of the cortex/ could assume responsibility/ for discrete cognitive functions/ following injury.
이 이론에 따라/ 손상되지 않은 피질의 영역은/ 책임을 질 수 있다/ 별개의 인지적 기능에 대한/ 손상에 따르는

| 해석 | 동등 잠재력은 뇌의 모든 영역이 하나의 임무를 동일하게 수행할 수 있다는 가정을 하는 Karl Spencer Lashley에 의해 밝혀진 개념이다. 이것은 국재화 이론과 대조를 이루는 것인데, 국재화 이론에 따르면 신경 인지적 기능이 뇌의 개별 영역과 구체적으로 관련되어 있으며, 따라서 제한된 영역에의 손상은 선택적인 인지적 결손을 만든다는 것이 예상된다. 그러나, 동등 잠재력 이론은 인지 기능 장애의 강도

는 조직 손상의 전체적 양과 직접적으로 관련이 있었다는 것을 가정했다. 예를 들면, 기억 기능은 한정된 순환로나 좁은 경로와 관련되어 있기 보다는 피질 전체에 걸쳐 널리 퍼져 분포되어 있다고 여겨졌다. 이 이론에 따라, 손상되지 않은 피질의 영역은 손상에 따르는 별개의 인지적 기능에 대한 책임을 질 수 있다.

① 동등 잠재력 전제의 역사
② 뇌의 각 영역이 기능하는 법
③ 동등 잠재력 전제에 대한 설명
④ 뇌의 기능적 영역에 대한 두 가지 접근법

| 정답해설 | ③ 동등 잠재력에 대한 전반적인 설명을 하고 있는 지문으로, ③을 주제로 간단히 고를 수 있는 문제였다.

| 오답해설 | 중간에 동등 잠재력과 대조되는 국재화 이론 설명이 잠깐 나왔다고 해서 ④를 선택하지 않아야 한다. 지문에서 중요도가 다르기 때문이다. 이 지문에서는 동등 잠재력과 대조적인 면을 설명하기 위해 국재화 이론 설명을 잠시 등장시켰을 뿐이다. 국재화에 대한 다른 면을 다루었다면, 동등 잠재력과 국재화 이론을 동등한 위치에서 설명을 할 수 있기 때문에 ④를 정답으로 할 수도 있겠지만 이 지문에서는 동등 잠재력이 핵심어임을 잊지 말아야 한다.

equipotentiality 동등 잠재력   posit 사실로 가정하다
contrast 대조를 이루다
neurocognitive 신경 인지적
referable ~와 관련이 있을 수 있는
discrete 별개의, 분리된   deficit 결손
hypothesize 가정하다   severity 가혹함, 심한 처사
dysfunction 장애   diffusely 널리 퍼져
circuit 순회   cortex 대뇌 피질, 피질

5 빈칸 절 완성   정답 ③

지문 끊어읽기

Special pleading/ is applying a rule/ to one person, thing or process,/ but not applying it to another.
'나는 예외'라는 주장은/ 규칙을 적용하는 것을 말한다/ 한 사람, 한 물건 또는 한 과정에/ 그러나 다른 사람에게는 그것을 적용하지 않고

For example,/ the rich woman tells her badly paid employees/ that money brings unhappiness/ and they are better off without it.
예를 들면/ 부유한 여성이 낮은 급료를 받는 그녀의 직원들에게 (~라고) 말한다/ 돈은 불행을 가져온다/ 그리고 그들은 그것(돈) 없이도 더 잘 살 수 있다

She steps into her big car/ and drives back to her mansion/ after spending a lot of money in the shops,/ just because she felt like it.
그녀는 그녀의 큰 차에 타서/ 그녀의 대저택(맨션)으로 몰고 간다/ 상점들에서 많은 돈을 쓴 후에/ 단지 그녀가 그러고 싶다는 이유로

Clearly,/ she is using one rule for herself/ and another/ for her employees.
분명히/ 그녀는 하나의 규칙을 그녀 자신에게 적용하고 있다/ 그리고 다른 규칙을 (적용하고 있다)/ 그녀의 직원들에게는

This is special pleading.
이것이 '나는 예외' 주장이다

Let me put it/ this way.
설명을 해보겠다/ 이렇게

People are most tempted to engage/ in special pleading/ when they are subject to a law or moral rule/ that they wish to evade.
사람들은 가장 관여하고 싶어한다/ '나는 예외'라는 주장에/ 그들이 법이나 도덕적 법칙의 지배를 받을 때/ 그들이 피하고 싶어 하는

③ People often/ attempt to apply a "double standard"/ which makes an exception to the rule/ for themselves — or people like them —/ but applies it to others.
③ 사람들은 종종/ "이중 잣대"를 적용하는 것을 꾀한다/ 규칙에 대한 예외를 만드는/ 그들 자신이나 그들과 같은 사람들을 위한/ 그러나 그것을 다른 사람에게는 적용하는

They usually do not argue/ that they, or their group, should be exempt from the rule/ simply because of who they are;/ this would be such obvious special pleading/ that no one would be fooled.
그들은 대개 주장하지 않는다/ 그들, 또는 그들의 그룹이 그 규칙에 예외가 되어야만 한다고/ 단순히 그들이 누구라는 이유만으로/ 이것은 명백한 '나는 예외' 주장이 될 것이다/ 누구도 속지 않을

Instead,/ they invoke some characteristic/ that they have/ that sets them apart/ however, if the characteristic is not a relevant exception to the rule,/ then they are engaged in special pleading.
대신에/ 그들은 일부 특징을 끌어낸다/ 그들이 가지고 있는/ 그들을 구별하는/ 그러나 만약 그 특징이 그 규칙에 관련 있는 예외가 아니라면/ 그렇다면 그들은 '나는 예외'라는 것에 관련이 되는 것이다

| 해석 | '나는 예외'라는 주장은 한 사람, 한 물건 또는 한 과정에는 규칙을 적용하지만, 다른 사람에게는 그것을 적용하지 않는 것을 말한다. 예를 들면, 부유한 여성이 낮은 급료를 받는 그녀의 직원들에게 돈은 불행을 가져오고 그들은 그것(돈) 없이도 더 잘 살 수 있다고 말한다. 그녀는 단지 그녀가 그러고 싶다는 이유로 상점들에서 많은 돈을 쓴 후에, 자신의 큰 차에 올라타서 그녀의 대저택으로 몰고 간다. 분명히 그녀는 하나의 규칙을 그녀 자신에게 적용하고 있으며, 그녀의 직원

들에게는 다른 규칙을 적용하고 있다. 이것이 바로 '나는 예외' 주장이다. 이렇게 설명을 해보겠다. 사람들은 그들이 피하고 싶어하는 법이나 도덕적 법칙의 지배를 받을 때, '나는 예외'라는 주장에 가장 관여하고 싶어한다. ③ 사람들은 종종 "이중 잣대"를 적용하는 것을 꾀한다. 이것은 다른 사람에게는 규칙을 적용하지만, 그들 자신이나 또는 그들과 같은 사람들을 위해 규칙에 대한 예외를 만드는 것이다. 그들은 대개 그들, 또는 그들의 그룹이 단순히 그들이 누구라는 이유만으로 그 규칙에 예외가 되어야만 한다고 주장하지는 않는다. 이것은 누구도 속지 않을 명백한 '나는 예외' 주장이 될 것이다. 대신에 그들은 그들이 가지고 있는 그들 자신을 구별하는 일부 특징을 끌어낸다. 그러나, 만약 그 특징이 그 규칙에 관련 있는 예외가 아니라면, 그들은 '나는 예외'라는 것에 관련이 되는 것이다.
① 분명히, 그것은 "양날의 검"이다
② 이러한 명백한 사기는 법을 위반하는 것이다
③ 사람들은 종종 "이중 잣대"를 적용하는 것을 꾀한다
④ 사람들은 종종 그것이 거의 흥미롭지 않음에도 불구하고 포기하기를 망설인다

| 정답해설 | ③ 'special pleading'이라는 것은 문자 그대로 해석하면 '특별 변론'으로, 다른 말로는 '나는 예외' 또는 풀어쓰면 '자기에게 유리한 일만을 말하는 (일방적인) 진술'을 말한다. 즉, 남에게는 법칙을 적용하지만 나에게는 예외적으로 적용하지 않는 것이다. 이러한 불공평한 규칙 적용을 '이중 잣대(double standard)'라고 할 수 있기 때문에 빈칸에 들어갈 적절한 것은 ③이다.

| 어휘 |
be better off 더 잘 살다, 보다 행복하다
tempt (남에게) ～할 기분이 나게 하다
engage in ～에 관여하다, ～에 참여하다
be subject to ～의 지배를 받다   moral 도덕의, 윤리의
obvious 명백한, 분명한
invoke 끌어내다, 부르다, 호소하다
characteristic 특성   set apart 구별하다

---

6 무관한 문장 삭제   정답 ②

지문 끊어읽기

The global temperature record represents/ an average/ over the entire surface of the planet.
전세계 온도 기록은 나타낸다/ 평균을/ 지구의 전체 지표면의

The temperatures/ we experience locally and in short peridos/ can fluctuate significantly/ due to predictable cyclical events (night and day, summer and winter)/ and hard-to-predict wind and precipitation patterns.
온도는/ 우리가 지역적으로 그리고 짧은 기간 동안에 경험하는/ 상당히 변동을 거듭할 수 있다/ 예측할 수 있는 주기적인 사건들(낮과 밤, 여름과 겨울) 때문에/ 그리고 예측하기 어려운 바람 및 강수 유형 (때문에)

But the global temperature/ mainly depends on/ how much energy the planet receives from the Sun/ and how much it radiates back into space/ — quantities that change very little.
그러나 전 세계 온도는/ 주로 ~에 의존한다/ 지구가 태양으로부터 얼마나 많은 에너지를 받느냐/ 그리고 지구가 우주로 얼마나 많이 재방출하는지/ 변화가 거의 없는 양이다

② Generally,/ warming is greater over land/ than over the oceans/ because water is slower to absorb and release heat.
② 일반적으로/ 따뜻해지는 정도는 육지 위에서 더 크다/ 바다 위에서보다/ 물이 열을 더 느리게 흡수하고 방출하므로

The amount of energy/ radiated by the Earth/ depends significantly/ on the chemical composition of the atmosphere,/ particularly the amount of heat-trapping greenhouse gases.
에너지의 양은/ 지구에 의해 방사되는/ 상당히 의존한다/ 대기의 화학적 조성에/ 특히 열을 가두는 온실 가스의 양에

A one-degree global change/ is significant/ because it takes a vast amount of heat/ to warm all the oceans, atmosphere, and land/ by that much.
1도의 전 세계 변화는/ 상당하다/ 상당한 양의 열이 필요하므로/ 모든 바다, 대기 그리고 토지를 따뜻하게 하기 위해/ 그만큼

In the past,/ a one- to two-degree drop/ was all it took/ to plunge the Earth/ into the Little Ice Age.
과거에는/ 1~2도의 온도 하락이/ 전부였다/ 지구를 떨어뜨리는 데는/ 소빙기로

A five-degree drop/ was enough/ to bury a large part of North America/ under a towering mass of ice/ 20,000 years ago.
5도의 온도 하락은/ 충분했다/ 북아메리카의 거대한 부분을 매장시키는 데/ 우뚝 솟은 얼음 덩어리 아래로/ 2만 년 전에

| 해석 | 전세계 온도 기록은 지구의 전체 지표면의 평균을 나타낸다. 우리가 지역적으로 그리고 짧은 기간 동안에 경험하는 온도는 예측할 수 있는 주기적인 사건들(낮과 밤, 여름과 겨울)과 예측하기 어려운 바람 및 강수 유형 때문에 상당히 변동을 거듭할 수 있다. 그러나 전 세계 온도는 주로 지구가 태양으로부터 얼마나 많은 에너지를 받느냐 그리고 우주로 얼마나 많이 재방출하는가(이 양은 변화가 거의 없다)에 의

존한다. ② 일반적으로, 물이 열을 더 느리게 흡수하고 방출하므로 따뜻해지는 정도는 바다에서보다 육지에서 더 크다. 지구에 의해 방사되는 에너지의 양은 대기의 화학적 조성, 특히 열을 가두는 온실 가스의 양에 상당히 의존한다. 1도의 전 세계 변화는 상당하다. 모든 바다, 대기 그리고 토지를 그만큼 따뜻하게 하기 위해 상당한 양의 열이 필요하기 때문이다. 과거에는, 1~2도의 온도 하락이 지구를 소빙기로 떨어뜨리는 데 필요한 전부였다. 5도의 온도 하락은 2만 년 전에 북아메리카의 거대한 부분을 우뚝 솟은 얼음 덩어리 아래로 매장시키는 데 충분했다.

| 정답해설 | ② 글의 흐름상 적절하지 않은 문장을 고르는 문제에서는 지문의 앞부분에서 글의 주제를 먼저 파악하는 것이 중요하다. 이 글은 'The global temperature(전세계 온도)'와 'an average over entire surface of the planet(지구의 전체 지표면의 평균)'에 대한 글이다. 그러나 ②는 육지와 바다에서 같은 열을 가했을 때 따뜻해지는 정도의 차이에 관한 내용이므로 전체 글의 흐름에서 벗어난다.

| 어휘 |
fluctuate 변동을 거듭하다   significantly 상당히
predictable 예측할 수 있는   cyclical 주기적인, 순환하는
precipitation pattern 강수 유형
chemical composition 화학적 조성
greenhouse gas 온실 가스   plunge 급락하다
little ice age 소빙기   bury 묻다, 매장하다
towering 우뚝 솟은, 높이 치솟은

 7 주어진 문장 삽입   정답 ③

지문 끊어읽기

Our ancestors used to say/ that "work is health,"/ but we now realize/ that this way of thinking/ is not so true anymore.
우리의 조상들은 말하곤 했다/ "일하는 것이 건강한 것이다"/ 그러나 우리는 현재 깨닫고 있다/ 이러한 방식의 생각은/ 더 이상 사실이 아니라는 것을

These days,/ society and the workplace/ put an unparalleled level of pressure/ on people.
오늘날/ 사회와 직장은/ 견줄 데 없는 정도의 압박을 가한다/ 사람들에게

The signs of stress are omnipresent,/ and its consequences are numerous.
스트레스의 증후는 어디에서든 존재한다/ 그리고 그것의 결과는 수도 없이 많다

The stress/ that we experience every day/ is essentially caused/ by several phenomena/ that are inherent to today's society,/ including, among others:/ intensified workload to increase productivity gains;/ constant search for perfection;/ obsession with competition;/ difficulty balancing work, personal life and family life;/ major changes in values and social standards.
스트레스는/ 우리가 매일 경험하고 있는/ 근본적으로 기인된다/ 몇몇 현상에 의해/ 오늘날 사회에서 갖춰져 있는/ 특히 포함하여/ 생산성 증가를 위한 과도한 업무량/ 완벽을 위한 끊임없는 탐구/ 경쟁에 대한 집착/ 일, 개인생활 그리고 가족과의 삶의 균형을 맞추는 것의 어려움/ 가치와 사회 기준에 있어서 주요 변화

Also stress/ touches all social groups and all age categories;/ no one can truly escape it.
또한 스트레스는/ 모든 사회 그룹과 모든 연령대의 범주에 영향을 준다/ 아무도 진심으로 빠져나갈 수 없다

③ However,/ some people are more deeply affected/ by its consequences,/ depending on their personal, psychosocial, professional and health background.
③ 그러나/ 일부 사람들은 좀 더 심하게 영향을 받는다/ 그것의 결과에 의해/ 그들의 개인적, 사회 심리적, 전문적 배경과 건강 배경에 따라서

Stress is a problem/ that infiltrates our society/ in countless ways.
스트레스는 문제이다/ 우리 사회에 스며드는/ 셀 수 없을 정도로 많은 방법으로

It manifests itself/ at the office, at home and in our relationships with others,/ and it can also affect our loved ones.
그것은 그 자신을 명백히 드러낸다/ 사무실, 집, 그리고 다른 사람과의 관계에서/ 그리고 그것은 또한 우리가 사랑하는 사람들에게도 영향을 미칠 수 있다

| 해석 | 우리의 조상들은 "일하는 것이 건강한 것이다"라고 말하곤 했다. 그러나 우리는 이러한 방식의 생각은 더 이상 사실이 아니라는 것을 현재 깨닫고 있다. 오늘날, 사회와 직장은 견줄 데 없는 정도의 압박을 사람들에게 가한다. 스트레스의 징후는 어디에서든 존재하고, 그것의 결과는 수도 없이 많다. 우리가 매일 경험하고 있는 스트레스는 근본적으로 오늘날 사회에서 갖춰져 있는 몇몇 현상에 의해 기인된다. 특히 생신성 증가를 위한 과도한 업무량, 완벽을 위한 끊임없는 탐구, 경쟁에 대한 집착, 일, 개인생활 그리고 가족과의 삶의 균형을 맞추는 것의 어려움, 가치와 사회 기준에 있어서 주요 변화를 포함하여서 말이다. 또한 스트레스는 모든 사회 그룹과 모든 연령대의 범주에 영향을 준다. 즉, 아무도 진심으로 빠져나갈 수 없는 것이다. ③ 그러나, 일부 사람들은 그들의 개인적, 사회 심리적, 전문적 배경과 건강 배경에 따라서 그것의 결과에 의해 좀 더 심하게 영향을 받는다. 스트레스는 셀 수 없을 정도로 많은 방법으로 우리 사회에 스며드는 하나의 문제이다.

그것은 사무실, 집, 다른 사람과의 관계에서 그 자신을 명백히 드러나고, 또한 우리가 사랑하는 사람들에게도 영향을 미칠 수 있다.

| 정답해설 | ③ 'However'를 힌트로 하여 ①~④의 위치에 주어진 문장을 넣어보아야 한다. ② 뒤의 문장에서 스트레스가 모든 사회 그룹과 연령대에 영향을 준다고 했으므로 주어진 문장의 'some people(일부 사람들)'에 대한 설명은 ③의 위치가 가장 적절하다. 즉, 모든 사람들이 스트레스에서 빠져나갈 수 없는데, 그러나 일부 사람들은 어떤 배경에 따라서 좀 더 심하게 영향을 받는다는 흐름이 가장 적절하다.

| 어휘 |
unparalleled 견줄 데 없는
omnipresent 어디에서든 존재하는
numerous 수도 없는, 많은   inherent 본래 갖춰져 있는
intensified 과도한   workload 업무량
obsession 집착   infiltrate 스며들다
countless 셀 수 없는   manifest 명백히 드러내다

8   글의 순서 배열   정답 ④

지문 끊어읽기

Diseases/ such as covid-19 and influenza/ can be fatal/ to a healthy person/ due to an overreaction of the body's immune system/ called a cytokine storm.
질병은/ covid-19와 인플루엔자와 같은/ 치명적일 수 있다/ 건강한 사람에게도/ 신체 면역체계의 과잉 반응 때문에/ 사이토카인 폭풍이라고 불리는

(C) Cytokines are small proteins/ released by many different cells/ in the body,/ including those of the immune system/ where they coordinate the body's response/ against infection/ and trigger inflammation.
(C) 사이토카인은 작은 단백질이다/ 여러 다른 세포에서 배출되는/ 신체의/ 면역체계의 그것들(세포들)을 포함한/ 그것들이 신체의 반응을 조정하는/ 감염에 대항하여/ 그리고 염증을 일으키는 (곳인)

Sometimes/ the body's response to infection/ can go into overdrive.
때때로/ 감염에 대한 신체의 반응이/ 과열할 수노 있나

(A) For example,/ when SARS-CoV-2/ — the virus behind the covid-19 pandemic —/ enters the lungs,/ it triggers an immune response,/ attracting immune cells to the region/ to attack the virus,/ resulting in localized inflammation.
(A) 예를 들어/ SARS-CoV-2가 ~할 때/ covid-19 팬데믹의 배후에 있는 바이러스/ 폐로 들어가다/ 그것은 면역 반응을 유발하고/ 그 구역으로 면역 세포를 끌어들이는데/ 바이러스를 공격하기 위해/ (이것이) 국지적인 염증을 일으킨다

(B) But in some patients,/ excessive or uncontrolled levels of cytokines/ are released,/ which then activate more immune cells,/ resulting in hyperinflammation.
(B) 그러나 일부 환자들에게/ 과도한 또는 억제되지 않는 수준의 사이토카인이/ 배출된다/ 그러면 그것이 더 많은 면역 세포를 활성화시켜/ 과염증을 일으킨다

This can seriously harm/ or even kill/ the patient.
이것은 심각하게 해칠 수 있다/ 또는 심지어 사망에 이르게 할 수도 있다/ 환자를

| 해석 | covid-19 및 인플루엔자와 같은 질병은 사이토카인 폭풍이라고 불리는 신체 면역체계의 과잉 반응 때문에 건강한 사람에게도 치명적일 수 있다.
(C) 사이토카인은 그것들이 감염에 대항하여 신체의 반응을 조정하고 염증을 일으키는 곳인 면역체계의 세포를 포함한 신체의 여러 다른 세포에서 배출되는 작은 단백질이다. 때때로 감염에 대한 신체의 반응이 과열될 수도 있다.
(A) 예를 들어 covid-19 팬데믹의 배후에 있는 바이러스인 SARS-CoV-2가 폐로 들어갈 때, 그것은 면역 반응을 유발하고, 바이러스를 공격하기 위해 그 구역으로 면역 세포를 끌어들이는데, 이것이 국지적인 염증을 일으킨다.
(B) 그러나 일부 환자들에게 과도한 또는 억제되지 않는 수준의 사이토카인이 배출되는데, 그러면 그것이 더 많은 면역 세포를 활성화시켜, 과염증을 일으킨다. 이것은 환자를 심각하게 해치거나 또는 심지어 사망에 이르게 할 수도 있다.

| 정답해설 | ④ 주어진 문장은 covid-19와 인플루엔자와 같은 호흡기 질병이 사이토카인 폭풍으로 인해 건강한 사람에게도 치명적일 수도 있다는 내용이다. 따라서 여기서 언급된 '사이토카인'이 어떠한 물질인지 설명해주는 (C)가 먼저 오는 것이 가장 적절하다. (C)에서는 사이토카인의 일반적인 작용 기제에 대해 설명한 후, 때때로 그것이 과잉 반응을 일으킬 수도 있다고 말하는데, 이것의 예가 (A)에서 제시되므로 (A)가 다음 순서로 알맞다. (A)에서는 사이토카인의 '일반적 작용'의 예를 설명하고 있으므로, 마지막으로 사이토카인의 '과잉 반응'에 대해 설명하는 (B)가 이어지는 것이 문맥상 가장 자연스럽다. 따라서 '(C) - (A) - (B)'의 순서가 알맞다.

| 어휘 |
fatal 죽음을 초래하는, 치명적인

overreaction 과잉 반응   immune 면역
cytokine storm 사이토카인 폭풍(인체에 바이러스가 침투했을 때 면역 작용이 과다하게 이뤄져 정상 세포까지 공격하는 현상)
pandemic 팬데믹, 전 세계적인 유행병
localized 국부[국지적인   inflammation 염증
excessive 과도한, 과잉의   activate 활성화시키다
hyperinflammation 과염증, 초염증
coordinate 조정하다   infection 감염, 전염병
trigger 유발하다, 일으키다
go into overdrive 열성을 다하기 시작하다

9 내용 일치/불일치   정답 ④

지문 끊어읽기

Adeline Virginia Stephen was born/ on 25 January 1882 in London.
Adeline Virginia Stephen은 태어났다/ 1882년 1월 25일 런던에서

Her parents/ had been married before:/ her father, Leslie Stephen,/ to the daughter of the novelist, Thackeray,/ by whom/ he had a daughter Laura/ who was intellectually backward;/ and her mother, Julia,/ to a barrister, Herbert Duckworth,/ by whom/ she had three children, George, Stella, and Gerald.
그녀의 부모님은/ 이전에 결혼 경험이 있으셨다/ 그녀의 아버지, Leslie Stephen는/ 소설가인, Thackeray의 딸과 (결혼을 했었다.)/ 그녀로부터/ 그는 딸 Laura를 얻은/ 지적인면에서 더딘/ 그리고 그녀의 어머니, Julia는/ 변호사인 Herbert Duckworth와 (결혼을 했었다)/ 그로부터/ 그녀는 세 명의 자녀를 얻었다/ George, Stella, Gerald

Julia and Leslie Stephen/ had four children:/ Vanessa, Thoby, Virginia, and Adrian.
Julia와 Leslie Stephen은/ 네 명의 자녀를 두었다/ Vanessa, Thoby, Virginia, Adrian

All eight children lived/ with the parents and a number of servants/ at 22 Hyde Park Gate, Kensington.
여덟 명의 모든 자녀들은 살았다/ 부모님과 수많은 하인들과 같이/ Kensington의 Hyde Park Gate 22번가에서

Leonard Woolf had joined/ the Ceylon Civil Service in 1904/ and returned/ in 1911 on leave.
Leonard Woolf는 합류했다/ 1904년에 Ceylon Civil Service (Ceylon의 행정 조직-지금은 없어짐)에/ 그리고 돌아왔다/ 1911년에 휴가를 얻어

He soon decided/ that he wanted to marry Virginia,/ and she eventually agreed.
그는 곧 결심했다/ 그가 Virginia와 결혼하고 싶다고/ 그리고 그녀도 마침내 동의했다

They were married/ in St. Pancras Registry Office/ on 10 August 1912.
그들은 결혼했다/ St. Pancras 등기소에서/ 1912년 8월 10일에

They decided to earn money/ by writing and journalism.
그들은 돈을 벌기로 결심했다/ 집필과 신문 기고에 의해

Since about 1908,/ Virginia had been writing/ her first novel *The Voyage Out.*
대략 1908년부터/ Virginia는 집필하고 있었다/ 그녀의 첫 소설 「항해」를

It was finished by 1913 but,/ owing to severe mental breakdown/ after her marriage,/ it was not published until 1915.
그것은 1913년에 집필이 끝이 났지만/ 심각한 신경 쇠약 때문에/ 결혼 이후의/ 1915년이 되어서야 출간되었다

In 1917/ the Woolfs had bought a small hand printing-press/ in order to take up printing/ as a hobby and as therapy for Virginia.
1917년에/ Woolf 부부는 작은 수동식 인쇄기를 샀다/ 인쇄를 시작하기 위해서/ Virginia를 위한 취미이자 치료로

The Woolfs continued handprinting/ until 1932,/ but in the meantime/ they increasingly became publishers/ rather than printers.
Woolf 부부는 계속해서 수동 인쇄를 했다/ 1932년이 될 때까지/ 하지만 그 동안에/ 그들은 점점 출판업자가 되어갔다/ 인쇄업자보다는

In 1925/ *Mrs. Dalloway* was published,/ followed by *To the Lighthouse* in 1927,/ and *The Waves* in 1931.
1925년에/ 「댈러웨이 부인」이 출간되었고/ 이어서 1927년에는 「등대로」가/ 1931년에는 「물결」(이 출간되었다)

These three novels are generally considered/ to be her greatest claim to fame/ as a modernist writer.
이러한 세 가지의 소설은 일반적으로 여겨진다/ 그녀가 유명해진 가장 큰 이유로/ 모더니스트 작가로서

| 해석 | Adeline Virginia Stephen은 1882년 1월 25일 런던에서 태어났다. 그녀의 부모님은 이전에 결혼 경험이 있으셨다. 그녀의 아버지 Leslie Stephen은 소설가인 Thackeray의 딸과 결혼을 했었고, 그녀로부터 그는 지적인 면에서 더딘 딸 Laura를 얻었다. 그리고 그녀의 어머니 Julia는 변호사인 Herbert Duckworth와 결혼을 했었다. 그로부터 그녀는 세 명의 자녀, George, Stella, Gerald를 얻었다. Julia와 Leslie Stephen은 네 명의 자녀 Vanessa, Thoby, Virginia, Adrian을 두었다. 여덟 명의 모든 자녀들이 Kensington의 Hyde Park Gate 22번가에서 부모님과 수많은 하인들과 같이 살았다. Leonard Woolf는 1904년에 Ceylon Civil Service (Ceylon의 행정 조직-지금은 없어짐)에 합류했고 휴가를 얻어 1911년에 돌아왔다. 그는 곧 Virginia와 결혼하고 싶다는 결심을 내렸고,

그녀도 마침내 동의했다. 그들은 1912년 8월 10일에 St. Pancras 등기소에서 결혼했다. 그들은 집필과 신문 기고로 돈을 벌기로 결심했다. 대략 1908년부터, Virginia는 그녀의 첫 소설 「항해」를 집필하고 있었다. 그것은 1913년에 집필이 끝이 났지만, 결혼 이후 심각한 신경 쇠약 때문에 1915년이 되어서야 출간되었다. 1917년에 Woolf 부부는 Virginia를 위한 취미이자 치료로 인쇄를 시작하기 위해서 작은 수동식 인쇄기를 샀다. 1932년이 될 때까지 Woolf 부부는 계속해서 수동 인쇄를 했다. 그러나 그들은 점점 인쇄업자보다는 출판업자가 되어갔다. 1925년에 「댈러웨이 부인」이 출간되었고, 이어서 1927년에는 「등대로」가, 1931년에는 「물결」이 출간되었다. 이러한 세 가지의 소설은 모더니스트 작가로서 그녀가 유명해진 가장 큰 이유로 일반적으로 여겨진다.

① Virginia의 부모는 그들 시대의 다른 사람들보다 훨씬 더 어린 나이에 결혼했다.
② Virginia는 이복형제 자매를 포함하여 여덟 명의 형제를 가졌다.
③ Woolf 부부는 둘 다 영국인이었기 때문이에 교회에서 결혼했다.
④ 「댈러웨이 부인」은 1925년에 출간된 모더니즘 소설이다.

| 정답해설 | ④ 마지막 두 문장에서 「댈러웨이 부인」을 포함한 세 가지의 소설은 Virginia를 모더니스트 작가로서 유명해지게 한 이유라고 했다. 따라서 「댈러웨이 부인」은 모더니즘 소설이 맞고, 출간 연도도 본문과 일치한다. 따라서 ④는 글의 내용과 일치한다.

| 오답해설 | ① Virginia의 부모는 각각 이전에 결혼 경험이 있는 사람들이라고 본문에 나와 있을 뿐 그 당시 다른 사람들보다 이른 나이에 결혼했다는 정보는 나와 있지 않으므로 틀리다.
② Virginia는 이복형제 자매를 포함해 George, Stella, Gerald, Vanessa, Thoby, Virginia, Adrian이라는 총 일곱 명의 형제 자매를 가졌으므로 옳지 않다. 단, 본문의 여덟 명의 자녀라는 것은 Virginia를 포함한 부모님의 입장에서의 자녀의 수임에 주의하자.
③ Virginia와 결혼한 남성 Leonard Woolf의 성을 따서 Woolfs 부부라고 하는데, 이들 부부는 St. Pancras 등기소에서 결혼을 하였으므로 틀리다.

| 어휘 |
backward 퇴보하는, 뒤진, 진보가 더딘
barrister 변호사   **printing-press** 인쇄기
take up 시작하다   **consider** 간주하다
claim to fame 유명해진 이유   **modernist** 모더니스트

지문 끊어읽기

Individuals with hyperthymesia/ can recall almost every day of their lives/ in near-perfect detail,/ as well as public events/ that hold some personal significance to them.
과잉 기억 증후군을 앓는 사람들은/ 자신들의 삶의 거의 매일을 기억할 수 있다/ 거의 완벽하게 상세히/ 공적인 사건들뿐만 아니라/ 그들에게 개인적인 중요성을 지닌

Those affected/ describe their memories/ as uncontrollable associations:/ when they encounter a date,/ they "see" a vivid depiction of that day/ in their heads.
이 병에 걸린 사람들은/ 자신들의 기억을 묘사한다/ 통제할 수 없는 연상이라고/ 그들이 하나의 날짜를 접하면/ 그들은 그 날의 생생한 묘사를 "본다"/ 머리에

Recollection occurs/ without (A) conscious effort.
기억은 발생한다/ (A) 의식적인 노력 없이

It is important/ to draw a distinction/ between those with hyperthymesia and those with other forms of exceptional memory,/ who generally use mnemonic or similar rehearsal strategies/ to memorize long strings of subjective information.
중요하다/ 구별하는 것이/ 과잉 기억 증후군을 앓는 사람들과 다른 형태의 비범한 기억력을 지닌 사람들을/ 이들은 일반적으로 연상 기호 또는 유사한 반복 전략을 사용한다/ 많은 주관적 정보를 암기하기 위해

Memories/ recalled by hyperthymestic individuals/ tend to be personal, autobiographical accounts/ of both significant and mundane events/ in their lives.
기억은/ 과잉 기억 증후군을 앓는 사람들에 의해 연상된/ 사적이고 자전적인 설명인 경향이 있다/ 중요하고 평범한 사건 모두에 대해/ 그들의 삶에서

This extensive and highly unusual memory/ does not derive/ from the use of mnemonic strategies;/ it is encoded (B) involuntarily/ and retrieved automatically.
이 광범위하고 매우 비범한 기억력은/ 오지 않는다/ 연상 기호 전략의 사용으로부터/ 그것은 (B) 자신도 모르게 암호화된다/ 그리고 자동적으로 회수된 것이다

| 해석 | 과잉 기억 증후군을 앓는 사람들은 그들에게 개인적인 중요성을 지닌 공적인 사건들뿐만 아니라 자신들의 삶의 거의 매일도 거의 완벽하게 상세히 기억할 수 있다. 이 병에 걸린 사람들은 자신들의 기억을 통제할 수 없는 연상이라고 묘사한다. 그들이 하나의 날짜를 접하면, 그들은 머리에 그 날의 생생한 묘사를 "본다." 기억은 (A) 의식적인 노력 없이 발생한다. 과잉 기억 증후군을 앓는 사람들과 많은 주관적 정보를 암기하기 위해 일반적으로 연상 기호 또는 유사한 반복 전략

을 사용하는 다른 형태의 비범한 기억력을 지닌 사람들을 구별하는 것이 중요하다. 과잉 기억 증후군을 앓는 사람들에 의해 연상된 기억은 자신들의 삶에 있어서 중요하고 평범한 사건 모두에 대해 사적이고 자전적인 설명인 경향이 있다. 이 광범위하고 매우 비범한 기억력은 연상 기호 전략의 사용으로부터 오지 않는다. 그것은 (B) 자신도 모르게 암호화되고 자동적으로 회수된 것이다.

① 의식적인 - 간헐적으로　　　② 무의식적인 - 의도치 않게
③ 의식적인 - 자신도 모르게　　④ 무의식적인 - 무의식중에

| 정답해설 | ③ 지문은 '과잉 기억 증후군(hyperthymesia) 환자의 특징'에 대해 설명하고 있다. (A) 이전 문장에서 이 증후군을 '통제할 수 없는(uncontrollable) 연상'이라고 설명하고 있으므로, 의식적인 노력이 없이 기억이 떠오른다는 흐름이 되도록 (A)에는 'conscious(의식적인)'가 오는 것이 알맞다. (B) 이전에서는 일반적으로 연상 기호 또는 다른 전략을 통해 기억하는 '비범한 기억력 보유자들'과 '과잉 기억 증후군 환자들'과의 차이를 언급하며, '과잉 기억 증후군 환자들'은 연상 기호 전략을 사용하지 않는다고 설명한다. 즉, 별도의 전략 또는 훈련 없이 무의식적으로 기억이 저장되고 자동적으로 회상되는 것이므로, (B)에 가장 적절한 표현은 'unintentionally(의도치 않게)', 'involuntarily(자신도 모르게)' 또는 'inadvertently(무의식중에)'이다. 따라서 정답은 ③이다.

| 어휘 |
hyperthymesia 과잉 기억 증후군
near (특히 합성어에서) 거의
significance 중요성, 중대성, 의의
affect 병이 나게 하다　　　　association 연상
vivid 생생한　　　　　　　　depiction 묘사
recollection 기억　　　　　　draw a distinction 구별하다
exceptional 비범한, 특별한
mnemonic 기억을 돕는, 연상 기호의
rehearsal 반복, 암송, 연습　　autobiographical 자전적인
mundane 일상적인, 평범한, 보통의
derive from ~에서 유래하다, ~에서 나오다
encode 암호[부호]화하다　　　retrieve 되찾다, 회수하다

여러분의 작은 소리
에듀윌은 크게 듣겠습니다.

본 교재에 대한 여러분의 목소리를 들려주세요.
공부하시면서 어려웠던 점, 궁금한 점,
칭찬하고 싶은 점, 개선할 점, 어떤 것이라도 좋습니다.

에듀윌은 여러분께서 나누어 주신 의견을
통해 끊임없이 발전하고 있습니다.

에듀윌 도서몰 book.eduwill.net
• 부가학습자료 및 정오표: 에듀윌 도서몰 → 도서자료실
• 교재 문의: 에듀윌 도서몰 → 문의하기 → 교재(내용, 출간) / 주문 및 배송

에듀윌 공무원 영어 매일 3문 독해 4주 완성

발 행 일	2022년 11월 24일 초판 | 2023년 6월 21일 2쇄
편 저 자	성정혜
펴 낸 이	김재환
펴 낸 곳	(주)에듀윌
등록번호	제25100–2002–000052호
주 소	08378 서울특별시 구로구 디지털로34길 55
	코오롱싸이언스밸리 2차 3층

www.eduwill.net
대표전화 1600-6700

GOVERNMENT

EMPLOYEE

에듀윌 공무원 영어

매일 3문 독해 `4주 완성`

2,100% 합격자 수 수직 상승 2017/2022 에듀윌 공무원 과정 최종 환급자 수 기준

5년 연속 **1위** 2023, 2022, 2021 대한민국 브랜드만족도 7·9급공무원 교육 1위 (한경비즈니스)
2020, 2019 한국브랜드만족지수 7·9급공무원 교육 1위 (주간동아, G밸리뉴스)

고객의 꿈, 직원의 꿈, 지역사회의 꿈을 실현한다

펴낸곳 (주)에듀윌 **펴낸이** 김재환 **출판총괄** 오용철
개발책임 김기임, 윤대권 **개발** 진현주, 이혜미
주소 서울시 구로구 디지털로34길 55 코오롱싸이언스밸리 2차 3층
대표번호 1600-6700 **등록번호** 제25100-2002-000052호
협의 없는 무단 복제는 법으로 금지되어 있습니다.

에듀윌 직영학원에서 합격을 수강하세요

언제나 전문 학습 매니저와 상담이 가능한 안내데스크

고품질 영상 및 음향 장비를 갖춘 최고의 강의실

재충전을 위한 카페 분위기의 아늑한 휴게실

에듀윌의 상징 노란색의 환한 학원 입구

에듀윌 직영학원 대표전화

공인중개사 학원	02)815-0600	공무원 학원	02)6328-0600	편입 학원	02)6419-0600
주택관리사 학원	02)815-3388	경찰 학원	02)6332-0600	세무사·회계사 학원	02)6010-0600
전기기사 학원	02)6268-1400	소방 학원	02)6337-0600	취업아카데미	02)6486-0600
부동산아카데미	02)6736-0600